T0259875

Entwicklung und Management von Informationssystemen und intelligenter Datenauswertung

Herausgeber:
Prof. Dr. Paul Alpar, Philipps-Universität Marburg
Prof. Dr. Ulrich Hasenkamp, Philipps-Universität Marburg

Ivonne Kröschel

Architekturbasiertes IT-Alignment

Bezugsrahmen und Framework zur mehrdimensionalen und kontinuierlichen Ausrichtung von Geschäft und IT

Mit einem Geleitwort von Prof. Dr. Ulrich Hasenkamp

 Springer Vieweg

Ivonne Kröschel
Philipps-Universität Marburg
Deutschland

Dissertation Philipps-Universität Marburg, 2015

Entwicklung und Management von Informationssystemen und intelligenter Datenaus-
wertung
ISBN 978-3-658-12013-9   ISBN 978-3-658-12014-6 (eBook)
DOI 10.1007/978-3-658-12014-6

Die Deutsche Nationalbibliothek verzeichnet diese Publikation in der Deutschen Nationalbi-
bliografie; detaillierte bibliografische Daten sind im Internet über http://dnb.d-nb.de abrufbar.

Springer Vieweg
© Springer Fachmedien Wiesbaden 2016

Gedruckt auf säurefreiem und chlorfrei gebleichtem Papier

Springer Fachmedien Wiesbaden ist Teil der Fachverlagsgruppe Springer Science+Business Media
(www.springer.com)

Geleitwort

„IT-Alignment" ist ein Schlagwort im internationalen Sprachgebrauch, für das es keine gängige deutsche Entsprechung gibt. Gleichwohl handelt es sich um ein Kernthema der Wirtschaftsinformatik, die sich als Bindeglied zwischen der Betriebswirtschaftslehre und der Informatik versteht. Alignment wird als die wechselseitige Abstimmung und Ausrichtung zwischen Geschäft und IT auf sämtlichen Unternehmensebenen verstanden. Durch das Attribut „wechselseitig" wird klargestellt, dass die IT auf das Geschäft abzustellen ist, dass aber auch Impulse von der IT auf das Geschäft ausgehen und Einfluss auf die Geschäftspolitik und den Betrieb haben sollten.

Das Bewusstsein für die Notwendigkeit des IT-Alignments ist in der Praxis weitgehend entwickelt und führte zu entsprechenden Anpassungen bzw. zumindest Bemühungen darum. Auch die Wissenschaft hat sich diesem Thema intensiv gewidmet. Insbesondere vor dem Hintergrund einer zunehmenden Dynamik und Komplexität des betrieblichen Umfelds steigt die Bedeutung der IT – sowohl als „Enabler" neuer Geschäftsmodelle als auch zur Unterstützung bestehender Abläufe. Aufgrund der engen Verzahnung von Geschäftsprozessen und IT betreffen Veränderungsnotwendigkeiten üblicherweise sowohl betriebswirtschaftliche als auch informationstechnische Aspekte, was die Überbrückung der sog. „Business-IT Gap" im Sinne eines effizienten, wertgenerierenden IT-Einsatzes betont.

Trotzdem ist weder in der Praxis noch in der Theorie ein zufriedenstellender Reifegrad erreicht. Insbesondere muss es aktuell darum gehen, von Einzelfalllösungen wegzukommen und generelle Vorgehensweisen zu entwickeln. Das IT-Alignment ist hierbei als mehrdimensionales und kontinuierliches Konstrukt zu verstehen, das einerseits mehrere Aspekte der Abstimmung zwischen Geschäft und IT umfasst. Die Kontinuität im Alignment will andererseits heißen, dass die Abstimmung zwischen Geschäft und IT kein einmaliger zeitpunktbezogener Akt ist, sondern wiederholt bzw. fortwährend durchzuführen ist. Das IT-Alignment stellt somit eine dauerhafte Abstimmungsaufgabe dar, die die beiden sich verändernden Perspektiven von Geschäft und IT dauerhaft aneinander ausrichten muss.

Hierzu entwickelt die Autorin einen integrierten Bezugsrahmen, der die Kerndimensionen des IT-Alignments erfasst und zueinander in Beziehung setzt. Auf dieser Grundlage wird ein architekturbasierter Ansatz zur Unterstützung des IT-Alignments bereitgestellt, der auf die modellbasierte Abstimmung von Geschäft und IT im Unternehmen fokussiert. Vor allem Unternehmensarchitekturen (engl. „Enterprise Architectures"), die die Strukturen des Unternehmens

sowohl aus fachlicher als auch aus technologischer Sicht ganzheitlich modellbasiert beschreiben, können als adäquates Instrument angesehen werden.
Unternehmensarchitekturen schaffen Transparenz und stellen eine gemeinsame Kommunikations- und Entscheidungsbasis für Geschäft und IT bereit,
um sowohl die integrierte Gestaltung des Unternehmens als auch dessen zukünftige Entwicklung im Rahmen strategischer Planungsprozesse zu unterstützen.

Die Arbeit leistet in einem aktuellen schwierigen Forschungsfeld der Wirtschaftsinformatik einen wesentlichen Beitrag zur Konsolidierung und Weiterentwicklung vorhandener Ansätze, der auch für die Praxis relevant ist. Es werden verschiedene Strömungen innerhalb der Wirtschaftsinformatik, von der IT-
Governance bis hin zu modelltheoretischen Überlegungen, zu einem ge-
schlossenen Ganzen vereinigt und in ein Konzept überführt, das zur Realisierung des IT-Alignments auf Basis der Nutzung von Unternehmensarchitekturen herangezogen werden kann.

Prof. Dr. Ulrich Hasenkamp

Danksagung

Die vorliegende Dissertation entstand während meiner Tätigkeit als wissenschaftliche Mitarbeiterin am Institut für Wirtschaftsinformatik, Abt. Prof. Dr. Ulrich Hasenkamp, an der Philipps-Universität Marburg. Nachfolgend möchte ich allen Personen danken, die zur Fertigstellung dieser Arbeit beigetragen und mich bei der Durchführung meines Promotionsvorhabens unterstützt haben.

In erster Linie bedanke ich mich bei meinem Doktorvater, Prof. Dr. Ulrich Hasenkamp, der mich stets sowohl durch fachlichen Rat und wertvolle Kritik als auch durch die Schaffung einer angenehmen Arbeitsatmosphäre bei der Erstellung dieser Arbeit unterstützt hat. Durch ihn wurden mir viele Freiheiten und Möglichkeiten, aber zugleich auch eine kontinuierliche Betreuung und persönliche Förderung geboten, für die ich ihm sehr dankbar bin. Außerdem danke ich Prof. Dr. Paul Alpar für die Übernahme des Zweitgutachtens sowie auch für die stets konstruktive und kollegiale Zusammenarbeit am Institut für Wirtschaftsinformatik. Prof. Dr. Michael Kirk danke ich für die Übernahme des Vorsitzes im Prüfungsausschuss.

Darüber hinaus danke ich allen meinen Kollegen, mit denen ich die gemeinsame Zeit am Institut verbracht habe und mit denen ich sehr viele positive Erinnerungen teile. Insbesondere danke ich Thomas Choi, Steffen Keßler und Elizaveta Kozlova für das sorgfältige Korrekturlesen und ihre kritischen Anmerkungen sowie allen Kollegen für die zahlreichen wertvollen Diskussionen und die immer sehr angenehme und freundschaftliche Zusammenarbeit. Weiterhin geht Dank an alle meine Freunde für ihr Verständnis, das sie während der letzten Jahre für meinen häufigen Zeitmangel aufbringen mussten.

Abschließend danke ich den wichtigsten Menschen in meinem Leben, meiner Familie. Meinen Eltern danke ich insbesondere dafür, dass sie mich stets bedingungslos in allen meinen Vorhaben und Plänen unterstützt, mich mein gesamtes Leben durch ihren Rückhalt gestärkt und dabei sehr oft meine vor ihre eigenen Belange gestellt haben. Sie haben schon früh den Grundstein für die Erstellung dieser Arbeit gelegt.

Mein größter Dank geht zudem an dich, Timo, da du mir trotz deiner eigenen beruflichen Belastung in allen Phasen der Fertigstellung dieser Arbeit den Rücken gestärkt hast, immer für mich da warst und mir stets sowohl durch wertvolle Anregungen als auch durch deine Liebe und moralische Unterstützung zur Seite standest. Ohne dich wäre diese Arbeit niemals zustande gekommen.

Ivonne Kröschel

Inhaltsverzeichnis

Abbildungsverzeichnis

Tabellenverzeichnis

Abkürzungsverzeichnis

ADM	Architecture Development Method
AISeL	AIS Electronic Library
ANSI	American National Standards Institute
ARIS	Architektur integrierter Informationssysteme
AS	Anwendungssystem
BE	Business Engineering
BISE	Business and Information Systems Engineering
BPM	Business Process Management
BPMN	Business Process Model and Notation
BPR	Business Process Reeningeering
bzgl.	bezüglich
CEA	Chief Enterprise Architect
CEO	Chief Executive Officer
CIO	Chief Information Officer
COO	Chief Operating Officer
COBIT	Control Objectives for Information and related Technology
CPI	Continous Process Improvement
DoDAF	U.S. Department of Defense Architecture Framework
DSR	Design Science Research
EA	Enterprise Architecture
EAM	Enterprise Architecture Management
EAP	Enterprise Architecture Planning
engl.	englisch
EPK	Ereignisgesteuerte Prozesskette
ERM	Entity-Relationship-Modell
FEAF	Federal Enterprise Architecture Framework
Fn.	Fußnote
GERAM	Generalised Reference Architecture and Methodology
GoB	Grundsätze ordnungsmäßiger Buchführung
GoM	Grundsätze ordnungsmäßiger Modellierung

GPM	Geschäftsprozessmanagement
i. d. R.	in der Regel
IEEE	Institute of Electrical and Electronics Engineers
IKS	Informations- und Kommunikationssystem
IKT	Informations- und Kommunikationstechnologie
IM	Informationsmanagement
insbes.	insbesondere
IS	Informationssystem
i. S.	im Sinne
ISA	Informationssystemarchitektur
ISACA	Information Systems Audit and Control Association
ISO	International Organization for Standardization
ISR	Information Systems Research
IT	Informationstechnologie
ITGI	IT Governance Institute
ITIL	IT Infrastructure Library
IV	Informationsverarbeitung
k. A.	keine Angabe
KI	Künstliche Intelligenz
KVP	Kontinuierlicher Verbesserungsprozess
LWS	Lagerwirtschaftssystem
MAT	Mensch-Aufgabe-Technik
mEA	Meta-Enterprise-Architecture
MEMO	Multi-Perspective Enterprise Modelling
OECD	Organisation for Economic Co-operation and Development
PDCA	Plan-Do-Check-Act
RACI	Responsible, Accountable, Consulted, Informed
RoIT	Return on IT investment
7PMG	Seven Process Modeling Guidelines
SAM	Strategic Alignment Model
SEQUAL	Semiotic Framework for Model Quality
SOA	Serviceorientierte Architektur

SoC	Separation of Concerns
SOM	Semantisches Objektmodell
Tab.	Tabelle
teilw.	teilweise
TOGAF	The Open Group Architecture Framework
UA	Unternehmensarchitektur
UAM	Unternehmensarchitekturmanagement
UML	Unified Modeling Language
WFM	Workflowmanagement
WfMC	Workflow Management Coalition
WI	Wirtschaftsinformatik
WKD	Wertschöpfungskettendiagramm
WKWI	Wissenschaftliche Kommission Wirtschaftsinformatik
zit.	zitiert

1. Einführung

1.1 Problemstellung und Zielsetzung

> *„The greatest constant of modern times is change."*
> Sterman 2000, S. 3

Das betriebliche Umfeld ist seit einigen Jahren durch einen sowohl in Intensität als auch in Schnelligkeit zunehmenden Wandel geprägt.[1] In verschiedenen Branchen und Geschäftsfeldern stehen Unternehmen[2] dynamischen und zugleich zunehmend komplexer werdenden Markt- und Umweltbedingungen gegenüber, die zum Teil schwer antizipierbare Veränderungen mit sich bringen und dazu führen, dass die Wettbewerbsfähigkeit von Unternehmen häufig maßgeblich von der Fähigkeit zur permanenten Anpassung an sich verändernde Umgebungen abhängig ist. Der zielgerichtete und dauerhafte Umgang mit Veränderungen unter komplexen, dynamischen Rahmenbedingungen zählt daher heute typischerweise zu den Kernanforderungen vieler Unternehmen.[3]

Als Ursachen für diese Dynamik werden in der Literatur u. a. die zunehmende Globalisierung, der Wandel organisatorischer Strukturen, veränderte gesetzliche Rahmenbedingungen und neue regulatorische Anforderungen, aber vor allem auch die rasant fortschreitende Entwicklung im Bereich der Informationstechnologie (IT)[4] und damit verbundene kurze Innovationszyklen der technologischen Infrastruktur identifiziert.[5] Insbesondere das Internet ist hier auch als „Schlüsseltechnologie" zu sehen. Durch die zunehmende globale Vernetzung und Diffusion moderner Informations- und Kommunikationstechnologien (IKT) einerseits sowie die dauerhafte und sofortige Verfügbarkeit von Informationen

---

[1] Vgl. hierzu und im Folgenden u. a. Laudon et al. 2010, S. 7 ff.; Kaluza und Blecker 2005, S. 2 ff.; Becker und Kahn 2005, S. 3 ff.; Österle und Winter 2000, S. 4 ff.; Österle et al. 2011, S. 8 ff.; Stalk et al. 1992, S. 62; Krüger und Petry 2005, S. 11; D'Aveni 1998, S. 183

[2] Der Unternehmensbegriff folgt in der vorliegenden Arbeit einem weiter gefassten Verständnis und umfasst – sofern nicht anders gekennzeichnet – grundsätzlich auch gemeinnützige Organisationen oder Einrichtungen der öffentlichen Verwaltungen.

[3] So wird Flexibilitätsdruck neben Preisdruck und Wettbewerbsdruck – und dabei insbesondere auch die Flexibilität der IT – heute häufig als eine der wichtigsten Herausforderungen für Unternehmen angesehen. Vgl. bspw. Amberg et al. 2009, S. 5 ff. sowie auch Abschn. 2.1.1.

[4] Der Begriff der Informationstechnologie (IT) wird im Rahmen der vorliegenden Arbeit durchgehend weit gefasst und als Oberbegriff für die gesamte Informations- und Datenverarbeitung im Unternehmen verstanden und verkürzend für Informations- und Kommunikationstechnologie (IKT) verwendet. Der IT-Begriff umfasst somit neben der technischen Sicht auch die Personen und Aufgaben, die zur Verarbeitung von Informationen beitragen. Vgl. hierzu auch Abschn. 1.2.1.

[5] Vgl. hierzu und im Folgenden u. a. Laudon et al. 2010, S. 7 ff.; Allweyer 2005, S. 4 ff.; Kaluza und Blecker 2005, S. 2; Bea und Göbel 1999, S. 385; Picot et al. 2003, S. 2 ff.; Österle und Winter 2000, S. 3 ff.

sowohl auf Kunden- als auch auf Unternehmensseite andererseits hat sich neben dem ökonomischen Wettbewerb ein intensiver Zeit- und Wissenswettbewerb entwickelt, der neben einer gestiegenen Anzahl an Wettbewerbern mit einer individualisierten Nachfrage, kürzeren Produktlebenszyklen, steigenden Kundenanforderungen, niedriger Markteintrittsbarrieren und hierdurch vor allem mit steigender Unsicherheit und Komplexität einhergeht (sog. *Hypercompetition*).[6]

Als Folge der genannten Herausforderungen steigt auch die Abhängigkeit von der IT, da zunehmend wissensintensive Geschäftsprozesse und komplexe betriebliche Strukturen eine durchgängige und angemessene Unterstützung durch die IT und Steuerung der Ressource Wissen erfordern. Für die Bereitstellung von Informationen zur richtigen Zeit, am richtigen Ort und für die richtige Person für den Umgang mit komplexen Entscheidungssituationen kann die IT – vor allem in Zeiten einer übermäßigen Informationsflut und kurzen Halbwertszeit von Informationen (*Information Overload*) – eine Schlüsselrolle zur Bewältigung von Komplexität einnehmen.[7] Gleichzeitig sind gerade innovative Veränderungen zur Schaffung und Sicherung von Wettbewerbsvorteilen heute i. d. R. IT-basiert und werden durch diese überhaupt erst ermöglicht. Die IT wird damit immer mehr zur organisatorischen Kompetenz, die durch effektive, nachhaltige Nutzung und einen zielgerichteten Einsatz wesentlich zum Unternehmenserfolg beitragen kann.[8] Es gilt: „IT must lead – not just follow – business innovation initiatives"[9].

Die IT-Landschaften vieler Unternehmen sind dabei jedoch gleichermaßen zunehmend komplex und häufig wenig transparent und beherrschbar, was einerseits zu Kostensteigerungen und einer begrenzten Handlungs- bzw. Wandlungsfähigkeit des Unternehmens sowie andererseits auch zu einer erhöhten Unzufriedenheit der Anwender trotz häufig hoher IT-Investitionen führt, da die IT nur unzureichende Prozessunterstützung hinsichtlich der sich wandelnden

[6] Der Begriff „Hypercompetition" geht auf D'Aveni zurück und bezeichnet ein besonders intensives Wettbewerbsumfeld. Vgl. D'Aveni 1998, S. 183 ff.
[7] Vgl. auch Brenner et al. 2002, S. 147 ff.; van Grembergen et al. 2004, S. 3; Lehner 2012, S. 5 ff. Krcmar 2005, S. 52-55. Die Bedeutung der IT ist dabei grundlegend auch auf die duale Beziehung zwischen Information und Technik zurückzuführen, da Information auch immer physische Eigenschaften aufweist. Vgl. Krcmar 2005, S. 309 f.
[8] Vgl. Weill und Ross 2004a, S. 1 f.; van Grembergen et al. 2004, S. 2; Brynjolffson und Hitt 2000, S. 23 ff. sowie auch die Diskussion zum Wertbeitrag der IT in Abschn. 2.2.1.2.
[9] Holland und Skarke 2008, S. 48. Vgl. hierzu weiterführend auch Abschn. 2.1.2.

fachlichen Anforderungen leistet.[10] Zusammenfassend steht Unternehmen vielfach eine immer kürzer werdende Reaktionszeit zur Verfügung, um immer komplexere Entscheidungen zu treffen. Dieser Zusammenhang wird auch durch **Abb. 1** verdeutlicht.

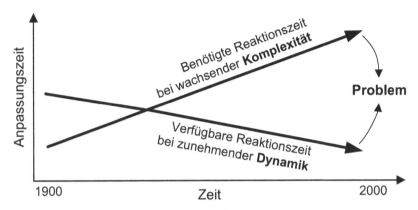

Abb. 1: Zeitschere als Managementproblem
Quelle: Aier und Schönherr 2004, S. 6.

Aufgrund der skizzierten Entwicklungen und der üblicherweise engen Verzahnung von Geschäftsprozessen und IT betreffen Veränderungsnotwendigkeiten üblicherweise sowohl betriebswirtschaftliche als auch informationstechnische Aspekte.[11] Veränderungen der Unternehmensstrategie, -strukturen oder -prozesse müssen daher üblicherweise die unterstützenden Informationssysteme mit einbeziehen; gleichermaßen müssen jedoch auch strategische und organisatorische Aspekte bei der Planung und Einführung neuer Systeme in angemessener Weise berücksichtigt werden.

Von zentraler Bedeutung ist in diesem Zusammenhang daher vor allem die wechselseitige Abstimmung und Ausrichtung zwischen Geschäft und IT auf sämtlichen Unternehmensebenen. Wesentliches Ziel dieses unter dem Begriff

---

[10] Vgl. auch Masak 2005, S. 2 f.; Österle et al. 2011, S. 7 f.; Aier und Schönherr 2004, S. 6 f. Auf operativer Ebene führt die Unzufriedenheit der Anwender dabei oft zu Eigenentwicklungen durch die Mitarbeiter – auch als End-User-Computing oder individuelle Datenverarbeitung bezeichnet – um fachliche Anforderungen an die IT-Systeme ad hoc und schnell umsetzen zu können, was jedoch zu unkontrollierten Entwicklungen der IT-Landschaft führt und mit erheblichen Risiken für die Unternehmen einhergeht. Vgl. hierzu auch bspw. Krcmar 2005, S. 136; Kozlova 2012, S. 29 ff.
[11] Vgl. Baumöl 2006, S. 314; Österle und Winter 2000, S. 4 ff.

IT-Alignment[12] subsumierten Bestrebens ist die Schaffung transparenter Strukturen und Prozesse zur Überbrückung der Differenz fachlicher Anforderungen
und deren informationstechnischer Umsetzung im Unternehmen (sog. *Business-IT Gap*) im Sinne eines effizienten, wertgenerierenden IT-Einsatzes.[13]
Durch Abstimmung von Entscheidungen, Aktivitäten und Maßnahmen in Bezug auf die IT mit den Zielen und Strategien des Unternehmens kann die IT-
Unterstützung der Geschäftsprozesse und -ziele verbessert werden, wodurch
insbesondere eine Erhöhung des (wahrgenommenen) Nutzens der IT und
damit eine Steigerung der Wirtschaftlichkeit des Gesamtunternehmens erreicht werden kann. Die IT ist kritisch für den Unternehmenserfolg und wird
heute vielfach als Haupttreiber für ökonomisches Wachstum verstanden.[14]

Vor allem aus diesem Grund hat sich das IT-Alignment im Sinne einer Integration fachlicher und IT-orientierter Gestaltungsfelder und -ziele zu einem Kernthema in der Unternehmenspraxis sowie zu einem fundamentalen For-
schungsbereich der Wirtschaftsinformatik (WI) und der anglo-amerikanischen
Information Systems Research (ISR) entwickelt und etabliert.[15] Allerdings zeigt
sich hier gleichermaßen auch, dass das IT-Alignment – trotz einer intensiven
und inzwischen langjährigen Forschungstradition – nach wie vor sowohl als
aktuelles und relevantes Forschungsthema als auch als zentraler Problembereich in der Praxis angesehen wird. Das IT-Alignment stellt typischerweise ein
komplexes und vielschichtiges Gestaltungsfeld dar, das bislang weder vollständig verstanden wird noch über in der Praxis hinreichend etablierte Metho-

---

[12] In der Literatur ist neben dem Begriff „IT-Alignment" (vgl. bspw. Moody 2003, S. 30; Chan
und Reich 2007, S. 297; Zarnekow 2003, S. 264 ff.; Heinrich und Stelzer 2009, S. 75;
Masak 2006, S. 1 ff.; Bashiri et al. 2010, S. 36) häufig auch der Begriff „IT-/Business-
Alignment" bzw. „Business-/IT-Alignment" vorzufinden (vgl. bspw. Baumöl 2006, S. 314 ff.;
Teubner 2006, S. 368 ff.). Letztere werden insbesondere auch verwendet, um speziell die
Abstimmung der IT mit der fachlichen Seite als *nicht* zur IT gehörender Teil der Unter-
nehmung zu betonen (vgl. Hoogervorst 2009, S. 198). Daneben finden sich vor allem in
der englischsprachigen Literatur zudem die Bezeichnung „IT-Strategy-Alignment" bzw.
„Strategic Alignment" (vgl. bspw. Henderson und Venkatraman 1999, S. 472; ITGI 2003a,
S. 9 ff.), wobei strategisches Alignment im Rahmen dieser Arbeit jedoch als eine von
mehreren Dimensionen des IT-Alignments verstanden wird (vgl. Abschn. 2.2.3). Nachfolgend soll – vor allem aus Gründen der Lesbarkeit sowie der IT-orientierten Ausrichtung
der Arbeit als – der Begriff (IT-)Alignment verwendet werden. Zur detaillierteren Definition,
Erklärung und Abgrenzung des Konzepts sei auf Abschn. 2.2 verwiesen.
[13] Vgl. hierzu und im Folgenden u. a. Chan und Reich 2007, S. 297 ff.; Teubner 2006, S.
368 ff.; Johannsen und Goeken 2006, S. 9 sowie insbes. Abschn. 2.2 und die dort referenzierte Literatur.
[14] Vgl. bspw. ITGI 2003a, S. 13; Laudon et al. 2010, S. 7 ff. sowie zum Wertbeitrag der IT
auch Abschn. 2.2.1.2.
[15] Vgl. u. a. Teubner 2006, S. 368; Aier und Winter 2009, S. 175; Chan und Reich 2007, S.
297 f.; Luftman 2005, S. 269 ff.; Capgemini 2012, S. 29 ff.; Amberg et al. 2009, S. 5.

den oder Best-Practices für dessen Umsetzung verfügt.[16] Wie die vorliegende Untersuchung zeigen wird, ist dies primär auf die folgenden drei Gründe bzw. konträren Auffassungen zurückzuführen:

- *Eindimensionale vs. mehrdimensionale Sichtweise:* Das IT-Alignment wird häufig auf die strategische Abstimmung zwischen Geschäft und IT reduziert. Weitere relevante Faktoren, die bspw. auch soziale und kognitive Aspekte der Abstimmung betreffen, werden i. d. R. nicht oder ohne Hinweise auf deren Implikationen oder methodische Unterstützung betrachtet. Allerdings zeigen aktuelle Forschungsbeiträge die deutliche Relevanz weiterer Gestaltungsfaktoren für das IT-Alignment.[17] Dabei besteht auch weitestgehend Unklarheit hinsichtlich der Interdependenzen und Beziehungen zwischen einzelnen Einflussfaktoren, die die Voraussetzung für ein zielgerichtetes und dauerhaftes IT-Alignment darstellen.[18] Daher erscheint es insbesondere notwendig, ein tiefergehendes Verständnis des IT-Alignments zu entwickeln, das weitere Dimensionen und Gestaltungsebenen mit einbezieht.

- *IT-Alignment als Zustand vs. IT-Alignment als Prozess:* Während viele Autoren, wie bspw. HENDERSON UND VENKATRAMAN, bereits früh explizit darauf hinweisen, dass das IT-Alignment als ein dynamisches, evolutionäres Konstrukt zu verstehen ist, das eine kontinuierliche Veränderung der Geschäfts- und IT-Domäne unter Einbeziehung externer Einflussfaktoren der Unternehmung berücksichtigen und daher stetig wandelbar sein muss,[19] unterstützen gängige Modelle und Maßnahmen zur Umsetzung des Alignments – darunter auch das SAM (Strategic Alignment Model) nach HENDERSON UND VENKATRAMAN selbst – jedoch häufig nur eine statische Sichtweise.[20] Hierzu argumentiert bspw. CHAN: „alignment is not a state, but a journey – one that is not always predictable, rational, or tightly planned. Firms are bound to be frustrated if they seek static, 'once and for all' alignment. [...] Envisioning alignment as a fluid process, involving continuous realignments, helps prepare managers for the complexities of their daily operations"[21]. Es fehlen hierbei vor allem Steuerungsinstrumente und ge-

---

[16]   Vgl. auch Chan 2002, S. 97 ff.; Chan und Reich 2007, S. 297 ff.; Ciborra 1997, S. 68 f.; Teubner 2006, S. 370 f.
[17]   Vgl. bspw. Reich und Benbasat 2000, S. 81 ff.; Beimborn et al. 2007, S. 1 ff.
[18]   Vgl. auch Chan und Reich 2007, S. 311.
[19]   Vgl. Henderson und Venkatraman 1990, S. 26 ff. Die Autoren verwenden hier treffend auch die Metapher eines beweglichen Ziels: „alignment is a dynamic concept, that is best viewed as 'shooting at a moving target'" (Henderson und Venkatraman 1990, S. 26).
[20]   Vgl. u. a. auch van Grembergen et al. 2004, S. 10; De Haes und van Grembergen 2004, S. 3; Baker et al. 2011, S. 300; Johannsen und Goeken 2006, S. 10. Bzgl. des SAM vgl. Henderson und Venkatraman 1990, S. 7 ff.; Henderson und Venkatraman 1999, S. 476 ff. sowie auch insbes. Abschn. 2.2.3.2.
[21]   Chan 2002, S. 98 f.

eignete Konzeptualisierungen, die das Alignment als fortwährende Aufgabe im Unternehmen begreifen und zielgerichtet umsetzen und dabei die typischerweise nicht-linearen Anpassungsprozesse fachlicher und informationstechnischer Elemente mit einbeziehen.[22] Die Umsetzung des IT-Alignments in Umgebungen, die durch Veränderungen geprägt sind, ist problematisch und wird in der Literatur bislang nur unzureichend adressiert.

- *Fokus auf Erklärung vs. Fokus auf Unterstützung:* Viele Autoren kritisieren, dass trotz der zahlreichen Publikationen zum Thema kaum fundierte Artefakte oder praktische Hilfestellung zur Umsetzung des IT-Alignments existieren und diese i. d. R. kaum über abstrakte Konzeptualisierungen des Konstrukts hinausgehen.[23] Zur Unterstützung des IT-Alignments werden in der Literatur dabei üblicherweise Ansätze vorgeschlagen, die grundlegend entweder in (i) Erklärungsmodelle (wie bspw. das SAM nach HENDERSON UND VENKATRAMAN und hierauf aufbauende Konzepte), (ii) theoretische oder Best-Practice-Ansätze aus dem Bereich der IT-Governance (wie bspw. ITIL oder COBIT) oder – vor allem in der neueren Literatur – (iii) architektur- bzw. modellbasierte Ansätze (wie bspw. aufbauend auf dem St. Galler Ansatz des Business Engineering) klassifiziert werden können.[24] In Bezug auf erklärungsorientierte Ansätze sind dabei insbesondere die zuvor genannten Defizite der Betrachtung des IT-Alignments als dynamisches und mehrdimensionales Konstrukt erneut anzuführen. Hinsichtlich governance- und architekturbasierter Ansätze ist demgegenüber vor allem festzustellen, dass diese häufig sehr abstrakt sind und wenig konkrete Ansatzpunkte, auch insbesondere in Bezug auf die zuvor genannten Aspekte, bieten. Zudem erfolgt vielfach keine methodische und konzeptionelle Einordnung bzw. Zuordnung von Erkenntnissen beider Perspektiven.

Die vorliegende Arbeit setzt hier an, indem zunächst ausgehend von einer Analyse der relevanten Literatur ein Bezugsrahmen abgeleitet wird, der die Betrachtung des IT-Alignments als kontinuierliche und mehrdimensionale Aufgabe versteht und die Grundlage für das entwickelte Framework darstellt. Dabei spielen hier sowohl die IT-Governance als zugrunde gelegtes Gestaltungsprinzip als auch architekturbasierte Ansätze eine wesentliche Rolle. Gerade das Konzept der Unternehmensarchitektur (UA bzw. engl. Enterprise Architecture, EA), die die Strukturen des Unternehmens sowohl aus fachlicher

---

[22] Dieser Aspekt führt z. T. auch sogar zu Argumenten gegen eine Ausrichtung von Geschäft und IT, da eine zu starre Kopplung beider Bereiche im Sinne eines einmal erreichten „Fit", d. h. eines Zustands, die Anpassungsfähigkeit des Unternehmens behindern und so zu inflexiblen Strukturen führen könne. Vgl. auch Chan und Reich 2007, S. 298; Tallon 2003, S. 1 ff.; Tallon und Pinsonneault 2011, S. 464.
[23] Vgl. bspw. Chan und Reich 2007, S. 298; Ciborra 1997, S. 67 ff. sowie auch Abschn. 2.2.
[24] Vgl. hierzu weiterführend insbes. Abschn. 2.2.4.

als auch aus technologischer Sicht modellbasiert beschreibt und durch Schaffung von Transparenz eine gemeinsame Kommunikations- und Entscheidungsbasis für Geschäft und IT bereitstellt, kann – wie sich zeigen wird – als adäquates Instrument angesehen werden, um sowohl die integrierte Gestaltung des Unternehmens als auch dessen zukünftige Entwicklung im Rahmen strategischer Planungsprozesse zu unterstützen und steht daher im Fokus der Betrachtungen. Unternehmensarchitekturen ermöglichen dabei vor allem die Bereitstellung von Informationssystemen (IS)[25], die mit den fachlichen Vorgaben der Organisation[26] konsistent sind und erscheinen somit für die Realisierung des IT-Alignments in besonderem Maße geeignet.[27]

In Hinblick auf die erarbeitete Problemstellung soll hierbei zunächst untersucht werden, welche Faktoren zur Erreichung und gleichermaßen der Aufrechterhaltung des IT-Alignments eine Rolle spielen und welche Gestaltungsfelder und Ansätze zur Unterstützung eines kontinuierlichen, mehrdimensionalen IT-Alignments von Bedeutung sind. Dabei werden verschiedene Dimensionen des IT-Alignments mithilfe eine semi-strukturieren Literaturreviews identifiziert und zueinander in Beziehung gesetzt. Ausgehend von der Beurteilung bestehender Ansätze werden zudem Gestaltungsmerkmale erarbeitet, die schließlich den Ausgangspunkt der Entwicklung des Frameworks darstellen.

Die Arbeit verfolgt somit sowohl Ziele der Erkenntnisgewinnung in Bezug auf das Verständnis des IT-Alignments als auch Gestaltungsziele zur Nutzung der gewonnenen Erkenntnisse im Rahmen der Artefaktkonstruktion.[28] Das primäre Ziel der vorliegenden Arbeit besteht dem folgend darin, ein Konzept zu entwickeln, das – aufbauend auf dem erarbeiteten Bezugsrahmen zum Verständnis des IT-Alignments und den erarbeiteten Gestaltungsmerkmalen an ein entsprechendes Konzept – die Abstimmung von IT und Geschäft angemessen

---

[25] Der Begriff des Informationssystems (IS) wird typischerweise verkürzend für Informations- und Kommunikationssysteme (IKS) verwendet, da jedes IS grundlegend auch Bestandteile der Kommunikationstechnologie enthält, und ist in der vorliegenden Arbeit ebenfalls entsprechend synonym zu verstehen. Vgl. hierzu auch bspw. Alpar et al. 2011, S. 3; Ferstl und Sinz 1998, S. 1 ff.

[26] Der Begriff der Organisation wird in der vorliegenden Arbeit weitestgehend synonym zum Unternehmensbegriff verwendet und schließt sowohl den instrumentalen als auch den institutionalen Organisationsbegriff ein. Für eine Abgrenzung vgl. bspw. Schönherr et al. 2007, S. 16-18.

[27] Vgl. hierzu insbes. auch Abschn. 3.1.2.

[28] Während Erkenntnisziele grundsätzlich auf das „Verständnis gegebener Sachverhalte" abzielen, fokussieren Gestaltungsziele typischerweise die „Gestaltung bzw. Veränderung bestehender und damit die Schaffung neuer Sachverhalte" (vgl. Becker et al. 2003, S. 11 f.). Diese Herangehensweise stellt ein gängiges Vorgehen innerhalb der gestaltungsorientierten WI-Forschung dar, da hier typischerweise die Erkenntnisgewinnung den Ausgangspunkt für die Artefaktgestaltung und damit der Problemlösung darstellt. Vgl. auch Riege et al. 2009, S. 70 f.; Hevner et al. 2004, S. 79 ff.

unterstützen kann. **Abb. 2** veranschaulicht die der Arbeit zugrunde liegende Zielsetzung, indem ausgehend von der dargelegten Problemstellung Forschungsfragen formuliert, die Ziele der Arbeit abgeleitet und in ein Gesamtbezugssystem für die Untersuchung eingeordnet werden.

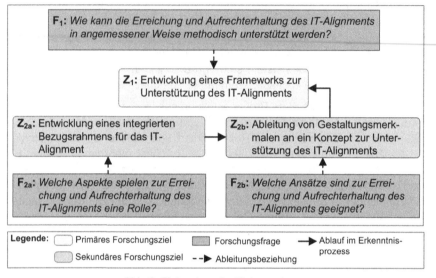

Abb. 2: Zielsystem der Untersuchung
Quelle: Eigene Darstellung.

In den nachfolgenden Abschnitten sollen hierauf aufbauend zunächst der Forschungsprozess aus methodischer Sicht begründet und die der Untersuchung zugrunde gelegten Annahmen offengelegt werden.

1.2   Einordnung und Forschungsmethodik

Im folgenden Abschnitt soll zunächst eine grundlegende Einordnung und Verortung der vorliegenden Arbeit in Bezug auf die thematische Zugehörigkeit der Untersuchung vorgenommen werden (Abschn. 1.2.1). Hierauf aufbauend werden anschließend die der Arbeit zugrunde gelegte Forschungsmethodik, die den Prozess der Problemlösung der Untersuchung systematisiert, sowie die eingenommene wissenschaftstheoretische Grundposition konkretisiert (Abschn. 1.2.2).

1.2.1 Thematische Einordnung

Die vorliegende Arbeit ist thematisch in erster Linie dem Fachgebiet der Wirtschaftsinformatik (WI) zuzuordnen. Die WI versteht sich als eigenständige, interdisziplinäre Wissenschaftsdisziplin zwischen Betriebswirtschaftslehre und

Informatik, die objektiv überprüfbare Erkenntnisse, Theorien, Methoden und Werkzeuge für die Entwicklung und den Umgang mit Informationssystemen gewinnt und ist als sozio-technische Disziplin an der Schnittstelle zwischen Mensch, Organisation und Technologie anzusiedeln.[29] Hinsichtlich der internationalen Einordnung der Disziplin ist die deutschsprachige WI vor allem in Bezug zu ihrem anglo-amerikanischen Pendant, der Information Systems Research (ISR), zu sehen. Beide Disziplinen teilen gemeinsame Forschungsschwerpunkte und -gegenstände, weisen jedoch häufig distinktive Unterschiede hinsichtlich der methodischen Ausrichtung auf.[30]

Die WI kann dabei grundlegend als Realwissenschaft verstanden werden, die Phänomene der Wirklichkeit betrachtet und vor allem Probleme der betrieblichen Praxis adressiert, und ist daher auch als anwendungsorientierte Wissenschaft zu verstehen. Darüber hinaus weist die WI als Wissenschaftsdisziplin einerseits insbesondere Merkmale einer Ingenieurwissenschaft auf, da die Gestaltung und Konstruktion von Informationssystemen eine systematische, methodisch fundierte Vorgehensweise erfordert. Andererseits finden üblicherweise zur Analyse des Einsatzes von IS auch sozial- und verhaltenswissenschaftliche Verfahren und Methoden Anwendung. SCHÜTTE folgend kann die WI weiterhin auch als Kulturwissenschaft bezeichnet werden, „deren Gegenstand die Kultur ist, d. h., ein Gegenstand, der selbst handelt"[31], wodurch auch erneut dem sozialwissenschaftlichen Charakter der WI Rechnung getragen wird.

Gegenstandsbereich der WI sind gemäß der Wissenschaftlichen Kommission Wirtschaftsinformatik (WKWI) Informationssysteme, die in Wirtschaft, Verwaltung und im Bereich der privaten Nutzung zur Unterstützung der Aufgabenerfüllung eingesetzt werden sowie auch die Rahmenbedingungen, die die Entwicklung, Einführung und Nutzung von IS beeinflussen.[32] IS werden dabei als sozio-technische Systeme verstanden, die aus menschlichen und maschinellen Komponenten (Teilsysteme) als Aufgabenträger bestehen, die jeweils voneinander abhängig sind, Beziehungen zueinander aufweisen und zur Verarbei-

---

[29] Vgl. hierzu und im Folgenden u. a. Mertens et al. 2004, S. 1 ff.; Stahlknecht und Hasenkamp 2005, S. 1 ff.; Alpar et al. 2011, S. 3 ff.; WKWI 2011, S. 1 ff.; Ferstl und Sinz 1998, S. 1 ff.; Laudon et al. 2010, S. 7 ff., S. 61 ff.; Österle et al. 2010, S. 1 ff.; Hess 2010, S. 7 ff.; Hevner et al. 2004, S. 75 ff.; Schütte 1999a, S. 229 f.; Heinrich et al. 2007, S. 15 ff. Aufgrund ihres interdisziplinären Charakters wird die WI daher auch als „Integrationsdisziplin" bezeichnet. Vgl. bspw. Becker et al. 2009, S. 1; Heinrich 2005, S. 104.
[30] Insbesondere im Sinne der Abgrenzung zwischen WI und ISR wird die WI als Disziplin im Englischen daher bspw. auch als „Business and Information Systems Engineering" (BISE) bezeichnet, wodurch v. a. auch den methodischen Unterschieden Rechnung getragen werden soll. Vgl. bspw. Buhl 2009, S. 4. Vgl. weiterführend auch Abschn. 1.2.2.1.
[31] Schütte 1999a, S. 229.
[32] Vgl. WKWI 2011, S. 1 ff. sowie die in Fn. 29 referenzierte Literatur.

tung von Informationen für betriebliche Aufgaben zusammenwirken. Sie umfassen daher sowohl Elemente der betrieblichen Aufgabenstellung als auch
den Mensch als Aufgabenträger und die Nutzung der IT. Die Informationsverarbeitung (IV) als solche bezieht sich dabei auf die Sammlung, Strukturierung,
Bereitstellung, Kommunikation, Nutzung sowie die Transformation von Daten,
Informationen und Wissen, die zur Erfüllung betrieblicher Aufgaben notwendig
sind.[33] Der primäre Zweck von IS besteht folglich darin, menschliche oder maschinelle Aufgabenträger mit Informationen zu versorgen und in ihrer Aufgabenerfüllung zu unterstützen.

Die Betrachtungen innerhalb der WI sind dabei entweder erklärungsorientiert,
d. h. es werden IT-relevante Fragestellungen untersucht (bspw. warum bestimmte IT-Investitionen nicht zum erwarteten Erfolg geführt haben), oder andererseits gestaltungsorientiert, d. h. es werden Möglichkeiten zur Gestaltung
von IS zur Unterstützung betrieblicher Aufgaben erarbeitet und umgesetzt
(bspw. die Entwicklung eines Anwendungssystems (AS)[34] für den mobilen
Vertrieb). In Hinblick auf diese inhaltliche Ausprägung in Bezug auf das Verständnis über und die Ausgestaltung von IS sind darüber hinaus auch methodische Fragestellungen relevant, die das Verständnis über und die Entwicklung von entsprechenden Methoden und Techniken der IS-Gestaltung unter-
suchen. Die WI hat damit sowohl einen inhaltlich-funktionalen als auch einen
methodischen Auftrag.[35] FERSTL UND SINZ folgend erfüllen IS in diesem Zusammenhang primär zwei unterschiedliche Arten von Aufgaben:[36]

- *Lenkung der betrieblichen Leistungserstellung*: IS dienen der Planung, Koordination, Steuerung und Kontrolle von Wertschöpfungsprozessen in Ausrichtung auf die Unternehmensziele.

- *Erstellung von Dienstleistungen*: IS sind selbst an der Erstellung betrieblicher Leistungen beteiligt, sofern diese die Verarbeitung und Bereitstellung
  von Informationen beinhaltet.

Als wesentliche Perspektiven auf Informationssysteme sind dabei die Dimensionen Organisation, Technik und Management anzuführen, deren Verständnis für einen effizienten IT-Einsatz erforderlich ist.[37] Dabei verfolgt die WI-

---

[33] Zur Abgrenzung der Begriffe Daten, Information und Wissen sei bspw. auf Hasenkamp
und Roßbach 1998, S. 956 ff. oder Krcmar 2005, S. 14 ff. verwiesen.
[34] Ein Anwendungssystems (AS) wird in der vorliegenden Arbeit gemäß der in der WI gängigen Auffassung als Teil eines IS verstanden, der der funktionsfähigen Hardware, Software
und der Daten zur Bearbeitung der jeweiligen Anwendungsaufgaben entspricht und für ein
bestimmtes betriebliches Aufgabengebiet entwickelt wurde und verwendet wird. In Abgrenzung hierzu umfassen IS darüber hinaus Organisation- und Managementaspekte.
Vgl. hierzu auch bspw. Laudon et al. 2010, S. 17 f.
[35] Vgl. auch Becker et al. 2003, S. 11 f.; Becker 2010, S. 13 f.; Hess 2010, S. 9.
[36] Vgl. Ferstl und Sinz 1998, S. 1 f.
[37] Vgl. Laudon et al. 2010, S. 22 ff.

Forschung verschiedene Zielsetzungen, wobei langfristig vor allem die Automatisierung von Aufgaben in Fällen, in denen eine maschinelle Umsetzung möglich und sinnvoll ist, angestrebt wird.[38] Die Gestaltung und der Einsatz von IS in Organisationen stellt folglich keinen Selbstzweck dar; primäres Bestreben ist es, die Erreichung betriebswirtschaftlicher Ziele, wie bspw. die Erhöhung der Qualität betrieblicher Leistungen oder die Erhöhung der Produktivität des Unternehmens, durch einen zielgerichteten IT-Einsatz zu unterstützen.[39]

Neben Fragestellungen, die grundsätzlich aus Sicht der WI relevant sind, befasst sich die vorliegende Arbeit im Randbereich darüber hinaus einerseits mit psychologischen und sozialwissenschaftlichen Aspekten, die bspw. bei der Betrachtung von Veränderungen oder Abstimmungsaufgaben und den damit verbundenen psycho-sozialen Faktoren eine Rolle spielen. Da Informationssysteme insbesondere auch als Mensch-Aufgabe-Technik-Systeme (MAT-Systeme) und Unternehmen auch als soziale Systeme zu verstehen sind, ist die Berücksichtigung verhaltensorientierter Aspekte in der WI per definitionem üblich.[40] Andererseits werden u. a. auch sprachwissenschaftliche oder organisationstheoretische Themen tangiert.

1.2.2 Forschungsmethodische Fundierung

„Die Methode gilt als Charakteristikum für wissenschaftliche Verfahren, und damit – pars pro toto – als Kennzeichen der Wissenschaften selbst."

Lorenz 1984, S. 876

Die WI versteht sich als Disziplin, in der nicht einzelne Theorien, Methoden oder Perspektiven dominieren, sondern grundlegend ein pluralistisches Verständnis angenommen wird.[41] Unter anderem, da die Ursprünge der WI sowohl in der Betriebswirtschaftslehre als auch in der Informatik zu finden sind und beide Mutterdisziplinen durch unterschiedliche methodische Forschungsansätze, aber auch durch den Einfluss benachbarter Disziplinen, wie bspw. der Schwesterdisziplin der ISR, geprägt sind, kommen in der WI daher eine Vielzahl unterschiedlicher Forschungsmethoden zum Einsatz.[42]

---

[38] Mertens bezeichnet dieses generische Ziel der WI auch als „sinnhafte Vollautomation" und versteht diese als „konkrete Utopie" der WI im Sinne eines langfristig in Teilen realisierbaren Ziels. Vgl. u. a. Mertens 2006, S. 116.

[39] Vgl. auch Laudon et al. 2010, S. 63; Frank 2010, S. 35

[40] Vgl. auch Heinrich et al. 2007, S. 15 ff.; Krcmar 2005, S. 24 f. Der Systembegriff wird in der vorliegenden Arbeit – sofern nicht anders gekennzeichnet – gemäß seinem ursprünglichen, systemtheoretischen Verständnis verwendet und umfasst nicht nur bspw. IS, sondern bezeichnet allgemein eine Menge von Elementen, die Beziehungen aufweisen und durch bestimmte Eigenschaften von ihrer Umgebung abzugrenzen sind. Vgl. Krcmar 2005, S. 25 f.; Alpar et al. 2011, S. 16 f.

[41] Vgl. u. a. WKWI 2011, S. 2 f.; Österle et al. 2010, S. 5; Frank 2006, S. 1 ff.

[42] Vgl. Becker et al. 2003, S. 3.

Nachfolgend soll ausgehend von den relevanten wissenschaftstheoretischen Grundpositionen sowie den grundlegenden Forschungsparadigmen, die in der WI vorherrschen (Abschn. 1.2.2.1), die entsprechende Forschungsmethode und die eingenommene Grundposition für die vorliegende Untersuchung abgeleitet werden (Abschn. 1.2.2.2).

1.2.2.1 Forschungsparadigmen und wissenschaftstheoretische Grundpositionen innerhalb der Wirtschaftsinformatikforschung

Unter anderem bedingt durch die genannte Interdisziplinarität der WI haben sich in der wissenschaftlichen Forschung in den vergangenen Jahren primär zwei Forschungsparadigmen im Bereich der WI herausgebildet, die sich hinsichtlich der verwendeten und akzeptierten Forschungsmethoden und erkenntnistheoretischen Annahmen grundlegend voneinander unterscheiden.[43] In der deutschsprachigen WI sind dabei traditionell überwiegend konstruktionswissenschaftliche bzw. gestaltungsorientierte Forschungsansätze vorzufinden, die primär auf die Konstruktion und Gestaltung innovativer und nützlicher Artefakte zur Lösung identifizierter Probleme abzielen.[44] Die Vorgehensweise entspricht dabei im Kern dem im englischsprachigen Raum ebenfalls verbreiteten Paradigma der Design Science Research (DSR).[45] Gestaltungsorientierte Forschung stellt dabei Prinzipien für die Entwicklung neuer wissenschaftlicher Artefakte bereit, die von Relevanz für die betriebliche Praxis sind. Artefakte stellen dabei Konstrukte, Modelle, Methoden oder Systeme dar, die vom konkreten Objektsystem abstrahieren und eine Lösung für ein identifiziertes Problem bieten. Die Ergebnisse konstruktionsorientierter Forschung sind damit typischerweise präskriptiv und grundsätzlich problemorientiert, indem sie nutzenstiftende Lösungsansätze für identifizierte Probleme zur Verfügung stellen. Die Artefakte und die Artefaktkonstruktion bauen hierbei auf etablierten (Kern-)Theorien und überprüften, etablierten Methoden auf, die wiederum

---

[43] Vgl. hierzu und im Folgenden v. a. Wilde und Hess 2007, S. 280 ff.; March und Smith 1995, S. 252 ff.; Hevner et al. 2004, S. 75 ff.; Peffers et al. 2007, S. 45 ff.; Frank 2006, S. 22 ff.; Frank 2010, S. 35 ff.; Österle et al. 2010, S. 1 ff.; Becker und Pfeiffer 2006, S. 39 ff.
[44] Im Rahmen ihrer systematischen Literaturanalyse stellen Wilde und Hess (2007, S. 284) bspw. fest, dass konstruktionsorientierte Forschungsansätze in der (deutschsprachigen) WI durchschnittlich zu 70 % verfolgt werden, während verhaltensorientierte Ansätze nur in 30 % der untersuchten Beiträge Anwendung finden, wobei jedoch von einem Trend in Richtung stärker quantitativ ausgerichteter Forschung auszugehen ist. Vgl. hierzu auch Frank 2006, S. 1.
[45] Vgl. insbes. March und Smith 1995, S. 253; Hevner et al. 2004, S. 75 ff.; Peffers et al. 2007, S. 45 ff.

durch den Forschenden[46] und ausgehend von dessen Fähigkeiten und Erfahrungen in Bezug auf die jeweilige Problemstellung erweitert werden.[47] Diesem Paradigma wird grundlegend auch in der vorliegenden Arbeit gefolgt.

Insbesondere im Bereich der englischsprachigen ISR herrscht demgegenüber vorwiegend das aus den Naturwissenschaften entstammende verhaltenswissenschaftliche Paradigma (Behavioral Science) vor, dessen Betrachtungsgegenstand primär die Analyse und Beobachtung der Gestaltung und Wirkung vorhandener Artefakte darstellen. Im Vordergrund steht die Untersuchung des Informationssystems als Phänomen zur Identifikation kausaler Zusammenhänge mithilfe quantitativ empirischer Untersuchungen. Hierzu werden auf Basis der Ableitung von Hypothesen etablierte Theorien[48] über Artefakte empirisch überprüft bzw. gebildet, die das Verhalten einer Organisation und von Personen in Bezug auf die Analyse, Gestaltung, Implementierung, das Management und die Nutzung von IS erklären mit dem Ziel, die Effektivität und Effizienz einer Organisation durch diese Erkenntnis zu erhöhen. Die Ergebnisse verhaltenswissenschaftlicher Forschung sind demnach i. d. R. deskriptiv und können wiederum selbst zur Weiterentwicklung und Verdichtung von Theorien herangezogen werden.

Das behavioristisch geprägte Forschungsparadigma wird dabei häufig aufgrund fehlender praktischer Relevanz kritisiert, da hier i. d. R. die „statistische Absicherung empirisch erhobener Gesetzmäßigkeiten existierender Systeme […] innovativen Lösungen mit hohem Nutzen für die Praxis vorgezogen"[49] werden.[50] HEVNER ET AL. beschreiben behavioristisch geprägte Forschung dabei auch in Bezug auf den Untersuchungsgegenstand der WI als passiv, indem der Einfluss von Technologien auf Personen, Gruppen und Organisationen, nicht jedoch die aktive Gestaltung von Technologien als Problemlösungsaktivität untersucht wird.[51] Demgegenüber wird der konstruktionsorien-

---

[46] Den Empfehlungen der Dudenredaktion zur sprachlichen Gleichstellung von Männern und Frauen folgend (vgl. Eickhoff 1999, S. 2 ff.) wird in der vorliegenden Arbeit im Sinne der Lesbarkeit auf die Verwendung von Doppelnennungen und Kurzformen verzichtet. Stattdessen werden soweit sinnvoll möglich Partizipien und Sachbezeichnungen, oder stellvertretend für beide Geschlechter und ohne Einschränkung der sprachlichen Gleichstellung das generische Maskulinum verwendet.

[47] Gemäß Hevner et al. (2004, S. 76) sind hierbei insbesondere die Erfahrung, Kreativität, Intuition und Problemlösungskompetenz eines Forschenden relevant.

[48] Theorien können nach Hevner et al. (2004, S. 80) als auf Prinzipien basierende Erklärungen von Phänomenen definiert werden. Für eine kritische Betrachtung des Theoriebegriffs im Kontext der wissenschaftstheoretischen Diskussion vgl. bspw. Becker und Pfeiffer 2006, S. 45 ff.

[49] Österle et al. 2010, S. 2 (in geänderter Orthografie).

[50] Wobei Kritik auch von Autoren innerhalb der jeweiligen Disziplin selbst geäußert wird. Vgl. Frank 2010, S. 36 f.

[51] Vgl. Hevner et al. 2004, S. 99 f.

tierten Forschung oft fehlende wissenschaftliche Strenge unterstellt, der wiederum durch systematische, dokumentierte und auf anerkannten Kriterien basierende Herleitung wissenschaftlicher Erkenntnis zu begegnen ist.[52]

Trotz der Verschiedenartigkeit beider Paradigmen ist gleichermaßen auch eine in mehrfacher Hinsicht sinnvoll erscheinende Dualität zu konstatieren. Die verhaltensorientierte Forschung zielt auf die Beobachtung der Realität, in der wiederum durch konstruktionsorientierte Forschung entwickelte Artefakte im Form konkreter Implementierungen verwendet werden. Durch Beobachtung der IS-Nutzung können so Schwachstellen identifiziert werden, die konkreten Anlass neuer konstruktiver Forschungsarbeit darstellen. Folglich können beide Forschungsansätze in komplementärer, interaktiver Weise zur Weiterentwicklung von IS führen und sind grundlegend in Beziehung zueinander zu sehen.[53] Die WI-Forschung sollte daher sowohl theoriebasiert als auch praxisgetrieben erfolgen.

Dieser Zusammenhang wird auch durch **Abb. 3** schematisch verdeutlicht. Nicht zuletzt aufgrund der Komplexität und Multidimensionalität des Forschungsgegenstands, des integrativen Charakters der WI sowie den methodisch auf unterschiedliche Art und Weise zu adressierenden Konstruktions- und Überprüfungsaufgaben wird in der neueren Literatur im Sinne einer wissenschaftstheoretischen Profilbildung der WI daher von vielen Autoren für einen Methodenpluralismus plädiert, der eine gleichermaßen „rigorose", d. h. wissenschaftlicher Strenge unterliegende, und „relevante", d. h. praktischen Nutzen stiftende, Forschung impliziert.[54]

Die Art und Weise der Gestaltung wissenschaftlicher Artefakte sowie deren Nachvollziehbarkeit und Konsistenz im Sinne des gestaltungsorientierten Paradigmas hängt dabei in entscheidender Weise von der Explizierung der wissenschaftstheoretischen Grundpositionen und damit der Positionierung der Analyse und Artefaktkonstruktion vor allem hinsichtlich epistemologischer, on-

---

[52] Vgl. auch Österle et al. 2010, S. 1 f.; Frank 2010, S. 37. Für eine umfassende kritische Betrachtung beider Ansätze sei auch bspw. auf Frank 2006, S. 22 ff. verwiesen.
[53] Der Ausgangspunkt wissenschaftlicher Forschung ist dabei umstritten und typischerweise geprägt durch die jeweils eingenommene paradigmatische Position. In der vorliegenden Arbeit wird grundsätzlich von einer bidirektionalen Ausrichtung beider Forschungsrichtungen ausgegangen.
[54] Vgl. u. a. Österle et al. 2010, S. 2 f.; Becker und Pfeiffer 2007, S. 9 ff. sowie die nachfolgenden Ausführungen. Die Diskussion um Methoden insbes. in Bezug zur ISR haben sich v. a. unter dem Schlagwort „Rigor vs. Relevance" etabliert, wodurch auf den vermeintlich stärkeren methodischen Anspruch der ISR und die mutmaßlich stärkere praktische Ausrichtung der WI Bezug genommen wird. Vgl. auch Hevner et al. 2004, S. 80 f.

tologischer und wahrheitstheoretischer Fragestellungen ab.[55] Während ontologische und epistemologische Positionen Aussagen in Bezug auf die Beschaffenheit und das Verständnis der Realwelt treffen, ist die zugrundliegende Wahrheitskonzeption vor allem zur Wahl geeigneter Begründungsverfahren für die nachvollziehbare Überprüfung der wissenschaftlichen Erkenntnis offenzulegen. SCHÜTTE folgend sind wissenschaftstheoretische Positionierungen dabei vor allem aus zwei Gründen sinnvoll: Einerseits wird durch die eingenommene Position hinsichtlich des Realitätsverständnisses die Einordnung und Interpretation von Forschungsergebnissen in bestimmte Paradigmen möglich, da diese maßgeblich durch die Annahmen des Forschenden beeinflusst werden. Andererseits kann die Überprüfung der Konsistenz zur wissenschaftstheoretischen Position Aufschluss über die Kompatibilität von Forschungsmethode und gewonnener Erkenntnis liefern.[56]

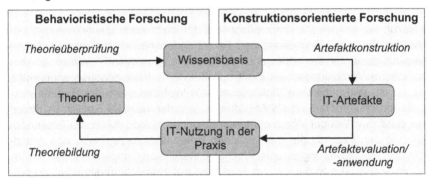

Abb. 3: Paradigmatische Dichotomie der WI-Forschung
Quelle: Eigene Darstellung in Anlehnung an Niehaves 2005, S. 4; Bucher und Winter 2009a, S. 552.

Ontologie als philosophische Disziplin[57] bezeichnet dabei grundlegend die Wissenschaft vom Seienden und befasst sich mit Fragen der Existenz und den Strukturen der Wirklichkeit. In Bezug auf wissenschaftstheoretische Fragestellungen sind hier zwei konträre Denkweisen zu unterscheiden. Einerseits wird im Rahmen eines ontologischen Realismus davon ausgegangen, dass eine

---

[55] Vgl. hierzu und im Folgenden insbes. Becker et al. 2003, S. 5 ff.; Becker und Niehaves 2007, S. 197 ff.; Schütte 1999a, S. 214 ff.; Niehaves 2005, S. 5 ff. Die genannten wissenschaftstheoretischen Aspekte sind dabei relevant für die vorliegende Betrachtung, erheben jedoch keinen Anspruch auf Vollständigkeit. Für eine ausführliche Betrachtung epistemologischer Perspektiven innerhalb der WI- bzw. IS-Forschung vgl. bspw. Becker und Niehaves 2007, S. 197 ff.
[56] Vgl. auch Schütte 1999a, S. 214 ff.
[57] Abzugrenzen ist hier der Ontologiebegriff, wie er typischerweise in Bezug auf Wissensrepräsentation und Domänenwissen (bspw. im Kontext des Semantic Web) diskutiert wird. Vgl. hierzu bspw. Guarino et al. 2009, S. 1-7.

reale Welt unabhängig von menschlicher Erkenntnis existiert. Andererseits nimmt der ontologische Idealismus stattdessen an, dass die Welt ausschließlich im menschlichen Bewusstsein existiert.[58] Die Erkenntnistheorie (Epistemologie) wiederum „beschäftigt sich mit Fragen, was, wie, inwieweit, warum, wie sicher erkannt und begründet werden kann"[59]. Grundlegend sind damit vor allem Fragestellungen nach der Quelle der Erkenntnis (Erfahrung, Verstand), wie Erkenntnis erreicht werden kann (Induktion, Deduktion) und ob die Wirklichkeit objektiv erkannt werden kann relevant. Auch hier sind Positionen des Realismus und Idealismus zu differenzieren. Der erkenntnistheoretische Realismus geht davon aus, dass der Prozess der Erkenntnisgewinnung unabhängig vom Erkennenden ablaufen und die Realität objektiv erkannt werden kann. Demgegenüber nimmt die Position des erkenntnistheoretischen Idealismus an, dass ein objektives Erkennen der Realität nicht möglich ist und diese stattdessen stets subjektiv konstruiert wird (Konstruktivismus).

In Bezug auf realistische Konzeptionen ist darüber hinaus aus erkenntnistheoretischer Sicht die Einordnung des Forschenden hinsichtlich dessen „Realitätsgläubigkeit" für die vorliegende Untersuchung relevant.[60] Während naivrealistische Vorstellungen als Extremposition eine Welt genauso annehmen, wie sie ist, und subjektive Einflüsse auf die Wahrnehmung der Realität ausschließen (Wahrnehmung als Abbildung), geht der kritische Realismus davon aus, dass die Welt der Wahrnehmung entspricht, jedoch durch den Erkennenden und den Prozess der menschlichen Erkenntnis verzerrt wird und grundsätzlich Subjektivierungen unterliegt. Die Wahl eines angemessenen Wahrheitskonzepts ist erforderlich, um Aussagen auf ihren Wahrheitsgehalt zu prüfen und gemäß dem Begründungspostulat gestaltungsorientierter Forschung entsprechende Verfahren und Kriterien zur Überprüfung des erlangten Wissens zu bestimmen. In Bezug auf die wahrheitstheoretische Grundposition sind insbesondere drei Wahrheitstheorien zu differenzieren, die sich jedoch nicht grundsätzlich ausschließen und häufig auch in Kombination angewendet werden (multiperspektivische Wahrheitskonzeption):[61]

---

[58] Weiterhin ist hier die Auffassung nach Kant zu differenzieren, die jedoch für die vorliegende Betrachtung eine untergeordnete Rolle spielt und daher nicht näher betrachtet wird. Hier wird angenommen, dass ein Betrachtungsgegenstand sowohl unabhängig von menschlicher Wahrnehmung existieren kann (Noumenon) als auch abhängig von dieser sein kann (Phänomen). Vgl. hierzu bspw. Vgl. Becker und Niehaves 2007, S. 202 f.
[59] Schütte 1999a, S. 219.
[60] Vgl. auch Schütte 1999a, S. 220 ff.; Frank 2006, S. 13.
[61] Vgl. hierzu u. a. Frank 2006, S. 14 f.; Frank 2010, S. 39 ff.; Schütte 1999a, S. 227 ff.; Becker und Niehaves 2007, S. 203 ff.

- *Korrespondenztheorie*: Der Korrespondenztheorie der Wahrheit folgend ist eine Aussage wahr, sofern diese mit einem Teil der Realität korrespondiert, die sie beschreibt. Wahrheit wird somit als Ergebnis des Abgleichs zwischen zwei in Beziehung gesetzten Aspekten, wie bspw. wissenschaftlichen Aussagen und als gegeben angenommener oder ermittelter Erkenntnis, verstanden. Korrespondenztheoretische Annahmen finden demnach auch überwiegend in behavioristischer Forschung Anwendung.

- *Kohärenztheorie*: Gemäß der Kohärenztheorie der Wahrheit wird eine Aussage hingegen als wahr angenommen, sofern diese widerspruchsfrei und kohärent in ein bereits anerkanntes Aussagensystem eingefügt werden kann. Dabei sind folglich sowohl realistische als auch idealistische und konstruktivistische Positionen mit dieser Wahrheitskonzeption vereinbar.

- *Konsenstheorie*: Aus Sicht der Konsenstheorie der Wahrheit ist demgegenüber eine Aussage dann als wahr einzustufen, wenn deren Wahrheitswert durch Übereinstimmung beteiligter und anerkannter „Experten" innerhalb eines wissenschaftlichen Diskurses akzeptiert werden kann. Der Wahrheitswert einer Aussage hängt somit auch von der Auswahl entsprechender Adressaten und den Bedingungen des Diskurses ab.

In Bezug auf konstruktionsorientierte Forschung ist die Ermittlung des Wahrheitswerts wissenschaftlicher Erkenntnis jedoch nicht allein ausschlaggebend für deren Begründung. Vielmehr sind konstruierte Artefakte FRANK folgend insbesondere auch auf ihre Angemessenheit für die Erreichung definierter Gestaltungsziele hin zu überprüfen.[62]

1.2.2.2 Methodische und wissenschaftstheoretische Einordnung der Untersuchung

Unter einer Methode sind Vorschriften und Regeln zu verstehen, die ein planmäßiges, systematisches Vorgehen definieren, das durch bestimmte Prinzipien, d. h. Handlungsgrundsätze oder Strategien, angeleitet wird und zur Erreichung festgelegter Ziele notwendig ist.[63] Methoden sind in der WI grundlegend aus zwei Perspektiven zu betrachten.[64] Zum einen sind Methoden, wie bereits in Abschn. 1.2.1 skizziert, als Forschungsgegenstand der WI zu verstehen, der zur Gestaltung von Informationssystemen herangezogen werden kann (Entwicklungsmethoden). Auf der anderen Seite sind wiederum Forschungsmethoden zu differenzieren, die zur Erkenntnisgewinnung eingesetzt werden und eine systematische Vorgehensweise bzw. ein System von Regeln

---

[62] Vgl. Frank 2006, S. 41; Frank 2010, S. 39 sowie den folgenden Abschn. 1.2.2.2 und Abschn. 5.1.

[63] Vgl. u. a. March und Smith 1995, S. 257; Stahlknecht und Hasenkamp 2005, S. 212; Lorenz 1984, S. 876-879.

[64] Vgl. hierzu und im Folgenden Wilde und Hess 2007, S. 281.

definieren, die Akteure (d. h. Forschende) im Prozess der Erkenntnisgewinnung anleiten. Während es lange Zeit in der WI nicht üblich war, die For-
schungsmethode(n) zu explizieren, wird dies jedoch heute v. a. vor dem Hintergrund eines pluralistischen Methodenangebots als notwendig erachtet, um
Forschungsaktivitäten bewusst zu reflektieren und den Forschungsprozess zur
Erlangung wissenschaftlicher Erkenntnis zielgerichtet zu strukturieren und
transparent zu machen.[65] Grundlegend erscheint dabei eine strenge und ex-
klusive Anwendung einer idealtypischen Forschungsmethode wenig zielführend. Stattdessen sollte „Forschung […] in erster Linie durch das Interesse an
Erkenntnis motiviert sein"[66], wodurch eine methodische Fundierung eines Forschungsprojekts zu wählen ist, die maßgeschneidert zur jeweiligen Zielsetzung passt und ggf. mehrere Forschungsmethoden individuell passend kom-
biniert (Forschungsmethodik).[67]

Der Forschungsansatz der vorliegenden Arbeit folgt einem gestaltungsorientierten Forschungsparadigma und zielt gemäß den obigen Ausführungen auf
die nachvollziehbare Entwicklung originärer Artefakte, die wiederum die in
Abschn. 1.1 eingeführte Problemstellung adressieren. Konkret wird neben dem
Bezugsrahmen für das IT-Alignment (vgl. Abschn. 2.2.3) ein Framework – das
sogenannte mEA-Framework – als Kernartefakt konstruiert (vgl. Kapitel 4).
Frameworks werden grundlegend zur zielorientierten Strukturierung eines Gestaltungsbereichs erstellt und typischerweise durch Kombination von Modellen
und Konzepten unter Berücksichtigung der jeweiligen Problemstellung gebildet.[68] Sie dienen als übergeordneter Rahmen zur Beschreibung und Entwicklung von IS und stellen Ordnungsschemata bzw. Orientierungshilfen zur Lösung praxisrelevanter Fragestellungen bereit.

Aus methodischer Sicht werden darüber hinaus vorwiegend deduktive und argumentative Erkenntnisverfahren angewendet, indem sowohl Forschungsergebnisse aus bestehenden Erkenntnissen abgeleitet als auch auf Basis eines
argumentativen Vorgehens hergeleitet und auf den speziellen Forschungsgegenstand der Arbeit übertragen werden. Ausgehend von der Analyse der identifizierten Literatur werden Erkenntnisse abgeleitet, die vor dem Hintergrund
der genannten Forschungsfragen systematisiert werden und die Grundlage
der Artefaktkonstruktion bilden. Die Untersuchung ist somit durchgehend quali-

---

[65] Vgl. auch Frank 2010, S. 36 ff.
[66] Frank 2010, S. 38.
[67] Vgl. auch Frank 2010, S. 38 f.; Frank 2006, S. 40 ff.
[68] Vgl. bspw. Goeken 2003, S. 19; Frank 2000, S. 203 f.; Frank 2006, S. 52 f. Für weiterführende Ausführungen vgl. hierzu auch Abschn. 4.1 und die dort referenzierte Literatur.

tativ ausgerichtet.[69] Nach FRANK sind zur weiteren Konfiguration und Spezifikation einer Forschungsmethodik dabei fünf wesentliche Faktoren zur Strukturierung eines Forschungsprojekts zu berücksichtigen, die neben einem Forschungsprozess (vgl. hierzu Abschn. 1.3) die wesentlichen Konzepte einer Forschungsmethodik definieren. **Tab.** 1 konkretisiert die forschungsmethodische Konzeption für die vorliegende Untersuchung einschließlich der jeweils relevanten Abschnitte.

Konzept	Ausprägung innerhalb der vorliegenden Untersuchung	Abschn.
Epistemologischer Beitrag	Es werden bestehende Ansätze zur Unterstützung des IT-Alignments im Allgemeinen sowie in Bezug auf die architekturbasierte Unterstützung des IT-Alignments untersucht und bewertet (*Kritik bestehenden Wissens*). Es wird ein Bezugsrahmen abgeleitet, der wiederum als Grundlage der Artefaktkonstruktion dient (*Konstruktion neuen Wissens*).	2, 3, 4
Abstrakter und konkreter Erkenntnisbeitrag	Die Artefaktkonstruktion resultiert neben dem Bezugsrahmen primär in einem Framework (*konkreter Erkenntnisbeitrag*), das sowohl auf bestehenden Ansätzen aufbaut (*Abstraktion vom Faktischen*) als auch als Beschreibung von Handlungsweisen dient, durch die die definierten Ziele erreicht werden können (*Abstraktion vom Intendierten*).	2, 4
Repräsentation	Die Repräsentation des Erkenntnisbeitrags der Untersuchung erfolgt überwiegend natürlichsprachlich, teils auch semiformal durch Nutzung von Modellierungssprachen.	2, 3, 4
Begründungskriterien und -prozess	Die Begründung des Erkenntnisbeitrags erfolgt u. a. durch Formulierung von Gestaltungsmerkmalen an das Artefakt (Begründungskriterien), die in Bezug auf die zugrunde gelegte Wahrheitskonzeption (*Abstraktion vom Faktischen*) und ihre Angemessenheit (*Abstraktion vom Intendierten*) hin betrachtet werden.	3, 5

Tab. 1: Forschungsmethodische Konzepte und deren Ausprägungen
Quelle: Eigene Zusammenstellung, basierend auf Frank 2006, S. 40 ff.

Hinsichtlich der wissenschaftstheoretischen Positionierung sind gemäß den obigen Ausführungen zudem das angenommene Realitätsverständnis im Sinne erkenntnistheoretischer und ontologischer Fragestellungen sowie auch die zugrunde gelegte Wahrheitskonzeption offenzulegen und mit der Forschungsmethode abzustimmen. Insbesondere da Modellen und der Modellierung ein hoher Stellenwert im Rahmen der vorliegenden Arbeit zukommt, ist diese Explizierung der zugrunde gelegten Grundposition von zentraler Bedeutung.[70]

---

[69] Gemäß der Untersuchung von Wilde und Hess (2007, S. 283 f.) ist diese methodische Ausrichtung typisch für konstruktionsorientierte WI-Forschung und findet hier schwerpunktmäßig Anwendung. Vgl. hierzu auch Fn. 44.
[70] Vgl. hierzu auch Abschn. 3.1.

In Bezug auf das Realitätsverständnis der vorliegenden Arbeit wird eine konstruktivistische Erkenntnisposition im Sinne eines epistemologischen Idealismus eingenommen, die davon ausgeht, dass die Wahrnehmung der Realität grundsätzlich immer durch eine subjektive Erkenntnisleistung entsteht. Die Wahrnehmung der Realwelt wird demnach von verschiedenen Faktoren beeinflusst und ist im Sinne einer individuellen Realität grundsätzlich an das wahrnehmende Subjekt gebunden. Diese Position ist in Bezug auf die Artefaktkonstruktion maßgeblich, da gestaltungsorientierte Forschung grundsätzlich subjektiven Einflüssen unterliegt. Die realistische Konzeption wird daher grundlegend abgelehnt: „Es kann keine von einem Individuum entkoppelte Sicht der Dinge geben. Es kann nicht etwas unabhängig vom Beobachtenden beobachtet werden"[71].

Gleichermaßen wird hier ein ontologischer Realismus angenommen, wodurch die Welt als grundsätzlich existent verstanden wird, deren Wahrnehmung jedoch subjektive Erkenntnis verlangt. Es wird somit grundsätzlich die Existenz einer Realwelt angenommen, jedoch keine Annahmen über deren Ausgestaltung vorweggenommen. Diese Annahme ist insbesondere auch in Bezug auf die Artefaktkonstruktion erforderlich, da sich die im Rahmen gestaltungsorientierter Forschung entworfenen Artefakte grundlegend auf die real existierende Welt beziehen und reale Problemstellungen adressieren. Diese wissenschaftstheoretische Grundposition im Sinne der Kombination von ontologischem Realismus und erkenntnistheoretischem Idealismus wird auch als gemäßigter Konstruktivismus bezeichnet[72] und begrenzt die der nachfolgenden Untersuchung zugrunde gelegte Realitätskonzeption.[73] Diese Sichtweise ist dabei durchaus üblich im Rahmen der WI-Forschung, da typischerweise angenommen wird, dass Informationssysteme durch die individuell wahrgenommenen Realitäten von Systemgestalter und Systemnutzer beeinflusst werden und hierdurch grundlegende Probleme im Umgang mit IS entstehen. Bspw. ist davon auszugehen, dass die Berücksichtigung eines möglichen Realitätsverständnisses der an der Entwicklung eines IS beteiligten Akteure den Erfolg

---

[71] Schütte 1999a, S. 226.
[72] Vgl. auch Schütte 1999a, S. 227 f. Demgegenüber ist die Kombination aus erkenntnistheoretischem und ontologischem Idealismus als radikaler Konstruktivismus zu verstehen, der eine objektiv existierende Welt (ontologische Position) und deren objektives bzw. subjektunabhängiges Erkennen (epistemologische Position) annimmt. Eine Kombination einer ontologisch idealistischen und erkenntnistheoretisch realistischen Position ist demgegenüber grundlegend auszuschließen. Vgl. hierzu auch Becker et al. 2003, S. 8.
[73] Die Ausgestaltung dieser Positionierung ist v. a. in der gestaltungsorientierten WI konsequenterweise weit verbreitet, was auch darauf zurück zuführen ist, dass eine wissenschaftliche Auseinandersetzung hier grundsätzlich erst durch Eingriffe eines Subjekts auf die Realwelt und damit verbundener Probleme und entsprechender Lösungsansätze sinnvoll erscheint (handlungswissenschaftliche Interpretation). Vgl. hierzu auch Schütte 1999a, S. 230 ff.

eines Entwicklungsprojekts positiv beeinflussen kann.[74] Insbesondere durch einerseits teilw. abstrakte Erkenntnisobjekte, andererseits eine hohe Praxisnähe als Merkmal der WI erscheint eine gemäßigte Positionierung daher grundlegend sinnvoll.[75]

Die Wahrheitskonzeption der vorliegenden Arbeit ist dabei mit dem zuvor spezifizierten Realitätsverständnis abzustimmen. Die korrespondenztheoretische Konzeption ist zunächst grundsätzlich ungeeignet für die Konstruktion von Artefakten, da diese de facto eine mögliche Welt entwerfen und in Bezug auf die erkenntnistheoretische Position eine idealistische Haltung implizieren. FRANK folgend kann es hier grundsätzlich Sinn machen, eine multiperspektivische Wahrheitskonzeption anzunehmen, um die jeweiligen Schwächen der Positionen zu kompensieren und eine möglichst angemessene Begründung wissenschaftlicher Aussagen zu erreichen.[76] Dem folgend wird in der vorliegenden Arbeit eine Kombination aus kohärenz- und konsenstheoretischer Haltung eingenommen, die vor allem aufgrund ihrer relativen Wahrheitskonzeption grundsätzlich vereinbar sind. Dementsprechend werden auf Basis der Kohärenztheorie und des entsprechenden Begründungskriteriums Aussagen in der vorliegenden Untersuchung auf ihre Kohärenz in Bezug zur relevanten Literatur beurteilt und die Wahrheit der Aussagen damit in Hinblick auf existierende und anerkannte Erkenntnis überprüft. Aus konsenstheoretischer Sicht ist wissenschaftlicher Diskurs im Rahmen gestaltungsorientierter Forschung grundsätzlich durch Diffusion der Forschungsergebnisse gegeben, wodurch nachträglicher Konsens erreicht werden kann.

1.3 Vorgehensweise und Aufbau der Arbeit

Gestaltungsorientierte Forschung verläuft idealtypisch auf Basis eines strukturierten und iterativen Erkenntnisprozesses, der BECKER folgend grundlegend in die folgenden vier Phasen unterteilt werden kann:[77]

- *Analyse*: Ausgehend von der Identifizierung eines relevanten, d. h. in der Wissenschaft und/oder betrieblichen Praxis vorherrschenden Problems ist eine Problemstellung für die Untersuchung zu bestimmen und die entsprechenden Forschungsziele zu definieren. Hierzu ist die Bedeutung des Problems herauszuarbeiten.

- *Entwurf*: Auf Basis der identifizierten Problemstellung und der Defizite vorhandener Ansätze können dann Artefakte hergeleitet werden, die einen

---

[74] Vgl. auch Heinrich et al. 2007, S. 241.
[75] Vgl. auch Dresbach 1999, S. 74 f.
[76] Vgl. Frank 2006, S. 15.
[77] Vgl. Becker 2010, S. 13 ff. sowie auch ähnlich u. a. Österle et al. 2010, S. 4 f.; March und Smith 1995, S. 255 ff.; Hevner et al. 2004, S. 78 ff.; Peffers et al. 2007, S. 52 ff.

Mehrwert für die betroffenen Anspruchsgruppen bereitstellen. Grundsätzlich sollte die Artefaktkonstruktion dabei auf bestehenden Erkenntnissen und Artefakten aufbauen und gegen existierende Lösungen aus Wissenschaft und Praxis abzugrenzen sein.

• *Evaluation*: Im Sinne von Relevanz und methodischem Anspruch der Forschung ist es erforderlich, die geschaffenen Artefakte in Hinblick auf die definierten Ziele der Artefaktkonstruktion und den Nutzen der Artefakte für die identifizierte Problemstellung zu überprüfen, damit die Schaffung von Artefakten nicht zum Selbstzweck erfolgt.

• *Diffusion*: Die Diffusion und Kommunikation der Forschungsergebnisse dient schließlich dazu, bei den identifizierten Anspruchsgruppen einen tatsächlichen Nutzen zu generieren und die Artefakte für diese zugänglich zu machen. Gleichzeitig dient die Diffusion der Erkenntnisse als Grundlage für wissenschaftlichen Diskurs.[78]

Basierend auf diesem generischen Gestaltungsprozess konstruktionsorientierter WI-Forschung sowie den in Abschn. 1.1 definierten Forschungsfragen und -zielen der vorliegenden Untersuchung gestaltet sich der Aufbau der Arbeit wie folgt. Ausgehend von der Einführung in Kapitel 1 ist die Arbeit nachfolgend in weitere fünf Hauptkapitel unterteilt. Kapitel 2 umfasst zunächst die terminologische und konzeptionelle Grundlegung der Untersuchung, indem wesentliche Begriffe, Konzepte und Methoden eingeführt werden. Zudem wird in diesem Abschnitt ausgehend von einer semi-strukturierten Literaturanalyse der Bezugsrahmen für ein mehrdimensionales und kontinuierliches IT-Alignment erarbeitet. Kapitel 3 geht dann näher auf Aspekte der Modellierung und Unternehmensarchitekturen als Gestaltungselemente für einen entsprechenden Ansatz ein und bildet somit die analytische Vorbereitung der nachfolgenden Artefaktkonstruktion. Kapitel 4 stellt anschließend das entwickelte Framework vor. Kapitel 5 geht darüber hinaus auf die Überprüfung und Beurteilung des Ansatzes ein, indem u. a. die zuvor erarbeiteten Gestaltungsmerkmale erneut aufgegriffen und bewertet werden. Kapitel 6 schließt die Arbeit mit einem Fazit und gibt ausgehend von der Beurteilung der Limitationen der Untersuchung einen Ausblick auf zukünftige Forschung. **Abb. 4** stellt den Aufbau der Arbeit einschließlich der groben Zuordnung der Kapitel zum zuvor skizzierten Forschungsprozess und der jeweiligen Zielausprägungen (vgl. **Abb. 2**) schematisch dar.[79]

---

[78] Im Falle von Dissertationen ist die Diffusion der Erkenntnisse grundsätzlich durch die erforderliche Veröffentlichung gewährleistet und spielt im Gestaltungsprozess der vorliegenden Arbeit daher eine untergeordnete Rolle.
[79] Die Zuordnung ist hier grundsätzlich nicht trennscharf zu sehen, da wie bereits erwähnt auch die Herleitung des in Kapitel 2 entwickelten Bezugsrahmens für das IT-Alignment als Entwurfsschritt verstanden werden kann.

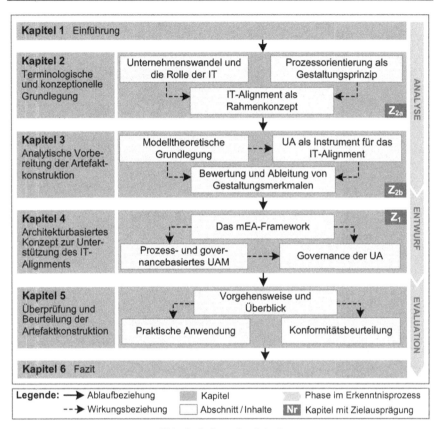

Abb. 4: Aufbau der Arbeit
Quelle: Eigene Darstellung.

2. Terminologische und konzeptionelle Grundlegung

2.1 Unternehmenswandel, Prozessorientierung und die Rolle der IT

Der Umgang mit Veränderungen[80] ist für die meisten Unternehmen heute – wie bereits in Abschn. 1.1 skizziert – entscheidend für den Erhalt ihrer Existenz. Die Reaktions- und Anpassungsfähigkeit in Bezug auf diese Veränderungen stellt damit ein wichtiges Thema für Unternehmen dar, das die betrieblichen Abläufe sowie deren technische Implementierung – und daher folglich auch deren wechselseitige Abstimmung – betrifft. Als Bindeglied zwischen Geschäft und IT stellen dabei vor allem die Geschäftsprozesse des Unternehmens einen wesentlichen Ansatzpunkt hinsichtlich der Realisierung des IT-Alignments dar.

Nachfolgend sollen daher zunächst die grundlegenden Merkmale und Ziele des organisatorischen Wandels (Abschn. 2.1.1) sowie die Wechselwirkungen zwischen Organisation und IT (Abschn. 2.1.2) betrachtet werden, bevor konkreter auf die Prozessorientierung als zugrunde liegendes Gestaltungsprinzip und die Rolle der IT in diesem Zusammenhang eingegangen wird (Abschn. 2.1.3).

2.1.1 Merkmale und Ziele des organisatorischen Wandels

> *„Alle Organisationen verändern sich; das müssen sie*
> *permanent tun, um zu überleben."*
> Masak 2006, S. 199

Der Wandel von Unternehmen kann KRÜGER folgend zunächst grundlegend durch das Spannungsfeld der drei Konstrukte Wandlungsbereitschaft, Wandlungsfähigkeit und Wandlungsbedarf – auch als 3W-Modell bezeichnet – beschrieben werden (vgl. **Abb. 5**).[81]

---

[80] Der Begriff der Veränderung wird in dieser Arbeit „einerseits als das Ergebnis einer Handlung [...] und andererseits als der aktiv oder passiv ausgelöste Prozess, der zu diesem Ergebnis führt (die Handlung), aufgefasst" (Baumöl 2008, S. 81). In Bezug auf IS werden Veränderungen dabei verstanden als Zustandsänderungen im Umfeld des IS, die zu veränderten Anforderungen und Rahmenbedingungen für das IS führen, sowie auch als Änderung des Systems selbst ausgehend von veränderten Anforderungen. Für eine detaillierte und differenzierte Auseinandersetzung mit dem Veränderungsbegriff vgl. insbes. Baumöl 2008, S. 70 ff. Die Begriffe Wandel und Veränderungen werden in der relevanten Literatur dabei üblicherweise synonym verwendet (vgl. auch Baumöl 2008, S. 69; Krüger und Petry 2005, S. 11 ff.). Diesem Vorgehen wird auch in der vorliegenden Arbeit gefolgt.

[81] Vgl. hierzu und im Folgenden Krüger 1998, S. 227 ff.; Krüger 2009, S. 19 ff.; Krüger und Petry 2005, S. 11 ff.; Aier und Schönherr 2004, S. 7 ff.; Lauer 2010, S. 78 ff.; Masak 2006, S. 199 ff.; Manella 2000, S. 83 ff.; Baumöl 2008, S. 69 ff.

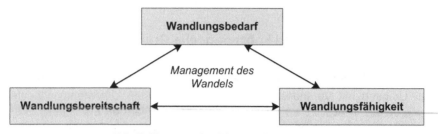

Abb. 5: Elemente des Wandels (3W-Modell)
Quelle: Eigene Darstellung in Anlehnung an Krüger 1998, S. 228.

Dabei bezeichnet der Wandlungsbedarf als Ausgangspunkt jedes Veränderungsprojekts zunächst das Ausmaß der sachlich erforderlichen Veränderungen der Unternehmung sowie deren Teilbereiche und Mitglieder. Auslösende Impulse stellen hier einerseits extrinsische Veränderungsnotwendigkeiten, bspw. bedingt durch gesetzliche Rahmenbedingungen (z. B. Basel III in der Finanzbranche), oder intrinsische Veränderungen, bspw. durch Umstrukturierung eines Unternehmensbereichs und die damit möglicherweise einhergehende Einführung einer neuen Technologie, dar. Diese Veränderungen können in Hinblick auf die jeweilige Wandlungsintensität bzw. -komplexität dabei als reproduktiver Wandel oder als transformativer Wandel klassifiziert werden. Während erstere Form des Wandels kleinere, wenig komplexe Veränderungen umfasst, die oft keinen entscheidenden Einfluss auf die Strategie und den Erfolg des Unternehmens ausüben, bezeichnet transformativer Wandel demgegenüber tiefgreifende Veränderungen, die i. d. R. komplex sind und die strategische Ausrichtung der Gesamtunternehmung beeinflussen.[82]

Dieser Wandlungsbedarf ist dabei typischerweise zunächst objektiv. Veränderungen innerhalb der Aufgabenumwelt von Unternehmen müssen durch die Unternehmung wahrgenommen, in Bezug auf deren Relevanz für das Unternehmen interpretiert und durch Einleitung entsprechender Maßnahmen – in Form von Veränderungsprojekten und -prozessen[83] – adressiert werden. EVANS folgend kann dabei entweder eine proaktive, antizipative Haltung eingenommen und zukünftige Veränderungen ex ante vorbereitet oder ex post auf ein bereits eingetretenes Ereignis reagiert werden. Folglich ist zwischen einer offensiven, proaktiven Ausrichtung, d. h. Veränderung zur Ausnutzung neuer Möglichkeiten und Chancen, oder eine defensiven, eher passiven Haltung, d. h. Veränderung als korrigierende Maßnahme, zu differenzieren.[84] Das

---

[82] Vgl. Krüger und Petry 2005, S. 11 sowie auch Abschn. 2.1.3.2.
[83] Während Veränderungsprojekte dabei die strukturelle Dimension eines Veränderungsvorhabens beschreiben, bezieht sich der Veränderungsprozess typischerweise auf dessen Ablaufperspektive. Für eine begriffliche Abgrenzung vgl. auch Baumöl 2008, S. 82.
[84] Vgl. Evans 1991, S. 75 f.

Erkennen von Veränderungen und das Beurteilen der aktuellen und zukünftigen Situation sowie auch die Entscheidung zu Veränderungen ist dabei typischerweise als Managementaufgabe definiert. Insbesondere aus Sicht der IT
und technologischer Veränderungen ist dabei vielfach eine gewisse „Kurzsich-
tigkeit" hinsichtlich notwendiger technologieinduzierter Veränderungen zu beobachten, die letztendlich zu Kostensteigerungen durch ineffiziente IS und
Marktverlust führen kann.[85] ANTONIOU UND ANSOFF folgend ist die fehlende
Wahrnehmung von Veränderungsbedarf seitens des Managements in diesem
Zusammenhang oft auf eine fehlende Abstimmung zwischen strategischem
Management und operativer IT zurückzuführen. Die Autoren differenzieren
hierbei vor allem drei sog. „Gaps", die die Einschätzung des Managements
hinsichtlich der Notwendigkeit technologischer Veränderungen negativ beeinflussen können und in Bezug auf den Untersuchungsgegenstand relevant
sind:[86]

- *Semantische Lücken*, d. h. unterschiedliche Sprache, Wahrnehmung und
  implizites Wissen der Akteure;
- *Werte- und Ziele-Lücken*, d. h. unterschiedliche Ziele, Prioritäten und Be-
  wertungsgrundlagen;
- *Informationslücken*, d. h. unterschiedlicher Informationsstand und Informationsbedarf sowie Unterschiede in der Kommunikation.

Die Wandlungsbereitschaft als zweites Konstrukt im 3W-Modell bezieht sich
demgegenüber primär auf die subjektive Einstellung und das Verhalten der an
einem Veränderungsprozess beteiligten bzw. hiervon betroffenen Personen
bzw. Organisationseinheiten. Die Wandlungsbereitschaft ist dabei als Voraussetzung hinsichtlich der Bereitwilligkeit und Akzeptanz der notwendigen Veränderungsmaßnahmen zu verstehen. Häufig sind dabei Veränderungs-
aversitäten und Widerstände zu beobachten, die bspw. durch fehlende Transparenz und Kommunikation der Gründe bzw. Ziele des Wandels, damit ver-
bundenem fehlenden Verständnis für die Veränderungsmaßnahmen, Rationa-
lisierungsängste der Mitarbeiter oder Zweifel an der Qualität der eigenen Arbeit intensiviert werden und letztendlich zum Scheitern von Veränderungsprojekten führen können.[87] Insbesondere ist hier die Schaffung einer gemeinsamen, wandlungsbereiten Unternehmenskultur sowie die Überbrückung von
Differenzen zwischen heterogenen Gruppen im Unternehmen im Hinblick auf
gemeinsame Ziele von signifikanter Bedeutung, um Veränderungen nicht als

[85] Vgl. auch Antoniou und Ansoff 2004, S. 278 f.
[86] Zur Überwindung dieser Lücken schlagen die Autoren insbes. kommunikations-, anreiz-
und lernbasierte Maßnahmen vor. Vgl. Antoniou und Ansoff 2004, S. 283 f. sowie insbes.
auch Abschn. 2.2.
[87] Vgl. hierzu auch Manella 2000, S. 86; Lauer 2010, S. 41 ff.; Becker und Kahn 2005, S. 9 f.

Bedrohung, sondern als Chance zu verstehen. Dabei ist erneut entsprechendes Verhalten und Handeln der Unternehmensführung im Rahmen des Veränderungsprozesses zu betonen, die den Wandel vorlebt und hierdurch Glaubwürdigkeit hinsichtlich des Veränderungsvorhabens erreichen kann.

Vor allem die psychologische, kulturelle und sozialwissenschaftliche Betrachtungsweise der Veränderung ist somit ein wesentlicher Faktor, der im Rahmen
des organisatorischen Wandels zu berücksichtigen ist. Organisationen als soziale Systeme und Informationssysteme als sozio-technische Systeme verei-
nen neben betriebswirtschaftlichen und technologischen auch typischerweise
menschliche Aspekte.[88] Faktoren wie Wissen, Werte, Normen, Einstellungen,
Erfahrungen und Erwartungen der an einem Veränderungsprojekt beteiligten
Akteure beeinflussen maßgeblich dessen Erfolg und müssen daher aktiv als
relevante Komponente des Veränderungsprozesses beachtet werden. Ein wesentliches Element, negativen Einstellungen der Beteiligten gegenüber Veränderungen zu begegnen ist dabei vor allem auch in der Schaffung von Transparenz und damit verbunden der Offenlegung der Ziele und Zwecke von Veränderungsprozessen und der Schaffung von Verständnis seitens der beteiligten
Akteure zu sehen.[89] Ein gemeinsames, geteiltes Verständnis kann nicht nur
dabei helfen, die Notwendigkeit für Veränderungen zu erkennen (Wandlungsbedarf), sondern auch die Akzeptanz für diese zu erhöhen.

Die Wandlungsfähigkeit (auch Wandlungspotenzial) als dritter Aspekt des
Wandels bezeichnet darüber hinaus die Fähigkeiten und Möglichkeiten zur
erfolgreichen Durchführung von Wandlungsprozessen auf Ebene der Organisation, der organisatorischen Einheiten und der einzelnen Individuen einer Organisation, die aufeinander aufbauen und sich gegenseitig bedingen. Bspw.
ergibt sich die Wandlungsfähigkeit der Organisation typischerweise aus den
niedrigeren Ebenen; gleichzeitig können Maßnahmen auf unteren Ebenen die
Wandlungsfähigkeit der Gesamtorganisation positiv beeinflussen.[90] Zur Erhöhung der Wandlungsfähigkeit von Unternehmen sind entsprechende institutio-
nelle und strukturelle Maßnahmen erforderlich, die bei kontinuierlichem Wandlungsbedarf und vorausgesetzter Wandlungsbereitschaft die Effektivität der
Unternehmung im Umgang mit Veränderungen insgesamt verbessern.

Dabei ist i. d. R. eine möglichst zeitnahe Reaktion erforderlich, bevor eine An-
häufung von Wandlungsbedarfen zu einem erheblichen Problemdruck für das
Unternehmen führt. Dieses Verständnis impliziert demnach grundlegend neben einer sachlichen und intentionalen darüber hinaus auch eine zeitliche Di-

---

[88] Vgl. auch Heinrich et al. 2007, S. 15 ff. sowie Abschn. 1.2.1.
[89] Vgl. hierzu auch Manella 2000, S. 88 f. sowie auch die Ausführungen in Abschn. 3.1.2.
[90] Vgl. auch Krüger 1998, S. 234.

mension.[91] Durch zusätzliche Betrachtung der zeitlichen Dimension des Wandels bzw. Wandlungsbedarfs wird in diesem Zusammenhang auch von Maßnahmen zur Flexibilisierung gesprochen. Flexibilität bezeichnet dabei allgemein die „Fähigkeit des Menschen, sich wechselnden Situationen rasch anzupassen"[92]. Im betrieblichen Kontext wird Flexibilität dabei häufig als Schlüssel- oder Erfolgsfaktor angesehen, um die Wettbewerbsfähigkeit von Unternehmen langfristig zu erhalten und zu verbessern.[93] Dabei lassen sich die verschiedenen, in der Literatur vorzufindenden Auslegungen des Flexibilitätsbegriffs grundlegend in mehrere Typen differenzieren, die von WAGNER ET AL. auf Basis einer strukturierten Literaturanalyse in einen Bezugsrahmen mit drei Kategorien eingeordnet werden und das Verständnis von Flexibilität im Hinblick auf die vorliegende Untersuchung strukturieren (vgl. **Abb. 6**).[94]

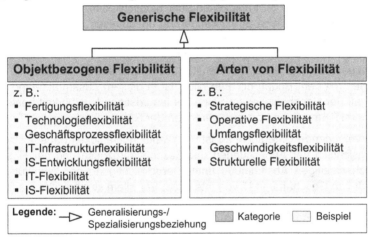

Abb. 6: Klassifikationsschema zur Systematisierung des Flexibilitätsbegriffs
Quelle: Eigene Darstellung in Anlehnung an Wagner et al. 2011a, S. 809.

---

[91] Vgl. hierzu und im Folgenden auch Eicker et al. 2007, S. 2 ff.; Kaluza und Blecker 2005, S. 2 ff.; Gronau 2000, S. 126 f.; Golden und Powell 2000, S. 373 ff.; Aier und Schönherr 2004, S. 9; Evans 1991, S. 69 ff.; Radermacher und Klein 2009, S. 53 ff.; Wagner et al. 2011a, S. 809 f.

[92] Duden 2007, S. 329. Der Begriff ist lateinischen Ursprungs und drückt grundsätzlich Veränderbarkeit, Beweglichkeit, Anpassungsfähigkeit oder Biegsamkeit aus. Vgl. auch bspw. Aier und Schönherr 2004, S. 9; Kaluza und Blecker 2005, S. 8.

[93] Synonym werden dabei in der betriebswirtschaftlichen Literatur häufig Begriffe wie bspw. Adaptivität, Agilität, Anpassungsfähigkeit, Reagibilität, Robustheit oder auch Wandlungsfähigkeit verwendet. Vgl. hierzu bspw. Kaluza und Blecker 2005, S. 6 f.; Allweyer und Scheer 1995, S. 7; Eicker et al. 2007, S. 11 ff. bzw. auch Evans 1991, S. 73 f. für eine entsprechende Übersicht englischsprachiger Synonyme.

[94] Vgl. Wagner et al. 2011a, S. 809 f.

Die Autoren unterscheiden dabei zwischen generischer Flexibilität, objektbezogener Flexibilität sowie den Arten von Flexibilität. Generische Flexibilität wird dabei häufig auf abstraktem Niveau beschrieben und typischerweise auf Basis einer systemtheoretischen Sichtweise in Veränderungen der Struktur eines Systems, d. h. Anpassung der Systemkomponenten und deren Beziehungen (Verlust der Identität), sowie deren Verhalten, d. h. der Anpassung der Systemzustände im Zeitverlauf (Erhalt der Identität), differenziert.[95] In Bezug auf die Flexibilität der IT wird hierauf aufbauend typischerweise auch zwischen Nutzungsflexibilität (*flexibility to use*) und Änderungsflexibilität (*flexibility to change*) differenziert.[96] Während Änderungsflexibilität die Möglichkeiten einer Anpassung der Struktur eines Systems zur besseren Unterstützung geänderter Anforderungen beschreibt, bezieht sich die Nutzungsflexibilität auf die systemimmanente Menge an Fähigkeiten oder Möglichkeiten, das Verhalten des Systems ohne wesentliche Strukturänderung anzupassen. Ähnlich gelten Geschäftsprozesse i. d. R. als flexibel, sofern es möglich ist, singuläre Veränderungen auf Typ- oder Instanzebene ausgehend von veränderten Anforderungen umzusetzen und dabei die Identität des Prozesses zu bewahren.[97] Eng verbunden mit dem Begriff der Flexibilität ist in diesem Zusammenhang auch der Begriff der Nachhaltigkeit im Sinne der langfristigen Nutzbarkeit bestehender IS und IT-Strukturen trotz sich verändernder Rahmenbedingungen.[98]

Für die vorliegende Untersuchung ist die Wandlungsfähigkeit dabei insbesondere hinsichtlich der Anpassungen der Geschäftsprozesse und der IT sowie der wechselseitigen Abstimmung unter Berücksichtigung der Wandlungsbereitschaft von Geschäft und IT von Interesse. Vor allem strategische Flexibilität ist bspw. in Bezug auf das strategische IT-Alignment und der Annahme eines erhöhten Wandlungsbedarfs von gesonderter Relevanz.[99] Zur gemeinsamen Umsetzung von Veränderungsvorhaben unter Mitwirkung von Geschäft und IT sind hierbei in Bezug auf das IT-Alignment vor allem die gegenseitigen Wechselwirkungen zwischen beiden Domänen von Bedeutung. Nachfolgend soll hierzu vorbereitend zunächst auf die grundlegenden Abhängigkeiten zwischen Organisation und IT eingegangen werden.

---

[95] Vgl. auch Baumöl 2008, S. 72; Wagner et al. 2011a, S. 808; Allweyer und Scheer 1995, S. 4.

[96] Vgl. hierzu u. a. Eicker et al. 2007, S. 3 ff.; Gebauer und Schober 2006, S. 127 ff. Die Wahl der jeweiligen Anpassung ist dabei i. d. R. abhängig vom Aufwand für eine Änderung des Systems. Üblicherweise wird eine Strukturänderung erforderlich, wenn der Änderungsaufwand im Verhältnis zur jeweiligen Aufgabe zu hoch wird. Vgl. auch Masak 2006, S. 156.

[97] Vgl. u. a. Regev et al. 2006, S. 90; van der Aalst et al. 2006, S. 169 sowie zu Geschäftsprozessen und der Prozessorientierung auch den nachfolgenden Abschn. 2.1.3.

[98] Vgl. bspw. Aier und Dogan 2005, S. 607 ff.

[99] Vgl. hierzu auch Peterson 2004a, S. 52 f. sowie auch Abschn. 2.2.3.2.

2.1.2 Wechselwirkungen zwischen Organisation und IT

> „[I]t is necessary for IT to challenge the business,
> not simply implement its vision."
> Chan und Reich 2007, S. 298

Gemäß dem einleitend definierten Untersuchungsgegenstand der vorliegenden Arbeit liegt ein wesentlicher Fokus auf den Herausforderungen einer gemeinsamen Ausrichtung zwischen Geschäft und IT im Unternehmen im Sinne
der Abstimmung fachlicher Anforderungen und technischer Implementierung
unter Berücksichtigung kontinuierlicher Veränderungen, was zunächst eine
Betrachtung der Interdependenzen zwischen Organisation und IT in dieser
Hinsicht erfordert.

Grundlegend ist dabei einerseits die Geschäftsdomäne zu berücksichtigen.
Diese manifestiert sich vereinfachend in Organisationsstrukturen (Aufbauor-
ganisation), die den Handlungsrahmen und das Beziehungsgefüge der Organisation vorgeben, sowie in Geschäftsprozessen (Ablauforganisation), die innerhalb dieser Strukturen ablaufen.[100] Andererseits ist die IT als Domäne zu
berücksichtigen, deren Gegenstand primär Informationssysteme einschließlich
der erforderlichen Infrastruktur sind. Integration und Abstimmung ist insbesondere zwischen diesen beiden Domänen notwendig, um einen effizienten IT-
Einsatz zu ermöglichen. **Abb. 7** stellt diesen Zusammenhang einschließlich
der Beziehungen zwischen den Domänen im Rahmen der strategischen Planung schematisch dar.

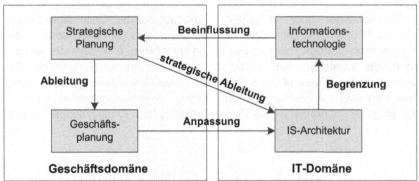

Abb. 7: Integrationsbeziehungen zwischen Domänen der Unternehmung
Quelle: Eigene Darstellung in Anlehnung an Krcmar 2005, S. 30; Parker et al. 1988, S. 59.

Wie bereits in Abschn. 1.1 angedeutet, lässt sich dabei heute typischerweise
eine bidirektionale Wirkungsfunktion der IT in Bezug auf organisatorische Ver-

---

[100] Vgl. hierzu und im Folgenden u. a. Krcmar 2005, S. 30 f.; Aier und Dogan 2005, S. 608 f.
sowie auch Abschn. 2.1.3.

änderungen und den damit verbundenen Erfolg eines Unternehmens feststellen.[101] Einerseits kann die IT als sog. „Enabler" bzw. „strategischer Partner", d. h. als Faktor, der eine differenzierte Geschäftstätigkeit und die Unterstützung neuer Geschäftsfunktionen ermöglicht, und somit als Wegbereiter neuer und innovativer Geschäftslösungen verstanden werden (sog. *Technology Push*).[102] Dabei kann der Nutzen der IT entweder dadurch entstehen, dass die IT ein anderes Geschäft ermöglicht oder es ermöglicht, das bestehende Geschäft anders zu gestalten.[103] Bspw. sind sowohl Fragen zu beantworten, die sich auf die Art und Weise der Nutzung einer neuen Technologie (z. B. Cloud-Computing) für die Unterstützung der Unternehmensprozesse beziehen als auch solche, die die Identifikation technologischer Innovationen zur Optimierung der Abläufe umfassen. Die Weiterentwicklung der IT eröffnet der Organisation damit die Möglichkeit, neue strategische Gestaltungsoptionen wahrzunehmen und ggf. Geschäftspotenziale zu realisieren, die zu einer verbesserten Wertschöpfung durch IT-Innovationen führen, und erweitert damit den Gestaltungsspielraum des organisatorischen Handelns.

Auf der anderen Seite erfordern neue strategische Ausrichtungen oder die Anpassung der Geschäftsprozesse häufig eine Änderung und Anpassung der darunter liegenden informationstechnischen Infrastruktur.[104] Die IT nimmt hier eine Unterstützungsfunktion wahr und ist gefordert, die geschäftsgetriebene Neuausrichtung der fachlichen Anforderungen bestmöglich zu erfüllen (sog. *Business Pull*). Eine einseitige Betrachtung und Gestaltung der IT im Unternehmen kann dann folglich entweder zu technologischen Defiziten, d. h. einer nicht vorhandenen oder schlechten Unterstützung der Geschäftsprozesse durch die IT und damit der möglicherweise unzureichenden Durchsetzung der Unternehmensstrategie, oder strategischen Nachteilen, d. h. der nicht vorhandenen oder schlechten Ausnutzung der Möglichkeiten der IT durch die Geschäftsstrategie, führen. MARKUS UND ROBEY bezeichnen diese grundlegenden Annahmen über die Wechselwirkung zwischen Organisation und IT auch als *Technological Imperative* (IT als Enablerfunktion) bzw. *Organizational Impera-*

---

[101] Vgl. hierzu und im Folgenden u. a. Schönherr et al. 2007, S. 34 ff.; Meyer et al. 2003, S. 446 f.; Johannsen und Goeken 2007, S. 7 ff.; Krcmar 2005, S. 315 ff.; Aier und Schönherr 2006, S. 190; van Grembergen et al. 2004, S. 2 f.

[102] Dabei ist anzumerken, dass die Rolle der IT als Enabler grundsätzlich unternehmens- und branchenabhängig zu bewerten ist. Aufgrund der fortschreitenden Durchdringung und Diffusion der IT in allen Unternehmens- und Lebensbereichen kann jedoch heute i. d. R. von einer hohen Bedeutung der IT ausgegangen werden, wenn auch zu unterschiedlicher Intensität in Abhängigkeit des Reifegrads der IT-Organisation.

[103] Vgl. auch Grohmann 2003, S. 18.

[104] Vgl. Teubner 2006, S. 368.

tive (IT als Unterstützungsfunktion).[105] Auf Basis der Analyse bestehender Literatur definieren die Autoren darüber hinaus als dritte Funktion eine *Emergent Perspective*, die die Wirkung zwischen Organisation und IT wiederum als komplex und schwer vorhersagbar begreift und damit auch der dauerhaft wechselseitigen, nicht linearen Ausrichtung beider Perspektiven Rechnung trägt.

Folglich besteht eine Wechselwirkung zwischen der Weiterentwicklung der IT und dadurch induzierten informationstechnologischen Veränderungsnotwendigkeiten auf der einen Seite und einer zunehmenden Geschäftsdynamik bedingt durch sich wandelnde ökonomische Rahmenbedingungen auf der anderen Seite.[106] Gerade vor diesem Hintergrund der Bedeutung der IT für die Erzielung von Wettbewerbsvorteilen kommt der Abstimmung zwischen Geschäft und IT, der Notwendigkeit partnerschaftlicher Beziehungen sowie dem Verständnis über den Einfluss der IT auf die Transformation der Unternehmensstrategie und deren Innovationspotenziale eine wesentliche Bedeutung zu, sodass die IT nicht mehr als alleinige Aufgabe der IT-Abteilung zu verstehen ist.[107]

Geschäftsprozesse können dabei grundlegend als Bindeglied der Entscheidungswege zwischen Strategie- und Informationssystementwicklung verstanden werden, die die Wirkung der IT sowohl als Realisierungsvoraussetzung für neue Geschäftslösungen als auch als im Sinne einer unterstützenden Funktion fachlicher Anforderungen zur Umsetzung der Unternehmensstrategie durchsetzen und integrieren typischerweise verschiedene Sichtweisen auf eine Organisation.[108] Geschäftsprozesse stellen daher typischerweise einen zentralen Betrachtungsgegenstand im Unternehmen dar, der nahezu alle betriebswirtschaftlichen und informationstechnischen Aspekte einer Unternehmung (un-)mittelbar betrifft und sowohl IT- als auch geschäftsgetriebene Veränderungsnotwendigkeiten berücksichtigen muss.[109] Durch Verbindung zwischen Wettbewerb, Unternehmensstrategie und -zielen und den entsprechenden, durch die Geschäftsprozesse umgesetzten Gestaltungsmaßnahmen kann insbesondere ausgehend von diesem Ansatzpunkt eine Abstimmung zwischen Geschäfts- und IT-Domäne erreicht werden.[110] Prozessorientierung und die Methoden des Prozessmanagements stellen daher eine wichtige Grundlage

---

[105] Vgl. Markus und Robey 1988, S. 585 ff. sowie auch Aier und Schönherr 2006, S. 190; Schönherr et al. 2007, S. 35 f.

[106] Vgl. auch Laudon et al. 2010, S. 31 f.; Radermacher und Klein 2009, S. 52 f.

[107] Vgl. auch Luftman und Brier 1999, S. 110; Grohmann 2003, S. 19.

[108] Vgl. auch Meyer et al. 2003, S. 446; Österle 1995, S. 20 f. sowie insbes. auch den nachfolgenden Abschn. 2.1.3.

[109] Vgl. Allweyer 2005, S. 25.

[110] Vgl. auch Krcmar und Schwarzer 1994, S. 16 f.; Allweyer 2005, S. 25 ff.

für das IT-Alignment dar, um beide Wirkungsrichtungen miteinander abzustimmen.[111] Dieses grundsätzliche Wirkungsprinzip der Wechselwirkungen
zwischen der Entwicklung von Geschäft, Geschäftsprozessen und der IT wird
durch **Abb. 8** vereinfachend veranschaulicht.[112]

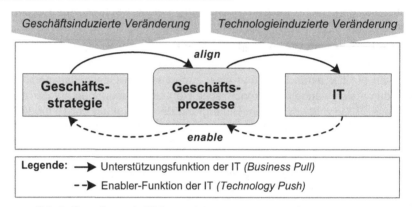

Abb. 8: Grundlegende Wirkungsrichtungen zwischen Geschäft und IT
Quelle: Eigene Darstellung.

Unter Berücksichtigung des Wandlungsbedarfs von Unternehmen sind somit
auch die Flexibilität von Geschäftsprozessen und der IT miteinander abzustimmen. Insbesondere muss die Wandlungsfähigkeit der unterstützenden IT
mindestens so hoch sein, wie der jeweilige Wandlungsbedarf der Geschäftsprozesse.[113] Gleichzeitig birgt eine flexible IT nur dann Vorteile, wenn sie die
IT-Organisation insofern verbessert, dass die erhöhte Flexibilität auch in sinn-
voller Weise die Geschäftsprozesse unterstützt und einen Wertbeitrag für das
Gesamtunternehmen leistet.[114] Aufgrund der Tatsache, dass IT-Investitionen
häufig kostenintensiv und risikoreich sind, ist hier eine sorgfältige und auf
transparenten Strukturen und Prozessen aufbauende Planung sicherzustellen,
die dabei gleichzeitig eine stabile Geschäftsprozessunterstützung und IT-
getriebene Innovation erlaubt. Die Prozessorientierung ist daher für das IT-
Alignment von zentraler Relevanz, insbesondere auch, da aufgrund der häufig
fundamentalen Bedeutung der IT für die Wertschöpfung davon auszugehen
ist, dass der Wertbeitrag der IT zu einem Großteil über die Unterstützung von
Geschäftsprozessen und die Geschäftsprozessorientierung des Unterneh-

---

[111] Vgl. auch Thomas und vom Brocke 2010, S. 68; vom Brocke 2008a, S. 1 sowie Abschn. 2.1.3.
[112] Vgl. hierzu auch Krcmar 2005, S. 32; Österle 1995, S. 21.
[113] Vgl. auch Wagner et al. 2011b, S. 54.
[114] Vgl. auch Radermacher und Klein 2009, S. 54. Zum Wertbeitrag der IT vgl. auch Abschn. 2.2.1.2.

mens realisiert werden kann.[115] Die IT ist heute i. d. R. als erfolgskritischer Faktor anzusehen, sodass nur auf Basis einer engen Zusammenarbeit der IT-Abteilung mit den Fachabteilungen und einer gegenseitigen Ausrichtung und Verzahnung beider Domänen ein wertgenerierender IT-Einsatz möglich wird.[116] Es geht folglich weniger darum, ob die IT einen Beitrag leisten kann, sondern wie der IT-Einsatz in diesem Sinne ausgestaltet sein sollte.

Im Rahmen architekturbasierter Betrachtungen sind Geschäftsprozesse dem folgend ebenfalls von besonderer Bedeutung und werden hier entsprechend auch als Bindeglied bzw. Steuerungsinstrument verstanden, welches die Basis für die Abstimmung zwischen fachlichen und IT-bezogenen Aspekte bereitstellt. Dabei werden typischerweise „die Strategie- und Systementwicklung über die Prozessentwicklung integriert [...], [sodass] im Rahmen der Prozessentwicklung nicht nur die strategischen Entscheidungen in den Geschäftsprozessen verankert, sondern auch die Voraussetzungen für die Ableitung einer geeigneten Organisationsstruktur geschaffen sowie die Weichen für das Informationssystem (IS) zur Unterstützung der betrieblichen Abläufe"[117] gestellt werden.

Die modellhafte Darstellung von Geschäftsprozessen schafft dabei eine Sicht auf das Unternehmen, die trotz unterschiedlicher Fokussierungen bzw. Detaillierungen von allen Mitarbeitern eines Unternehmens grundlegend geteilt werden kann und Geschäftsprozessmodelle somit als Schnittstelle zwischen sowohl Geschäft und IT als auch zwischen Unternehmensleitung und operativen Ebenen dienen können.[118] Es ist daher auch zu erwarten, dass die Aufgaben des Geschäftsprozessmanagements zunehmend mit denen einer architekturbasierten Unternehmensgestaltung verschmelzen.[119] Aufgrund der Bedeutung von Geschäftsprozessen für die Problemstellung der vorliegenden Arbeit und den fokussierten Lösungsansatz werden die grundsätzlichen Merkmale, Ziele und relevanten Ansätze der Prozessorientierung nachfolgend näher betrachtet.[120]

---

[115] Vgl. Johannsen und Goeken 2006, S. 11.
[116] Vgl. auch Beimborn et al. 2006, S. 337 sowie weiterführend insbes. auch Abschn. 2.2
[117] Österle et al. 2011, S. 43. Entsprechend bezeichnet Österle Geschäftsprozesse auch als „Schlüssel zur Innovation" und der Transformation des Unternehmens (vgl. Österle 1995, S. 19 f.).
[118] Vgl. auch Frank und van Laak 2003, S. 22.
[119] Vgl. Esswein und Weller 2008, S. 10.
[120] Die Betrachtung beschränkt sich dabei auf die wesentlichen Aspekte der Prozessorientierung, die für die terminologische und konzeptionelle Grundlegung der nachfolgenden Abschnitte relevant erscheinen. Zur weiterführenden Betrachtung der Thematik sei auf die Standardliteratur und Übersichtswerke zur Prozessorientierung (vgl. bspw. Gadatsch 2010, S. 1 ff.; Allweyer 2005, S. 3 ff.; Schmelzer und Sesselmann 2008, S. 1 ff.) sowie die im Folgenden referenzierte Literatur verwiesen.

2.1.3 Prozessorientierung als Gestaltungsprinzip

Ausgehend von der im vorherigen Abschnitt skizzierten Funktion von Geschäftsprozessen als Bindeglied zwischen fachlichen und informationstechnischen Gestaltungsparametern des Unternehmens wird die Bedeutung von prozessorientierten Fragestellungen und des Prozessmanagements als zentraler Forschungsgegenstand der WI-Forschung im Allgemeinen sowie in Bezug auf das architekturbasierte IT-Alignment im Speziellen deutlich.

In den nächsten Abschnitten erfolgt daher zunächst eine grundlegende terminologische und konzeptionelle Abgrenzung des Prozessbegriffs (Abschn. 2.1.3.1). Abschn. 2.1.3.2 geht anschließend näher auf das Management sowie Ansätze der Optimierung von Geschäftsprozessen ein, wodurch auch der Bezug zum vorhergehenden Abschnitt hergestellt wird.

2.1.3.1 Geschäftsprozesse: Definition und Begriffsabgrenzung

„[D]ie Prozessgestaltung [ist] geradezu stellvertretend für eine auf Abstimmung zielende Gestaltung des Organisations- und Informationssystems."

vom Brocke 2008b, S. 57

In der Betriebswirtschaftslehre finden sich erste gedankliche Ansätze zur prozessorientierten Organisationsgestaltung bereits seit den frühen 1930er-Jahren. Als Vorreiter gelten NORDSIECK, der den Betrieb als „ein fortwährender Prozess, eine ununterbrochene Leistungskette"[121] bezeichnet, sowie auch KOSIOL, der später vor allem durch die Trennung von Aufbau- und Ablauforganisation den Grundstein des heutigen Verständnisses der Prozessorientierung gelegt hat.[122] Die Trennung zwischen Aufbau- und Ablauforganisation bzw. der Organisation als Bestandsphänomen und der Organisation als dynamisches Phänomen kann dabei vor allem in der deutschsprachigen Organisationslehre als weichenstellend für die Entwicklung prozessorientierter Ansätze angesehen werden.[123] Seit den 1980er-Jahren erlangte die Prozessorientierung und der Begriff des Geschäftsprozesses dann sowohl durch wissenschaftliche Arbeiten, wie bspw. von SCHEER oder GAITANIDES, als auch verstärkt durch Veröffentlichungen aus der Unternehmenspraxis und der beratungsorientierten

---

[121] Nordsieck 1932, S. 77.
[122] Kosiol (1962, S. 32) versteht unter der Ablauforganisation dabei die „integrative [...] raumzeitliche Strukturierung der Arbeits- und Bewegungsvorgänge". Für einen historischen Überblick zur Entwicklung der Prozessorientierung vgl. bspw. Becker und Kahn 2005, S. 4 ff.; Schober 2002, S. 6 ff.; Schmelzer und Sesselmann 2008, S. 45 ff.; Gaitanides 2007; Scheer 1990.
[123] Vgl. Picot und Franck 1996, S. 16; Bea und Göbel 1999, S. 221 ff.

Literatur, wie v. a. dem durch HAMMER UND CHAMPY propagierten Konzept des Business Process Reegineering (BPR), erneute Aufmerksamkeit.[124] Ablauf- bzw. Prozessorientierung kann dabei grundlegend als eine Orientierung der Unternehmensaktivitäten an den betrieblichen Abläufen bzw. Vorgängen des Unternehmens verstanden werden, die in Abgrenzung zu einer hierarchischen Organisationsgestaltung auf Basis der funktionalen Struktur des Unternehmens vor allem die individuellen Aktivitäten der Aufgabenerfüllung fokussiert.[125] Die Prozessorganisation kann daher auch als „funktionsübergreifendes Organisationsmodell"[126] verstanden werden, in dem im Gegensatz zur funktionsorientierten Organisationsgestaltung das „Wie" und nicht das „Was" im Vordergrund steht und hierfür die Strukturierung des Unternehmens in Form von Einheiten mit Prozessverantwortung realisiert. Dabei wird der Prozessorientierung i. d. R. eine effizienzsteigernde Wirkung beigemessen, indem vor allem durch eine konsequente Kundenorientierung die Qualität der Wertschöpfung und damit die Leistungsfähigkeit einer Organisation verbessert werden kann. Als Ziele werden in der Literatur neben der Beschleunigung der betrieblichen Prozesse vor allem Kostensenkungen, Qualitätsverbesserungen sowie die Optimierung des Ressourceneinsatzes angeführt.[127] Dabei lässt sich hier jedoch vor allem in der früheren Literatur vielfach „das Aussagepotenzial [...] auf die pauschale Forderung, prozess- statt funktionsorientierte Strukturen einzuführen"[128] reduzieren.

Die Verwendung des Geschäftsprozessbegriffs erfolgt in Literatur und Unternehmenspraxis üblicherweise heterogen, teils undifferenziert und zuweilen ohne einheitliche Terminologie.[129] Aus diesem Grund erscheint es notwendig, das Verständnis der Termini Prozess, Geschäftsprozess und Workflow im Kontext der prozessorientierten Organisationsgestaltung voneinander abzugrenzen und ein für die weiterführenden Abschnitte maßgebliches Verständnis zu bestimmen. Der Prozessbegriff umfasst dabei zunächst neben der betriebswirtschaftlichen üblicherweise auch eine alltagssprachliche, generische

---

[124] Vgl. u. a. Scheer 1990; Gaitanides 1983; Hammer und Champy 1993; Hammer und Champy 1995; Davenport 1993; Davenport und Short 1990 sowie insbes. auch Abschn. 2.1.2.

[125] Vgl. hierzu und im Folgenden u. a. Gaitanides 2007, S. 102 ff.; Becker und Kahn 2005, S. 4 ff.; Gadatsch 2010, S. 12 ff.; Bea und Göbel 1999, S. 221 ff.; Bucher und Winter 2009b, S. 5 ff.; Schober 2002, S. 84; Osterloh und Frost 2006, S. 30 ff.

[126] Gaitanides 2007, S. 54.

[127] Vgl. bspw. Bea und Göbel 1999, S. 356 f.; Hammer 2010, S. 7 f.; Schönherr et al. 2007, S. 32 sowie auch Abschn. 2.1.3.2.

[128] Schober 2002, S. 101 (in geänderter Orthografie).

[129] Dies ist im Wesentlichen auch darauf zurückzuführen, dass die Prozessorientierung bereits seit Jahrzehnten in verschiedenen betriebswirtschaftlichen Forschungsbereichen und aus unterschiedlichen Blickwinkeln heraus untersucht wurde. Vgl. auch Bea und Schnaitmann 1995, S. 278.

Konnotation, gemäß der ein Prozess grundlegend mit einem Vorgang, Ablauf, Verfahren oder einer Entwicklung gleichgesetzt werden kann.[130] Ein Beispiel wäre die Buchung eines Fluges oder auch der Versand eines Pakets. In ähnlicher Weise spezifiziert der ISO-9000-Standard für das Qualitätsmanagement einen Prozess sehr allgemein als ein „System von Tätigkeiten, das Eingaben mithilfe von Mitteln in Ergebnisse umwandelt"[131]. Dieses Verständnis impliziert somit die Entwicklung eines definierten initialen Zustands zu einem finalen Resultat auf Basis der systematischen, schrittweisen Durchführung von mehr als einer Aktivität.

Hierauf aufbauend werden Prozesse in der betriebswirtschaftlich geprägten Literatur häufig in ähnlicher Weise als eine „Folge von Schritten, die aus einer Reihe von Inputs einen Output erzeugen"[132] beschrieben. Diese Schritte, teils auch als Aktivitäten oder Aufgaben bezeichnet, sind nach DAVENPORT zeitlich und räumlich spezifiziert, besitzen einen Anfangs- und ein Endzustand sowie klar definierte In- und Outputs, was zusammenfassend einen Prozess als „a structure for action"[133] definiert, also: „wer macht was wann und womit"[134].[135] In ähnlicher Weise definieren OSTERLOH UND FROST einen Prozess als einen „Ablauf [...] [bzw.] Fluss von Material, Informationen, Operationen und Entscheidungen"[136]. Ein Prozess kann demnach als ein strukturierter Vorgang verstanden werden, durch den bestimmte Eingangsobjekte (wie z. B. Materialien, Informationen) zu einer definierten Ergebnisleistung (z. B. Dokumente, Produkte) transformiert werden und wird zusammenfassend für die Untersuchung damit wie folgt definiert:[137]

Ein **Prozess** beschreibt eine strukturierte Abfolge von Aktivitäten oder Aufgaben, durch die aus einem oder mehreren Eingangsobjekten (Input) ein oder mehrere Ausgangsobjekte (Output) erzeugt werden.

Generell beschreibt ein Prozess somit ein relativ allgemeines Konstrukt, das weder Aussagen über die Art des Inputs, die Art des Outputs oder den Empfänger des erzeugten Ergebnisses, noch über die Art, den Aufbau oder den Bezugsrahmen des Prozesses trifft. Die Trennung zwischen den Begriffen Prozess und Geschäftsprozess wird in der Literatur vielfach nicht oder nicht eindeutig vollzogen, was in einer häufig synonymen Verwendung des Begriffs-

[130] Vgl. auch Duden 2007, S. 856.
[131] ISO 2009; Kiehl 2001, S. 316 (in geänderter Orthografie).
[132] Schmelzer und Sesselmann 2008, S. 64.
[133] Davenport 1993, S. 5.
[134] Becker und Kahn 2005, S. 6.
[135] Vgl. auch Gaitanides 2007, S. 54; Osterloh und Frost 2006, S. 33.
[136] Osterloh und Frost 2006, S. 33.
[137] Vgl. Bucher und Winter 2009b, S. 5. Die als Definition gekennzeichneten Aussagen sind in der vorliegenden Arbeit im Sinne einer Nominaldefinition als zweckmäßig für die Untersuchung zu sehen, folgen jedoch keinem universellen Wahrheitsanspruch.

paares resultiert.[138] Allerdings drückt sich die semantische Überschneidung beider Begriffe vielmehr in einer Generalisierungs- bzw. Spezialisierungs- statt einer Äquivalenzbeziehung aus.[139]

Ein Geschäftsprozess kann demnach als „ein spezieller Prozess, der der Erfüllung der obersten Ziele der Unternehmung dient und das zentrale Geschäftsfeld beschreibt"[140] verstanden werden, wodurch dem Geschäftsprozess als spezielle Ausprägung eines Prozesses durch das Präfix „Geschäfts-" ein betriebswirtschaftlicher Anwendungskontext unterstellt wird. Geschäftsprozesse dienen der funktionsübergreifenden Umsetzung der vom Kunden geforderten Leistungen unter Berücksichtigung der Ziele eines Unternehmens und beschreiben eine strukturierte, gebündelte Abfolge von Aktivitäten und Aufgaben zur arbeitsteiligen Erstellung dieser Leistungen.[141] In der Literatur lassen sich zahlreiche Definitionsansätze identifizieren, die sich zum einen auf Basis des jeweiligen Anwendungsbereichs oder des betonten Gestaltungsaspekts unterscheiden, zum anderen jedoch gleichermaßen über zentrale, gemeinsame Merkmale verfügen. Im Folgenden werden die signifikanten Merkmale von Geschäftsprozessen unter Berücksichtigung ihrer Relevanz für die vorliegende Arbeit aus der Literatur grob skizziert und zu einer Arbeitsdefinition konsolidiert:[142]

- *Werttransformation*: PORTER definiert Wert als Betrag, den ein Kunde für eine Prozessausbringung bezahlen würde.[143] Geschäftsprozesse zeichnen sich durch eine wertschöpfende Umwandlung (Transformation) eines oder mehrerer Inputs, bspw. Ressourcen oder Informationen, zu einem oder mehreren Outputs mit Wert für den Empfänger des Outputs (Kunde) aus. Als Kunden werden hier nicht nur externe Kunden einer Unternehmung als Empfänger eines erstellten Produkts

---

[138] Vgl. auch Becker und Schütte 2004, S. 107; Remus 2002, S. 17. Einige Autoren (wie bspw. Allweyer und Scheer 1995, S. 6; Allweyer 2005, S. 51) sprechen vereinfachend von einem Prozess, ohne näher auf Unterschiede einzugehen. Weiterhin werden häufig auch die Begriffe Unternehmensprozess (vgl. bspw. Hammer und Champy 1995, S. 12; vom Brocke 2008b, S. 13) und betrieblicher oder betriebswirtschaftlicher Prozess (vgl. bspw. Schmidt 2002, S. 1) synonym verwendet.

[139] Ist somit im Folgenden von Prozessen die Rede, schließt dieser Begriff den Geschäftsprozess als Spezialisierung des Prozessbegriffs mit ein, auch da in der vorliegenden Arbeit ein betriebswirtschaftliches Verständnis unterstellt wird. Gleichwohl umfasst die Geschäftsprozessdefinition des Prozesses als übergeordneter Begriff. Vgl. ähnlich auch bspw. Becker und Schütte 2004, S. 107 f.; Remus 2002, S. 16 f.

[140] Becker 2008, S. 1.

[141] Vgl. bspw. Schmelzer und Sesselmann 2008, S. 64 f.; Scheer 2002, S. 3; Gadatsch 2010, S. 41.

[142] Vgl. hierzu und im Folgenden insbes. Gadatsch 2010, S. 40 ff.; Bea und Schnaitmann 1995, S. 278 ff.; Becker und Kahn 2005, S. 6 f.; Gaitanides 2007, S. 99 ff.; Schmelzer und Sesselmann 2008, S. 66; Davenport 1993, S. 5; Osterloh und Frost 2006, S. 33 ff.; Scheer 2002, S. 2 ff.; Becker 2008, S. 1; Becker und Schütte 2004, S. 108; Alpar et al. 2011, S. 139 f.; Allweyer 2005, S. 12 ff.; Stahlknecht und Hasenkamp 2005, S. 206 f.

[143] Vgl. Porter 1989, S. 64; Bea und Schnaitmann 1995, S. 280.

oder einer Dienstleistung, sondern auch interne Leistungsabnehmer verstanden.[144]

- *Kunden-/Marktorientierung*: Das Prinzip der Kundenorientierung gilt als Kernaspekt der Prozessorientierung und wird insbesondere in der Literatur der 1990er-Jahre zur Abgrenzung funktionsorientierter Strukturen betont.[145] Geschäftsprozesse sind demnach stets auf die Empfänger der aus einem Geschäftsprozess resultierenden Ausbringung ausgerichtet, die der erbrachten Leistung als Ergebnis des Prozesses einen Wert bzw. Nutzen zuweisen, wodurch als Resultat Kundennutzen entsteht.

- *Strategie-/Zielorientierung*: Einhergehend mit dem Prinzip der Kundenorientierung werden Geschäftsprozesse üblicherweise aus der Strategie des Unternehmens abgeleitet und setzen diese operativ um. Die Art des zu erreichenden Outputs wird daher maßgeblich durch die aus der Strategie abgeleiteten Unternehmensziele bestimmt, wodurch die Prozessaktivitäten konsequent an diesen auszurichten sind.

- *Strukturierung/Verkettung*: Die Werttransformation erfolgt nicht arbiträr, sondern auf Basis einer festgelegten zeitlich-logischen Abfolge mehrerer zusammenhängender fachlicher Aktivitäten, wobei stets eindeutig ein Anfangs- und ein Endzustand definiert ist. Der Grad der Strukturierung ist hierbei variabel, da bspw. Innovationsprozesse i. d. R. weniger strukturiert sind als bspw. Herstellungsprozesse von Konsumgütern. Kennzeichnend ist hier jedoch, dass ein Geschäftsprozess nicht eine einzelne Aktivität, sondern eine vorgegebene, systematische Abfolge mehrerer Aktivitäten umfasst und sich in mehrere einzelne Prozessschritte zerlegen lässt.

- *Funktions-/Organisationsübergreifender Charakter*: Geschäftsprozesse sind nicht an Unternehmensgrenzen gebunden. Stattdessen sind sie i. d. R. funktions- und/oder organisationsübergreifend und weisen stets Schnittstellen zu anderen internen Funktionsbereichen oder externen Marktpartnern auf. Dies erfordert ein Zusammenspiel aller an einem Geschäftsprozess beteiligten Akteure[146], was wiederum neben einer fachlichen Abstimmung der Abläufe v. a. auch eine Integration der unterstützenden IS notwendig macht. Geschäftsprozesse sind daher aus struktureller Sicht typischerweise

---

[144] Vgl. Scheer 2002, S. 3.

[145] Das Prinzip der Kundenorientierung wird in diesem Zusammenhang daher bspw. von Picot und Franck (1996, S. 14) auch als „gemeinsame Basis der propagierten Prozessauffassungen" bezeichnet (in geänderter Orthografie).

[146] Ein Akteur wird für die vorliegende Arbeit definiert als „ein handlungsfähiges Element mit kognitiven und kommunikativen Fähigkeiten und eigenem Zielsystem" (vom Brocke 2003, S. 90).

mehrperspektivisch und integrieren verschiedene Sichten auf eine Organisation.[147]

- *Kollaboration/Arbeitsteilung*: Insbesondere bedingt durch die funktions- bzw. organisationsübergreifende Natur von Geschäftsprozessen ist stets eine Gruppe von Akteuren bzw. Rollen arbeitsteilig an einem Geschäftsprozess beteiligt. Die Durchführung eines Geschäftsprozesses bedarf somit immer der Zuweisung von Aufgaben zu Rollen und damit verbundener Verantwortlichkeiten. Aus diesem Grund spielen auch Aspekte der Kooperation, Koordination, Kommunikation und Kollaboration eine tragende Rolle.

- *IT-Unterstützung*: Die Umsetzung von Geschäftsprozessen erfolgt heute typischerweise auf Basis der Nutzung der mit den Geschäftsprozessen abgestimmten IT. In vielen Definitionen wird der Aspekt der IT-Unterstützung daher explizit erwähnt bzw. implizit vorausgesetzt und schließt somit neben der Unterstützung der Unternehmensprozesse auch die Schaffung neuer Handlungsmöglichkeiten für die organisatorische Ausgestaltung des Unternehmens durch die IT als strategischer Partner der Prozessverantwortlichen ein.[148] Darüber hinaus verlangt die IT-Unterstützung i. d. R. auch eine modellbasierten Gestaltung von Geschäftsprozessen als Grundlage für die Entwicklung und den Einsatz unterstützender IS.[149]

Zusammenfassend ergibt sich damit folgende Definition, die die genannten Merkmale integriert und das für die Untersuchung maßgebliche Begriffsverständnis vorgibt:[150]

Ein *Geschäftsprozess* ist eine strukturierte und zusammenhängende, funktions- bzw. organisationsübergreifende Menge von Aktivitäten, die unter Einfluss der Prozess- bzw. Organisationsumgebung aus definierten Eingangsobjekten arbeitsteilig und mithilfe der Nutzung von Informations- und Kommunikationstechnologien unternehmensspezifische Ausgangsobjekte erstellt, die einen Wert für einen internen oder externen Kunden besitzen und aus den Zielen des Unternehmens abgeleitet werden.

Die in der Betriebswirtschaftslehre übliche Differenzierung von Geschäftsprozessen erfolgt typischerweise in Bezug auf die Nähe der Prozesse zum Kerngeschäft des Unternehmens in Kernprozesse, Steuerungsprozesse und Unterstützungsprozesse[151], die in ihrer Gesamtheit das Gesamtgeschäftspro-

---

[147] Vgl. hierzu auch bspw. Scheer 2002, S. 32 ff.; Frank und van Laak 2003, S. 43 ff.
[148] Vgl. Abschn. 2.1.2.
[149] Vgl. hierzu insbes. auch Abschn. 3.1.
[150] In Anlehnung an Gadatsch 2010, S. 41; Becker und Schütte 2004, S. 107.
[151] Auch hier ist die verwendete Terminologie häufig uneinheitlich: Kernprozesse werden häufig auch als Leistungs-, Kerngeschäfts- oder Primärprozesse bezeichnet, während bspw. Steuerungsprozesse häufig auch als Führungs- oder Managementprozesse bezeichnet werden. Für Unterstützungsprozesse finden sich zudem häufig auch die Bezeichnungen Querschnitts- oder Supportprozesse.

zessportfolio der Organisation beschreiben und strukturieren.[152] Während
Kernprozesse als Kernaktivitäten einer Organisation auf die Bedürfnisse der
externen Kunden ausgerichtet sind und der Erstellung der unternehmensspezifischen Leistungen dienen, sind Unterstützungsprozesse primär auf die Beschaffung und Vorhaltung der Ressourcen für interne Kunden ausgerichtet, die
zur Leistungserbringung notwendig sind. Kernprozesse weisen folglich einen
starken Bezug zur Wertschöpfung auf und sind zentral und wettbewerbskri-
tisch für eine Unternehmung. Steuerungs- bzw. Managementprozesse umfassen dagegen übergeordnete, koordinierende Abläufe der Planung, Steuerung
und Kontrolle, die die gesamte Organisation betreffen, wie bspw. Prozesse zur
Definition von Zielen oder der Organisations- bzw. Strategieentwicklung.

Neben der terminologischen Unsicherheit bzgl. der Begriffe Prozess und Geschäftsprozess, werden darüber hinaus z. T. auch die Begriffe Geschäftsprozess und Workflow synonym verwendet.[153] Im Vergleich zu einem Geschäftsprozess beschreibt ein Workflow einen Arbeitsablauf jedoch auf operativer Ebene; d. h. während Geschäftsprozesse auf fachlich-konzeptioneller
Ebene definieren, *was* innerhalb eines bestimmten Arbeitsablaufs getan werden muss, stellt ein Workflow die Operationalisierung eines Geschäftsprozesses auf technischer bzw. vorgangsbezogener Ebene dar und beschreibt demnach, *wie* etwas realisiert werden soll.[154] Gemäß der Definition der Workflow
Management Coalition (WfMC) beschreibt ein Workflow einen „ganz oder teilweise automatisierten Geschäftsprozess, in dem Dokumente, Informationen
oder Aufgaben von einem Teilnehmer an einen anderen zur Ausführung entsprechend einer Menge von prozeduralen Regeln übergeben werden"[155].
Workflows werden somit häufig allgemein auch als technische Verfeinerung
bzw. informationstechnische Realisierung von Geschäftsprozessen umschrie-
ben und zeichnen sich durch ihre vollständige oder partielle Automatisierung
aus.[156]

---

[152] Vgl. hierzu und im Folgenden u. a. Gadatsch 2010, S. 44 f.; Schober 2002, S. 79; Stahlknecht und Hasenkamp 2005, S. 206; Österle 1995, S. 130 f.

[153] Die Ursache hierfür ist vermutlich vor allem in der historischen Entwicklung des Geschäftsprozessmanagements (GPM) zu sehen, da in der früheren Literatur, bevor Ansätze
wie das BPR populär wurden, das heutige GPM üblicherweise als Workflowmanagement
(WFM) bezeichnet wurde. Das GPM wird daher grundlegend auch als Erweiterung des
WFM verstanden. Vgl. van der Aalst 2004, S. 4 ff.

[154] Vgl. hierzu und im Folgenden u. a. Gadatsch 2010, S. 46 ff.; WfMC 1999, S. 7 ff.; Stahlknecht und Hasenkamp 2005, S. 424 f.; Galler und Scheer 1995, S. 20 ff.

[155] Gadatsch 2010, S. 46, zit. nach WfMC 1999, S. 8.

[156] Eine typische Klassifizierung von Workflows erfolgt daher auch häufig nach dem Grad der
Computerunterstützung (frei, teilautomatisch, automatisch) oder auch dem Grad der
Strukturierung (allgemein, fallbezogen, ad hoc). Vgl. hierzu auch Gadatsch 2010, S. 49 ff.;
Stahlknecht und Hasenkamp 2005, S. 425.

Im Rahmen der in der vorliegenden Arbeit fokussierten architekturbasierten Ansätze und der Unterstützung des IT-Alignments ist dabei insbesondere die Modellierung von Geschäftsprozessen als Teilaufgabe des Geschäftsprozessmanagements von Relevanz. Der nachfolgende Abschnitt ordnet die Prozessmodellierung an dieser Stelle ein und skizziert zudem Vorgehensweisen der Prozessoptimierung und damit der Transformation von Geschäftsprozessen im Rahmen der Unternehmens-(um-)gestaltung.

2.1.3.2 Management und Optimierung von Geschäftsprozessen

Sowohl in der wissenschaftlichen Literatur als auch in der Unternehmenspraxis wird typischerweise die hohe Bedeutung einer durchgehenden Prozessorientierung und des kontinuierlichen Managements von Geschäftsprozessen für den Unternehmenserfolg betont.[157] Ein auf alle Unternehmensbereiche ausgerichtetes Geschäftsprozessmanagement (GPM bzw. engl. Business Process Management, BPM) schafft dabei durch durchgehende Steuerung und Kontrolle der Unternehmensprozesse sowohl auf strategischer als auch auf operativer Ebene die notwendige Voraussetzung für das IT-Alignment, indem idealtypisch ausgehend von der Strategieentwicklung eine unter fachlichen und informationstechnischen Gesichtspunkten organisierte Prozessgestaltung, -implementierung und -überprüfung vollzogen wird. Zu den wesentlichen Gestaltungsmerkmalen eines zielgerichteten GPM gehört dabei in Hinblick auf den organisatorischen Wandel insbesondere die stetige Verbesserung der Geschäftsprozesse unter Berücksichtigung veränderter Anforderungen.

Nachfolgend soll daher kurz auf wesentliche Bestandteile und Merkmale des Geschäftsprozessmanagements (Abschn. 2.1.3.1) sowie auf die wesentlichen Optimierungsprinzipien von Geschäftsprozessen eingegangen werden (Abschn. 2.1.3.2).

2.1.3.2.1 Geschäftsprozessmanagement

Das Geschäftsprozessmanagement umfasst Methoden zur systematischen Entwicklung, Realisierung, Steuerung und Verbesserung der Geschäftsprozesse eines Unternehmens sowohl in Bezug auf deren fachliche als auch informationstechnische Umsetzung und integriert daher typischerweise Bestandteile und Aspekte der Organisations- und der Informationssystemgestaltung.[158] Als „Bindeglied zwischen Betriebswirtschaft und IT"[159] kann das GPM als ganzheitliches Konzept zur Organisationsgestaltung und -veränderung verstanden werden, das es erlaubt, Unternehmensprozesse über ihren gesamten

---

[157] Vgl. bspw. Allweyer 2005, S. 7.
[158] Vgl. auch vom Brocke 2008b, S. 57; Becker und Kahn 2005, S. 4 ff.; Scheer 2002, S. 42; Österle 1995, S. 16 f.
[159] Allweyer 2005, S. 33.

Lebenszyklus hinweg systematisch zu überwachen und zu steuern sowie die Prozesse umfassend zu planen, umzusetzen und kontinuierlich weiterzuentwickeln.[160] In diesem Sinne wird GPM als „integriertes Konzept von Führung, Organisation und Controlling verstanden, das eine zielgerichtete Steuerung der Geschäftsprozesse ermöglicht"[161], und hat sich inzwischen als übergeordneter Begriff für eine systematische, prozessorientierte Organisationsgestaltung etabliert.[162]

Häufig finden sich zur Umsetzung des GPM Vorgehensmodelle, die im Rahmen mehrerer Phasen die Aufgaben innerhalb des Prozesslebenszyklus beschreiben und sich hinsichtlich ihres Grundprinzips i. d. R. auf das zyklische sog. Plan-Do-Check-Act-Modell (PDCA-Modell) nach DEMING stützen.[163] Der GPM-Zyklus beschreibt dabei grundlegend die notwendigen Schritte zur kontinuierlichen Umsetzung, Überprüfung der Zielerreichung und der Optimierung von Geschäftsprozessen als Regelkreis im Sinne eines durchgängigen, iterativen Verbesserungsprozesses.[164] Nach ALLWEYER kann der Prozesslebenszyklus dabei bspw. stellvertretend in die Phasen Strategisches Prozessmanagement, Prozessentwurf, Prozessimplementierung und Prozesscontrolling unterteilt werden.[165] **Abb. 9** stellt diesen GPM-Zyklus einschließlich der zugehörigen Kernaufgaben grafisch dar.

---

[160] Vgl. auch Allweyer 2005, S. 89 ff.; Bucher und Winter 2009b, S. 6; Schmelzer und Sesselmann 2008, S. 5 ff.; Becker 2008, S. 1.

[161] Schmelzer und Sesselmann 2008, S. 4.

[162] Vgl. auch Aier und Haarländer 2007, S. 236.

[163] Der PDCA-Zyklus stellt dabei eine Weiterentwicklung des Deming-Kreises dar, den Deming ursprünglich vom Shewhart-Zyklus ableitete, und findet u. a. im Qualitätsmanagement Anwendung. Vgl. u. a. Deming 1982; Imai 1993, S. 32 f.; Schmelzer und Sesselmann 2008, S. 5 ff. sowie auch den nachfolgenden Abschn. 2.1.3.2.2.

[164] Vgl. hierzu und im Folgenden Allweyer 2005, S. 89 ff.; Aier und Haarländer 2007, S. 236 ff.; Schmelzer und Sesselmann 2008, S. 5 ff.

[165] Vgl. hierzu und im Folgenden Allweyer 2005, S. 89 ff. Trotz z. T. unterschiedlicher Phasenbezeichnungen bzw. -einteilungen herrscht dennoch weitestgehend Konsens über den grundlegenden Aufbau bzw. Ablauf des Prozessmanagements. Für ähnliche Vorgehensmodelle vgl. bspw. van der Aalst 2004, S. 4 (Process Design, System Configuration, Process Enactment, Diagnosis); Weske 2007, S. 11 ff. (Design & Analysis, Configuration, Enactment, Evaluation); Gadatsch 2010, S. 2 f. (Prozessabgrenzung, Prozessmodellierung, Prozessführung); Schmelzer und Sesselmann 2008, S. 423 (Positionierung, Identifizierung, Implementierung, Optimierung).

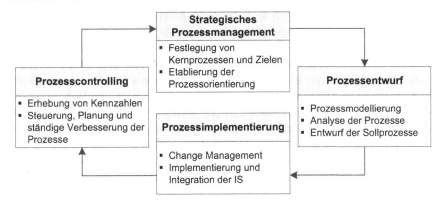

Abb. 9: Kreislauf des Geschäftsprozessmanagements
Quelle: Eigene Darstellung in Anlehnung an Allweyer 2005, S. 91.

Das Vorgehensmodell impliziert einen durchgängigen Kreislauf der Prozessverbesserung, wobei eine Abhängigkeit der einzelnen Aufgaben untereinander
besteht, indem die Ergebnisse der vorhergehenden Phasen den Ausgangspunkt für die nachfolgenden Schritte bilden und somit bei kontinuierlichem Verlauf zu einer stetigen Weiterentwicklung der Geschäftsprozesse führen. Im
Folgenden soll kurz näher auf die einzelnen Phasen eingegangen werden:

- *Strategisches Prozessmanagement*: Im Vordergrund der strategischen Betrachtung steht die Abstimmung der Geschäftsprozesse mit der Strategie
  des Unternehmens einschließlich einer ganzheitlichen Betrachtung des Gesamtunternehmens und dessen Beziehungen zur Unternehmensumwelt.
  Um dieses ganzheitliche Prinzip zu realisieren, muss das GPM vollständig
  in der Unternehmensstrategie verankert sein und die Erreichung der festgelegten Unternehmensziele fördern. Im Wesentlichen sind hierzu die fachlichen Ziele, die mit der Neugestaltung oder Anpassung eines Prozesses
  verbunden werden, bei gleichzeitiger Einbeziehung der informationstechnischen Realisierung, festzulegen. Insbesondere müssen innerhalb des strategischen Prozessmanagements auch dauerhaft die Ergebnisse des Pro-
  zesscontrollings beurteilt und hierauf aufbauend Entscheidungen getroffen
  werden, die einen erneuten oder angepassten Prozessentwurf und damit
  die kontinuierliche Weiterentwicklung der Prozesse initiieren.

- *Prozessentwurf*: Im Rahmen des Prozessentwurfs steht demgegenüber vor
  allem die Identifikation, Dokumentation und Analyse der Geschäftsprozesse
  des Unternehmens im Vordergrund. Hierzu gehören zur Prozessgestaltung
  neben der Beschreibung von Aktivitäten und Abläufen als solches üblicherweise auch Aufgaben wie die Zuordnung zu Organisationseinheiten oder
  die Berücksichtigung von Ressourcen. Typischerweise findet hier die Ge-

schäftsprozessmodellierung als Instrument zur Gestaltung und Analyse von Geschäftsprozessen Anwendung.[166] Geschäftsprozessmodelle als grafische Repräsentation der Aktivitäten, Ereignisse und des Kontrollflusses eines Prozesses dienen damit der Spezifikation der Leistungserstellung und der Koordination der Einzelaktivitäten, wobei verschiedene Abstraktionsgrade gewählt werden können. Ausgehend von ggf. vorhandenen Ist-Prozessmodellen werden Soll-Prozesse entworfen, die neben der Schaffung einer konzeptionellen Sicht auf die Unternehmensprozesse vor allem auch die Ausgangsbasis der späteren Implementierung bilden. Folglich ist „die Prozessgestaltung geradezu stellvertretend für eine auf Abstimmung zielende Gestaltung des Organisations- und Informationssystems"[167] zu sehen.

- *Prozessimplementierung*: Im Rahmen der Prozessimplementierung erfolgt dann die Umsetzung der zuvor entworfenen Geschäftsprozesse sowohl auf organisatorischer als auch auf systemtechnischer Ebene. Hierbei müssen vor allem Aspekte der Einbeziehung der und Abstimmung mit den betroffenen Mitarbeitern sowie die Integration und Anbindung der betroffenen internen oder externen Anwendungssysteme berücksichtigt werden. Insbesondere hinsichtlich der informationstechnischen Umsetzung müssen geeignete Maßnahmen getroffen werden, die die Abläufe zielführend unterstützen und eine durchgehende Einbindung der Geschäftsprozesse in die betrieblichen Anwendungssysteme zulassen. Zur Umsetzung von Veränderungsprozessen erfordert dies auch insbesondere ein durchgehendes Veränderungsmanagement, das einen kontrollierten Wandel auf beiden Ebenen ermöglicht.

- *Prozesscontrolling*: Das Prozesscontrolling dient schließlich der fortwährenden Überwachung der implementierten Geschäftsprozesse, um die Zielerreichung zu prüfen und notwendige Veränderungen frühzeitig zu erkennen und entsprechende Maßnahmen zu ergreifen. Hierbei stellen die Definition sowie die Messung und Auswertung von Prozesskennzahlen notwendige Instrumente dar, die dazu dienen, die definierten Geschäftsprozesse kontinuierlich zu verbessern. Dabei erfolgt ein Abgleich der Zielgrößen mithilfe entsprechender Methoden, wie bspw. der Prozesskostenrechnung oder dem Prozessbenchmarking, um Schwachstellen zu identifizieren. Das Prozesscontrolling kann daher auch als Voraussetzung für eine kontinuierliche Verbesserung der Unternehmensprozesse betrachtet werden.

Das Ziel des GPM besteht somit im Kern in einer effektiveren und effizienteren Zielerreichung des Unternehmens, indem Konzepte, Methoden und Mecha-

---

[166] Zur (Geschäftsprozess-)Modellierung vgl. insbes. auch Abschn. 3.1.
[167] Vom Brocke 2008b, S. 57.

nismen zur Unterstützung der Planung, Gestaltung, Steuerung und Umsetzung der betrieblichen Abläufe die integrierte und kontinuierliche Ausrichtung aller an einem Geschäftsprozess beteiligten Akteure und Ressourcen systematisch fördern.[168] Das GPM kann dabei als Voraussetzung für die Flexibilität der Organisation sowie die strukturelle Abstimmung zwischen Geschäft und IT angesehen werden, da hierdurch ein geeignetes methodisches Instrument zur systematischen Verbesserung der Geschäftsprozesse auf Basis einer Integration sowohl der fachlichen als auch der technischen Sicht ausgehend von der strategischen Ausrichtung des Unternehmens geschaffen wird. Die Verbesserung bzw. Optimierung von Geschäftsprozessen wird im folgenden Abschnitt thematisiert.

2.1.3.2.2 Geschäftsprozessoptimierung

Die aktive und gezielte Verbesserung von Geschäftsprozessen infolge sich ändernder Rahmenbedingungen stellt typischerweise ein zentrales Managementthema dar und ist insbesondere hinsichtlich eines sich stetig wandelnden Geschäftsumfelds von zentraler Bedeutung.[169] Die Notwendigkeit der Anpassung von Geschäftsprozessen kann dabei aus verschiedenen Gründen resultieren, die zunächst primär in externe und interne Auslöser untergliedert werden können.[170] Zu den externen Gründen gehören Veränderungen, die sich im Umfeld eines Unternehmens ergeben, wie bspw. neue gesetzliche Anforderungen oder veränderte Marktbedingungen. ALLWEYER UND SCHEER unterscheiden hier zudem in Änderungen, die einen direkten Einfluss auf den Geschäftsprozess ausüben (z. B. notwendige Prozessänderung durch fehlende Ressourcen) sowie solche, die den Prozess nur indirekt beeinflussen (z. B. Änderung von benachbarten Prozessen). Interne Gründe des Wandlungsbedarfs umfassen dagegen überwiegend Veränderungen, die durch Identifikation möglicher Probleme oder Verbesserungspotenziale hervorgerufen werden, ohne dass sich die externen Rahmenbedingungen des Geschäftsprozesses bzw. des Unternehmens geändert haben.

Die Transformation von Geschäftsprozessen kann dabei an verschiedene Ziele geknüpft sein, die im Kern auf die Steigerung der Effizienz von Geschäftsprozessen und damit der Leistungsfähigkeit des Unternehmens abzielen. Typischerweise lassen sich diese Ziele aus den Unternehmenszielen ableiten und grundlegend in ein Spannungsfeld zwischen v. a. den Dimensionen Zeit,

---

[168] Vgl. u. a. auch Eicker et al. 2007, S. 14; Schmelzer und Sesselmann 2008, S. 5; Neumann et al. 2005, S. 299 ff.; Gadatsch 2010, S. 1 ff.

[169] So ergab bspw. eine von Gartner Research durchgeführte Untersuchung im Jahr 2010, dass insbesondere der Verbesserung der betrieblichen Prozesse in Zeiten des Wandels die größte Bedeutung beizumessen ist. Vgl. McDonald 2010, S. 1.

[170] Vgl. hierzu und im Folgenden Allweyer und Scheer 1995, S. 8 f.; Österle 1995, S. 9 ff.; Österle und Winter 2000, S. 12 f.

Kosten, Qualität, und Flexibilität – dem sog. Teufelsquadrat oder auch magischen Viereck – zusammenfassen, die sich in gleicher Weise auch auf den IT-Einsatz übertragen lassen.[171] Dabei wird ausdrückt, dass i. d. R. eine Trade-off-Beziehung zwischen den einzelnen Zielgrößen besteht und die Verbesserung der einen Dimension die Verschlechterung der anderen bewirken kann. In der neueren Literatur wird darüber hinaus auch die Kenngröße Nachhaltigkeit als weitere Zieldimension zur Berücksichtigung sowohl ökonomischer als insbesondere auch sozialer und ökologischer Faktoren mit einbezogen, wodurch de facto ein Teufelspentagon entsteht.[172]

Zur Verbesserung von Geschäftsprozessen lassen sich hinsichtlich der genannten Ansatzpunkte zwei grundlegende Prinzipien bzw. Ansätze unterscheiden, die Prozessverbesserungen entweder auf Basis einer revolutionären Vorgehensweise, d. h. radikalen Prozesserneuerung, oder evolutionären Vorgehensweise, d. h. kontinuierlichen Prozessverbesserung, vollziehen.[173] Im Rahmen revolutionärer Verfahren kommt es in kurzer Zeit zu drastischen und umfangreichen Veränderungen und einer vollständigen Reorganisation der betrieblichen Abläufe, d. h. die „bewusste und geplante, i. d. R. tiefgreifende und umfassende Änderung der Aufbau- und Ablauforganisation mit dem Ziel der Effektivitätssteigerung"[174]. Zu nennen ist hier in erster Linie der Ansatz des Business Process Reengineering (BPR), der insbesondere durch praxisgeleitete Arbeiten bekannt wurde und die Prozessorientierung als Gestaltungsparadigma nachhaltig geprägt hat.[175]

BPR bezeichnet ein radikales und revolutionäres Konzept der Prozessoptimierung, das im Sinne einer „Bombenwurfstrategie"[176] bzw. eines „Tabula-rasa-

---

[171] Vgl. hierzu auch Reijers und Mansar 2005, S. 294; Brand und van der Kolk 1995. Neben der Neugestaltung von Geschäftsprozessen findet das Teufelsquadrat dabei grundlegend u. a. auch im (IT-)Projektmanagement bzw. im Bereich der Systementwicklung Anwendung und geht ursprünglich auf Sneed (1987) zurück, wobei hier neben Qualität, Zeit und Kosten überwiegend noch die Quantität bzw. Funktionalität, d. h. der Umfang der gelieferten Leistung, betrachtet wird. Vgl. hierzu bspw. ausführlicher auch Nehfort 2011, S. 431 f.

[172] Vgl. Seidel und Recker 2011, S. 250 sowie auch Abschn. 2.1.1. Zum Begriff der Nachhaltigkeit in der WI vgl. insbes. auch Aier und Dogan 2005, S. 609 ff. Andere Autoren berücksichtigen hier darüber hinaus weitere prozessrelevante Dimensionen, wie bspw. Kundenzufriedenheit (vgl. bspw. Gaitanides et al. 1994, S. 3), wobei diese jedoch i. d. R. unter den genannten Dimensionen (wie hier bspw. unter dem Aspekt der Qualität) zusammengefasst werden können.

[173] Dabei handelt es sich nicht um vollständig disjunkte Ansätze; stattdessen sind beide Prinzipien als gegensätzliche Pole zu verstehen, die den jeweils äußersten Punkt im Sinne eines radikalen Neuanfangs vs. marginaler Verbesserungen markieren. Vgl. hierzu auch Aier und Haarländer 2007, S. 229.

[174] Bea und Göbel 1999, S. 415.

[175] Vgl. v. a. Hammer 1990, S. 104 ff.; Hammer und Champy 1993, S. 1 ff.; Davenport 1993, S. 1 ff.; Davenport und Short 1990, S. 11 ff.

[176] Osterloh und Frost 2006, S. 244.

Ansatzes"[177] die fundamentale Neugestaltung der Geschäftsprozesse vorsieht.[178] HAMMER UND CHAMPY beschreiben ihr Konzept selbst als „fundamentales Überdenken und radikales Redesign von Unternehmen oder wesentlichen Unternehmensprozessen. Das Resultat sind Verbesserungen um Größenordnungen in entscheidenden, heute wichtigen und messbaren Leistungsgrößen in den Bereichen Kosten, Qualität, Service und Zeit"[179]. Es geht folglich nicht um eine Optimierung i. e. S., sondern um die vollständige Ersetzung und Ablösung bestehender Abläufe und Vorgehensweisen, wobei der Ansatz jedoch vor allem durch die fehlende theoretische Fundierung „mehr ein Paradigma der Organisationsgestaltung als eine vollständig formalisierte Methodik"[180] darstellt. **Tab. 2** fasst die wesentlichen Merkmale und Rahmenbedingungen des BPR zusammen.[181]

Konzeptionelle Merkmale	Methodische Merkmale	Rahmenbedingungen
Quantensprünge:	*Tabula rasa:*	*IT als Enabler:*
Veränderungen sind dramatisch und radikal und setzen einen vollkommenen Wandel der Organisation ohne Berücksichtigung der bestehenden Situation voraus.	Vollständige Loslösung von bestehenden Strukturen und Prozessen mit einer kompletten Neuorientierung der Prozesse.	Das organisatorische Veränderungspotenzial wird überhaupt erst durch IT-Einsatz ermöglicht.
Paradigmenwechsel:	*Top-down:*	*Empowerment als Enabler:*
Fundamentale Umorientierung von Organisationsstrukturen und -prinzipien.	Forderung nach einem konsequenten Top-Down-Vorgehen und radikalen Innovationen auf sämtlichen Hierarchieebenen.	Reengineering als Arbeitsorganisationskonzept mit der Delegation von Verantwortlichkeiten und Überwindung funktionsorientierter Strukturen.

Tab. 2: Merkmale und Rahmenbedingungen des BPR
Quelle: Eigene Zusammenstellung, basierend auf Nippa 1996, S. 70 ff.

---

[177] Picot und Franck 1996, S. 20.
[178] Vgl. hierzu und im Folgenden u. a. Hammer und Champy 1995, S. 47 ff.; Gadatsch 2010, S. 11 f.; Neumann et al. 2005, S. 299; Scheer 2002, S. 84; Allweyer 2005, S. 80 ff.; Allweyer und Scheer 1995, S. 4 ff.; Aier und Haarländer 2007, S. 230 ff.; Gaitanides 1998, S. 370 ff.
[179] Hammer und Champy 1995, S. 48 (in geänderter Orthografie). In der deutschen Übersetzung bezeichnen Hammer und Champy dieses Vorgehen dementsprechend auch als „Radikalkur für das Unternehmen". Vgl. Hammer und Champy 1995, S. 13 ff., S. 48 ff.
[180] Teubner 2006, S. 370.
[181] Als weitere Merkmale nennt Nippa (1996, S. 70 ff.) zudem die Kundenfokussierung, Prozessorientierung und Ganzheitlichkeit, die jedoch in der vorliegenden Arbeit bereits in Abschn. 2.1.3.1 als Merkmale der Prozessorientierung bzw. von Geschäftsprozessen begründet wurden und daher hier vernachlässigt werden.

Im Rahmen einer kontinuierlichen Prozessverbesserung[182] erfolgen Veränderungen hingegen in kleinen Schritten. Hierbei werden bestehende Prozesse evolutionär und inkrementell auf Basis marginaler Änderungen optimiert, was somit eine weniger riskante und kostenintensive Alternative zur Restrukturierung der bestehenden Prozesslandschaft darstellt.[183] Das Ziel der Umgestaltung besteht hierbei eher in einer ständigen, maßvollen und systematisch durchgeführten Anpassung einzelner Abläufe im Unternehmen, die sich aus aktuellen Erfordernissen ergeben, bspw. wenn sich Ziele und Vorgaben (z. B. Erreichung kürzerer Durchlaufzeiten) oder Rahmenbedingungen (z. B. Preisdruck durch neue Wettbewerber) ändern. Häufig ist daher das Erkennen von Schwachstellen im Prozessablauf auf Basis geeigneter Überwachungsmechanismen Auslöser solcher Optimierungsprojekte.

Zur Geschäftsprozessoptimierung wird heute üblicherweise eine Kombination beider Ansätze verfolgt; entsprechend sind revolutionäre und evolutionäre Ansätze als komplementär zu verstehen. In der Regel ist daher eine kontinuierliche, evolutionäre Prozessverbesserung anzustreben, die im Laufe der Zeit im Falle von kritischen, das gesamte Unternehmen betreffenden Änderungsmaßnahmen (bspw. aufgrund einer schweren Krise des Unternehmens) durch revolutionäre Ansatzpunkte ergänzt werden.[184] Kontinuierliche Verbesserungen helfen dabei, regelmäßig auf veränderte Anforderungen zu reagieren. Entsprechend finden Reorganisationsprojekte oftmals nur selten oder einmal statt, auch da eine vollständige Neugestaltung einen erhöhten Änderungsaufwand und hohe Risiken impliziert, während eine evolutionäre Prozessverbesserung häufiger und oft kontinuierlich stattfindet, aber i. d. R. nur kleinere Änderungen umfasst. Das Zusammenspiel evolutionärer und revolutionärer Geschäftsprozessoptimierung wird durch **Abb. 10** verdeutlicht.

Auf Basis dieser Annahme wurden auch Ansätze wie das Konzept des Business Engineering nach ÖSTERLE entwickelt, welches Revolutions- und Evolutionsmaßnahmen im Sinne einer Neu- und Weiterentwicklung von Geschäfts-

---

[182] Auch als kontinuierlicher Verbesserungsprozess (KVP) bzw. im anglo-amerikanischen Sprachraum als Continous Process Improvement (CPI) bezeichnet. Als ähnliches Konzept kann auch das japanisch geprägte Konzept KAIZEN angeführt werden, das die Verbesserung aller Unternehmens- und Lebensbereiche im Sinne einer mitarbeiterzentrierten Führungsphilosophie vorsieht. Vgl. bspw. Aier und Haarländer 2007, S. 235 f.; Neumann et al. 2005, S. 299 ff.; Imai 1993, S. 21 ff.

[183] Vgl. hierzu und im Folgenden Gadatsch 2010, S. 20 ff.; Allweyer und Scheer 1995, S. 3 ff.; Schmelzer und Sesselmann 2008, S. 376; Allweyer 2005, S. 82 ff.; Neumann et al. 2005, S. 299 ff.

[184] Vgl. hierzu auch Allweyer und Scheer 1995, S. 3 f.; Neumann et al. 2005, S. 300; Imai 1993, S. 50 f.

prozessen integriert, um Prozesse nachhaltig erfolgreich zu gestalten.[185] Insbesondere sind hier Maßnahmen erforderlich, die nicht im Sinne einer projektbasierten Optimierung gelegentliche Verbesserungen vorsehen, sondern die Optimierung von Geschäftsprozessen im Sinne des GPM als Daueraufgabe begreifen. Für das IT-Alignment ist dabei insbesondere zu berücksichtigen, dass Veränderungsnotwendigkeiten einerseits sowohl ausgehend von fachlichem als auch technologischem Wandlungsbedarf entstehen können. Andererseits betreffen Veränderungen der Geschäftsprozesse typischerweise auch die IT, sodass hier eine kontinuierliche und dauerhafte Abstimmung von Geschäft und IT auf allen Ebenen des Unternehmens erfolgen muss. Durch eine enge Verzahnung von IT-Lösungen mit den wertschöpfenden Aktivitäten im Unternehmen trägt das IT-Alignment somit zur verbesserten Zielerreichung im Rahmen der Geschäftsprozessoptimierung bei. Dabei lassen sich die Ziele von Unternehmen, die im Rahmen der Optimierung ihrer IT-Funktionen verfolgt werden, häufig in ihrer Gesamtheit auf das Ziel des IT-Alignments zurückführen, da bspw. eine Kostenreduktion oder die Kundenzufriedenheit im Sinne von Qualitätszielen maßgeblich durch einen auf die Anforderungen der Unternehmensprozesse abgestimmten IT-Einsatz erreicht werden kann. Der nachfolgende Abschnitt befasst sich daher detaillierter mit dem IT-Alignment als Rahmenkonzept und primärem Untersuchungsgegenstand der vorliegenden Arbeit.

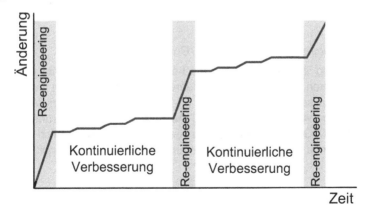

Abb. 10: Zusammenspiel zwischen evolutionärer und revolutionärer Geschäftsprozessoptimierung
Quelle: Allweyer und Scheer 1995, S. 4.

---

[185] Vgl. Österle 1995, S. 1 ff.; Österle und Winter 2000, S. 4 ff.; Österle et al. 2011, S. 1 ff. sowie auch die Ausführungen in Anhang B.

2.2   IT-Alignment als Rahmenkonzept

*„Dass man sich mit Alignment zwischen IT und Business
überhaupt beschäftigt liegt zunächst daran, dass es
offensichtlich nur sehr selten vorhanden ist."*

Keller und Masak 2008, S. 29

Im vorherigen Abschnitt wurden bereits die Prozessorientierung als das zugrunde liegende Gestaltungsprinzip sowie die Wandlungsfähigkeit bzw. Flexibilität der Unternehmung als Erfolgsfaktor und die Rolle der IT diskutiert. Um
Transformationsbestrebungen im Unternehmen erfolgreich zu realisieren und
einen effizienten IT-Einsatz zu gewährleisten, ist vor allem eine zielgerichtete
Abstimmung der IT mit den Unternehmenszielen und den Anforderungen der
Geschäftsprozesse erforderlich.

Nachfolgend soll daher zunächst auf die Merkmale und Ziele sowie die Einordnung des IT-Alignments als Aufgabe der IT-Governance eingegangen
werden (Abschn. 2.2.1), bevor eine detailliertere Definition und Abgrenzung des
Begriffs vorgenommen wird (Abschn. 2.2.2). Abschn. 2.2.3 geht anschließend
auf die Dimensionen des IT-Alignments ein und führt ausgehend von einer intensiven, semi-strukturierten Literaturanalyse einen Bezugsrahmen für das IT-
Alignment ein (*3S-Modell des IT-Alignments*). Abschn. 2.2.4 thematisiert hierauf
aufbauend zudem die Herausforderungen in Bezug auf die Umsetzung des IT-
Alignments und begründet die Fokussierung auf ein architekturbasiertes Vorgehen.

2.2.1 IT-Alignment als Aufgabe der IT-Governance

Die Bedeutung der Abstimmung zwischen Geschäft und IT wird bereits seit
mehreren Jahren betont und insbesondere in den letzten Jahren immer wieder
als Kernthema sowohl innerhalb der WI-Forschung als auch in der betrieblichen Praxis hervorgehoben.[186] Das IT-Alignment kann dabei grundlegend als
Aufgabe der IT-Governance aufgefasst werden, die als Teilbereich der Corporate Governance ein wesentliches Instrument der Unternehmensführung darstellt.

---

[186] Vgl. Luftman 2003, S. 7; Luftman 2005, S. 269 ff.; Chan und Reich 2007, S. 297; Winter
und Landert 2006, S. 309; Tallon und Kraemer 2003, S. 2; Teubner 2006, S. 368; Avison
et al. 2004, S. 224; Nickels 2004, S. 79. Während sich bspw. die Untersuchung von
Luftman (2005) auf 182 Unternehmen in den USA im Zeitraum von 2003-2004 erstreckt
und das IT-Alignment als wichtigstes von fünf Kernthemen für IT-Führungskräfte identifiziert, sieht auch bspw. eine aktuelle Befragung des Beratungshauses Capgemini unter
156 Entscheidungsträgern im deutschsprachigen Raum das Thema IT-Alignment als
wichtigsten Punkt auf der Agenda von CIOs (vgl. Capgemini 2012, S. 4 ff.).

Nachfolgend soll daher zunächst ausgehend von der Corporate Governance eine Abgrenzung und Definition der IT-Governance vorgenommen werden (Abschn. 2.2.1.1), bevor das IT-Alignment in diesen Gesamtkontext eingeordnet und näher auf den Wertbeitrag des IT-Alignments eingegangen wird (Abschn. 2.2.1.2).

2.2.1.1 IT-Governance: Definition und Begriffsabgrenzung

> *„Because IT is an integral part of the enterprise, and as its solutions become more and more complex [...], adequate governance becomes a critical factor for success."*
>
> ITGI 2003a, S. 18

Zur Abgrenzung der IT-Governance kann die Corporate Governance zunächst als übergeordnete Instanz angesehen werden, die im Sinne eines Ordnungsrahmens für die verantwortungsvolle Unternehmensführung die tiefgreifende Leitung und Überwachung des Unternehmens in Bezug auf die strategische Ausrichtung beschreibt und damit einen unmittelbaren Einfluss auf die IT-Governance ausübt.[187] Der Begriff Governance kann dabei im Allgemeinen zunächst als „die verantwortungsvolle, nachhaltige und auf langfristige Wertschöpfung gerichtete Organisation und Steuerung von Aktivitäten und damit das gesamte System interner und externer Leitungs-, Kontroll- und Überwachungsmechanismen"[188] verstanden werden.[189] Kurz gesagt: „Governance is essentially about ensuring that business is conducted properly"[190].

Corporate Governance bezieht sich damit auf die zielgerichtete Steuerung der Unternehmensaktivitäten im Sinne einer umfassenden, transparenten, kontrollierten und vor allem verantwortungs- und risikobewussten Leitung und Überwachung der Organisation und bestimmt hierfür Entscheidungsträger und Verantwortlichkeiten für das Management des Unternehmens.[191] Dabei können vor dem Hintergrund der Anforderungen an die Unternehmensführung wesentliche Gestaltungsfelder identifiziert werden, die die Corporate Governance im Unternehmen adressieren sollte. Hierzu gehören v. a.:

---

[187] Vgl. auch Meyer et al. 2003, S. 445; Weill und Ross 2004a, S. 4 ff.; Johannsen und Goeken 2006, S. 13; Strecker 2009, S. 1 f. sowie auch Abschn. 2.2.1.2.

[188] Johannsen und Goeken 2006, S. 13.

[189] Dabei ist anzunehmen, dass grundsätzlich jedes Unternehmen eine Governance aufweist, wobei es hier jedoch um (pro-)aktiv gestaltete Governancemaßnahmen zur Sicherstellung eines konsistenten Verhaltens innerhalb der Organisation mit den Unternehmenszielen, -werten, -normen etc. geht. Vgl. auch Weill und Ross 2004a, S. 2 f.

[190] TOGAF 2011, S. 586.

[191] Vgl. u. a. Paetzmann 2008, S. 1 f., S. 19 ff.; van Grembergen et al. 2004, S. 4 ff.; Johannsen und Goeken 2007, S. 1; Weill und Ross 2004a, S. 4 ff. Corporate Governance wird dabei in der Literatur häufig auch teilw. synonym als „Business Governance" bzw. „Enterprise Governance" bezeichnet. Vgl. bspw. Weill und Ross 2004b, S. 13; van Grembergen et al. 2004, S. 4.

- „Regelungen zur Festlegung der übergeordneten Zielsetzung des Unternehmens [...],
- Regelungen für die Strukturen, Prozesse und Personen der Unternehmensführung, mit denen das Unternehmensziel erreichet werden soll [...],
- Regelungen für regelmäßige Evaluationen der Führungsaktivitäten [...] [sowie]
- Regelungen zur proaktiven Unternehmenskommunikation"[192].

Der OECD zufolge liefert Corporate Governance somit „den strukturellen Rahmen für die Festlegung der Unternehmensziele, die Identifizierung der Mittel und Wege zu ihrer Umsetzung und die Modalitäten der Erfolgskontrolle"[193]. In diesem Zusammenhang können dabei vor allem zwei sich grundlegend ergänzende Aspekte von Governance unterschieden werden. Während sich der verhaltensbasierte Aspekt der Governance auf die Beziehungen und Verhaltensmuster zwischen den Mitgliedern und Anspruchsgruppen einer Organisation und deren Verhalten und Zusammenarbeit im Rahmen der Strategiebildung und Organisationsentwicklung bezieht, beschreibt der normative Aspekt die Menge an Richtlinien, die diese Beziehungen und Verhaltensweisen der einzelnen Mitglieder durch ein entsprechendes Regelwerk vorgeben und den Prozess der Strategiebildung steuern und durchsetzen.[194]

Wenngleich das Konzept der Corporate Governance nicht neu ist und in der englischsprachigen Literatur bereits seit mehr als 30 Jahren thematisiert wird,[195] erfuhr es doch in den letzten Jahren zunehmend auch im IT-Bereich und der WI-Forschung an Bedeutung, da nicht zuletzt die Finanz- und Kapitalmarktkrise z. T. gravierende Mängel und schweres Fehlverhalten in der Betriebsführung vieler Unternehmen aufgedeckt hat und die Forderung nach höherer Transparenz und verbesserter Überwachung der Aktivitäten der Unternehmensleitung für Share- und Stakeholder involvierte.[196] Hierdurch entstand seitens der Gesetzgeber neuer Regulierungsbedarf zur Berücksichtigung der

---

[192] Von Werder 2007, S. 224. Im Vordergrund stehen dabei die vier Kernaspekte bzw. Säulen der Corporate Governance: *Accountability* (Rechenschaftspflicht/Haftungsumfang), *Responsibility* (Verantwortlichkeit), *Transparency* (Offenheit und Transparenz) und *Fairness* (Fairer Umgang im Wettbewerb). Vgl. auch Fröhlich und Glasner 2007, S. 38-42.

[193] OECD 2004a, S. 11. Vgl. auch Weill und Ross 2004a, S. 4 f.

[194] Vgl. Weill und Ross 2004a, S. 9 f. Zur weiterführenden Betrachtung des Corporate-Governance-Begriffs, der Geschichte der Corporate Governance sowie entsprechender Ansätze und Konzepte sei auf relevante Übersichtswerke und die einschlägige Literatur verwiesen. Für einen Überblick vgl. bspw. Paetzmann 2008, S. 19 ff.; Becht et al. 2005, S. 5 ff.; Gerum 2007, S. 1 ff.; Brühl 2009, S. 7 ff.

[195] Vgl. auch Brühl 2009, S. 7; von Werder 2007, S. 222 f.

[196] Vgl. hierzu und im Folgenden u. a. Johannsen und Goeken 2006, S. 10; Johannsen und Goeken 2007, S. 1 f.; Weill und Ross 2004a, S. 4 ff.; van Grembergen et al. 2004, S. 4 ff.; von Werder 2007, S. 221-229.

wesentlichen externen Interessen, was insbesondere neue Regelungen hinsichtlich der Qualität der Berichterstattung und Offenlegungs- und Rechenschaftspflichten, insbesondere bspw. im Bankensektor, implizierte.

In Bezug auf die unternehmensweit eingesetzte IT übertragen sich hier die Kontrollanforderungen der weiter gefassten Corporate Governance auf die Qualität der IT-Systeme und der durch sie produzierten Informationen, wodurch die Notwendigkeit einer spezifischeren IT-Governance als Teildisziplin entsteht.[197] Die IT-Governance nutzt dabei die übergeordneten und weiter gefassten Prinzipien der Corporate Governance, während sie sich allerdings im Speziellen auf die Steuerung und Überwachung der IT und deren Einsatz im Unternehmen zur Umsetzung der Unternehmensstrategie und der Erreichung der betrieblichen Ziele konzentriert.[198] Insbesondere aufgrund der skizzierten engen Wechselwirkung zwischen Geschäft und IT (vgl. Abschn. 2.1.2) und der Bedeutung der IT auch für die unternehmensweite Corporate Governance und die Geschäftsprozesse des Unternehmens wird folglich auch in Bezug auf den IT-Einsatz eine nachhaltige, transparente und ganzheitliche Steuerung und Kontrolle erforderlich.

IT-Governance beschreibt hierauf aufbauend die Rahmenbedingungen und Anforderungen des kontrollierten und verantwortungsbewussten IT-Einsatzes aus Sicht der Unternehmensführung, die die wertmäßige Nutzung der IT in den Vordergrund stellt.[199] Gleichermaßen kann die IT-Governance darüber hinaus auch als Treiber der Corporate Governance gesehen werden, da Unternehmensaktivitäten generell Informationen von den IT-Systemen benötigen und unternehmensweite Governancemaßnahmen nicht ohne die Berücksichtigung der IT durchgeführt werden können, wodurch insgesamt eine wechselseitige Beziehung zwischen beiden Konzepten besteht (vgl. hierzu auch **Abb. 14** auf Seite 64).[200]

IT-Governance als Teilbereich der Corporate Governance beschreibt dabei die Aufgabe des Managements, die Formulierung sowie die Implementierung ei-

---

[197] Ausgehend von diesem Verständnis wird die IT-Governance vereinfachend auch als „corporate governance focused on IT" (Peterson 2004a, S. 72), als „der Teil der Corporate Governance, der auf die IT bezogen ist" (Heinrich und Stelzer 2009, S. 74) oder auch als „Spezialisierung der Corporate Governance" (Zarnekow 2003, S. 264) definiert. Vgl. hierzu auch Abschn. 2.2.1.2.

[198] Vgl. auch Weill und Ross 2004b, S. 1.

[199] Vgl. u. a. auch Heinrich und Stelzer 2009, S. 74; van Grembergen et al. 2004, S. 5; ITGI 2003a, S. 11.

[200] Vgl. van Grembergen et al. 2004, S. 4 ff.

ner angemessenen IT-Strategie[201] zu steuern und zu kontrollieren, um damit die IT und die Geschäftsziele anzugleichen und aneinander auszurichten.[202] Sie umfasst Grundsätze, Richtlinien, Maßnahmen und Vorgehensweisen, die sicherstellen, dass die im Unternehmen eingesetzte IT die Erreichung der Geschäftsziele fördert, Ressourcen wertschöpfend und verantwortungsvoll eingesetzt und Risiken im Interesse des Gesamtunternehmens angemessen überwacht werden.[203] IT-Governance erweitert somit in diesem Verständnis das Informationsmanagement in Bezug auf neue prozess-, dienstleistungs-, wert- und risikoorientierte Managementaufgaben und Herausforderungen.[204]

Dabei fällt die IT-Governance folglich in den Aufgabenbereich der Unternehmensführung, die deren Umsetzung über die Unternehmensbereiche durch Entwicklung und Durchsetzung geeigneter Prozesse und Organisationsstrukturen verantwortet.[205] Neben Steuerungsgremien stellt hier – vor allem auch zur Überbrückung der Differenz von Geschäft und IT – zudem der Leiter der IT-Abteilung (CIO) eine zentrale Rolle dar, dem häufig die Aufgabe der operativen Durchsetzung IT-Governance zugeschrieben wird.[206] Gleichermaßen ist jedoch zu betonen, dass die IT-Governance als gemeinsame, unternehmensweite Verantwortung zwischen Geschäft und IT verstanden wird, die beide Domänen aktiv einbeziehen und in bestehende Governancestrukturen eingebunden werden muss.[207]

Gemäß der Definition des IT Governance Institute (ITGI)[208] ist die IT-Governance als Aufgabe bzw. Bestandteil der Unternehmensleitung zu verstehen und umfasst als integraler Aspekt der Corporate Governance das Führungsverhalten, die organisatorischen Strukturen und die Prozesse, die dafür sorgen, dass die IT einer Organisation deren Strategien und Ziele nachhaltig

---

[201] Der Begriff „IT-Strategie" umfasst hier – analog zum weiter gefassten IT-Begriff – auch die IS-Strategie, wenngleich aus Gründen der Lesbarkeit der Begriff IT-/IS-Strategie vermieden wird. Während die IS-Strategie das „Was" (Anwendungssysteme) vorgibt, definiert die IT-Strategie gemeinhin das „Wie" (Bereitstellung). Darüber hinaus ist Earl folgend auch die IM-Strategie (Informationsmanagementstrategie) zu differenzieren, die das „Wofür" (Management/IT-Organisation) abdeckt. Für eine differenzierte Betrachtung vgl. insbes. Ward und Peppard 2002, S. 2 ff. sowie auch Earl 1993, S. 1 f.; Heinrich und Lehner 2005, S. 97-105.

[202] Vgl. van Grembergen et al. 2004, S. 5 f.; Johannsen und Goeken 2006, S. 14.

[203] Vgl. Meyer et al. 2003, S. 445; Zarnekow 2003, S. 264; ITGI 2003a, S. 11.

[204] Vgl. Meyer et al. 2003, S. 448 sowie auch den nachfolgenden Abschn. 2.2.1.2.

[205] Vgl. hierzu und im Folgenden ITGI 2003a, S. 10 ff.; Weill und Ross 2004a, S. 4 ff.

[206] Vgl. auch Krcmar 2005, S. 303-308; ITGI 2003a, S. 15; Strecker 2009, S. 5 f. und Abschn. 2.2.2 sowie insbes. auch Abschn. 4.3.3.2.

[207] Vgl. auch Peterson 2004a, S. 42; van Grembergen et al. 2004, S. 2.

[208] Das IT Governance Institute (ITGI) wurde 1998 von der ISACA (Information Systems Audit and Control Association) gegründet und erarbeitet als gemeinnützige, unabhängige Organisation Vorgehensweisen und Standards im Bereich der IT-Governance. Siehe auch http://www.itgi.org.

unterstützt und erweitert.[209] Ähnlich definieren DE HAES UND VAN GREMBERGEN IT-Governance als „the organizational capacity exercised by the Board, the executive management and IT management to control the formulation and implementation of IT strategy and in the way ensure the fusion of business and IT"[210]. WEILL UND ROSS folgend umfasst die IT-Governance dabei in erster Linie diejenigen Prozesse und Aufgaben, die die Ausrichtung des IT-Einsatzes an den Unternehmenszielen sicherstellen, wodurch auch die Bedeutung des IT-Alignments für die Durchsetzung der IT-Governance deutlich wird.[211] Dabei betonen die Autoren in Bezug auf die Umsetzung der IT-Governance sowohl die Einfachheit von IT-Governance in Form der Spezifikation notwendiger Entscheidungsrechte und Verantwortlichkeiten für die jeweiligen Ergebnisse als auch deren Komplexität durch Unterstützung eines wünschenswerten Verhaltens im Umgang mit der IT als Bestandteil einer effektiven IT-Governance.[212] Grundlegend geht es dabei nicht um spezifische IT-Entscheidungen, die typischerweise Aufgabe der Unternehmensführung sind, sondern darum, festzulegen, wer Entscheidungen trifft und zur Entscheidungsfindung beiträgt.[213] Ähnlich konkretisiert PETERSON IT-Governance als „the system by which an organization's IT portfolio is directed and controlled. IT Governance describes (1) the distribution of IT decision-making rights and responsibilities among different stakeholders in the organization, and (2) the rules and procedures for making and monitoring decisions on strategic IT concerns"[214]. Entscheidungs- und Verantwortungsbereiche der IT-Governance umfassen hier bspw. Fragen nach der Ausgestaltung der IT-Architektur, der IT-Infrastruktur oder der Priorisierung von IT-Investitionen.[215]

IT-Governance ist damit im Kern ein Instrument, das den verantwortlichen Umgang mit der IT im Sinne des Unternehmenserfolgs ausrichtet. Der Entscheidungsprozess und die zugehörigen Entscheidungsbereiche bzw. -felder, die nach WEILL UND ROSS Bestandteil einer zielgerichteten und umfassenden IT-Governance sein sollten, werden zusammenfassend in **Abb. 11** dargestellt.[216] Dabei werden im Rahmen der Definition von Entscheidungen diejenigen Aufgabengebiete identifiziert, in denen jeweils Entscheidungen getroffen werden müssen. Entscheidungsrechte bzw. -strukturen beziehen sich dage-

---

[209] Vgl. ITGI 2003a, S. 10; ITGI 2003b, S. 11.
[210] De Haes und van Grembergen 2004, S. 1.
[211] Vgl. Weill und Ross 2004b, S. 1.
[212] Vgl. Weill und Ross 2004a, S. 8; Weill und Ross 2004b, S. 1 ff.
[213] Vgl. Weill und Ross 2004a, S. 2.
[214] Peterson 2004a, S. 71 f.
[215] Vgl. Grohmann 2003, S. 18; Weill und Ross 2004a, S. 85 ff.
[216] Vgl. hierzu und im Folgenden Weill und Ross 2004a, S. 10 ff. sowie Weill und Ross 2004b, S. 3 ff.; Weill und Woodham 2002, S. 2-4.

gen auf den Ort der Entscheidungsfindung, die wiederum durch entsprechende Mechanismen umgesetzt und überwacht werden.

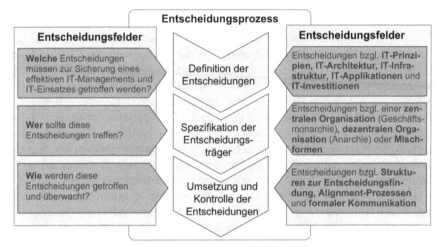

Abb. 11: Aufgabengebiete und Entscheidungsfelder der IT-Governance
Quelle: Eigene Darstellung.

Das Ziel der IT-Governance besteht somit zusammenfassend v. a. darin, die Anforderungen an die IT und deren Bedeutung für das Gesamtunternehmen transparent zu machen, um so sicherzustellen, dass die IT an den Zielen und Strategien des Unternehmens ausgerichtet ist und darüber hinaus mögliche Chancen für eine Erweiterung der Geschäftsfunktionen zu erkennen und zu nutzen.[217] Es geht folglich primär um die Erreichung und Einhaltung von Effektivität, Effizienz und Sicherheit.[218] Durch die Bedeutung der IT und die zunehmende Abhängigkeit von der IT können es sich Organisationen heute i. d. R. kaum leisten, die Abstimmung zwischen Managemententscheidungen und der IT-Nutzung dem Zufall zu überlassen, wodurch der IT-Governance folglich ein hoher Stellenwert im Rahmen der effektiven IT-Organisation zukommt.[219]

Zur Umsetzung der IT-Governance identifiziert PETERSON hierzu Strukturen, Prozesse und relationale Mechanismen, die als Mechanismen in geeigneter Kombination zur Realisierung einer entsprechenden Governancefunktion her-

---

[217] Vgl. auch ITGI 2003a, S. 7; van Grembergen et al. 2004, S. 6.
[218] Vgl. Niemann 2005, S. 29 sowie ebenfalls Abschn. 3.2.1.
[219] Vgl. Weill und Ross 2004a, S. 14 ff.; Weill und Woodham 2002, S. 1 f. sowie auch Abschn. 2.1.2.

angezogen werden können.[220] Beispielhafte Strukturen beziehen sich dabei
u. a. auf die Festlegung, Einrichtung und organisationale Verankerung von
Rollen und Verantwortlichkeiten (wie bspw. die Rolle des CIO und dessen
fachlicher Verantwortung), verschiedener Gremien und Komitees zur Gestaltung der IT-Strategie und einer geeigneten IT-Organisationsstruktur. Gleichzeitig sind darüber hinaus Prozesse erforderlich, die sich v. a. auf die strategische IT-Planung[221], Entscheidungsfindung sowie insbesondere auch deren
Überwachung beziehen, wobei hier auch Frameworks wie COBIT (Control
Objectives for Information and related Technology)[222] oder ITIL (IT Infrastructure Library)[223] als geeignete Instrumente einzuordnen sind. Relationale Mechanismen umfassen demgegenüber bspw. Maßnahmen zum Aufbau eines
gegenseitigen Verständnisses von IT- bzw. Unternehmenszielen sowie Kom-
munikations-, Kollaborations- und Konfliktlösungsmaßnahmen und beziehen
sich somit grundlegend auf Partnerschaften und Beziehungen zwischen Geschäft und IT auf eher informaler Ebene. Dabei geht es insbesondere um die
Zusammenarbeit zwischen Geschäft und IT und die Kommunikation und Kollaboration der Akteure untereinander zur Erfüllung gemeinsamer Ziele. Die
Kombination geeigneter Mechanismen im Rahmen eines entsprechenden
Maßnahmenportfolios kann dabei maßgeblich zur Umsetzung einer effektiven
IT-Governance beitragen. **Abb. 12** stellt diesen Zusammenhang grafisch
dar.[224]

---

[220] Vgl. hierzu und im Folgenden Peterson 2004a, S. 63-66; Peterson 2004b, S. 13 ff. sowie
auch van Grembergen et al. 2004, S. 1 ff.; De Haes und van Grembergen 2004, S. 1 ff.
und auch Abschn. 4.3.3. Vgl. auch Weill und Ross 2004a, S. 86 ff.; Weill und Ross 2004b,
S. 6 f. für eine ähnliche, jedoch in erster Linie formale Mechanismen umfassende Systematisierung (vgl. auch Abb. 11).

[221] Planung ist dabei Szyperski und Winand (1980, S. 32) folgend grundlegend als „ein wil-
lensbildender, informationsverarbeitender und prinzipiell systematischer Entscheidungsprozess mit dem Ziel, zukünftige Entscheidungs- und Handlungsspielräume problemorientiert einzugrenzen und zu strukturieren" zu verstehen. Vgl. Krcmar 2005, S. 288 f. sowie
auch Abschn. 4.3.3.3.

[222] Vgl. hierzu ISACA 2012 sowie auch http://www.isaca.org/cobit. Vgl. hierzu ebenfalls
Abschn. 5.2.2.

[223] Vgl. hierzu Office of Government Commerce 2011; Böttcher 2013, S. 1 ff. sowie auch
http://www.itil-officialsite.com.

[224] Vgl. Peterson 2004a, S. 58 ff.; van Grembergen et al. 2004, S. 20 ff.; De Haes und van
Grembergen 2004, S. 1 ff.; De Haes und van Grembergen 2005, S. 1 ff.

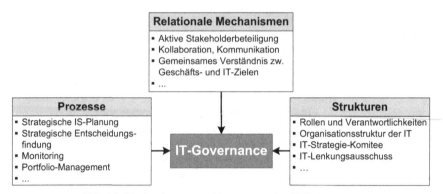

Abb. 12: Mechanismen zur Umsetzung der IT-Governance
Quelle: Eigene Darstellung in Anlehnung an De Haes und van Grembergen 2005, S. 2.

Ausgehend von diesem Verständnis lassen sich in der Literatur zudem zwei grundlegende Sichtweisen identifizieren, die eine begriffliche und konzeptionelle Abgrenzung der IT-Governance erlauben.[225] Einerseits findet sich hier häufig ein enger IT-Governancebegriff, der die IT-Governance als Ordnungsrahmen versteht, der unmittelbar an das skizzierte Corporate-Governance-Verständnis anschließt. Diese Auffassung der IT-Governance endet thematisch an der Schnittstelle zum IT-Management bzw. zum Informationsmanagement und wird daher bspw. von KRCMAR auch als Metagestaltungsaufgabe auf einer dem Informationsmanagement übergeordneten Ebene der Unternehmensplanung eingeordnet.[226] IT-Management bezieht sich diesem Verständnis folgend dabei im Wesentlichen auf die interne Steuerung, Kontrolle und Planung zur Bereitstellung von IT-Leistungen und -Systemen im operativen Betrieb, während IT-Governance zusätzlich neben aktuellen auch die Betrachtung zukünftiger Anforderungen sowie die explizite Integration der Geschäftsperspektive zur Erfüllung der oben genannten Aufgaben mit einbezieht.[227] Die IT-Governance gibt in diesem Sinne einen Handlungsspielraum durch die Festlegung von Zielen, Rechten und Pflichten vor, der durch ein zielgerichtetes IT-Management durchgesetzt wird.[228]

PETERSON folgend sind zur Abgrenzung des IT-Managements und der IT-Governance dabei sowohl die Geschäftsorientierung als auch die zeitliche

---

[225] Vgl. hierzu und im Folgenden Strecker 2009, S. 1 ff. sowie auch den nachfolgenden Abschn. 2.2.1.2.

[226] Vgl. auch Krcmar 2005, S. 288 ff. sowie auch Abschn. 4.1.

[227] Vgl. hierzu und im Folgenden u. a. van Grembergen et al. 2004, S. 4 f.; Johannsen und Goeken 2006, S. 14; Johannsen und Goeken 2007, S. 22 f.; Peterson 2004a, S. 44; De Haes und van Grembergen 2004, S. 1 ff.

[228] Vgl. Heinrich und Stelzer 2009, S. 74.

Orientierung als relevante Abgrenzungskriterien zu berücksichtigen.[229] Während sich das IT-Management im Kern auf die aktuelle und vorwiegend interne Steuerung, Kontrolle, Planung und Bereitstellung von IT-Leistungen und Systemen im operativen Betrieb konzentriert, befasst sich die IT-Governance zusätzlich auch mit zukünftigen Anforderungen und der externen Geschäftsperspektive zur Erfüllung dieser Aufgaben. Das IT-Management bezieht sich daher typischerweise auf die Umsetzung der durch die IT-Governance festgelegten verantwortungsvollen und wertstiftenden Führungs- und Kontrollmaßnahmen.[230] Demgegenüber ist die Governance auf die Definition von Entscheidungsrechten und Verantwortlichkeiten gerichtet, wobei das Management typischerweise die Ressourcen hierfür bereitstellt. **Abb.** 13 stellt diesen Zusammenhang in Bezug auf die geschäftliche und zeitliche Orientierung grafisch dar.

Andererseits schließt das weiter gehende IT-Governanceverständnis typischerweise darüber hinaus u. a. Aufgaben des Informations- und IT-Managements, wie auch das IT-Alignment, mit ein und ist somit zu verstehen als „ein Rahmenwerk, in dem Teilaufgaben und Prinzipien des Informationsmanagements umgesetzt werden"[231]. Insbesondere die Hauptaufgaben des Informationsmanagements – die Organisation der Prozesse zur Unterstützung der Geschäftsprozesse mit der IT, die bedarfsgerechte Bereitstellung von Informationen sowie die Nutzung der Möglichkeiten der IT zur Gestaltung des Geschäfts[232] – stellen gleichermaßen auch wichtige Aktionsfelder der IT-Governance dar. Wesentlich im Rahmen dieses weiter gefassten Verständnisses ist zudem die Prämisse der gleichzeitigen Leistungserbringung und Transformation der IT, um durchgängig sowohl gegenwärtige als auch zukünftige Anforderungen in geeigneter Art und Weise zu adressieren.[233] IT-Governance ist hierbei folglich einerseits unter funktionaler Betrachtung als Managementaufgabe zu verstehen, die von entsprechenden Gremien und der Unternehmensführung wahrgenommen wird. Andererseits sind aus institutioneller Sicht sowohl Regeln und Mechanismen für den kontrollierten IT-Einsatz und der Verwendung der Ressource Information als auch die Einrichtung entsprechender aufbau- und ablauforganisatorischer Strukturen erforderlich.[234]

---

[229] Vgl. Peterson 2004a, S. 44 sowie auch van Grembergen et al. 2004, S. 4 f.; Johannsen und Goeken 2006, S. 14; Johannsen und Goeken 2007, S. 22 f.

[230] Oder wie Weill und Ross (2004a, S. 8) es formulieren: „Governance determines who makes the decisions. Management is the process of making and implementing the decisions."

[231] Heinrich und Lehner 2005, S. 67.

[232] Vgl. Grohmann 2003, S. 17 f.

[233] Vgl. Peterson 2004a, S. 44 („to simultaneously perform and transform IT").

[234] Vgl. auch Strecker 2009, S. 6.

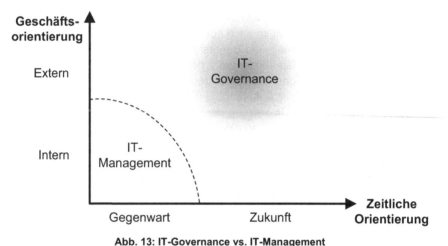

Abb. 13: IT-Governance vs. IT-Management
Quelle: Eigene Darstellung in Anlehnung an Peterson 2004a, S. 44.

In der vorliegenden Arbeit soll ein weiter gefasstes Verständnis angenommen werden, dass neben übergeordneten Corporate-Governance-Prinzipien auch Fragestellungen und Aufgaben des IT- und Informationsmanagements vereint, was insbesondere auch durch die Vielschichtigkeit des nachfolgend skizzierten Alignmentverständnisses deutlich wird. In diesem Sinne erweitert die IT-Governance folglich das IT-Management um governancebezogene Aspekte, wobei die IT-Governance grundlegend als Führungsfunktion für das Management des unternehmensweiten IT-Einsatzes zu verstehen ist.[235] Der Begriff der IT-Governance wird damit zusammenfassend für die vorliegende Arbeit wie folgt definiert:[236]

> Unter dem Begriff *IT-Governance* werden Grundsätze, Maßnahmen und Konzepte in einem Rahmenwerk zusammengefasst, das sicherstellt, dass der IT-Einsatz in Abstimmung mit den Geschäftszielen erfolgt, Ressourcen verantwortungsvoll eingesetzt und Risiken angemessen überwacht werden und das hierzu Teilaufgaben und Prinzipien des IT- und Informationsmanagements integriert und erweitert.

Das IT-Alignment ist demnach grundlegend als Aufgabe bzw. Gestaltungsinstrument der IT-Governance zu verstehen, das den effizienten IT-Einsatz sicherstellen soll. Der nachfolgende Abschnitt geht näher auf die Einordnung und die Bedeutung des IT-Alignments in Bezug auf den Wertbeitrag der IT ein.

---

[235] Vgl. hierzu auch Otto 2011, S. 235; ISO 2008, S. 4.
[236] In Anlehnung an Meyer et al. 2003, S. 445; Heinrich und Lehner 2005, S. 67.

2.2.1.2 Einordnung und Wertbeitrag des IT-Alignments

> „Behaviors, not strategies, create value."
> Weill und Ross 2004a, S. 6

Den obigen Ausführungen folgend besteht eine zentrale Aufgabe der IT-Governance vor allem darin, unter der Prämisse von Wertgenerierung und Risikominimierung die Abstimmungsprozesse zwischen Unternehmensstrategie und IT-Strategie sowie auch der operativen Umsetzung von Geschäfts- und IT-Prozessen zu organisieren und durch geeignete Mechanismen zu kontrollieren und zielführend zu steuern.

Zur Umsetzung der IT-Governance sind dem ITGI folgend insgesamt fünf Hauptaufgaben zu berücksichtigen. Neben dem IT-Alignment sind hier vor allem die Erfolgsmessung und das Ressourcenmanagement als Treiber der IT-Governance einerseits sowie andererseits die Generierung eines Wertbeitrags durch die IT und das Risikomanagement (für den Erhalt des Wertbeitrags) als Ergebnisse zu nennen, wobei hier nicht nur IT-bezogene Aspekte einfließen, sondern auch bspw. Risiken in Bezug auf das Gesamtunternehmen eine Rolle spielen.[237] Dabei wird in erster Linie angenommen, dass Unternehmenswert durch Erhöhung des IT-Alignments geschaffen werden kann.[238] Die Aufgaben werden hierbei als kontinuierlicher Zyklus verstanden, der mit der (strategischen) Ausrichtung der IT beginnt und das Ressourcenmanagement als alle Aufgaben betreffenden, übergeordneten Handlungsbereich ansieht (**Abb. 14**). Dieser Zyklusgedanke trägt dabei auch der Tatsache Rechnung, dass die IT-Governance und somit auch das IT-Alignment grundsätzlich keine statische, sondern eine dauerhafte Aufgabe im Unternehmen darstellt, deren Anforderungen sich auch mit dem Unternehmenswandel verändern können.[239]

---

[237] Vgl. hierzu und im Folgenden ITGI 2003a, S. 19 ff.; Heinrich und Stelzer 2009, S. 74-76; van Grembergen et al. 2004, S. 18 f.; Masak 2006, S. 26. Häufig wird zudem auch die IT-Compliance als Aufgabenbereich der IT-Governance erachtet, die die nachweisliche Einhaltung und Übereinstimmung der IT mit allen für das Unternehmen relevanten allgemein geltenden, gesetzlichen, aufsichtsrechtlichen und freiwilligen Regeln beschreibt (vgl. bspw. Heinrich und Stelzer 2009, S. 75; Johannsen und Goeken 2007, S. 14 ff.). Nachfolgend wird angenommen, dass Compliance und Governance grundsätzlich durchaus Überschneidungsbereiche hinsichtlich einer verantwortungsvollen Unternehmensführung aufweisen, wobei Compliance jedoch für die vorliegende Untersuchung eine eher untergeordnete Rolle spielt und daher nicht weiterführend thematisiert wird.
[238] Während das ITGI hier den Begriff des „strategischen" Alignments verwendet (vgl. auch ITGI 2003b, S. 26), wird dieses im Rahmen der vorliegenden Arbeit als ein Bestandteil bzw. eine Dimension eines ganzheitlichen IT-Alignmentansatzes angesehen. In diesem Zusammenhang ist zudem festzustellen, dass unter der Bezeichnung des strategischen Alignment in der Literatur häufig auch weitere Faktoren des IT-Alignments, wie sie in der vorliegenden Arbeit differenziert werden, implizit berücksichtigt werden. Vgl. hierzu insbes. auch Abschn. 2.2.3.
[239] Vgl. auch Weill und Ross 2004a, S. 14 f. sowie auch insbes. Abschn. 2.2.2.

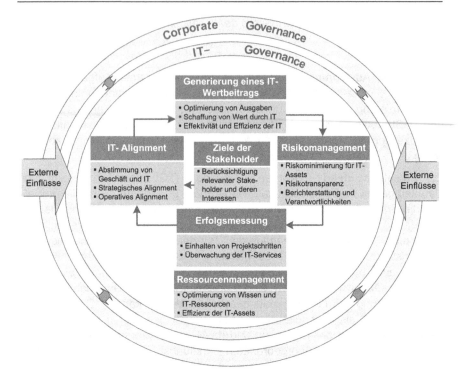

Abb. 14: Zusammenhang zwischen Corporate Governance, IT-Governance und IT-Alignment

Quelle: Eigene Darstellung, basierend auf ITGI 2003a, S. 20.

Als initiierender Faktor wird hier die Verfolgung der Ziele der Stakeholder im Speziellen und damit auch die Unternehmung beeinflussende Faktoren im Allgemeinen gesehen. Darüber hinaus wird hierdurch vor allem auch die enge inhaltliche Verknüpfung von IT-Governance und IT-Alignment deutlich: „IT-Alignment ist eine Voraussetzung für eine effektive IT-Governance und ohne IT-Governance lässt sich ein sinnvolles IT-Alignment in der Praxis nicht erzielen"[240]. Das IT-Alignment wird daher i. d. R. als wichtiges Element der IT-Governance bzw. als Voraussetzung für die Wertgenerierung gesehen.[241] Aufbauend auf den vorhergehenden Ausführungen wird der Zusammenhang zwischen Corporate Governance, IT-Governance und IT-Alignment als Aufgabe der IT-Governance durch **Abb. 14** anhand des Aufgabenzyklus der IT-Governance gemäß dem ITGI schematisch verdeutlicht. Dabei stehen hier die

---

[240] Zarnekow 2003, S. 264.
[241] Vgl. bspw. De Haes und van Grembergen 2004, S. 2; Teubner 2006, S. 370.

beschriebenen Handlungsfelder im Mittelpunkt, die jeweils durch beispielhafte Aufgaben ergänzt wurden.

Folglich umfasst die IT-Governance neben der Kontrollaufgabe im Rahmen der Corporate Governance auch die Aufgabe, die IT im Unternehmen wertorientiert zu steuern und deren Effektivität und Effizienz sicherzustellen, wodurch die IT-Governance zu einer wesentlichen Aufgabe sowohl für IT-Verantwortliche als auch die gesamte Unternehmensleitung wird.[242] Zur Realisierung der IT-Governance eignen sich daher insbesondere auch umfassende und unternehmensweit ausgerichtete Frameworks wie COBIT, ITIL oder auch Kombinationen von Modellen und Standards, die in ein Rahmenwerk eingebettet umfassende und strukturierte Best-Practice-Methoden[243] zur Unterstützung der IT-Governance bieten.[244] Generell gilt hier, dass die Ausgestaltung der IT-Governance stark von den jeweiligen unternehmensspezifischen Rahmenbedingungen abhängt, gleichzeitig jedoch die generische Aussage getroffen werden kann, dass eine nur formal auf dem Papier existierende Governance nicht zu den intendierten Ergebnissen führt. Vielmehr wird heute verstärkt auch eine insbesondere von Führungskräften „gelebte" Governance gefordert, die sich nachhaltig im Unternehmen durchsetzt und sich grundlegend in einem verbesserten IT-Einsatz manifestiert.[245]

Der Wertbeitrag des IT-Alignments[246] ergibt sich hierbei in erster Linie in dessen Betrachtung als ein Instrument für die Erreichung von IT-Effektivität und damit auch als Wertlieferant für die Gesamtunternehmung, da erst die gemeinsame und synchrone Nutzung fachlicher und technischer Ressourcen ei-

---

[242] Vgl. hierzu auch Johannsen und Goeken 2007, S. 2 f.

[243] Der Begriff „Best-Practice" bezeichnet dabei typischerweise (Erfolgs-)Methoden, Vorgehensweisen oder Ansätze aus der Unternehmenspraxis, die aufgrund ihres Erfolgs oder ihrer Innovativität in der Vergangenheit als vorbildliche Lösungsansätze oder z. T. sogar als De-facto-Standards (wie bspw. ITIL) angesehen werden, jedoch i. d. R. kaum theoretische Fundierung aufweisen. Österle und Muschter (1996, S. 329) sprechen bspw. sogar von „Verfahrensweisen [...] auf Weltklasseniveau". Allerdings ist der Begriff grundsätzlich kritisch zu sehen, da er eine Übertragbarkeit funktionierender Strukturen und Prozesse im Sinne eines universell gültigen Vorgehens suggeriert. Folglich konstatiert bspw. Rosemann (2006, S. 382): „So called best practice models can be useful in terms of structure, content, overall guidance and opening up more possibilities. The notion of best practice is, however, typically over-rated." In der WI wird daher alternativ häufig auch der Begriff „Common-Practice" oder auch „Good-Practice" präferiert. Vgl. für eine explizite Diskussion des Begriffs auch bspw. Buhl et al. 1997, S. 639-641; Becker et al. 2002, S. 1392 ff.

[244] Für einen Überblick vgl. bspw. Johannsen und Goeken 2006, S. 15.

[245] Vgl. bspw. Fröhlich und Glasner 2007, S. 112.

[246] Der Begriff des Wertbeitrags ist hier im doppelten bzw. weiteren Sinne zu verstehen: Einerseits wird das IT-Alignment als förderlich für die Generierung eines Wertbeitrags durch die IT erachtet. Gleichzeitig ist davon auszugehen, dass das IT-Alignment auch selbst einen Wertbeitrag für das Unternehmen generiert, der über die typische, i. d. R. investitionsbezogene Betrachtung hinausgeht.

nen wertschöpfenden Beitrag innerhalb eines Geschäftsprozesses erzeugen und damit zum Gesamterfolg einer Unternehmung beitragen kann.[247] IT-Alignment kann dabei auch als Voraussetzung oder Vorbedingung für die Generierung eines IT-Wertbeitrags verstanden werden, da ein gutes Zusammenspiel von Geschäft und IT die Leistungsfähigkeit der Organisation beeinflusst.[248] Hierbei wird häufig auch die kausale Annahme getroffen, dass durch verbesserte IT-Fähigkeiten, wie bspw. Flexibilität, auch die Effektivität der IT und damit der Unternehmenserfolg und die Wettbewerbsfähigkeit des Unternehmens erhöht werden können.[249]

In der Literatur wird die Diskussion um den Wertbeitrag der IT im Allgemeinen, d. h. welchen positiven Einfluss oder Mehrwert der IT-Einsatz für den Erfolg eines Unternehmens bietet,[250] bereits seit einigen Jahren nachhaltig und kontrovers geführt.[251] Als Wertbeitrag werden dabei i. d. R. sämtliche die Ziele der Unternehmung unterstützenden Auswirkungen des IT-Einsatzes, wie bspw. Reduktion von Kosten, Erhöhung der Produktivität, Erreichung von Wettbewerbsvorteilen und weitere Erfolgsmessgrößen, bezeichnet, die sich sowohl auf die Effektivität als auch auf die Effizienz des Unternehmens beziehen.[252] Insbesondere da die IT oftmals hohe Investitionskosten impliziert, ist eine Rechtfertigung dieser Kosten in Bezug auf den Unternehmenserfolg und eine durchgängige Kostenkontrolle der IT zwingend notwendig. Als einer der Auslöser der heutigen Wirtschaftlichkeitsdiskussion kann vor allem der vielfach kontrovers betrachtete Beitrag von CARR aus dem Jahr 2003 angeführt werden, der in seinem Artikel „IT doesn't matter" zu dem Ergebnis gelangt, dass Unternehmen durch Einsatz von IT kein zusätzlicher Wertbeitrag entsteht, vor allem da IT-Lösungen heute allen Unternehmen gleichermaßen zur Verfügung

---

[247] Vgl. u. a. Beimborn et al. 2006, S. 331; Melville et al. 2004, S. 307.

[248] Vgl. Beimborn et al. 2007, S. 1; Tallon und Kraemer 2003, S. 13 f.; Avison et al. 2004, S. 229; Teubner 2006, S. 370.

[249] Vgl. bspw. Ness 2005, S. 4.

[250] Die dem Erfolg zugrunde gelegten Zielkategorien sind hierbei bspw. Johannsen und Goeken (2007, S. 9) folgend grundlegend in Effizienzkriterien, Effektivitätskriterien und strategische Beiträge der IT-Nutzung zu unterscheiden. Von einer weiterführenden Betrachtung möglicher Operationalisierungsverfahren, -faktoren und -vorgehensweisen wird an dieser Stelle abgesehen.

[251] Vgl. bspw. Beimborn et al. 2006, S. 331; Melville et al. 2004, S. 283 ff.; Brynjolfsson und Hitt 1998, S. 49 ff.; Brynjolfsson und Hitt 2000, S. 23 ff.; Tallon 2007, S. 281 f. Im englischsprachigen Raum wird die Diskussion primär unter dem Begriff „IT Business Value" bzw. teilw. auch unter dem Schlagwort „Return on IT investment" (RoIT) geführt. Vgl. bspw. Melville et al. 2004, S. 299; Dos Santos und Sussmann 2000, S. 429.

[252] Vgl. Melville et al. 2004, S. 287. Die Thematik ist in diesem Sinne verstärkt auch dem Bereich IT-Controlling zuzuordnen, dessen Ziel es ist, auf operativer und strategischer Ebene sowohl die Wirtschaftlichkeit der Leistungserstellung als auch den langfristigen, auf die Existenzsicherung der Unternehmung gerichteten Erfolg sicherzustellen. Vgl. hierzu auch Johannsen und Goeken 2007, S. 23 f.; Laudon et al. 2010, S. 837-842.

stehen und durch den hohen Verbreitungsgrad alle Wettbewerber somit auch auf die gleiche Weise von der IT-Nutzung profitieren (IT als *Commodity*).[253] Dauerhafte Wettbewerbsvorteile und ein zusätzlicher Wertbeitrag beruhen CARR zufolge daher nicht auf dem IT-Einsatz per se und die IT könne folglich nicht als strategisch relevanter Faktor angesehen werden, was auch durch die problematische Quantifizierung der IT-Investitionen in Bezug auf den Unternehmenserfolg zurückzuführen ist.

Dieses sog. Produktivitätsparadoxon der IT[254], d. h. der oftmals unzureichend quantifizierbare Beitrag von IT-Investitionen zur Gesamtproduktivität von Unternehmen, wird auch heute weiterhin diskutiert, wenngleich die Forschung sich inzwischen – in der sog. Post-Produktivitätsparadoxon-Phase – mehr auf die Untersuchung konzentriert, *wie* und nicht *ob* die IT zum Unternehmenserfolg beitragen kann.[255] Vor allem auch durch zahlreiche Untersuchungen, die gegenteilige Resultate aufweisen, ist heute davon auszugehen, dass der IT-Einsatz deutliche positive Auswirkungen auf den Unternehmenserfolg hat.[256] Darüber hinaus konnte bspw. auch gezeigt werden, dass die als unzureichend wahrgenommenen Erfolge durch die IT durch die häufige Fehlannahme zu begründen sind, dass allein der IT-Einsatz per se zu Produktivitätsgewinnen führt.[257] Stattdessen hängt der Wert der IT jedoch entscheidend von der Fähigkeit der zielgerichteten Nutzung und dem durchgängigen Management der IT-Systeme zur effektiven Unterstützung der Geschäftsprozesse und damit auch einem angemessenen IT-Alignment ab, denn „in einer schlecht geführten Organisation wird auch die beste IT stets nur ein Kostenfaktor sein"[258].

Die Bedeutung der IT als Wertlieferant geht demnach über reine Kosten- und Investitionsbetrachtungen hinaus. Maßgeblich ist hierbei stattdessen, wie das Unternehmen die Chancen nutzt, die durch den IT-Einsatz entstehen.[259] Somit wird von einem zumeist indirekten Beitrag der IT zum Unternehmenserfolg ausgegangen, der durch mehrere Wirkungsfaktoren beeinflusst wird.[260] Dabei wird angenommen, dass der Wertbeitrag abhängig von den Spezifika einer

---

[253] Vgl. Carr 2003, S. 41 ff.
[254] Vgl. u. a. Brynjolfsson 1993, S. 66 ff.; Brynjolfsson und Hitt 1998, S. 51 f. Das Produktivitätsparadoxon wurde dabei bereits im Jahr 1987 durch Robert Solow formuliert: „[W]e see the computer age everywhere except in the productivity statistics". Vgl. Brynjolfsson und Hitt 1998, S. 51; Teubner 2006, S. 368; Dos Santos und Sussmann 2000, S. 429 ff.
[255] Vgl. Tallon 2007, S. 296.
[256] Vgl. auch Johannsen und Goeken 2007, S. 7-12; Brynjolfsson und Hitt 1998, S. 52 ff.
[257] Vgl. Krcmar 2005, S. 1.
[258] Masak 2006, S. 20. Vgl. hierzu auch Meyer et al. 2003, S. 446; Johannsen und Goeken 2006, S. 8 f.; Johannsen und Goeken 2007, S. 8; Keller und Masak 2008, S. 29; Tallon et al. 2000, S. 145 ff.; Krcmar 2005, S. 3 f.
[259] Vgl. Masak 2006, S. 19 sowie auch Abschn. 2.1.2.
[260] Vgl. Beimborn et al. 2006, S. 331.

Unternehmung ist und mittelbar durch die Unternehmensorganisation und die Geschäftsstrategie zu einem zusätzlichen Wert führt.[261] Somit muss darüber hinaus auch von einer subjektiven Wahrnehmung des IT-Wertbeitrags auf unterschiedlichen Managementebenen und durch unterschiedliche Akteure ausgegangen werden.[262] Gerade weil der Mehrwert des IT-Einsatzes dadurch häufig schwer messbar ist, sind geeignete Governancemechanismen notwendig, die die Verantwortlichkeiten für avisierte Resultate bestimmen und die Bewertung der Zielerreichung ermöglichen.[263] MELVILLE ET AL. folgend spielen hier neben weiteren Aspekten, wie bspw. der Interaktion der IT mit den Ressourcen der Organisation und der sinnvollen Disaggregation von IT-Konstrukten zu Teilkomponenten, insbesondere auch die Geschäftsprozessleistung als indirekte Ausprägung des IT-Erfolgs sowie die externe Umgebung der Organisation eine wesentliche Rolle.[264]

Dabei konnte neben qualitativen Untersuchungen auch empirisch belegt werden, dass ein positiver Zusammenhang zwischen Alignment und dem Wertbeitrag der IT besteht. Aufbauend auf ihrer Studie zur Beurteilung des Zusammenhangs zwischen der IT und kritischen Geschäftsbereichen und -zielen argumentieren bspw. TALLON ET AL., dass ein erhöhter IT-Wertbeitrag aus einem höheren Alignment zwischen der Geschäfts- und der IT-Strategie resultiert (vgl. auch **Abb. 15**).[265] Ein hohes strategisches Alignment kann demnach auch zu einer Steigerung des Erfolgs des Unternehmens führen, indem IT- und Unternehmensstrategie zielführend und wechselseitig aufeinander abgestimmt sind.[266] Im Vergleich kann daraus auch gefolgert werden, dass eine mangelnde Realisierung von IT-Erfolg zumindest in Teilen auf fehlendes oder defizitäres (strategisches) IT-Alignment zurückzuführen ist.[267]

---

[261] Vgl. Teubner 2006, S. 368 f.

[262] Vgl. van Grembergen et al. 2004, S. 16 f.

[263] Vgl. Weill und Ross 2004a, S. 1.

[264] Vgl. Melville et al. 2004, S. 292.

[265] Vgl. Tallon et al. 2000, S. 145 ff.; Tallon und Kraemer 2003, S. 1 ff. Im Rahmen der Studie wurden dabei Führungskräfte von 304 Unternehmen im nordamerikanischen, europäischen und asiatischen Raum befragt. Für eine Übersicht der Charakteristika der Studie vgl. Tallon et al. 2000, S. 157. Für eine generelle Übersicht empirischer Untersuchungen in diesem Zusammenhang vgl. bspw. auch Bashiri et al. 2010, S. 43 ff.

[266] Vgl. Johannsen und Goeken 2006, S. 9; Avison et al. 2004, S. 224. Gleichermaßen beschreiben Tallon und Kraemer (2003, S. 14 ff.) in diesem Zusammenhang auch die Existenz eines sog. „Alignmentparadoxons": Zwar führe strategisches Alignment nach den Erkenntnissen der Autoren zu größerem Unternehmenserfolg – allerdings nur bis zu einem bestimmten Grad. Darüber hinausgehendes Alignment könne dagegen auch u. U. zu einer Reduktion des Erfolgs führen, insbesondere da die Organisation durch eine zu starke Koppelung zwischen der IT und der Geschäftsstrategie die notwendige Flexibilität verliere. Unter Annahme des IT-Alignments als dynamischer Prozess ist jedoch davon auszugehen, dass ein solcher Alignmentzustand nicht existiert. Vgl. hierzu auch Abschn. 2.2.2.

[267] Vgl. Tallon und Kraemer 2003, S. 14.

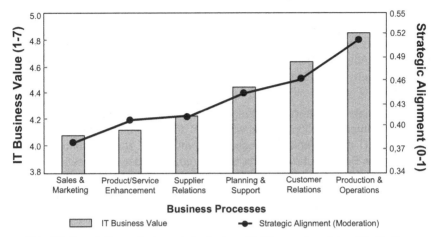

Abb. 15: Korrelation zwischen strategischem IT-Alignment und dem Wertbeitrag der IT
Quelle: Tallon und Kraemer 2003, S. 14.

Im Bezug auf Geschäftsprozesse konnten BEIMBORN ET AL. zudem im Rahmen einer Befragung der 1000 größten deutschen Banken zeigen, dass das Alignment von Geschäft und IT – insbesondere auch auf operativer Ebene[268] – einen positiven Einfluss auf die Geschäftsprozessleistung ausübt.[269] Dabei wird erneut auch die Rolle von Geschäftsprozessen als Bindeglied zwischen beiden Domänen deutlich. Gleichzeitig stellen die Autoren eine mögliche geringere Gesamtprozessleistung bei besserem IT-Einsatz fest, wodurch zudem auch deutlich wird, dass grundlegend „sämtliche auf die Prozessleistung wirkenden Produktionsfaktoren, insbesondere auch nicht zur IT zu zählende Faktoren, zu berücksichtigen"[270] sind, um den entsprechenden Geschäftserfolg zu erzielen und folglich eine enge Zusammenarbeit zwischen IT- und Geschäftsdomäne notwendig machen. Da typischerweise durch die Geschäftsprozesse des Unternehmens Wert generiert wird und an allen Phasen des Prozesslebenszyklus sowohl die fachliche als auch die IT-Domäne substanziell beteiligt ist, können die Geschäftsprozesse eines Unternehmens in diesem Sinne auch als Katalysator des IT-Wertbeitrags verstanden werden: „Die Unterstützung der qualitativ hochwertigen und kosteneffizienten Abwicklung von Geschäftsprozessen zusammen mit der Fähigkeit, neue Prozesse eng am Marktgeschehen zu realisieren (time to market), sind somit die primären Hebel für den Wertbei-

---

[268] Vgl. hierzu auch Abschn. 2.2.3.
[269] Vgl. hierzu und im Folgenden Beimborn et al. 2006, S. 331 ff.
[270] Beimborn et al. 2006, S. 337.

trag der IT"[271]. Die erfolgreiche Umsetzung eines IT-Alignments fördert somit Beides: Zum einen die Wertgenerierung auf Basis der effizienten Prozessabwicklung und ziel- und strategieorientierten Unterstützung sowie zum anderen die flexible Abwicklung und Durchsetzung von IT-gestützten Prozessen und IT-getriebenen Innovationen als Treiber für einen IT-induzierten Wertbeitrag.[272]

Ohne eine zielgerichtete Abstimmung zwischen der IT und der Organisation ist die wahrgenommene Nichtproduktivität der IT folglich weniger auf die Investitionen in die IT als die fehlende Abstimmung mit der IT zurückzuführen.[273] Insbesondere in Bezug auf die Flexibilitätsbestrebungen der Organisation ist hier außerdem eine Konzentration auf solche Veränderungen notwendig, die den Wertbeitrag der IT optimal fördern, was wiederum eine Berücksichtigung beider Domänen erfordert.[274] Der erreichte Wertbeitrag einer IT-Investition hängt somit maßgeblich von der erfolgreichen Realisierung des IT-Alignments ab: „The value that IT adds to the business is a function of the degree to which the IT organisation is aligned with the business and meets the expectations of the business"[275]. Die Ausgestaltung und Definition des IT-Alignments, d. h. was IT-Alignment überhaupt bedeutet und welche Gestaltungsmerkmale und Faktoren hier eine Rolle spielen, bleibt jedoch in der Literatur z. T. vielfach unbeantwortet.[276] Die nachfolgenden Abschnitte gehen näher auf diesen Aspekt ein.

2.2.2 IT-Alignment: Definition und Begriffsabgrenzung

> „In current business practice, an integrated approach to
> business and IT is indispensable."
>
> Lankhorst 2013, S. 1

Aus etymologischer Sicht bedeutet der Begriff Alignment aus dem Englischen abgeleitet so viel wie Abstimmung, Anpassung, Anordnung oder Ausrichtung.[277] Alignment bezieht sich somit im Kern auf die gegenseitige Abstimmung unterschiedlicher Gruppen, Einstellungen oder Perspektiven. Übertra-

---

[271] Johannsen und Goeken 2006, S. 9. Vgl. auch Johannsen und Goeken 2007, S. 10.
[272] Vgl. hierzu auch Kapitel 4.
[273] Vgl. Masak 2006, S. 19.
[274] Vgl. auch Radermacher und Klein 2011, S. 55.
[275] ITGI 2003a, S. 25. Vgl. auch van Grembergen et al. 2004, S. 15.
[276] Vgl. auch bspw. Avison et al. 2004, S. 224. Gericke und Stutz (2006, S. 363) führen das Fehlen einer vorherrschenden Definition dabei insbesondere auch auf die terminologische Kreativität in Bezug auf den Alignmentbegriff zurück. Vgl. hierzu auch Fn. 12.
[277] Bspw. kann Alignment als „the proper positioning or state of adjustment of parts [...] in relation to each other" sowie „an arrangement of groups or forces in relation to one another" definiert werden (Merriam-Webster 2013). Dabei ist auch das französische Verb „aligner" bzw. „alignier" (ausrichten) als etymologische Referenz anzuführen. Vgl. bspw. auch Keller und Masak 2008, S. 29.

gen auf den IT-Kontext wird unter dem Begriff IT-Alignment dementsprechend die wechselseitige Ausrichtung und Abstimmung der IT mit den geschäftsbezogenen Erfordernissen der Unternehmung verstanden. Äquivalent zum Alignmentbegriff werden dabei häufig auch Begriffe wie Fit, Integration oder Harmonie verwendet.[278] Es geht somit zunächst vereinfachend um eine Abstimmung der zwei gegensätzlichen Perspektiven Geschäft und IT, was durch **Abb. 16** anhand der vielfach beschriebenen Barriere zwischen Geschäft und IT (*Business-IT-Gap*) veranschaulicht werden soll.

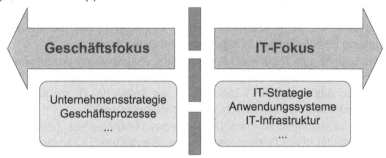

Abb. 16: Barriere zwischen Geschäft und IT
Quelle: Eigene Darstellung in Anlehnung an Schwarzer 2009, S. 4.

Wenngleich die ersten Alignmentansätze bereits in den frühen 1970er-Jahren entstanden, lassen sich die aktuellen Entwicklungen primär auf die zu Beginn der 1990er-Jahre vorgestellten Modelle des SAM (Strategic Alignment Model) von HENDERSON UND VENKATRAMAN[279] und dem MIT90-Modell von SCOTT MORTON[280] zurückführen, die als Antwort auf die zunehmende Bedeutung der IT in Unternehmen und deren strategischen Potenziale entstanden.[281] Während in der früheren Literatur dabei zunächst typischerweise strategische Gesichtspunkte und zudem eine z. T. einseitige Anpassung der IT-Strategie an die Geschäftsstrategie im Vordergrund standen, wird heute von immer mehr Autoren die Auffassung geteilt, dass IT-Alignment ein mehrdimensionales Konstrukt darstellt, das zudem eine wechselseitige, vernetzte Abstimmung von

---

[278] Vgl. bspw. Henderson und Venkatraman 1999, S. 474 ff. Weitere Synonyme finden sich speziell auch in der englischsprachigen Literatur, wie bspw. auch „Bridge", „Linkage", „Fusion" oder „Co-Alignment". Vgl. u. a. Chan und Reich 2007, S. 300; Avison et al. 2004, S. 224 f.

[279] Vgl. Henderson und Venkatraman 1990, S. 7; Henderson und Venkatraman 1999, S. 476. Vgl. hierzu auch Abschn. 2.2.3.2.

[280] Vgl. Scott Morton 1991.

[281] Vgl. u. a. Bashiri et al. 2010, S. 32 f.; Avison et al. 2004, S. 230; Chan und Reich 2007, S. 303. Für einen historischen Überblick zur Alignmentforschung vgl. bspw. Ciborra 1997, S. 67 f.; Bashiri et al. 2010, S. 32 ff.

IT und Geschäft in allen relevanten Belangen umfasst.[282] Insbesondere spielen dabei auch bspw. operative, soziale, kognitive, kulturelle oder strukturelle Beziehungen zwischen beiden Bereichen und den jeweiligen Akteuren eine Rolle.[283] IT-Alignment sollte daher idealerweise auf allen Unternehmensebenen stattfinden; sowohl auf Organisations-, System-, Projekt- als auch auf individueller Ebene.[284] Innerhalb des Alignmentprozesses sind dabei zunächst i. d. R. drei wesentliche Rollen von Bedeutung:[285]

- *Anwenderrolle*: Die Rolle des Mitarbeiters in der Fachabteilung, der unmittelbar auf operativer Ebene an der Ausführung von Geschäftsprozessen beteiligt ist (bspw. Prozessverantwortlicher, Projektleiter) und die von der IT-Abteilung bereitgestellten IS aktiv nutzt und Daten manipuliert;[286]

- *Führungsrolle*: Die Rolle des Managements, üblicherweise institutionalisiert durch die Geschäftsführung/CEO und/oder Fachbereichsleiter auf Seiten des Geschäfts sowie die IT-Leitung/CIO auf Seiten der IT, die jeweils verantwortlich für einen Teilbereich der Organisation sind;[287]

- *Rolle des Leistungserbringers:* Die Rolle des IT-Mitarbeiters, üblicherweise ein Mitarbeiter in der IT-Abteilung oder eines externen IT-Dienstleisters, der auf operativer Ebene IT-Dienstleistungen erbringt und die durch die Endanwender genutzten Systeme bereitstellt, administriert und wartet bzw. Lösungen für Geschäftsanforderungen entwickelt.

Dabei gilt insbesondere die Rolle des IT-Leiters als zentral für die Realisierung des IT-Alignments, der insbesondere auch zur Realisierung des Alignments

---

[282] Auch in der neueren Literatur wird des Öfteren noch von einer einseitigen Ausrichtung der IT an der Geschäftsstrategie der Organisation gesprochen (vgl. bspw. Zarnekow 2003, S. 264). Aufgrund der bidirektionalen Wirkungsfunktion der IT (vgl. insbes. Abschn. 2.1.2) wird diese Auffassung hier jedoch nicht geteilt.

[283] Vgl. Masak 2006, S. 13; Chan und Reich 2007, S. 300.

[284] Vgl. auch Chan und Reich 2007, S. 301. Auf aufgrund dieses ganzheitlichen Grundprinzips und der organisationsweiten Durchdringung kann das IT-Alignment als Kerngegenstandsbereich der WI-Forschung und -Praxis angesehen werden. Vgl. auch Teubner 2006, S. 368; Luftman 2003, S. 7.

[285] Vgl. hierzu und im Folgenden u. a. Grohmann 2003, S. 19 f. sowie auch Abschn. 4.3.3.1.

[286] Durch die zunehmende Durchdringung der IT auch im privaten Bereich hat sich die Rolle des Anwenders von einem eher passiven zu einem aktiven und qualifizierten Auftraggeber und Leistungsabnehmer entwickelt, der über die reine Nutzung des IS hinaus auch selbst immer stärkeren Einfluss auf die IT nimmt und ggf. selbst zum Systementwickler wird. Vgl. hierzu auch Grohmann 2003, S. 19; Krcmar 2005, S. 136 f. sowie auch die Anmerkungen in Fn. 10.

[287] Wenngleich durchaus länderspezifische Unterschiede eine synonyme Verwendung der Begriffe IT-Leiter/-Führungskraft und CIO kritisch erscheinen lassen, wird in der vorliegenden Arbeit aus Gründen der Vereinfachung keine explizite Differenzierung in dieser Hinsicht vorgenommen und vereinfachend von CIO/CEO gesprochen. Zur detaillierteren Reflexion der Rolle des CIO vgl. bspw. Krcmar 2005, S. 303 ff.; Lindström et al. 2006, S. 82 f.; Chun und Mooney 2009, S. 323 ff.

über eine Mischung aus sowohl technischen Fähigkeiten als auch Manage-
mentkompetenzen verfügen sollte.[288] Gemäß KRCMAR steht die Rolle des CIO
für „eine Person/Führungskraft, die verantwortlich ist für die Informationstechnik und Anwendungen, die die Unternehmensziele unterstützen"[289]. Grundlegend sind dabei im Zeitverlauf drei Phasen zu differenzieren, die die Rolle des
CIO charakterisieren.[290] Während in der sog. Mainframe-Ära (bis ca. Ende der
1980er-Jahre) die Rolle des CIO der eines funktionellen Leiters mit Verantwortung für das operative IT-Management entsprach, galt der CIO in den 1990er-
Jahren (sog. verteilte Ära) als strategischer Partner mit technologischer Kompetenz. In der heutigen, sog. webbasierten Ära nimmt der CIO demgegenüber
primär die Rolle eines Geschäftsvisionärs ein, der maßgebliche Verantwortung
für Geschäftsinnovationen, die Ausnutzung technologischer Möglichkeiten und
damit IT-basierte strategische Gestaltungsoptionen trägt, wodurch auch die
Notwendigkeit einer intensiven Zusammenarbeit zwischen beiden Domänen
erneut deutlich wird.[291] In der vorliegenden Arbeit wird ein modernes Verständnis der Rolle des CIOs angenommen, im Rahmen dessen diese als Individuum oder kleine Gruppe von Personen im Unternehmen zu verstehen ist,
die eng mit der Unternehmensführung zusammenarbeitet und die Verantwortung für die unternehmensweit eingesetzte IT sowohl aus technischer als auch
organisatorischer Sicht trägt.[292]

IT-Alignment als Aufgabe der IT-Governance bezeichnet hierauf aufbauend
die Abstimmung und gegenseitige Ausrichtung zwischen der Organisation und
den Geschäftsprozessen mit dem Einsatz der jeweiligen IT-Systeme.[293] Dabei
beschreiben LUFTMAN UND BRIER IT-Alignment als den Einsatz von „Information Technology (IT) in an appropriate and timely way, in harmony with business strategies, goals and needs"[294]. Konkreter definieren REICH UND BENBA-
SAT das IT-Alignment als Grad, zu dem die IT in Hinblick auf deren Mission,
Ziele und Pläne durch die entsprechende Mission, Ziele und Pläne des Geschäfts unterstützt wird, während bspw. GERICKE UND STUTZ IT-Alignment als
„die Ausrichtung der IT an der Unternehmensstrategie, den Unternehmens-

---

[288] Vgl. Krcmar 2005, S. 305 f.; Blankenhorn und Thamm 2008, S. 10. Dazu gehören insbes.
soziale Fähigkeiten, Sensibilität und IT-Wissen, aber auch ein ausreichendes Maß an
Glaubwürdigkeit und Beziehungen zur Unternehmensführung.

[289] Krcmar 2005, S. 304.

[290] Vgl. hierzu und im Folgenden Smaczny 2001, S. 799 f.; Chun und Mooney 2009, S. 323
ff.; Ross und Feeny 1999, S. 3 ff.

[291] Ähnlich beschreibt auch Krcmar (2005, S. 304) die Entwicklung des Aufgabenfelds des
CIO: „vom Abteilungsleiter Rechenzentrum zum Innovationsmanager im Vorstand".

[292] Vgl. hierzu auch Abschn. 4.3.3.2.

[293] Vgl. u. a. Teubner 2006, S. 368; Chan und Reich 2007, S. 297 ff.; Masak 2006, S. 10 ff.;
van Grembergen et al. 2004, S. 7 ff.

[294] Luftman und Brier 1999, S. 109.

prozessen und der Unternehmenskultur"[295] beschreiben. In ähnlicher Weise definiert DUFFY IT-Alignment als „the process and goal of achieving competitive advantage through developing and sustaining a symbiotic relationship between business and IT"[296].

IT-Alignment ist somit grundlegend als organisatorische Gestaltungsaufgabe zu verstehen, die auf verschiedenen Handlungsebenen des Unternehmens stattfindet und sich auf mehrere, miteinander auszurichtende Faktoren bezieht. Dem folgend beschreibt IT-Alignment im Kern die wechselseitige Ausrichtung und Abstimmung insbesondere von Strategien, Zielen, Visionen, Architekturen, Leistungen, Prozessen, Aktivitäten, Plänen sowie der Kultur zwischen der IT und der fachlichen Sicht innerhalb der Organisation.[297] Kerngedanke des IT-Alignments ist dabei folglich die wechselseitige Ausrichtung von mindestens zwei Aspekten, wie bspw. der Geschäfts- mit der IT-Strategie, mit dem Ziel der durch Übereinstimmung verbesserten Unternehmensperformance auf Basis eines erhöhten Wertbeitrags.[298]

Typischerweise umfasst das IT-Alignment hierbei die Abstimmung und Anpassung fachlicher Anforderungen und IT-bezogener Voraussetzungen sowie die entsprechenden Lösungsansätze zur Sicherstellung der Einhaltung und der Erweiterung der Unternehmensziele.[299] LEDERER UND MENDELOW zufolge sind dabei grundlegend drei Ebenen des Alignments im Rahmen von Planungsprozessen zu unterscheiden:[300]

- *Inhalte*, d. h. Abstimmung mit dem Ziel der Konsistenz von IT- und Geschäft durch entsprechende gegenseitige Integration relevanter IT- bzw. geschäftsbezogener Inhalte;
- *Zeitliche Abfolge*, d. h. Abstimmung durch simultane Entwicklung von IT und Geschäft;
- *Personal*, d. h. Abstimmung auf Basis der Involvierung der IT-Mitarbeiter in Entwicklungsprozessen auf fachlicher Ebene und vice versa.

Generell besteht das Ziel des IT-Alignments somit primär in der Abstimmung von Entscheidungen, Verantwortlichkeiten, Handlungsanweisungen und Aktivi-

---

[295] Gericke und Stutz 2006, S. 363.
[296] Duffy 2002, S. 4.
[297] Vgl. auch u. a. Winter und Landert 2006, S. 309; Chan und Reich 2007, S. 300 f.; Reich und Benbasat 2000, S. 82; Bashiri et al. 2010, S. 36. Darüber hinaus kann das IT-Alignment im weiteren Sine auch im Rahmen der unternehmensübergreifenden Zusammenarbeit relevant sein, was in der vorliegenden Arbeit jedoch eine untergeordnete Rolle spielt.
[298] Vgl. Beimborn et al. 2007, S. 3 sowie auch Abschn. 2.2.1.2.
[299] Vgl. auch Baumöl 2006, S. 314; De Haes und van Grembergen 2004, S. 1.
[300] Vgl. hierzu und im Folgenden Lederer und Mendelow 1989, S. 7; Beimborn et al. 2006, S. 333.

täten der IT in Bezug auf die Ziele und Strategien des Unternehmens insgesamt.[301] Die angemessene Ausrichtung sämtlicher IT-bezogener Aktivitäten an
der Geschäftsstrategie des Unternehmens und vice versa kann eine zielgerichtete, strategische Nutzung der IT bewirken, was i. d. R. zu einer verbesserten Leistungs- und Wettbewerbsfähigkeit des Unternehmens führt.[302] Das IT-
Alignment schafft somit die notwendigen Voraussetzungen für eine strategie-
konforme Steuerung der IT.[303] MASAK folgend lassen sich hierzu vier wesentliche Charakteristika des IT-Alignments spezifizieren, die in einem entsprechenden Alignmentansatz berücksichtigt werden sollten und sich gegenseitig
bedingen:[304]

- *Dynamik*: IT-Alignment lässt sich als dynamischer Prozess auffassen, der
  eine kontinuierliche, wechselseitige Ausrichtung von Geschäft und IT im
  Unternehmen verfolgt. Die Herausforderung besteht dabei v. a. darin, die
  beiden sich verändernden Perspektiven dauerhaft aneinander auszurichten
  und die Entscheidungen an Veränderungen in der Unternehmensumwelt
  anpassen zu können.[305] Das IT-Alignment bildet somit kein statisches Konstrukt im Sinne eines zu erreichenden Zustands, sondern ist permanent zu
  entwickeln und neu zu bewerten.[306]

- *Mehrdimensionalität*: IT-Alignment findet in Unternehmen auf verschiedenen Ebenen statt und integriert eine Reihe interdependenter Faktoren.
  Während viele Arbeiten explizit nur die strategische Abstimmung betrachten, spielen darüber hinaus auch bspw. kulturelle oder strukturelle Aspekte
  eine Rolle, die sich z. T. gegenseitig beeinflussen.[307] Darüber hinaus sind
  Alignmentprozesse neben der strategischen auch auf weiteren Ebenen im
  Unternehmen zu integrieren, was die Berücksichtigung gesonderter Maßnahmen erfordert.

---

[301] Vgl. u. a. auch Johannsen und Goeken 2006, S. 9; Johannsen und Goeken 2007, S. 12;
Winter und Landert 2006, S. 309.
[302] Vgl. auch Chan und Reich 2007, S. 298.
[303] Vgl. auch Blankenhorn und Thamm 2008, S. 16; Teubner 2006, S. 368 ff.
[304] Vgl. hierzu im Folgenden Masak 2006, S. 12. Während auf das Merkmal „Business
vs. IT" (3) bereits mehrfach eingegangen wurde, detaillieren die nachfolgenden Ausführungen zunächst Merkmal (1). Das Merkmal der Mehrdimensionalität (2) wird explizit in
Abschn. 2.2.3 näher betrachtet, wohingegen Merkmal (4) insbes. in Abschn. 2.2.3.3 erneut Berücksichtigung findet. Als weiteren Aspekt nennt Masak hier zudem die
Operationalisierbarkeit des Alignments, die in der vorliegenden Arbeit jedoch nicht weiterführend thematisiert und daher an dieser Stelle bewusst vernachlässigt wird.
[305] Vgl. auch van Grembergen et al. 2004, S. 10; Henderson und Venkatraman 1990, S. 26 f.
[306] Insofern scheint bspw. auch die Bezeichnung „Fit" und dem darin implizierten Verständnis
von Alignment als Zustand eher unpassend, da davon ausgegangen werden muss, dass
sich dieser Zustand im Sinne einer Zielgröße niemals vollständig einstellen wird.
[307] Vgl. hierzu insbes. auch Abschn. 2.2.3.

- *Business vs. IT:* Auf allen Ebenen des IT-Alignments spielt dabei grundsätzlich die Integration und Abstimmung der Geschäfts- mit der IT-
orientierten Perspektive eine zentrale Rolle. Die gemeinsame Ausrichtung
von Organisation und IT kann dabei, wie bereits erwähnt, neben der unterstützenden Funktion der IT auch zur Generierung und Realisierung von
Wettbewerbsvorteilen ausgehend von IT-Innovationen genutzt werden
(Enablerfunktion).

- *Humanfaktor:* IS werden innerhalb der WI als sozio-technische Systeme
verstanden, die sowohl maschinelle als auch menschliche Komponenten
als Aufgabenträger umfassen, die voneinander abhängig sind und zusammenwirken.[308] IS erfordern damit explizit die Berücksichtigung menschlicher
bzw. sozialer und verhaltensbasierter Faktoren, welche folglich auch im
Rahmen des IT-Alignments von Bedeutung sind.

In Bezug auf den dynamischen Aspekt ist in der Literatur dabei grundlegend
eine dichotome Interpretation des IT-Alignments festzustellen, indem dieses
entweder als Ergebnis bzw. Zustand (statische Sichtweise) oder als ein kontinuierlicher Prozess (dynamische Sichtweise) verstanden wird.[309] Innerhalb des
Verständnisses von Alignment als Prozess wird dieses als Vorgehensweise
oder Methode im Sinne einer dauerhaften und durchgehenden Aufgabe der
Abstimmung zur Erreichung gemeinsamer Ziele bei Nutzung der jeweiligen
spezifischen Kompetenzen betrachtet. Alignment als Ergebnis impliziert dagegen eine Operationalisierung des Alignments als Grad der Abstimmung zwischen technologischen Anforderungen, Bedürfnissen, Zielen, Vorstellungen
und Strukturen mit den jeweiligen geschäftsbezogenen Aspekten der Unternehmung. Die wesentlichen charakteristischen Annahmen und Merkmale beider Perspektiven werden durch **Tab. 3** zusammengefasst.

Das prozessorientierte Verständnis des IT-Alignments wurde dabei bereits
früh in der Literatur vertreten und findet – trotz jedoch einer bislang größten-
teils fehlenden Konzeptualisierung – weitgehende Akzeptanz. Bereits HEN-
DERSON UND VENKATRAMAN definieren das IT-Alignment als einen Prozess des
kontinuierlichen Wandels, der notwendig ist, um den Wertbeitrag durch IT-
Investitionen sicherzustellen.[310] Ähnlich verstehen FISCHER UND WINTER das
IT-Alignment als kontinuierlichen Anpassungsprozess, der neben Manage-

---

[308] Vgl. auch WKWI 2011, S. 1; Laudon et al. 2010, S. 16 ff.; Heinrich et al. 2007, S. 15 ff.
sowie Abschn. 1.2.1.

[309] Vgl. hierzu und im Folgenden u. a. Sabherwal et al. 2001, S. 179 f.; Chan und Reich
2007, S. 310; Johannsen und Goeken 2006, S. 9; Johannsen und Goeken 2007, S. 12;
Gericke und Stutz 2006, S. 363; Baker et al. 2011, S. 305 ff.; Benbya und McKelvey 2006,
S. 284; Chan 2002, S. 98 f.

[310] Vgl. Henderson und Venkatraman 1990, S. 26 f.; Henderson und Venkatraman 1999, S.
473.

ment- auch Gestaltungsaufgaben umfasst und einen dauerhaften Abgleich zwischen Geschäft und IT auf allen Ebenen der Organisation (nicht nur auf strategischer Ebene) beschreibt.[311] Darüber hinaus beschreiben beispielsweise auch KEARNS UND LEDERER IT-Alignment als Prozess des Wissensaustausches bzw. des Lernens, der häufig unsystematisch und unvorhersehbar verläuft.[312] LUFTMAN UND BRIER zufolge bedeutet *gutes* IT-Alignment in diesem Zusammenhang vor allem, dass die IT in angemessener Weise und möglichst schnell in gegebenen Situationen eingesetzt werden kann und dass dieser IT-Einsatz dabei in wechselseitiger Abstimmung mit Unternehmensstrategie, -zielen und -anforderungen erfolgt.[313]

Merkmal	Alignment als Zustand / Ergebnis	Alignment als Prozess
Sichtweise	▪ Statisches Konstrukt	▪ Dynamisches Konstrukt
Kennzeichen	▪ Messbares Ergebnis im Sinne eines „Fit"	▪ Alignment als fortwährende Aufgabe
Annahme	▪ Konstante Umgebung	▪ Veränderliche Umgebung
Orientierung	▪ Niveau- bzw. zielorientiert; Erreichung eines möglichst hohen Grads an Alignment	▪ Interaktions- bzw. einflussorientiert; Bestimmung der Zusammenhänge zwischen Geschäft und IT zur Erreichung einer dauerhaften Koevolution
Komponenten	▪ Einflussfaktoren (*Antecedents*), Messverfahren, Ergebnisse (*Outcomes*)	▪ (Management-)Fähigkeiten, Handlungsweisen, Reaktionen, Vorgehensweisen
Vorgehens-weise	▪ Häufig sequenziell, im Sinne von „*IT follows business*"	▪ Eher iterativ, im Sinne einer wechselseitigen Abstimmung (Enabler- und Unterstützungsfunktion der IT)
Ziel	▪ Alignment als anzustrebender Zustand	▪ Entwicklung von Prozessen und Verhaltensmustern, die ein fortlaufendes Alignment im Sinne einer Fähigkeit ermöglichen (*Capability*)

Tab. 3: Merkmale der Sichtweisen auf das IT-Alignment
Quelle: Eigene Zusammenstellung.

---

[311] Vgl. Fischer und Winter 2007, S. 168 sowie auch den nachfolgenden Abschn. 2.2.3.
[312] Vgl. Kearns und Lederer 2003, S. 5.
[313] Vgl. Luftman und Brier 1999, S. 109 f. Den Autoren zufolge ist das IT-Alignment daher grundlegend im Rahmen eines zweistufigen Prozesses zu realisieren, der erstens das Erreichen eines Alignmentzustands sowie zweitens dessen nachhaltige Aufrechterhaltung umfasst: „Obtaining IT-business alignment is a difficult task. The last step in the process, *sustaining IT-business alignment* is even more difficult. To sustain the benefit from IT, an 'alignment behavior' must be developed and cultivated" (Luftman und Brier 1999, S. 118; Hervorhebungen im Original).

Während diese Auffassungen des Alignmentbegriffs den zuvor eingeführten Flexibilitätsaspekt (vgl. insbes. Abschn. 2.1.1) bereits implizit adressieren, erfolgt überwiegend erst in der jüngeren Literatur eine z. T. explizite Betrachtung beider Aspekte und deren gegenseitiger Implikationen. Beispielsweise konnte NESS zeigen, dass die IT-Flexibilität einen positiven Einfluss auf das IT-Alignment ausübt.[314] Dies kann bspw. dadurch erklärt werden, dass eine schnellere Reaktionsfähigkeit auf veränderte fachliche Anforderungen durch die IT eine bessere Ausrichtung beider Bereiche ermöglicht. Umgekehrt belegen TALLON UND PINSONNEAULT, dass ein positiver Zusammenhang zwischen dem IT-Alignment und der IT-Flexibilität besteht, der sich auch dadurch ausdrückt, dass das Alignment zwischen Geschäft und IT im Sinne einer „Sensing Capability" verstanden werden kann, die die Wahrnehmung externer Veränderungsnotwendigkeiten seitens des Managements verbessern und dadurch höhere Flexibilität ermöglichen kann.[315] Ähnlich argumentieren BEIMBORN ET AL., dass Alignment auf operativer Ebene positiv auf die IT-Flexibilität wirkt, wobei insbesondere dem gemeinsamen Domänenwissen zwischen den Mitarbeitern in IT- und Fachabteilungen eine entscheidende Bedeutung beigemessen wird.[316] Es kann somit grundsätzlich umgekehrt auch von einem positiven Einfluss des IT-Alignments auf die Flexibilität der IT ausgegangen werden.

Gleichermaßen kann jedoch in Bezug auf die Wandlungsfähigkeit des Unternehmens bspw. auch eine zu intensive Abstimmung von Geschäft und IT und eine zu enge und starre Kopplung beider Bereiche einen negativen Effekt auf den Unternehmenserfolg im Allgemeinen und speziell die Flexibilität des Unternehmens ausüben.[317] Dieses von TALLON ET AL. als Alignmentparadoxon bezeichnete Phänomen kann dazu führen, dass das IT-Alignment die Wandlungsfähigkeit der Organisation hemmt und notwendige Veränderungen nicht wahrgenommen oder umgesetzt werden können. Eine Ursache hierfür kann bspw. sein, dass das Unternehmen einen einmal erreichten Alignmentzustand bewahren möchte und die Notwendigkeit einer Veränderung nicht erkennt oder ignoriert. Alignment kann dann zu einer Art Trägheit der Organisation führen (*Inertia*), die die Wandlungsfähigkeit der Organisation langfristig verhindert. Aus diesem Grund sind Mechanismen und Ansätze notwendig, um das IT-Alignment im Sinne eines koevolutionären Prozesses umzusetzen.

In der vorliegenden Arbeit wird unter dem Begriff IT-Alignment damit zusammenfassend eine wechselseitige Ausrichtung – d. h. Anpassung an die IT und

---

[314] Vgl. Ness 2005, S. 1 ff. Vgl. hierzu auch Chung et al. 2003, S. 191 ff.; Benbya und McKelvey 2006, S. 290 ff.
[315] Vgl. Tallon und Pinsonneault 2011, S. 479.
[316] Vgl. Beimborn et al. 2007, S. 6 ff. sowie insbes. auch Abschn. 2.2.3.3.
[317] Vgl. hierzu und im Folgenden u. a. Tallon 2003, S. 1; Tallon und Pinsonneault 2011, S. 464; Masak 2006, S. 191 f.; Sabherwal et al. 2001, S. 182; Baker et al. 2011, S. 301 f.

Anpassung der IT – mit den betriebswirtschaftlichen Anforderungen, Notwendigkeiten und Rahmenbedingungen eines Unternehmens verstanden, die operativ durch die Geschäftsprozesse eines Unternehmens umgesetzt werden. IT-Alignment umfasst dabei u. a. menschliche, strukturelle und strategische Aspekte und unterliegt unter Annahme einer sich wandelnden Organisation selbst ebenfalls einer kontinuierlichen Veränderung. Das IT-Alignment stellt somit die Grundlage für die Identifikation und Umsetzung von Geschäftsanforderungen dar.[318] Zusammenfassend wird das IT-Alignment für die vorliegende Arbeit wie folgt definiert:

> *IT-Alignment* bezeichnet den kontinuierlichen Prozess der wechselseitigen Abstimmung von u. a. Zielen, Aktivitäten und Prozessen zwischen der Geschäfts- und der IT-Domäne auf allen Gestaltungsebenen im Unternehmen und unter Berücksichtigung verschiedener Gestaltungsdimensionen, wie bspw. der strategischen Abstimmung, mit dem Ziel der effektiven, effizienten und risikoorientierten Umsetzung IT-gestützter und IT-getriebener Geschäftsprozesse.

Neben der Notwendigkeit der Berücksichtigung des IT-Alignments als Prozess wurde die Mehrdimensionalität des IT-Alignments bereits mehrfach angesprochen. Im nachfolgenden Abschnitt wird hierzu auf Basis eines semistrukturierten Literaturreviews ein integrierter Bezugsrahmen erarbeitet, der diese beiden Merkmale des Alignmentkonzepts näher konkretisiert, zueinander in Beziehung setzt und hierdurch einen Erklärungsansatz für ein mehrdimensionales, kontinuierliches IT-Alignment bietet, der der späteren Artefaktkonstruktion zugrunde liegt.

2.2.3 Dimensionen und Ansatzpunkte des IT-Alignments

> *„Alignment issues effect the entire organization and change in time. Therefore, alignment must be adjustable in real-time, as people execute, learn and adapt their alignment to their process tasks."*
>
> Jonkers et al. 2004, S. 258

IT-Alignment setzt in der Regel auf unterschiedlichen Ebenen an und integriert verschiedene Ansätze zur Formalisierung von Alignmentprozessen und -prinzipien. Entgegen einer in einigen Werken eingenommenen einseitigen Betrachtungsweise wird in der vorliegenden Arbeit zur Untersuchung des Alignmentphänomens ausgehend von einer IT-zentrierten Perspektive ein mehrperspektivischer, z. T. interdisziplinärer Ansatz als Zugang zur Thematik gewählt.[319] Insbesondere in der neueren Literatur wird die Notwendigkeit einer

---

[318] Vgl. auch Radermacher und Klein 2009, S. 54.

[319] Wobei eine eindimensionale Betrachtung des Alignmentphänomens nicht zwangsläufig als negativ zu verstehen ist. Die Fokussierung einer Dimension zu Lasten einer anderen kann bspw. auch zur Reduktion von Komplexität beitragen und sollte daher grundsätzlich stets einer situativen Einschätzung unterliegen.

mehrdimensionalen Betrachtungsweise vielfach betont.[320] Gleichermaßen existiert jedoch keine allgemein anerkannte und umfassende Konzeptualisierung und Systematisierung des Konzepts aus ganzheitlicher Sicht.[321] Vor allem in Bezug auf IT-Alignment als fortwährenden, kontinuierlichen Prozess ist es entscheidend, die miteinander in Beziehung stehenden Komponenten der Beziehungen zwischen IT- und Geschäftsdomäne zu identifizieren und in geeigneter Weise zu berücksichtigen.[322]

Hierzu wird im Folgenden zunächst aufbauend auf einer intensiven, semi-strukturierten Analyse der relevanten Literatur eine Kategorisierung der wesentlichen Aspekte des IT-Alignments hergeleitet und in Form eines gemeinsamen Bezugsrahmens konzeptualisiert, der versucht, das komplexe Konstrukt des IT-Alignments strukturiert zu erfassen (Abschn. 2.2.3.1). Anschließend wird in Abschn. 2.2.3.2, Abschn. 2.2.3.2 und Abschn. 2.2.3.3 näher auf die relevanten Dimensionen des Bezugsrahmens und die bestehenden Ansätze, Rahmenwerke und Modelle in Bezug auf die jeweiligen Gestaltungsfelder eingegangen.

2.2.3.1 Herleitung eines integrierten Bezugsrahmens: Das 3S-Modell des IT-Alignments

> *„[A]lignment is [...] a superset of multiple, simultaneous component alignments that bring together an organization's structure, strategy, and culture."*
>
> Chan 2002, S. 99

In Bezug auf die verschiedenen Facetten des Alignmentbegriffs sind dabei verschiedene Herangehensweisen identifizierbar. Wie bereits zuvor angedeutet, kann hier grundlegend zunächst zwischen strategischem und operativem IT-Alignment unterschieden werden. Wenngleich operatives Alignment bereits bspw. im SAM nach HENDERSON UND VENKATRAMAN durch die Abstimmung zwischen IT- und Geschäftsstruktur Berücksichtigung findet[323] und somit bereits in der frühen Literatur adressiert wird, konzentriert sich der Großteil der Literatur zum Thema vorwiegend auf die strategische Abstimmung zwischen IT- und Geschäftsdomäne, während das Alignment auf operativer Ebene in der Literatur bislang nur in geringem Umfang untersucht wurde.[324] Auch in der Unternehmenspraxis findet IT-Alignment bisher hauptsächlich nur auf strategischer Ebene statt, während eine Abstimmung der IT mit der Gesamtunternehmung auf allen Ebenen jedoch gleichermaßen vielfach als notwendig er-

---

[320] Vgl. bspw. Chan und Reich 2007, S. 300; Schlosser et al. 2012, S. 5053 ff.; Luftman 2005, S. 281.

[321] Vgl. auch Schlosser et al. 2012, S. 5053; Chan und Reich 2007, S. 300 ff.

[322] Vgl. auch Benbya und McKelvey 2006, S. 284.

[323] Vgl. hierzu auch Abschn. 2.2.3.2.

[324] Vgl. auch Beimborn et al. 2006, S. 332; Beimborn et al. 2007, S. 3.

achtet wird.[325] Eine rein strategische Betrachtung des IT-Alignments greift häufig zu kurz, vor allem auch da Strategien grundsätzlich auch deren operative Umsetzung erfordern, um effektiv zu sein.[326]

Insbesondere die Wirksamkeit von Transformationsbestrebungen im Kontext des Unternehmenswandels hängt vielfach entscheidend davon ab, dass Strategieänderungen in entsprechend veränderte Abläufe und Strukturen sowie in Veränderungen der IS umgesetzt werden.[327] Folglich stellen BLANKENHORN UND THAMM fest: „Der Versuch IT und Business ausschließlich auf der strategischen Ebene zu synchronisieren, führt in der Regel zu Standardstrategien und wenig greifbaren Maßnahmen aber selten zur erfolgreichen IT"[328]. Neben strategischem und operativem Alignment unterscheiden BENBYA UND MCKELVEY darüber hinaus auch zwischen dem IT-Alignment auf individueller Ebene.[329] Den Autoren zufolge ist neben der koevolutionären Ausrichtung von IT- und Fachabteilung (operative Ebene) und der wechselseitigen Abstimmung der IT- und der Unternehmensstrategie (strategische Ebene) demnach auch die wechselseitige und dauerhafte Abstimmung zwischen der IT-Infrastruktur und den spezifischen Anwenderbedürfnissen (individuelle Ebene) notwendig. Hierdurch wird insbesondere auch dem menschlichen Aspekt des IT-Alignments Rechnung getragen.

In der Literatur finden sich aufgrund der fehlenden Berücksichtigung operativer und auch individueller Aspekte auch häufig Argumente, die der Alignmentforschung vorwerfen, sie sei zu mechanistisch und wenig auf die tatsächliche Unternehmenspraxis übertragbar.[330] Insbesondere auch bspw. soziale Faktoren werden trotz deren Relevanz in entsprechenden Alignmentansätzen häufig vernachlässigt.[331] Da jedoch insbesondere auch in Zeiten versierter Fachanwender und damit bspw. der Möglichkeit individueller Anwendungsentwicklung der IT-Einsatz nicht allein ein strategisches Problem ist und eine rein top-down ausgerichtete IT-Planung aufgrund der skizzierten Rolle der IT häufig nicht ausreichend erscheint, ist es notwendig, auch geeignete Mechanismen und

---

[325] Vgl. auch Gericke und Stutz 2006, S. 363; Reich und Benbasat 2000, S. 82 f.; Tan und Gallupe 2006, S. 223; Beimborn et al. 2006, S. 332. Schlosser et al. (2012, S. 5059) folgend lässt dies auf eine gewisse Maturität der Forschung zu strategischem Alignment schließen, während in Bezug auf andere, nicht-strategische Aspekte weiterer Forschungsbedarf besteht. Chan (2002, S. 110) bezeichnet die dem strategischem Alignment in der Literatur zugemessene Bedeutung in diesem Zusammenhang sogar als übertrieben.

[326] Vgl. Beimborn et al. 2007, S. 2; Walentowitz et al. 2010a, S. 4; Chan und Reich 2007, S. 299, S. 301.

[327] Vgl. u. a. auch Österle 1995, S. 20 f.; Winter 2004, S. 318.

[328] Blankenhorn und Thamm 2008, S. 10.

[329] Vgl. hierzu und im Folgenden Benbya und McKelvey 2006, S. 284 ff. sowie auch Chan und Reich 2007, S. 301 f.; Tan und Gallupe 2006, S. 223 ff.

[330] Vgl. auch Chan und Reich 2007, S. 298; Ciborra 1997, S. 68 ff.

[331] Vgl. Ciborra 1997, S. 69; Reich und Benbasat 2000, S. 81 ff.

Instrumente für eine Abstimmung auf operativer und individueller Ebene einzurichten, die die Vorgaben im Sinne einer strategischen Ausrichtung umsetzen und den „Kampf" zwischen IT und Fachbereichen[332] durch kontinuierlich „gelebte" Synchronisation beider Domänen ersetzt.

Dabei können innerhalb dieser Ebenen in der Literatur primär zwei Vorgehensweisen zum Umgang mit dem Thema IT-Alignment identifiziert werden. Während sich ein Großteil der Arbeiten auf die Analyse von Strategien, Strukturen und Planungsverfahren in Unternehmen konzentriert, fokussieren andere Untersuchungen menschliche, verhaltensorientierte Faktoren durch Untersuchung der Werte, Kommunikationsformen und gegenseitigem Verständnis der innerhalb des Alignmentprozesses involvierten Akteure im Sinne des genannten Humanfaktors als einem der zentralen Merkmale des IT-Alignments.[333] Dabei setzt sich insbesondere in der neueren Literatur zunehmend die Erkenntnis durch, dass Alignment kein statisches, eindimensionales, auf einzelne Faktoren beschränktes oder einfach herzustellendes Konstrukt darstellt, sondern grundsätzlich komplex ist und eine multiperspektivische Betrachtung erfordert:[334] „In fact, IT alignment is best described not as a uni-dimensional phenomenon but as a superset of multiple, simultaneous component alignments that bring together an organization's structure, strategy, and culture at multiple (IT, business unit, and corporate) levels, with all their inherent demands"[335]. Bspw. argumentiert CHAN in diesem Zusammenhang, dass informale, relationale Strukturen und Mechanismen in vielen Fällen möglicherweise sogar bedeutender als formale Aspekte seien und stellen der Autorin zufolge den nachhaltigsten Aspekt des Alignmentphänomens dar.[336] Vor allem kann die Umsetzung des Alignments auf informaler Ebene auch als Voraussetzung für ein flexibles IT-Alignment angesehen werden, da die informale Organisation i. d. R. schneller veränderbar ist als formale Strategien und Strukturen.[337] Die Herausforderung besteht daher in einer möglichst ganzheitlichen Ausrichtung und Abstimmung aller IT-Aktivitäten an der Gesamtunternehmung, die auf allen Ebenen stattfindet und sämtliche relevante Wirkungsfaktoren vereint.[338]

---

[332] Vgl. auch Blankenhorn und Thamm 2008, S. 11.
[333] Vgl. Reich und Benbasat 2000, S. 82 sowie auch Abschn. 2.2.3.3.
[334] Vgl. bspw. Chan und Reich 2007, S. 298; Chan 2002, S. 99; Benbya und McKelvey 2006, S. 284 ff.
[335] Chan 2002, S. 99.
[336] Vgl. Chan 2002, S. 108 ff.
[337] Vgl. auch Chan 2002, S. 109.
[338] Vgl. auch Gericke und Stutz 2006, S. 363.

In der Literatur lassen sich hierauf aufbauend verschiedene Dimensionen des IT-Alignments[339] unterscheiden, die mehrere Perspektiven der Abstimmung von IT und Geschäftswelt – sowohl auf strategischer als auch auf operativer und individueller Ebene – integrieren. Zur systematischen Identifizierung relevanter Dimensionen wurde eine semi-strukturierte Literaturanalyse durchgeführt, die die Basis für die weiteren Ausführungen bildet.

Innerhalb der WI-Forschung werden Literaturreviews dabei typischerweise als geeignetes Mittel angesehen, um eine strukturierte und themenfokussierte Übersicht zum State-of-the-Art eines bestimmten Themengebiets ausgehend von einer bestimmten Fragestellung zu generieren.[340] Sie ermöglichen eine systematische und übersichtliche Untersuchung der Erkenntnisse eines eingegrenzten Forschungsbereichs auf Basis einer Stichwortsuche in einschlägigen Publikationsverzeichnissen, was insbesondere vor dem Hintergrund einer stetig wachsenden Menge an wissenschaftlichen Publikationen von Bedeutung ist. Gemäß WEBSTER UND WATSON sind strukturierte Literaturreviews daher insbesondere relevant in Bereichen, in denen eine Vielzahl von Publikationen existiert und können zur Theoriebildung und Beschleunigung und Verbesserung des theoretischen Fortschritts beitragen. In ähnlicher Weise schlägt auch FETTKE die Durchführung von Reviews als Grundlage für die Identifikation und Lösung neuer Forschungsprobleme auf Basis bisheriger Erkenntnisse vor. Das für die vorliegende Betrachtung gewählte Vorgehen ist dabei als semi-strukturiert zu bezeichnen, da vor allem im Hinblick auf die sprachliche Vielfalt innerhalb der Alignmentliteratur eine vollständig strukturierte, typischerweise rein stichwortbasierte Literatursuche an dieser Stelle wenig zielführend erscheint. Stattdessen wurde ausgehend von neueren Publikationen und der dort referenzierten Literatur systematisch nach relevanten Veröffentlichungen gesucht, die mehr als eine Dimension des IT-Alignments betrachten, und die Ergebnisse anschließend schrittweise verfeinert.[341]

Zur Suche relevanter Publikationen wurde der in **Abb. 17** skizzierte Suchprozess der Literaturanalyse vollzogen, wobei die jeweiligen Prozessschritte (A-E) den nach FETTKE identifizierten Phasen eines strukturierten Reviewprozesses

[339] Der Begriff Dimension wird hierbei zur Unterscheidung von Alignmentaspekten verwendet und bezeichnet grundlegend einen abgrenzbaren Merkmalsbereich des IT-Alignments, der durch eine dichotome Beziehung zwischen zwei Artefakten, wie bspw. Unternehmens- und IT-Strategie, gekennzeichnet ist. Vgl. ähnlich auch Walentowitz et al. 2010a, S. 8, wobei diese Unterscheidung in der relevanten Literatur von vielen Autoren vorgenommen wird (vgl. bspw. auch Chan und Reich 2007). Alignmentebenen entsprechen demgegenüber typischen Managementebenen, auf denen die IT eine Rolle spielt.
[340] Vgl. hierzu und im Folgenden Webster und Watson 2002, S. xiii; Fettke 2006, S. 257 f.
[341] Die gewählte Vorgehensweise im Rahmen der Literaturanalyse sowie auch die Ergebnisse der Untersuchung werden in Anhang A weiterführend detailliert und begründet.

entsprechen.[342] Hierbei wurden ausgehend von der Identifizierung und Definition der Problemstellung zunächst die ausgewählter Literaturdatenbanken mithilfe der in **Tab. 4** zusammengefassten Suchbegriffe durchsucht.

	Kombination (UND)	
	Titel	**Abstract**
Selektion (ODER)	Alignment	Dimension*
		Domain*
		Characteristic*
		Perspective*
		Component*

Tab. 4: Verwendete Suchbegriffe für die Literaturanalyse
Quelle: Eigene Zusammenstellung.

Für die Suche wurden die einschlägigen Datenbanken EBSCOhost (Business Source Premier) und AIS Electronic Library (AISeL) ausgewählt.[343] Die Auswahl der Stichworte stützt sich dabei primär auf eine manuelle, qualitative Inhaltsanalyse der Arbeiten von HENDERSON UND VENKATRAMAN, die aufgrund des hohen Verbreitungsgrad des SAM und dessen Vorreiterrolle im Bereich des IT-Alignments als aussagekräftig angesehen werden können.[344] Hierbei wurden diejenigen Begriffe identifiziert, die gemäß dem Untersuchungsziel von Bedeutung sind und substanziell dem hier gewählten Begriff der Dimension entsprechen.

Dabei beschränkte sich die erste Auswahl (Schritt 1) auf die stichwortbasierte Suche innerhalb des Titels und des jeweiligen Abstracts der Beiträge (siehe **Tab. 4**). Nach Entfernung von Duplikaten (Schritt 2) erfolgte dann eine manuelle Untersuchung der identifizierten Literaturnachweise – zunächst auf Grundlage der Titel hinsichtlich der Relevanz der Beiträge (Schritt 3), anschließend detaillierter auf Basis der Abstracts oder der Textvorschau und, falls nötig, detaillierter in den jeweiligen Volltexten (Schritt 4). Der Aspekt der Relevanz bezieht sich dabei auf Arbeiten, die verschiedene Dimensionen oder Ebenen des

---

[342] Vgl. Fettke 2006, S. 260.
[343] Siehe http://search.ebscohost.com sowie http://aisel.aisnet.org.
[344] Vgl. Henderson und Venkatraman 1990, S. 1 ff.; Henderson und Venkatraman 1999, S. 472 ff. Die Verbreitung kann dabei bspw. anhand der Anzahl an Zitierungen bemessen werden. Laut Google Scholar wurde der 1993 erschienene Originalartikel bspw. bereits mehr als 2800 Mal zitiert (vgl. Google 2013). Die Autoren verwenden dabei primär die in Tab. 4 aufgeführten Begriffe, wobei hier zusätzlich auch die deutschsprachigen Äquivalente aus Gründen der Vollständigkeit im Rahmen der Suche ergänzt wurden. Sternchen (*) entsprechen dabei dem in den Datenbanken angewendeten Suchverfahren zur Inklusion der Pluralform der Begriffe.

IT-Alignments berücksichtigen.[345] Mithilfe der Durchführung einer sog. Rückwärtssuche (quellenbasierte Suche), d. h. der Berücksichtigung der Quellen aus den Literaturverzeichnissen der ausgewählten, als relevant eingestuften Beiträge, konnten die Ergebnisse erweitert werden, die nicht in den übrigen Literaturdatenbanken enthalten waren. Hierbei wurde zuerst eine Prüfung und Auswahl auf Basis der Titel und jeweiligen Publikationsorgane in Bezug auf die inhaltliche Relevanz und Wissenschaftlichkeit der Quellen durchgeführt (Schritt 5), die nach erneuter Entfernung von Duplikaten (Schritt 6) im Rahmen von Schritt 7 auf Basis einer Suche nach den jeweiligen Quellen und einer inhaltlichen Überprüfung (analog zu Schritt 4) entsprechend ergänzt wurden. Darüber hinaus wurden in einem weiteren Schritt (8) vereinzelte Beiträge ergänzt, die nicht über die strukturierte Recherche selektiert wurden, aber bereits im Rahmen vorausgegangener, unsystematischer Literaturrecherchen zur Thematik der vorliegenden Arbeit identifiziert wurden. Die Zusammenfassung und Präsentation der Ergebnisse (Schritt 9) schließt den Prozess ab. Die Anzahl der jeweiligen Treffer nach Abschluss der einzelnen Prozessschritte im Suchverlauf ist ebenfalls **Abb. 17** zu entnehmen. Die identifizierten Quellen sind in **Tab. 21** in Anhang A zusammengefasst.

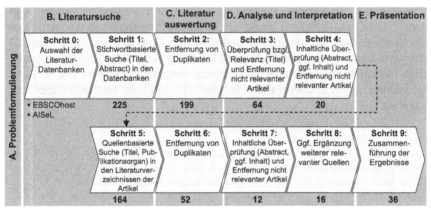

Abb. 17: Suchprozess im Rahmen der Literaturanalyse
Quelle: Eigene Darstellung.

Hierauf aufbauend können primär drei Dimensionen des IT-Alignments unterschieden werden, die die identifizierten Ansatzpunkte konsolidieren: das strategische IT-Alignment, das soziale und kognitive IT-Alignment sowie das strukturelle IT-Alignment, die in ihrer Gesamtheit die Grundlage des nachfolgend

---

[345] Dies schließt folglich Arbeiten aus, die sich bspw. ausschließlich auf die am Weitesten verbreitete strategische Dimension beziehen, die auch bereits ursprünglich durch Henderson und Venkatraman begründet wird.

auch als 3S-Modell des IT-Alignments bezeichneten Bezugsrahmens bilden.[346] Ähnliche Differenzierungen finden sich bspw. bei CHAN UND REICH, die
die strategische und intellektuelle, strukturelle, soziale und kulturelle Dimension unterscheiden[347]; bei MASAK UND KELLER, die eine Differenzierung in kognitives, strategisches, architektonisches, temporales und systemisches IT-
Alignment vornehmen[348]; bei WALENTOWITZ ET AL. in Form von strategischem,
strukturellen und kulturellen IT-Alignment[349] oder auch bei SCHLOSSER ET AL.,
die eine Unterscheidung in die menschliche, soziale und intellektuelle Dimension vorschlagen[350]. Des Weiteren werden häufig auch kommunikationsbezogene, interaktionsbezogene oder auch wissensbasierte Dimensionen unterschieden, die jedoch aufgrund ihrer inhaltlichen Ausrichtung alle als Bestandteile oder Äquivalente der genannten drei Dimensionen erachtet werden können.[351]

Entscheidend ist hierbei, dass die einzelnen Dimensionen sich gegenseitig
bedingen und Interdependenzen aufweisen. Bspw. kann davon ausgegangen
werden, dass die Schaffung eines sozialen Alignments zwischen den jeweiligen Mitarbeitern der Fach- und IT-Abteilungen einen positiven Einfluss auf die
strategische Abstimmung beider Domänen hat, da möglicherweise strategische Gestaltungsoptionen besser identifiziert und umgesetzt werden können.[352] Gleichzeitig fördern geeignete Organisationsstrukturen die gemeinsame Strategiebildung zwischen IT und Geschäft. **Tab. 5** fasst diese wesentlichen drei Dimensionen des IT-Alignments einschließlich der jeweiligen inhaltlichen Merkmale sowie einer beispielhaften Auswahl an Quellen, die diese Dimensionen als charakterisierend für das IT-Alignment berücksichtigen, zusammen.

---

[346] Dabei ergibt sich die Auswahl der Dimensionen aus deren Häufigkeit. Gleichermaßen
   werden jedoch weitere genannte Ansatzpunkte (wie bspw. kulturelles Alignment) innerhalb der drei Dimensionen integriert, sodass diese eine Zusammenführung der Ergebnisse der Literaturanalyse darstellen.
[347] Vgl. Chan und Reich 2007, S. 300.
[348] Vgl. Masak und Keller 2008, S. 30 f. Vgl. auch Masak 2006, S. 13 ff.
[349] Vgl. Walentowitz et al. 2010a, S. 5.
[350] Vgl. Schlosser et al. 2012, S. 5053 ff.
[351] Vgl. hierzu bspw. Bashiri et al. 2010, S. 37 ff.
[352] Vgl. hierzu auch Abschn. 2.2.3.3.

Dimension	Merkmale	Referenzen (z. B.)
Strategisches IT-Alignment	Wechselseitige Abstimmung von IT-Strategie, -Plänen und -Zielen mit der Unternehmensstrategie sowohl im Sinne der Unterstützungs- als auch der Enabler-Funktion der IT.	Avison et al. 2004; Bergeron et al. 2004; Kearns und Sabherwal 2006
Soziales und kognitives IT-Alignment	Gemeinsame Ausrichtung und Abstimmung von Gedankengut, Sprache, Kultur, Verständnis etc. zwischen Geschäft und IT, die Verhalten, Kommunikation und Beziehungen der beteiligten Akteure beeinflussen.	Chan und Reich 2007; Silvius et al. 2009; Reich und Benbasat 2000
Strukturelles IT-Alignment	Gegenseitige Ausrichtung von IT-Struktur und IT-Prozessen mit den Geschäftsprozessen und der Organisationsstruktur der Unternehmung.	Chan 2002; Walentowitz et al. 2010a; Sabherwal et al. 2001

Tab. 5: Kerndimensionen des IT-Alignments
Quelle: Eigene Zusammenstellung.

Abb. 18 stellt die Dimensionen als gemeinsamen, integrierten Bezugsrahmen dar, wobei die Verzahnung bzw. Verknüpfung der einzelnen Bereiche in einer gemeinsamen Darstellung deren gegenseitige Wechselbeziehung ausdrückt, die in corpore das Fundament für ein mehrdimensionales IT-Alignment darstellen. Während in der Literatur z. T. eine differenzierte Abgrenzung der Dimensionen angestrebt wird, soll hierdurch auch dargestellt werden, dass diese bewusst nicht als überschneidungsfrei und trennscharf betrachtet werden können, da verschiedene Faktoren oftmals mehreren Dimensionen zuzuordnen sind bzw. jede Dimension auch Aspekte und Gestaltungsmerkmale der jeweils anderen Dimensionen tangiert. Als Beispiel ist die Schaffung gemeinsamer Ziele sowohl aus strategischer als auch aus sozialer Perspektive relevant; zudem spielen bspw. im Rahmen der strukturellen Dimension auch soziale Strukturen, wie bspw. Beziehungs- und Verhaltensmuster, eine Rolle.[353] Die Priorisierung einzelner Dimensionen bzw. Ansatzpunkte ist dabei kontextspezifisch und hängt grundlegend vom Grad des IT-Alignments und der Ausgestaltung des Handlungssystems innerhalb der Organisation ab.[354] Darüber hinaus wird durch die kombinierte Darstellung der Ebenen in einen gemeinsamen Bezugsrahmen auch deren gegenseitiger Einfluss deutlich, da davon auszugehen ist, dass das IT-Alignment durch eine Kombination geeigneter Maßnahmen aus allen drei Bereichen realisiert werden sollte. Der zyklische Pfeil symbolisiert zudem, dass das IT-Alignment über alle Ebenen und Dimensionen hinweg eine kontinuierliche Abstimmungsaufgabe darstellt (Alignment als Prozess).[355]

---

[353] Vgl. auch Walentowitz et al. 2010a, S. 6; Chan 2002, S. 99 f. sowie Abschn. 2.2.3.4.
[354] Vgl. hierzu auch die Anmerkungen in Fn. 319.
[355] Vgl. Abschn. 2.2.2.

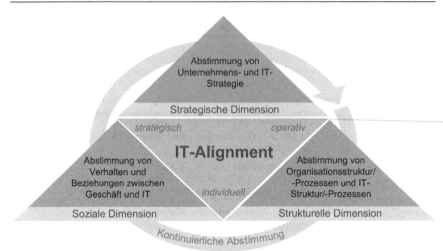

Abb. 18: 3S-Modell des IT-Alignments – Integrierter Bezugsrahmen für ein mehrdimensionales, kontinuierliches IT-Alignment
Quelle: Eigene Darstellung.

Generell wird hier folglich auch angenommen, dass das IT-Alignment auf allen komplementären Ebenen ansetzen muss, um die Unternehmenseffektivität, -effizienz und -performanz nachhaltig zu steigern. Entscheidend hierbei ist zudem, dass nicht nur formale Strukturen und Aspekte der Organisation, wie bspw. die Abstimmung der IT- und Unternehmensstrategie, sondern vor allem auch häufig schwer greifbare, sich selbstständig herausbildende und nicht hierarisch vorgegebene informale Strukturen der Organisation, wie bspw. Beziehungen, Einstellungen, Annahmen und Vertrauen, eine Rolle spielen.[356] Es spielen somit sowohl „harte" als auch „weiche" Faktoren der Organisation eine Rolle, die wiederum gegenseitige Auswirkungen haben und im Alignmentprozess entsprechend zu berücksichtigen sind.[357] Die eingeführten Alignmentdimensionen sollen nachfolgend detaillierter beschrieben und mit Fokus auf die jeweils innerhalb der Dimensionen vorgeschlagenen Ansätze, Verfahren, Konzepte und Modelle näher betrachtet werden.

---

[356] Vgl. hierzu Chan 2002, S. 99; Chan und Reich 2007, S. 301.
[357] Vgl. auch Jonkers et al. 2004, S. 1.

2.2.3.2 Strategisches IT-Alignment

> *„[F]irms cannot be competitive if their business and*
> *information technology strategies are not aligned".*
>
> Avison et al. 2004, S. 233

Während die übrigen genannten Ebenen des IT-Alignments häufig in der Literatur vernachlässigt werden, stellt die strategische Ausrichtung von Geschäft und IT die am Häufigsten betrachtete Dimension des IT-Alignments dar und weist eine gewisse wissenschaftliche Reife auf.[358] Im Rahmen des strategischen IT-Alignments besteht das Ziel darin, die Geschäfts- bzw. Unternehmensstrategie auf der einen Seite mit der IT-Strategie auf der anderen Seite in Übereinstimmung zu bringen und aneinander auszurichten, sodass der IT-Einsatz die Zielerreichung der Unternehmung aus fachlicher Sicht unterstützt.[359]

Der Bedarf nach strategischer Ausrichtung ist dabei zunächst primär auf das bereits diskutierte Produktivitätsparadoxon und den damit verbundenen Geschäftswertbeitrag von IT-Investitionen zurückzuführen.[360] Durch die strategische Rolle der IT und deren Möglichkeiten, neben einer unterstützenden Funktion auch wettbewerbskritische Gestaltungsmaßnahmen für das Geschäft vorzugeben,[361] steigt auch deren Einfluss auf die strategische Ausrichtung des Gesamtunternehmens, was eine enge Abstimmung von IT-Investitionen mit den Zielen der Gesamtunternehmung erforderlich macht. Die Beziehung und Wirkung zwischen Unternehmensstrategie und IT-Strategie ist demnach entsprechend der bidirektionalen Wirkungsfunktion der IT grundsätzlich wechselseitig: Während die IT-Strategie die Unternehmensstrategie auf allen Ebenen unterstützt, ist es gleichermaßen auch erforderlich, dass sich die Unternehmensstrategie an den Möglichkeiten der IT orientiert und diese aktiv in die Strategieplanung einbezieht. Durch externe Positionierung und interne Abstimmung soll hierdurch generell eine Erhöhung der Performanz, Effektivität und Effizienz der Gesamtorganisation erreicht werden.[362]

---

[358] Vgl. u. a. Baker et al. 2011, S. 301, S. 320; Schlosser et al. 2012, S. 5059; Chan 2002, S. 110 sowie auch die Anmerkungen in Fn. 325. Dies wird zudem auch durch die durchgeführte Literaturanalyse bestätigt, wobei strategisches IT-Alignment von allen der insgesamt 36 in der Untersuchung inkludierten Beiträge berücksichtigt wird. Vgl. hierzu auch Anhang A.

[359] Vgl. hierzu und im Folgenden u. a. Henderson und Venkatraman 1999, S. 472 ff.; Luftman und Brier 1999, S. 110 f.; Bashiri et al. 2010, S. 30 ff.; Masak 2006, S. 161 ff.; Keller und Masak 2008, S. 30; Sabherwal und Chan 2001, S. 11 ff.

[360] Vgl. Abschn. 2.2.1.2 sowie u. a. auch Henderson und Venkatraman 1999, S. 472 f.; Avison et al. 2004, S. 224; ITGI 2003a, S. 22.

[361] Vgl. hierzu insbes. auch Abschn. 2.1.2.

[362] Vgl. auch Ciborra 1997, S. 70; Ward und Peppard 2003, S. 38 ff.

Die IT-Strategie, auch als IS-/IT-Strategie bezeichnet, beinhaltet dabei die umfassende Planung der Ausgestaltung der betrieblichen Informationsinfrastruktur im Sinne eines „Masterplans", der neben der technischen Realisierung
auch die Nutzung und Anwendung der unternehmensweiten IT einschließt,
und als Endprodukt eines Strategieprozesses resultiert.[363] Typischerweise
wird die IT-Strategie dabei grundlegend als Teilstrategie der Unternehmensstrategie verstanden, die den langfristigen Handlungsrahmen für IT-bezogene
Maßnahmen und Entscheidungen festlegt und diese folglich gleichermaßen
unterstützt als auch mitgestaltet.[364] Im Fokus steht dabei i. d. R. das betriebliche Anwendungssystemportfolio, das auf die Unterstützung der Geschäftsprozesse und der Geschäftätigkeit des Unternehmens durch die Anwendungssysteme zielt. Der Strategiebildungsprozess des Unternehmens sollte dabei
generell integriert und gemeinschaftlich mit der IT-Leitung erfolgen und IT-
bezogene Aspekte im Rahmen der Strategieentwicklung mit einbeziehen, sodass eine proaktive Strategieplanung einschließlich der Erschließung neuer
Geschäftspotenziale erfolgen kann.[365] Die Ausrichtung der IT in Bezug auf die
Unternehmensstrategie wird demnach häufig im Aufgabenbereich des CIO
gesehen, wodurch diesem vielfach eine Vermittlerrolle im Rahmen des strategischen Alignments zugesprochen wird.[366]

Trotz der Bedeutung, wissenschaftlichen Reife und Akzeptanz der Notwendigkeit des strategischen Alignments sowohl in Forschung als auch in der Unternehmenspraxis wird dieses häufig jedoch nur unzureichend definiert und abgegrenzt.[367] BROADBENT UND WEILL definieren strategisches Alignment in
Übereinstimmung mit den obigen Ausführungen bspw. als den Umfang, zu
dem die Umsetzung der Unternehmensstrategie von der IT-Strategie ermöglicht, unterstützt und stimuliert wird.[368] Den Autoren zufolge sind im Rahmen
des strategischen Alignments dabei vor allem vier Gestaltungsbereiche zu berücksichtigen, die sie ausgehend von einer empirischen Untersuchung in der
Finanzbranche identifizieren:[369]

- *Unternehmensweiter Strategiebildungsprozess*, der auf kritische und langfristige Aspekte ausgerichtet ist und durch Partizipation an der unternehmensweiten Planung durch die jeweiligen Akteure, die angemessene Be-

---

[363] Vgl. hierzu und im Folgenden u. a. Henderson und Venkatraman 1999, S. 474 f.; Earl
1993, S. 1 ff.; Keller 2012, S. 59 ff. sowie zum Strategiebegriff auch insbes. Fn. 201.
[364] Vgl. Heinrich und Lehner 2005, S. 98; Henderson und Venkatraman 1990, S. 13.
[365] Vgl. Baumöl 2006, S. 316.
[366] Vgl. Krcmar 2005, S. 305; Blankenhorn und Thamm 2008, S. 10. Zur Rolle des CIO vgl.
auch Abschn. 2.2.2 sowie insbes. auch Abschn. 4.3.3.2.
[367] Vgl. auch Avison et al. 2004, S. 224 f.
[368] Vgl. Broadbent und Weill 1993, S. 164.
[369] Vgl. Broadbent und Weill 1993, S. 174 f.

rücksichtigung der IT-Strategie und eine klare und konsistente Strategie-
ausrichtung gekennzeichnet ist;

- *Organisationsstrukturen und Verantwortlichkeiten*, die die Strategie angemessen unterstützen und entsprechend dieser beschaffen sind;
- *IT-Zuständigkeiten und -Richtlinien*, die die angemessene strategische Berücksichtigung der IT und intensive Interaktion zwischen IT- und Fachabteilungen sicherstellen;
- *Technologiestrategie*, die sicherstellt, dass die IT die Unternehmensstrategie durch geeignete Architekturen, Prozesse und Services unterstützt.

Demgegenüber beschreibt NESS strategisches Alignment als die Formulierung, Integration sowie die Implementierung von Entscheidungen zwischen
der Geschäftsseite und der IT, was wiederum die Erreichung der organisatorischen Ziele fördert.[370] HENDERSON UND VENKATRAMAN definieren strategisches
Alignment grundlegend als die kontinuierliche Anpassung und Veränderung
zur Integration der Geschäftswelt und der IT innerhalb einer Organisation auf
strategischer Ebene sowie auch auf infrastruktureller Ebene und beziehen
somit auch operative und strukturelle Aspekte mit ein.[371] Zur Realisierung des
strategischen IT-Alignments können dabei im Wesentlichen die folgenden vier
Rahmenbedingungen bzw. Voraussetzungen identifiziert werden, die die
Schaffung und Aufrechterhaltung des strategischen IT-Alignments fördern:[372]

- Kommunikation und gegenseitiges Verständnis zwischen Geschäft und IT
- Abstimmung zwischen Geschäfts- und IT-Mission, -Prioritäten und
-Strategien
- Gemeinsame Pläne und Planungsprozesse zwischen Geschäft und IT
- Verpflichtung und Engagement der Geschäftsseite in Bezug auf IT-Fragen
und -Initiativen (und vice versa)

Dabei wird deutlich, dass unter dem Terminus des strategischen Alignments
häufig implizit auch Aspekte der anderen nachfolgend betrachteten Dimensionen subsumiert werden. Bspw. werden neben den bereits erwähnten infra-
strukturellen Aspekten auch oft typischerweise soziale und kommunikationsbezogene Faktoren in die Betrachtung mit einbezogen, die dem hier eingenommenen Verständnis folgend eher dem sozialen und kognitiven Alignment
zuzuordnen sind.[373] Darüber hinaus sind häufig auch Aspekte der operativen
Abstimmung Gegenstand der unter dem Begriff des strategischen Alignments

---

[370] Vgl. Ness 2005, S. 4.
[371] Vgl. Henderson und Venkatraman 1999, S. 475 ff.
[372] Vgl. Chan 2002, S. 100; Broadbent und Weill 1993, S. 162 ff.; Lederer und Mendelow
1989, S. 100 ff.
[373] Vgl. hierzu den nachfolgenden Abschn. 2.2.3.3

geführten Betrachtungen.[374] Dies kann primär dadurch begründet werden, dass eine trennscharfe Differenzierung der Alignmentdimensionen häufig nicht möglich ist, da die Dimensionen, wie bereits zuvor erwähnt, komplementär zueinander sind und bspw. auch soziale Faktoren wiederum die Abstimmung der Geschäfts- und IT-Strategie beeinflussen können und vice versa. Gleichermaßen stehen die Ebenen und Dimensionen des IT-Alignments gemäß dem erarbeiteten Bezugsrahmen in enger Beziehung und weisen Abhängigkeiten zueinander auf.

Zur Konzeptualisierung des strategischen Alignments wurden in der Literatur zahlreiche Modelle und Ansätze präsentiert, wobei den meisten das wohl bekannteste Alignmentmodell nach HENDERSON UND VENKATRAMAN zugrunde liegt (vgl. **Abb. 19**).[375] Das sog. *Strategic Alignment Model* (SAM) basiert auf der Annahme, dass zur Erreichung einer strategischen Abstimmung und damit auch des Unternehmenserfolgs (i) die Geschäftsstrategie, (ii) die IT-Strategie, (iii) die Organisationsinfrastruktur und die Geschäftsprozesse des Unternehmens sowie (iv) die IT- bzw. IS-Infrastruktur und die zugehörigen IT-Prozesse harmonisiert werden müssen. Das Modell umfasst dabei die beiden Alignmentbereiche IT und Geschäft, zwischen denen eine wechselseitige Abstimmung erfolgen muss, um ein Alignment zwischen Unternehmens- und IT-Strategie bzw. der Geschäfts- und IT-Infrastruktur zu erreichen.

Innerhalb des Modells differenzieren die Autoren hierzu zwischen Domänen bzw. Entscheidungsbereichen des Alignments auf der einen Seite und Dimensionen bzw. Abstimmungsaufgaben auf der anderen Seite. Hinsichtlich der Domänen wird zwischen dem intern ausgerichteten Fokus (wie die Geschäfts- bzw. IT-Infrastruktur und -Prozesse gestaltet und gesteuert werden sollten) und der externen Perspektive (strategische Ausrichtung der IT und des Geschäfts in Hinblick auf das Unternehmensumfeld) unterschieden. Der strategische Fit bezieht sich folglich auf die vertikale Abstimmung der jeweiligen externen und internen Domäne untereinander, d. h. auf die Ausrichtung extern gerichteter Strategien mit der internen Infrastruktur des Unternehmens in fachlicher und informationstechnischer Hinsicht. Die horizontalen Abstimmungsaufgaben (funktionale Integration) beschreiben dagegen die Ausrichtung von

---

[374] Vgl. bspw. Henderson und Venkatraman (1999), die in ihrem Modell wie bereits erwähnt auch die operative Ebene mit einbeziehen. Vgl. hierzu auch die nachfolgenden Ausführungen.

[375] Vgl. hierzu und im Folgenden insbes. Henderson und Venkatraman 1990, S. 3 ff.; Henderson und Venkatraman 1999, S. 474 ff. sowie auch Johannsen und Goeken 2006, S. 9 f.; Johannsen und Goeken 2007, S. 13 f.; Avison et al. 2004, S. 230 ff.; Bashiri et al. 2010, S. 55 ff.; Chan und Reich 2007, S. 303 f.; Teubner 2006, S. 367; Krcmar 2005, S. 316 f.; Laudon et al. 2010, S. 826 ff. Eine Erweiterung des ursprünglichen Modells ist bspw. in Avison et al. (2004, S. 232 ff.) zu finden.

Geschäft und IT auf strategischer (IT- und Geschäftsstrategie) und operativer Ebene (Organisatorische und IT-Infrastruktur und -Prozesse). Während die externe/strategische Ebene die Abstimmung zwischen Unternehmens- und IT-Strategie umfasst, bezeichnet die interne/operative Integration den Autoren zufolge demgegenüber die Übereinstimmung zwischen den organisatorischen Anforderungen und Erwartungen mit den Möglichkeiten der IT, entsprechende IS-Funktionalitäten bereitzustellen. Innerhalb der jeweiligen Domänen werden wiederum jeweils drei Komponenten betrachtet, die in wechselseitiger Beziehung zueinander stehen. Bspw. befasst sich die Ebene der IT-Strategie mit Entscheidungen hinsichtlich des IT-bezogenen Aufgabenbereichs, d. h. aller eingesetzten Technologien und Anwendungen, der wertbeitragenden Möglichkeiten bzw. Kompetenzen der IT-Systeme und der IT-Governance zur Sicherstellung der korrekten Anwendung und Steuerung der jeweiligen IT-Systeme, während sich bspw. die Organisationsinfrastruktur und -Prozesse u. a. mit den Geschäftsprozessen und Fähigkeiten des Unternehmens sowie der zugrunde liegenden administrativen Infrastruktur befasst.

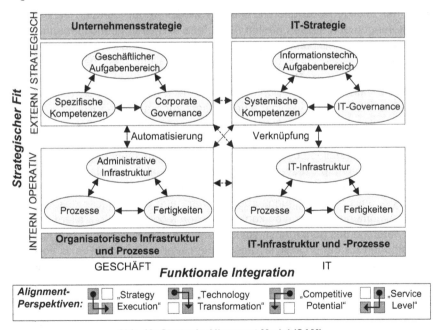

Abb. 19: Strategic Alignment Model (SAM)
Quelle: Eigene Darstellung in Anlehnung an Henderson und Venkatraman 1990, S. 7; Henderson und Venkatraman 1999, S. 476.

Darüber hinaus stehen die Domänen untereinander in Beziehung (sog. *Cross-Domain Relationships*). HENDERSON UND VENKATRAMAN folgend bedeutet Alignment demnach, eine Balance und wechselseitige Interaktion zwischen den vier Bereichen und der jeweils darin getroffenen Entscheidungen zu finden.[376] Dabei unterscheiden die Autoren vier Perspektiven bzw. Vorgehensweisen (vgl. den unteren Teil von **Abb. 19**), die entweder ausgehend von der Unternehmensstrategie und der IT-Strategie mögliche Wirkungsrichtungen und Funktionen des IT-Einsatzes beschreiben. Ausgehend von der Geschäftsstrategie oder der IT-Strategie als Treiber werden hierdurch Perspektiven der Evolution der organisatorischen und IT-bezogenen Ressourcen und Kompetenzen und die Möglichkeiten der Interaktion zwischen Geschäft und IT beschrieben. Dabei wird neben einer Top-Down-Vorgehensweise im Sinne der Ableitung der IT-Infrastruktur ausgehend von der Unternehmensstrategie folglich auch dem Wettbewerbspotenzial der IT Rechnung getragen, indem die IT die Ausgestaltung der organisatorischen Infrastruktur bestimmt (z. B. Perspektive „Competitive Potential").[377]

Trotz der häufigen Bezugnahme auf das Modell in der Literatur, zahlreicher Erweiterungen und dessen breiten Akzeptanz existieren dennoch mehrere Limitationen bzw. Kritikpunkte, die für die vorliegende Arbeit erwähnenswert erscheinen.[378] Wichtig zu betonen ist hierbei vor allem, dass das Modell von HENDERSON UND VENKATRAMAN grundlegend ein Konstrukt zur Strukturierung und Systematisierung der Alignment-Problematik auf einem hohen Abstraktionsniveau darstellt und weniger einen Ansatz zur praktischen Umsetzung und Operationalisierung des IT-Alignments bietet. Die Autoren stellen keine konkreten Handlungsempfehlungen oder Vorgehensweisen bereit, die von Unternehmen zur Herstellung des Alignments bzw. zur Durchführung eines kontinuierlichen Alignmentprozesses herangezogen und aktiv genutzt werden können. Ähnlich kritisiert CIBORRA in Bezug auf die frühen Ansätze einschließlich des SAM, dass die Forschungsarbeiten zwar neue Erkenntnisse des strategischen Alignments in Form von konzeptionellen Modellen bieten, allerdings vor allem aufgrund des hohen Abstraktionsniveaus kaum anwendbare und konkrete Methoden für die praktische Umsetzung bieten und in der Praxis vorkommende Phänomene, wie bspw. Improvisation, Spontanität oder Opportunismus, vernachlässigen.[379] Darüber hinaus werden viele Einflussfaktoren des

---

[376] Vgl. Henderson und Venkatraman 1999, S. 477-480.

[377] Vgl. auch Chan und Reich 2007, S. 303; Schlosser et al. 2012, S. 5054 sowie auch Abschn. 2.1.2.

[378] Vgl. hierzu und im Folgenden auch Chan und Reich 2007, S. 303; Laudon et al. 2010, S. 828 f.; Johannsen und Goeken 2006, S. 10; Johannsen und Goeken 2007, S. 14; Bashiri et al. 2010, S. 63 f.; De Haes und van Grembergen 2004, S. 3; Avison et al. 2004, S. 234.

[379] Vgl. Ciborra 1997, S. 68 ff., der das IT-Alignment in diesem Zusammenhang bildlich auch als „Conceptual Bridge" im Gegensatz zu einer „Concrete Bridge" beschreibt (S. 69 f.).

Alignments, wie insbesondere soziale und verhaltensbezogene Aspekte, in den Modellen vernachlässigt.[380] Generell fehlt zudem auch die Berücksichtigung des dynamischen Aspekts des Alignments, der von vielen Autoren – einschließlich HENDERSON UND VEN-KATRAMAN selbst[381] – gefordert wird, jedoch innerhalb des SAM keine ausdrückliche Berücksichtigung in Form praktischer Handlungsanleitungen oder Methoden findet.[382] Insbesondere das Vorhandensein einer dynamischen Organisationsumgebung und die erforderliche Anpassung von Strategien und Strukturen der Organisation werden durch den Ansatz nicht geeignet adressiert und durch praktische Vorgehensweisen unterstützt. Des Weiteren erscheint auch eine stärkere Berücksichtigung der Prozessorientierung als Gestaltungsgrundlage heutiger Organisationen und deren Erfolg notwendig.[383] Auch eine möglicherweise zu strikte Separierung von IT und Geschäftswelt, die in der Praxis möglicherweise nicht immer zwingend umsetzbar ist, scheint problematisch und wird in der Literatur kritisiert.[384]

Strategisches IT-Alignment spielt dem Ansatz nach HENDERSON UND VENKAT-RAMAN folgend somit sowohl auf strategischer als auch auf operativer Ebene eine Rolle, da die auf Managementebene entwickelten Strategien nur effektiv sein können, sofern sie auch auf operativer Ebene umgesetzt werden.[385] Dies setzt in erster Linie jedoch auch voraus, dass sowohl die Unternehmensstrategie als auch die IT-Strategie auf allen Ebenen des Unternehmens kommuniziert werden, was jedoch nicht immer gegeben ist.[386] Bspw. belegt eine Studie von AMBERG ET AL. aus dem Jahr 2009, dass zwar ein Großteil der Befragten weiß, *dass* eine aktuelle IT-Strategie im Unternehmen existiert (79,4 %), jedoch kennen 41,2 % der Mitarbeiter des IT-Bereichs der befragten Unternehmen die IT-Strategie inhaltlich nicht.[387] Des Weiteren ist eine dichotome Abstimmung sowohl zwischen Unternehmens- und IT-Plänen als auch vice versa erforderlich, um IT-Ressourcen für den Unternehmenserfolg zielführend einzusetzen. Allerdings konnten bspw. KEARNS UND LEDERER zeigen, dass speziell die Abstimmung des Geschäfts- mit der IT-Strategie auch Probleme mit sich führen kann, insbesondere da das IT-Management die Bedeutung der IT pauschal höher als die Geschäftsführung einschätzt und gleichermaßen das IT-

---

[380] Vgl. auch Ciborra 1997, S. 69 f.
[381] Vgl. bspw. Henderson und Venkatraman 1990, S. 26.
[382] Vgl. hierzu auch Johannsen und Goeken 2007, S. 14; van Grembergen et al. 2004, S. 10.
[383] Vgl. auch Johannsen und Goeken 2007, S. 14.
[384] Vgl. auch Bashiri et al. 2010, S. 63.
[385] Vgl. Beimborn et al. 2007, S. 2; Walentowitz et al. 2010a, S. 4; Chan und Reich 2007, S. 299, S. 301.
[386] Vgl. Chan und Reich 2007, S. 304.
[387] Vgl. Amberg et al. 2009, S. 6, 31. Vgl. ähnlich u. a. auch Chan und Reich 2007, S. 304.

Alignment seitens der Unternehmensführung eher einseitig im Sinne der unidi-
rektionalen Ausrichtung der IT- an der Unternehmensstrategie verstanden
wird.[388] Darüber hinaus ist es ebenfalls von Bedeutung, im Rahmen des strategischen Alignments auch unternehmensexterne Geschäfts- und IT-
bezogene Faktoren und Rahmenbedingungen zu berücksichtigen.[389]

Solche und weitere Herausforderungen können dazu führen, dass gleichermaßen auch negative Effekte durch strategisches IT-Alignment entstehen,
was letztendlich zu Fehlinvestitionen und einem wenig effektiven IT-Einsatz
führen kann.[390] Hierzu gehören nach SAUER UND BURN vor allem:

- *Fehl- bzw. Misalignment*, das im Rahmen der Ausrichtung von IT-Strategie
an Geschäftsstrategien bzw. -zielen (und vice versa) entsteht, die sich inhaltlich widersprechen, was insbesondere dazu führt, dass die IT die Geschäftsprozesse der Organisation nicht angemessen unterstützt;
- *IT-Stagnation*, die regelmäßig und natürlich innerhalb von Innovationszyklen auftritt und dazu führen kann, dass sich Geschäfts- und IT-Strategie in
unterschiedlicher Geschwindigkeit und in unterschiedlichem Umfang ändern;
- *IT und Globalisierung*, was insbesondere zu Konflikten zwischen dem IT-
Alignment auf lokaler und globaler Ebene führen kann und spezielle Herausforderungen an kulturelle und soziale Aspekte des Alignments stellt.[391]

Ausgehend von der angenommenen bidirektionalen Wirkungsfunktion der IT
kann insbesondere das Fehlalignment somit entweder aufgrund einer fehlenden IT-Unterstützung der Geschäftsstrategie, bspw. als Ergebnis zu geringer
IT-Investitionen, oder aufgrund der fehlenden (Aus-)Nutzung der IT-
Ressourcen, bspw. als Ergebnis der fehlenden Wahrnehmung der durch die IT
realisierbaren Chancen und Möglichkeiten, resultieren.[392] Strategisches
Alignment dient folglich dazu, „die Voraussetzungen für besseres Alignment in
der Zukunft zu schaffen, bzw. zu erhalten"[393], indem strategische Entscheidungen aus Organisations-, Geschäftsprozess- und IT-Perspektive getroffen
werden. Durch strategisches IT-Alignment und die damit verbundende aktive
Rolle der IT im Rahmen der Strategieentwicklung kann im Allgemeinen die
größte Hebelwirkung auf den Unternehmenserfolg erzielt werden,[394] was auch

---

[388] Vgl. Kearns und Lederer 2000, S. 280 ff.
[389] Vgl. bspw. Tan und Gallupe 2006, S. 224.
[390] Vgl. hierzu und im Folgenden Sauer und Burn 1997, S. 89 ff. sowie auch Chan und Reich 2007, S. 298.
[391] Vgl. hierzu auch den nachfolgenden Abschn. 2.2.3.3.
[392] Auch als „IT-Shortfall" oder „IT-Underutilization" bezeichnet. Vgl. Tallon und Kraemer 2003, S. 6 f.; Masak 2006, S. 191 f.
[393] Keller und Masak 2008, S. 30.
[394] Vgl. Keller und Masak 2008, S. 32.

die vordergründige Betrachtung dieser Dimension in der Literatur begründet. Eng hiermit verbunden ist die Dimension des sozialen und kognitiven IT-Alignments, die Gegenstand der nachfolgenden Betrachtungen ist.

2.2.3.3 Soziales und kognitives IT-Alignment

> „[T]he key to alignment is relationships, not 'strategy'."
>
> Keen 1991, S. 214

Im Rahmen des sozialen und kognitiven IT-Alignments[395] geht es vor allem um die Synchronisation von Geschäftswelt und IT in Bezug auf menschliche Beziehungen und kognitive[396] Verhaltensmuster und damit der Bildung eines gemeinsamen Grundverständnisses sowie insbesondere einer gemeinsamen Wahrnehmung hinsichtlich der unternehmensspezifischen Geschäftsprozesse.[397] Entsprechend wird diese Dimension in der Literatur häufig auch als Voraussetzung für die strategische Ausrichtung von Geschäft und IT verstanden.[398] MASAK folgend kann kognitives IT-Alignment dabei bspw. zunächst definiert werden als „das gemeinsame Ausrichten des Gedankenguts zwischen der Geschäftswelt und der IT"[399]. Nach REICH UND BENBASAT bezieht sich das soziale Alignment auf den Zustand, in dem sowohl die Unternehmensführung als auch die IT-Führungskräfte des Unternehmens die IT-Mission, -Ziele und -Pläne verstehen und diese im Rahmen ihrer Handlungen und Entscheidungen vertreten und unterstützen.[400] Aufgrund der inhaltlichen Überschneidung sozialer und kognitiver Aspekte erscheint es naheliegend, beide in einer gemeinsamen Dimension bezogen auf informale, sozio-technische Aspekte zu integrieren.

Während formale Dimensionen wie das zuvor beschriebene strategische IT-Alignment folglich die Untersuchung von konkreten organisatorischen Artefakten fokussiert, umfasst kognitives und soziales IT-Alignment primär die innerliche Einstellung, Wahrnehmung und das Verständnis der Mitarbeiter hinsicht-

---

[395] In der Literatur wird der Begriff des sozialen Alignments teilw. auch synonym bspw. mit dem des operativen Alignments verwendet. Vgl. bspw. Beimborn et al. 2006, S. 332 ff.; Beimborn et al. 2008, S. 2 ff.; Bashiri et al. 2010, S. 40 f.

[396] Unter der Kognition eines Menschen wird im psychologischen Kontext dabei die Gesamtheit der Prozesse verstanden, die mit der Wahrnehmung und dem Erkennen zusammenhängen. Vgl. auch Duden 2007, S. 532.

[397] Vgl. Bashiri et al. 2010, S. 38; Beimborn et al. 2006, S. 332.

[398] Vgl. bspw. Chan 2002, S. 99 f., 106 ff.; Masak 2006, S. 81; Schwarzer 2009, S. 98; Chan und Reich 2007, S. 301; Tan und Gallupe 2006, S. 223 ff. Keller und Masak (2008, S. 32 f.) folgend stellt das kognitive IT-Alignment eine alleinige Aufgabe der Unternehmensführung dar. Dieser Ansicht wird hier nicht gefolgt, da die Mitarbeiter und entsprechende relationale Maßnahmen entscheidend zum Erreichen eines kognitiven Alignments beitragen können. Vgl. hierzu auch Abschn. 2.2.3.3.

[399] Masak 2006, S. 59.

[400] Vgl. Reich und Benbasat 2000, S. 81.

lich dieser Artefakte.[401] Hierzu wird im Rahmen dieser Dimension generell zunächst angenommen, dass das soziale Umfeld sowie intellektuelle Ideen und Gedanken jeweils einen gegenseitigen Einfluss aufeinander ausüben und diese das Verhalten der heterogenen Gruppen von Akteuren im Umgang miteinander und damit auch die Einstellung zum Einsatz und zur Nutzung von IT-Systemen maßgeblich beeinflussen. Dabei werden aus Sicht der intellektuellen Ebene die Methoden, Techniken und Sprache zur Formulierung von Strategien, Plänen oder allgemeinen Aussagen bereitgestellt,[402] während der soziale Aspekt die Handlungen, Beziehungen zwischen den Akteuren sowie die Nutzung von Kommunikationsmethoden und die Interaktion und Zusammenarbeit der Mitarbeiter beeinflusst.[403]

In Bezug auf das IT-Alignment führt die Diversität der fachlich- bzw. technischorientierten Mitarbeiter(-gruppen) innerhalb der Organisation daher häufig zu Kommunikations-, Verständnis-, Interaktions- und Wahrnehmungsproblemen.[404] Dies wird forciert, indem die Mitglieder dieser beiden heterogenen Gruppen häufig eine jeweils eigene Semantik in Form von Fachsprachen verwenden und sich typischerweise durch distinktives soziales Verhalten sowie unterschiedliche Ziele und (Werte-)Vorstellungen auszeichnen.[405] Darüber hinaus spielen insbesondere Aspekte wie die wahrgenommene soziale Identität der Mitglieder und damit verbundene Zugehörigkeitsgefühle und Verhaltensweisen zur Abgrenzung sowie die Erhöhung des persönlichen Selbstwerts, die Kognition der Mitglieder, das Vertrauen untereinander und das der Wahrnehmung und Handlung zugrunde liegende Domänenwissen[406] sowie auch Erfahrungen im Rahmen der Zusammenarbeit eine entscheidende Rolle.

---

[401] Vgl. auch Reich und Benbasat 2000, S. 83.
[402] Die intellektuelle Ebene des IT-Alignments wird daher häufig mit der Dimension des strategischen Alignments gleichgesetzt. Vgl. bspw. Chan und Reich 2007, S. 300; Reich und Benbasat 2000, S. 82; Tan und Gallupe 2006, S. 223 ff. Dies macht erneut die Überschneidungen und Interdependenzen zwischen den Dimensionen deutlich.
[403] Vgl. Masak 2006, S. 60. Die Unterscheidung zwischen der intellektuellen und sozialen Dimension ist dabei im Ursprung auf Horovitz (1984) zurückzuführen. Vgl. Reich und Benbasat 2000, S. 82.
[404] Neben dem in der vorliegenden Arbeit fokussierten Unterschied zwischen IT- und Fachseite sind im Unternehmen auch andere Unterscheidungen heterogener Gruppen denkbar, wie bspw. zwischen Entwicklung und Vertrieb, bei denen kognitives Alignment eine Rolle spielen kann. Vgl. auch Keller und Masak 2008, S. 30.
[405] Vgl. u. a. Keller und Masak 2008, S. 30; Reich und Benbasat 2000, S. 82 f.
[406] Unter Domänenwissen wird die explizite und implizite Kenntnis über bzw. das Verständnis von Aufgaben, Abläufen und Zusammenhängen eines bestimmten Bereichs, bspw. das Wissen eines IT-Entwicklers über fachliche Abläufe, verstanden (vgl. hierzu auch Tab. 6 sowie Abb. 20). Hinsichtlich des IT-Alignments bezieht sich Domänenwissen dabei sowohl auf „IT-knowledgeable business managers" als auch auf „business-knowledgeable IT managers" (vgl. auch Reich und Benbasat 2000, S. 84). In Bezug auf die Softwareentwicklung konkretisieren dies bspw. auch Curtis et al. (1988, S. 1271): „Writing code isn't the problem, understanding the problem is the problem".

Bspw. kann sich der Implementierungserfolg eines IT-Projekts positiv auf die zukünftige Zusammenarbeit von Fach- und IT-Mitarbeitern und weitere Projekte auswirken, was insbesondere auch erneut den dynamischen bzw. nichtstatischen Charakter des IT-Alignments unterstreicht.[407] Ein durch diese Faktoren gefördertes gegenseitiges Verständnis und eine gemeinsame Kommunikationsbasis sowie auch die Definition gemeinsamer Werte, Ziele und Visionen beeinflussen die zielführende Abstimmung maßgeblich.[408]

Wesentlich hinsichtlich des kognitiven bzw. sozialen Aspekts des IT-Alignments ist die implizierte Annahme, dass jeder Mensch eine eigene Wahrnehmung von sich selbst und seiner Umwelt besitzt und in einem bestimmten Kontext handelt. Gleichermaßen führt die Zugehörigkeit zu sozialen Gruppen auch zur Gruppierung von Wahrnehmungen der Umwelt, die Ähnlichkeiten zueinander aufweisen.[409] Das bedeutet, dass in diesem Sinne jeweils eine Art „IT-Kontext" sowie eine Art „Fachkontext" für jede der beiden Domänen innerhalb des Unternehmens existieren, die das Handeln beeinflussen. Darüber hinaus besitzen die einzelnen Gruppenmitglieder häufig ein gemeinsames IT- bzw. Fachwissen, wodurch innerhalb der Gruppe i. d. R. von einem gemeinsamen Verständnis bestimmter Objekte oder Sachverhalte auszugehen ist. Ein gemeinsames Verständnis zwischen Geschäfts- und IT-Seite hinsichtlich der unterschiedlichen Perspektiven, auf deren Basis IT-Entscheidungen getroffen werden, kann grundsätzlich dabei helfen, Handlungen und Entscheidungen zu interpretieren und geeignete Maßnahmen frühzeitig abzuleiten und untereinander zu koordinieren.[410]

Einer Untersuchung nach REICH UND BENBASAT folgend stellt dabei gemeinsames Domänenwissen nicht nur die bedeutendste Einflussvariable für soziales IT-Alignment dar, sondern ist vor allem auch von signifikanter Bedeutung für ein langfristig ausgerichtetes, kontinuierlich stattfindendes IT-Alignment.[411] Dies ist u. a. dadurch zu begründen, dass gemeinsames Domänenwissen negative Effekte (wie bspw. durch in der Vergangenheit gescheiterte IT-Projekte) relativieren kann, da ein besseres Verständnis über die Hintergründe von Entscheidungen und Projekten der jeweils anderen Domäne besteht. Ähnlich stufen LUFTMAN UND BRIER das Verständnis des Geschäfts durch die IT als einen

---

[407] Vgl. auch Reich und Benbasat 2000, S. 81 ff.; Chan et al. 2006, S. 27; Masak 2006, S. 69.
[408] Vgl. Beimborn et al. 2008, S. 3; Keller und Masak 2008, S. 30; Reich und Benbasat 2000, S. 81 ff.
[409] Vgl. Masak 2006, S. 66 f.
[410] Vgl. auch Peterson 2004a, S. 66; Nelson und Cooprider 1996, S. 409 ff.
[411] Vgl. Reich und Benbasat 2000, S. 81 ff.

der sechs wesentlichen Enabler für das IT-Alignment ein.[412] Darüber hinaus kann gegenseitiges Vertrauen und gegenseitiger Einfluss das gemeinsame Wissen positiv beeinflussen und die Leistungsfähigkeit der IT erhöhen, da hierdurch der Informationsaustausch positiv motiviert wird.[413] Dieser Zusammenhang wird auch durch das in **Abb. 20** dargestellte Modell des gemeinsamen Domänenwissens nach NELSON UND COOPRIDER verdeutlicht.

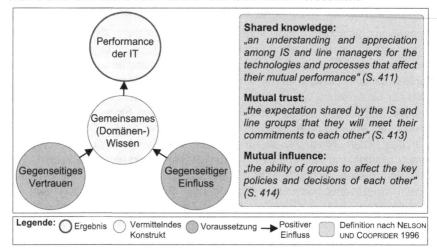

Abb. 20: Modell des gemeinsamen Domänenwissens
Quelle: Eigene Darstellung, basierend auf Nelson und Cooprider 1996, S. 415.

Des Weiteren spielen hier auch kulturelle Faktoren eine entscheidende Rolle, da häufig bspw. verschiedene nationale Kulturen innerhalb eines Unternehmens sowie auch durch Kooperationsbeziehungen mit anderen Unternehmen miteinander in Beziehung treten.[414] Den Arbeiten nach HOFSTEDE folgend kann Kultur dabei als „the collective programming of the mind which distinguishes the members of one human group from another"[415] definiert werden, wobei sich der Begriff „collective programming" auf die angenommenen Werte und das Verhalten einer Gruppe oder von Individuen bedingt durch die jeweilige

---

[412] Vgl. Luftman und Brier 1999, S. 109. Weitere Enabler stellen gemäß der Untersuchung der Autoren (i) die Unterstützung der IT durch den Vorstand, (ii) die Einbindung der IT in die Strategieentwicklung, (iii) partnerschaftliche Beziehungen zwischen Geschäft und IT, (iv) eine angemessene Priorisierung von IT-Projekten und (v) die Demonstration von Führungskompetenz durch die IT dar, die im Verlauf der Arbeit erneut aufgegriffen werden.
[413] Vgl. Nelson und Cooprider 1996, S. 413 ff.
[414] Vgl. hierzu und im Folgenden u. a. Silvius et al 2009, S. 1 ff.; Reich und Benbasat 2000, S. 83 ff.; Chan und Reich 2007, S. 301.
[415] Hofstede 1980, S. 21.

Kultur bezieht.[416] Dabei wird die Alignmentproblematik zudem durch die Ausgestaltung der Organisationskultur und insbesondere unterschiedliche Fachkulturen innerhalb des Unternehmens verschärft. Die Überbrückung der sogenannten „Culture Gap" spielt insbesondere in der Softwareentwicklung und der Spezifikation von Anforderungen an die IT-Systeme, aber auch grundsätzlich im Rahmen der Kommunikation und Interaktion von Personen zwischen verschiedenen Domänen eine entscheidende Rolle.[417] Alignment bedeutet in diesem Zusammenhang v. a. die erfolgreiche Übersetzung der Interessen eines Akteurs in das Verhalten eines anderen.[418]

Im Vergleich zum IT-Alignment auf strategischer Ebene erscheint die soziale Dimension damit komplexer und problematischer, da mehrere explizite oder implizite, typischerweise immaterielle Wirkungsfaktoren auf informaler Ebene eine Rolle spielen, die signifikant durch die involvierten Mitarbeiter einer Organisation beeinflusst werden und grundsätzlich schwer steuerbar sind.[419] Soziales und kognitives IT-Alignment findet daher nicht nur auf Managementebene, d. h. zwischen Geschäfts- und IT-Führungskräften, sondern vor allem auch auf operativer und individueller Ebene im Unternehmen statt und integriert grundsätzlich mehrere Akteure und interdependente Faktoren.[420] Zur Übersicht sind die wesentlichen Kernelemente des kognitiven und sozialen IT-Alignments, die in der Literatur Erwähnung finden und für die Umsetzung des IT-Alignments relevant erscheinen, in **Tab. 6** zusammengefasst.[421] Diese beeinflussen sich z. T. gegenseitig und weisen daher typischerweise Abhängigkeitsbeziehungen auf.

---

[416] Vgl. Hofstede 1980, S. 14 ff.
[417] Vgl. Reich und Benbasat 2000, S. 83; Nord et al. 2007, S. 265 ff.
[418] Vgl. Ciborra 1997, S. 78.
[419] Vgl. auch Reich und Benbasat 2000, S. 82 f.
[420] Vgl. auch Walentowitz et al. 2010a, S. 27.
[421] Vgl. hierzu und im Folgenden insbes. Reich und Benbasat 2000, S. 82 ff.; Masak 2006, S. 59 ff.; Chan und Reich 2007, S. 300 ff.; Nelson und Cooprider 1996, S. 405 ff.; Tan und Gallupe 2006, S. 223 ff.; Chan 2002, S. 106 ff.; Walentowitz et al. 2010a, S. 3 ff.; Ciborra 1997, S. 73 ff.; Silvius et al. 2009, S. 2 ff.; Nord et al. 2007, S. 265 ff.; Khatri et al. 2006, S. 81 ff.

Element	Beschreibung
Soziale Identität	Soziale Identität beschreibt die wahrgenommene Zugehörigkeit einer Person zu einer Menge von real existierenden oder imaginären Gruppen bzw. der Abgrenzung von anderen Gruppen, was die Abstimmung bspw. von Mitgliedern der IT und der restlichen Organisation beeinflusst. Soziale Identität zeichnet sich typischerweise durch Gemeinsamkeiten der Gruppenmitglieder, wie bspw. die Verwendung einer gemeinsamen technischen Sprache aus, und führt dazu, dass die zugehörige Person i. d. R. die Werte und Vorstellungen der Gruppe übernimmt, die wiederum dessen Wahrnehmung und Verhalten beeinflussen.
Gemeinsame Kognition	Gemeinsame Kognition bezieht sich primär auf gemeinsame mentale Modelle[422] und Erfahrungen, die die Wahrnehmung, Interpretation, Annahmen, Erwartungen und das Verständnis von Ereignissen und Aktivitäten beeinflussen. Dabei spielen neben vergangenen Ereignissen v. a. auch die jeweilige Situation, in der sich die Person befindet, sowie deren sozialer Hintergrund und die Umgebung eine wichtige Rolle. Neben gemeinsamen kognitiven Strukturen existiert innerhalb der individuellen Kognition auch die persönliche, heterogene Kognition des Einzelnen, die jeweils einen Einfluss auf die organisatorischen Beziehungen und zu treffenden IT-Entscheidungen haben kann. Gemeinsame Kognition kann sich im Zeitverlauf verändern, wenn Individuen in Teams interagieren und ihr Verständnis untereinander austauschen.
Gemeinsames Domänenwissen	Gemeinsames Domänenwissen bezeichnet in Bezug auf das IT-Alignment ein gemeinsames Verständnis zwischen Geschäft und IT, d. h. fachliches Wissen bzw. IT-Wissen, dessen Vorhandensein insbesondere eine Verbesserung der Kommunikation, Interaktion und der Beziehungen zwischen heterogenen Gruppen bewirken kann. Hierdurch entsteht die Fähigkeit, die jeweils anderen Prozesse besser verstehen und den jeweils geleisteten Beitrag sowie die jeweiligen Herausforderungen besser nachvollziehen zu können.
Eigentümerschaft	Eigentümerschaft bezieht sich auf den kollektiven und gegenseitigen „Besitz" von Geschäft und IT, d. h. die Geschäftsprozesse bzw. IT-Systeme, mit dem Ziel der Überbrückung der psychologischen Grenzen zwischen Fachbereichen und IT. Wie bereits zuvor deutlich wurde, sind Geschäftsprozesse dabei als zentrales Bindeglied und damit als gemeinsames Element zwischen Geschäft und IT zu verstehen, an welchem das Prinzip der Eigentümerschaft ansetzen muss, um die psychologische Trennung zwischen IT bzw. IT-Systemen und Geschäftswelt bzw. Geschäftsprozessen zu reduzieren.
Gemeinsame Werte und Ziele	Gemeinsame Wertvorstellungen und Ziele zwischen Mitgliedern zweier Gruppen mit unterschiedlicher sozialer Identität sowohl hinsichtlich allgemeiner als auch organisationsbezogener Aspekte können dafür sorgen, dass die wahrgenommene Grenze zwischen den Gruppen sinkt und das Verhalten und die Beziehungen hierdurch positiv beeinflusst werden. Dabei stellen das Hervorheben von Gemeinsamkeiten sowie die Transparenz des jeweiligen Beitrags zur Zielerreichung im Sinne einer Übersetzung der Unternehmensziele in persönliche Ziele und die

---

[422] Vgl. hierzu insbes. Abschn. 3.1.1.

Etablierung einer gemeinsamen Verantwortung für das individuelle Handeln sowie das Schaffen von Vertrauen und gegenseitige Wertschätzung eine grundlegende Voraussetzung für eine erfolgreiche Zusammenarbeit dar.

Kultur   Neben generellen kulturellen Faktoren, die aus der Zusammenarbeit global verteilter Akteure resultieren, spielt hier vor allem auch die Unternehmens- bzw. Fachkultur der einzelnen miteinander kooperierenden Gruppen eine zentrale Rolle. Diese beeinflusst neben Kommunikations-, Interaktions-, Planungs- und Verhaltensmustern auch die Herangehensweise, bspw. im Rahmen der Entwicklung von IT-Strategien, die Wahrnehmung bestimmter Sachverhalte sowie auch insbesondere die Einstellung gegenüber anderen Personen, Gruppen oder Aufgaben. Einen wesentlichen Aspekt stellen dabei auch (fach-)sprachliche Differenzen dar, die es durch Schaffung gemeinsamer Termini, Themen und ggf. Intermediäre zu überwinden gilt.

Tab. 6: Kernelemente des sozialen und kognitiven IT-Alignments
Quelle: Eigene Zusammenstellung.

Das soziale IT-Alignment bezieht sich somit primär auf den menschlichen Aufgabenträger als Komponente sozio-technischer Systeme. Es befasst sich sowohl mit soziologischen, psychologischen, kommunikationsorientierten, sprachbasierten und kulturellen Aspekten als auch mit wissens- und wahrnehmungsbezogenen Faktoren, die das IT-Alignment sowohl auf individueller und operativer als auch auf strategischer Ebene im Unternehmen fördern. Insbesondere in den Bereichen der Entwicklung, Implementierung und Nutzung von IS stellen kognitive Faktoren einen wesentlichen Faktor dar.[423] Auch bedingt durch die vergleichsweise geringe Forschungsarbeit und daraus resultierend fehlende allgemein akzeptierte Modelle und Theorien zum sozialen bzw. kognitiven Alignment als solches[424] werden häufig interdisziplinäre Ansätze verfolgt und Theorien und Konzepte aus anderen Forschungsbereichen angewandt. Hierzu gehört bspw. die Personal Construct Theory oder die Activity Domain Theory aus der Psychologieforschung.[425] Als wesentliche Mechanismen zur Erreichung des kognitiven Alignments werden in der Literatur dabei insbesondere Maßnahmen zur effektiven Kommunikation zwischen Geschäftsbereichen und der IT-Abteilung sowie damit einhergehend ein ganzheitliches Wissensmanagement zum Aufbau einer gemeinsamen Wissens- und Kommunikationsbasis angeführt.[426]

Insbesondere im Rahmen des hier angenommenen Verständnisses von IT-Alignment als Prozess kann soziales und kognitives IT-Alignment demnach auch als kontinuierlicher Lernprozess der Organisation interpretiert werden,

---

[423] Vgl. Tan und Gallupe 2006, S. 223.
[424] Vgl. Reich und Benbasat 2000, S. 83; Tan und Gallupe 2006, S. 223 f.
[425] Vgl. hierzu bspw. Tan und Gallupe 2006, S. 224 ff.; Masak 2006, S. 70 ff.
[426] Vgl. bspw. van Grembergen et al. 2004, S. 28 f.; Tan und Gallupe 2006, S. 223 ff.

der auf Basis einer fortwährenden Anpassung und Veränderung langfristig den Aufbau eines gemeinsamen Wissens bzw. Gedankenguts von Geschäft und IT fördert, welches wiederum zur Erreichung der Unternehmensziele eingesetzt werden kann.[427] Wie bspw. BEIMBORN ET AL. feststellen, besteht dabei auch insbesondere ein positiver Zusammenhang zwischen der kognitiven und sozialen Dimension des IT-Alignments und der IT-Flexibilität. Vor allem in Bezug auf die Kernelemente des gemeinsamen Domänenwissens sowie der gemeinsamen Kognition wurde durch die Autoren hier ein positiver Einfluss belegt.[428]

In Bezug auf die angenommene epistemologische und ontologische Grundposition (vgl. Abschn. 1.2.2) ist darüber hinaus zu bemerken, dass hierbei grundlegend von einer subjektiven Wahrnehmung der Realität auszugehen ist, auf deren Basis mentale Modelle der Mitglieder eines Diskurses entstehen. Diese sind zur Erreichung des IT-Alignments möglichst weitgehend durch Kommunikations- und Interaktionsmaßnahmen zu explizieren, um ein kognitives bzw. soziales IT-Alignment herzustellen. Dies setzt insbesondere auch geeignete strukturelle Mechanismen voraus, die im nachfolgenden Abschnitt als dritte Dimension des IT-Alignments thematisiert werden.

2.2.3.4   Strukturelles IT-Alignment

> *„[A]bove all, aligning IT and business isn't a matter of aligning business and IT goals but, rather, aligning business processes with IT applications, the IT processes, and supporting architecture."*
>
> Holland und Skarke 2008, S. 45

Neben den zuvor eingeführten Dimensionen des strategischen und sozialen IT-Alignments findet sich in der relevanten Literatur darüber hinaus häufig die Dimension des strukturellen IT-Alignments, die sich auf die Abstimmung zwischen Organisationsstruktur und den Geschäftsprozessen mit der IT-Struktur und den IT-Prozessen bezieht und somit vorwiegend auf operativer und individueller Ebene von Relevanz ist. Der Strukturbegriff umfasst dabei im Wesentlichen die komplexen Zusammenhänge zwischen den betrieblichen Zielen, Funktionen und Beziehungen zwischen den Bereichen einer Organisation und zielt auf die Koordination, Formalisierung und Spezialisierung organisatorischer Aufgaben.[429]

CHAN folgend bezieht sich strukturelles Alignment dabei im Kern auf die Abstimmung der organisatorischen bzw. fachlichen Struktur mit der Struktur der IT und wird primär durch die Zuweisung von Entscheidungsrechten, die Verhältnisse der Berichterstattung, die (De-)Zentralisierung von IT-Services und

---

[427] Vgl. Reich und Benbasat 2000, S. 81 ff.; Beimborn et al. 2007, S. 3.
[428] Vgl. Beimborn et al. 2007, S. 6 ff.
[429] Vgl. Bergeron et al. 2002, S. 5.

-Infrastruktur sowie den Einsatz des IT-Personals beeinflusst.[430] In ähnlicher Weise definieren CROTEAU ET AL. strukturelles IT-Alignment als „fit of organization and IT through simultaneous development of infrastructures"[431], wodurch insbesondere auch der Notwendigkeit einer koevolutionären Transformation von Geschäft und IT auf struktureller Ebene Rechnung getragen wird. Strukturelles Alignment kann demnach grundlegend als Abstimmung zwischen den Ressourcen der IT- und der Geschäftsdomäne verstanden werden.[432]

Die Dimension des strukturellen IT-Alignments bezieht sich somit auch auf die operative, interne Ebene des SAM nach HENDERSON UND VENKATRAMAN im Sinne einer Ausrichtung von organisatorischer Infrastruktur und Prozessen mit der IT-Infrastruktur und den IT-Prozessen, die die Umsetzung der Unternehmensstrategie auf operativer Ebene fördert und mit dieser in enger Beziehung stehen sollte.[433] Die Autoren beschreiben dabei sowohl die organisatorische Infrastruktur als auch die technologische Infrastruktur ausgehend von drei Bestandteilen, die in **Tab. 7** gegenübergestellt sind.[434] Hierdurch wird auch erneut die Überschneidung der einzelnen Dimensionen deutlich, die eine trennscharfe Abgrenzung strategischer, struktureller und sozialer Aspekte des IT-Alignments wenig sinnvoll erscheinen lassen.

Das Ziel besteht dabei darin, durch Abstimmung der formalen Struktur von IT und Geschäft die Erreichung der Unternehmensziele zu unterstützen und die IT-Organisation so auszurichten, dass diese das Geschäft sowohl im laufenden Betrieb als auch in Veränderungsphasen optimal unterstützt.[435] Bspw. erfordert eine dezentral ausgerichtete Organisation typischerweise eine andere IT-Unterstützung, u. a. in Bezug auf die Informationsverteilung im Unternehmen, als eine zentralisierte Organisation, wodurch eine Abstimmung erforderlich wird.[436] Ähnliches gilt für die Häufigkeit von Veränderungen der organisatorischen Struktur und des Anpassungsbedarfs der IT. In diesem Zusammenhang konnten z. B. CHUNG ET AL. belegen, dass insbesondere die Flexibilität der IT-Infrastruktur der Organisation einen positiven Einfluss auf das IT-Alignment ausübt, indem hierdurch wiederum eine engere Abstimmung zwischen IT- und Geschäftsstrategie ermöglicht wird.[437]

---

[430] Vgl. Chan 2002, S. 98, S. 100; Chan und Reich 2007, S. 300 f.; Bashiri et al. 2010, S. 37 f.
[431] Croteau et al. 2001, S. 3.
[432] Vgl. Baker et al. 2011, S. 320.
[433] Vgl. auch Chan und Reich 2007, S. 300 f.; Bergeron et al. 2002, S. 5.
[434] Vgl. Henderson und Venkatraman 1990, S. 8 f.; Henderson und Venkatraman 1999, S. 474 ff.
[435] Vgl. auch Holland und Skarke 2008, S. 45.
[436] Vgl. auch Bergeron et al. 2002, S. 5.
[437] Vgl. Chung et al. 2003, S. 191 ff.

Domäne	Element	Beschreibung
Organisatorische Infrastruktur und -Prozesse	Administrative Infrastruktur	Wahl geeigneter Organisationsstrukturen, Rollen, Verantwortlichkeiten und Beziehungen der Berichterstattung
	Prozesse	Workflows und Informationsflüsse zur Ausführung der betrieblichen Aktivitäten
	Fertigkeiten	Fähigkeiten und Kompetenzen auf individueller Ebene, die zur Ausführung der betrieblichen Aktivitäten erforderlich sind
IT-Infrastruktur und -Prozesse	IT-Infrastruktur	Geeignete Konfiguration von Anwendungssystemen, Daten und Hardware
	Prozesse	Wesentliche Prozesse, die für die Bereitstellung und Nutzung der IT erforderlich sind (einschließlich Systementwicklungs-, Wartungs- und Überwachungsprozessen)
	Fertigkeiten	Wissen und die Fähigkeiten, die für das Management der IT-Infrastruktur innerhalb der Organisation erforderlich sind

Tab. 7: Elemente der organisatorischen und technologischen Infrastruktur
Quelle: Eigene Zusammenstellung, basierend auf Henderson und Venkatraman 1990, S. 8 f.;
Henderson und Venkatraman 1999, S. 474 ff.

Allerdings bedarf es auch hier Mechanismen zur Ermöglichung veränderlicher Strukturen, da eine singuläre Abstimmung und Ähnlichkeit der formalen IT- und Organisationsstrukturen per se nicht zu einem verbesserten IT-Alignment führt.[438] Aus diesem Grund ist es im Rahmen des strukturellen IT-Alignments nicht das Ziel, eine enge Kopplung von Geschäfts- und IT-Systemen und -Architekturen durch starre, eindeutig festgelegte Vorgaben zu erlangen, da dies zu einer wenig wandlungsfähigen Organisation führen würde. Vielmehr zielt strukturelles Alignment darauf ab, flexible IT-Strukturen zu schaffen, die eine Anpassung der IT an sich verändernde fachliche Bedingungen ermöglichen und vice versa.[439]

Der Untersuchung nach CHAN UND REICH folgend sind in diesem Zusammenhang jedoch nicht nur die formalen, sondern vor allem auch die informalen Strukturen innerhalb der Organisation aneinander auszurichten. Informale Strukturen bezeichnen dabei die auf Beziehungen innerhalb der Organisation basierenden Strukturen, die über die arbeitsteilige Ausführung von Geschäftsprozessen und die Koordination von Aufgaben hinausgehen.[440] Dabei geht es im Wesentlichen um soziale Netzwerke und Beziehungen, Teamwork, Interaktion, einer gemeinsamen Kultur, abgestimmte Arbeitsprozesse und sog. Communities of Practice, die das Alignment im Sinne einer gemeinsamen Er-

---

[438] Vgl. Chan 2002, S. 109; Keller und Masak 2008, S. 30.
[439] Vgl. auch Chan 2002, S. 106.
[440] Vgl. Chan 2002, S. 104 ff.; Chan und Reich 2007, S. 301 ff.

füllung von Aufgaben zwischen Fach- und IT-Abteilungen fördern.[441] WALENTOWITZ ET AL. sprechen daher hier auch von sozialen Strukturen, die eine positive Zusammenarbeit zwischen Geschäft und IT insbesondere auf operativer Ebene bewirken.[442]

Hierdurch wird erneut der Bezug zu den vorhergehenden Dimensionen des IT-Alignments deutlich, da die Schaffung geeigneter formaler und informaler Strukturen sowohl auf strategischer als auch auf operativer und individueller Ebene als Voraussetzung für die Erreichung der zuvor skizzierten Kernelemente des kognitiven und sozialen IT-Alignments verstanden werden kann. Bspw. können geeignete intermediäre Strukturen geschaffen werden, die mit Akteuren besetzt werden, die sowohl über das entsprechende fachliche als auch das notwendige IT-Wissen verfügen und so Informationen zwischen beiden Domänen kanalisieren können.[443] Insbesondere in Bezug auf die Flexibilitätsbestrebungen der Organisation stellt strukturelles Alignment häufig ein spezielles Problem dar, da bestehende Strukturen nur schwer aufzubrechen sind und oftmals eine geringe Wandlungsfähigkeit vorzufinden ist.[444]

Grundsätzlich existieren darüber hinaus wenig Arbeiten, die sich näher mit der Abstimmung von Geschäft und IT auf struktureller Ebene und dessen Umsetzung befassen. Als eines der wenigen Beispiele haben CROTEAU ET AL. den Einfluss der Ausrichtung von Organisations- und IT-Struktur auf die Leistungsfähigkeit der Organisation untersucht und konnten einen positiven Einfluss durch die Abstimmung der technologischen und organisatorischen Infrastruktur empirisch belegen.[445] Ausgehend von der Theorie innovativer Projekte nach TIWANA identifizieren WALENTOWITZ ET AL. zudem in diesem Zusammenhang drei Strukturmuster, die die sozialen und strukturellen Beziehungen zwischen Geschäft und IT auf operativer Ebene beschreiben, einen positiven Einfluss auf das IT-Alignment aufweisen und grundlegend die Ableitung geeigneter Organisationsstrukturen erlauben (vgl. auch **Abb. 21**):[446]

- *S1:* Es bestehen intensive, domänenübergreifende Beziehungen an der Schnittstelle zwischen IT- und Fachabteilungen, die eine effiziente Kommunikation und einen effektiven Informationsaustausch auf Basis von gegenseitigem Vertrauen zwischen beiden Domänen ermöglichen.

---

[441] Vgl. Chan 2002, S. 106 f.
[442] Vgl. Walentowitz et al. 2010a, S. 1 ff.
[443] Vgl. auch Walentowitz et al. 2010a, S. 28.
[444] Vgl. hierzu auch Abschn. 2.1.1.
[445] Vgl. Croteau et al. 2001, S. 4 ff.
[446] Vgl. hierzu und im Folgenden Walentowitz et al. 2010a, S. 13 ff.; Walentowitz et al. 2010b, S. 3-4; Tiwana 2008, S. 259 f.

- *S2:* Es bestehen intensive Beziehungen zwischen Akteuren an der Schnittstelle zwischen IT- und Fachabteilungen zu den jeweiligen Akteuren innerhalb der eigenen Domäne, was insbesondere sicherstellt, dass die Akteure
  an der Schnittstelle mit relevanten Domänenwissen versorgt werden.
- *S3:* Es bestehen intensive Beziehungen zwischen Akteuren an der Schnittstelle zwischen IT- und Fachabteilungen zu den jeweiligen Führungskräften
  innerhalb der eigenen Domäne, wodurch Macht und Einfluss der Akteure
  an der jeweiligen Schnittstelle steigen.

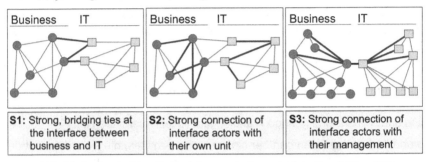

S1: Strong, bridging ties at the interface between business and IT	**S2:** Strong connection of interface actors with their own unit	**S3:** Strong connection of interface actors with their management

Abb. 21: Sozio-strukturelle Beziehungsmuster zwischen Geschäft und IT
Quelle: Eigene Darstellung in Anlehnung an Walentowitz et al. 2010a, S. 14.

Grundlegend umfasst strukturelles Alignment folglich zusammenfassend die
wechselseitige Abstimmung der organisatorischen Struktur und der IT-
bezogenen Struktur der Organisation sowohl auf formaler als auch auf informaler Ebene. Insbesondere sind hier in Bezug auf die IT-Governance auch die
entsprechenden Strukturen zur Entscheidungsfindung und die Zuweisung von
Verantwortlichkeiten relevant, die zur Umsetzung des IT-Alignments erforderlich sind.

2.2.4 Umsetzung des IT-Alignments: Herausforderungen und Beurteilung bestehender Ansätze

> „The processes by which alignment is accomplished (i.e. practically and
> effectively worked out) in organizations need to be better understood."
>
> Sabherwal und Chan 2001, S. 27

Entsprechend der beschriebenen Komplexität und Vielschichtigkeit steht die
Realisierung des IT-Alignments – wie auch bereits zuvor deutlich wurde – einigen Herausforderungen gegenüber, die einen bedeutsamen Einfluss auf die
Entwicklung entsprechender Ansätze ausüben. CHAN UND REICH folgend können die Herausforderungen an das IT-Alignment dabei in mehrere Kategorien
eingeordnet werden, die primär in wissensbezogene Herausforderungen,

wandelbezogene Herausforderungen und Herausforderungen bezogen auf die Rolle der IT unterschieden werden können.[447]

Wissensbezogene Herausforderungen beziehen sich dabei im Wesentlichen auf das Problem, dass die Unternehmensführung sowie auch Mitarbeiter in den Fachabteilungen im Regelfall über keine oder unzureichende Kenntnisse der unternehmensweit eingesetzten IT verfügen bzw. IT-Führungskräfte gleichermaßen häufig nicht in die Strategieformulierung und -gestaltung einbezogen werden und daher oft nur über unzureichendes Wissen über Geschäft und Geschäftsstrategie verfügen.[448] Darüber hinaus ist die Unternehmensstrategie auch auf fachlicher Seite oft unbekannt, oder es besteht nur unklares oder unzureichendes Wissen darüber, wie eine Anpassung an sich wandelnde Bedürfnisse umgesetzt werden kann, was vor allem in unklaren Geschäftsstrategien sowie intransparenten Interdependenzbeziehungen und unklaren Auswirkungen auf das Unternehmen begründet liegt. Des Weiteren umfassen wissensbezogenen Herausforderungen auch das Problem, dass trotz ausreichender qualitativer und quantitativer Belege für den positiven Wertbeitrag des IT-Alignments für Unternehmen, insbesondere seitens des Managements häufig eine mangelnde Wahrnehmung oder Wertschätzung hinsichtlich der Bedeutung des IT-Alignments sowie auch der IT im Allgemeinen für die Lösung wichtiger Unternehmensprobleme herrscht und entsprechend kommuniziert wird. D. h., es fehlt oftmals Wissen im Unternehmen über den positiven Wertbeitrag der IT und des IT-Alignments für den Unternehmenserfolg, was wiederum negative Auswirkungen auf das IT-Alignment haben kann. Ein weiteres Problem besteht zudem in fehlendem Wissen über die Branche und das Geschäft sowie der wesentlichen Treiber und Einflussfaktoren für das Unternehmen. Insbesondere gemeinsames Domänenwissen ist oft nicht vorhanden – trotz dessen hoher Bedeutung für das IT-Alignment.[449]

Damit einher gehen üblicherweise auch Herausforderungen in Bezug auf die Rolle der IT.[450] Hierbei ist insbesondere seitens des Managements eine entsprechende Wahrnehmung und ein Verständnis zu schaffen, das die IT auch gemäß ihrer Enabler-Funktion begreift und IT-Innovationen überhaupt ermöglicht. Gemäß den obigen Ausführungen sind dabei insbesondere soziale und strukturelle Aspekte relevant, die eine geeignete „Awareness" für das IT-Alignment schaffen und die IT strukturell in geeigneter Weise einbinden. Dabei sind in Bezug auf das strategische Alignment hier insbesondere auch die Ver-

---

[447] Vgl. hierzu und im Folgenden Chan und Reich 2007, S. 298 f.
[448] Vgl. auch Reich und Benbasat 2000, S. 81 ff.
[449] Vgl. Reich und Benbasat 2000, S. 83 ff. sowie auch Abschn. 2.2.3.3.
[450] Vgl. auch Abschn. 2.1.

antwortlichkeiten und Entscheidungsrechte der IT-Leitung innerhalb eines gemeinsamen Strategieprozesses zu definieren und offenzulegen.

Weiterhin sind demgegenüber Herausforderungen hinsichtlich des bereits angesprochenen organisatorischen Wandels und des Problems eines kontinuierlichen Wandlungsbedarfs von Unternehmen zu betonen. In diesem Zusammenhang kann ein Zustand des IT-Alignments im Sinne eines Fit zwischen Geschäft und IT folglich nicht erreicht bzw. dauerhaft beibehalten werden. Entsprechend besteht eine zentrale Herausforderung vor allem darin, das IT-Alignment als dynamischen Prozess zu realisieren und die Planungsprozesse aus fachlicher und informationstechnischer Sicht in Hinblick auf alle relevanten Dimensionen und Ebenen dauerhaft zu synchronisieren, um gleichermaßen geschäfts- und technologieinduzierten Wandel innerhalb des Alignmentprozesses mit einzubeziehen.[451] Ein schlechtes IT-Alignment bzw. Fehlalignment kann sich dabei in vielerlei Hinsicht bemerkbar machen. Bspw. können durch fehlendes Geschäftswissen des IT-Personals die Geschäftsanforderungen nicht entsprechend der Unternehmensziele umgesetzt werden oder Mitarbeiter und Verantwortliche sind nicht in der Lage, fachliche Anforderungen hinsichtlich der IT-Bedürfnisse zu formulieren, was üblicherweise zu erhöhten Kosten und einem geringen Wertbeitrag durch die IT führt.[452] Die Vielzahl der im Rahmen des Alignmentprozesses involvierten Elemente und Wirkungsfaktoren sowie das Verständnis von IT-Alignment als dynamischer Prozess unterstreicht dabei erneut auch die Komplexität des Alignmentphänomens.[453]

Zur Umsetzung des IT-Alignments und der Adressierung der genannten Herausforderungen existieren in der Literatur verschiedene Konzeptualisierungen und Vorgehensweisen, die sich zunächst primär in präskriptive und deskriptive Ansätze unterscheiden lassen. Während deskriptive Ansätze in erster Linie auf das Verständnis des Alignmentphänomens abzielen, fokussieren präskriptive Ansätze die Gestaltung von Artefakten zur Unterstützung und Umsetzung des IT-Alignments.[454] Präskriptive Ansätze sind seltener innerhalb der relevanten Literatur zu finden und verfolgen dabei häufig einen generischen „One-Size-Fits-All"-Ansatz, im Rahmen dessen im Zuge der Artefaktkonstruktion weder zwischen verschiedenen Problembereichen oder Zielen noch verschiedenen Alignmentdimensionen und -faktoren differenziert wird. In Hinblick auf die in Abschn. 1.2.2 angesprochene, typischerweise in der WI bzw. ISR vorzufindende Dichotomie zwischen behavioristischer und konstruktionsorientierter Forschung finden sich insbesondere in der anglo-amerikanischen Literatur dabei

---

[451] Vgl. hierzu auch Abschn. 4.3.3.3.
[452] Vgl. Chan 2002, S. 98.
[453] Vgl. auch Chan 2002, S. 99.
[454] Vgl. hierzu und im Folgenden auch Saat et al. 2010, S. 14; Nickels 2004, S. 81 ff.

überwiegend empirische Arbeiten. Während diese zum Verständnis des Alignments beitragen können (Theoriebildung und -überprüfung), wird bspw. auch kritisiert, dass gerade das komplexe Phänomen des IT-Alignments nur schwer empirisch erfassbar ist und insbesondere bspw. soziale Aspekte in den meisten erklärungsorientierten Ansätzen kaum eine Rolle spielen.[455] Deskriptive Untersuchungen können dabei primär anhand der betrachteten Themen unterschieden werden in

- Untersuchungen bezogen auf die *Bedeutung des IT-Alignments* hinsichtlich des Wertbeitrags, der durch einen hohen Grad an IT-Alignment erreicht werden kann;

- Untersuchungen bezogen auf die *Einflussfaktoren des IT-Alignments*, vor allem im Sinne von Gründen bzw. Symptomen für (Fehl-)Alignment;

- Untersuchungen bezogen auf die Identifikation geeigneter Maßnahmen und Prozesse zur *Messung des IT-Alignments*, bspw. im Sinne eines erreichten (Reife-)Grades.[456]

Ergebnisse solcher deskriptiver Ansätze sind dabei häufig Erklärungsmodelle, die primär Konzeptualisierungen des IT-Alignments ausgehend von einer ein- oder – in wenigen Fällen – mehrdimensionalen Betrachtung des Konstrukts bereitstellen und die vorwiegend entsprechend Erkenntnisse über das Verständnis bzgl. des IT-Alignments umfassen. Als Beispiel für erklärungs- bzw. kommunikationsbezogene Ansätze können u. a. das SAM nach HENDERSON UND VENKATRAMAN und hierauf aufbauende Ansätze, die Arbeiten zum sozialen IT-Alignment nach REICH UND BENBASAT oder auch das Reifegradmodell nach LUFTMAN angeführt werden.[457] Diese Ansätze basieren primär auf der Erreichung des IT-Alignments durch Kommunikation, indem geeignete Strukturen und Mechanismen innerhalb der Organisation auf strategischer und/oder operativer Ebene hierfür umgesetzt werden.

Allerdings ist in Bezug auf Erklärungsmodelle zu kritisieren, dass diese zwar das Verständnis über das IT-Alignment als komplexes Konstrukt verbessern, jedoch nicht dessen Umsetzung und Realisierung fördern bzw. methodisch unterstützen. In Bezug auf das strategische Alignment konstatiert bspw. CIBORRA: „while strategic alignment may be close to a truism conceptually, in the everyday business it is far from being implemented"[458]. In Bezug auf die praktische Umsetzung des IT-Alignments finden sich in der Literatur nur wenige oder oftmals abstrakte Ansätze und Gestaltungsvorschläge, die entspre-

---

[455] Vgl. Ciborra 1997, S. 68 f.
[456] Vgl. auch Nickels 2004, S. 80.
[457] Vgl. Henderson und Venkatraman 1999, S. 476; Reich und Benbasat 2000, S. 81 ff.; Luftman 2000, S. 23 f.; Luftman und Brier 1999, S. 115 ff.
[458] Ciborra 1997, S. 68.

chende Artefakte für die Unterstützung des IT-Alignments bereitstellen.[459] Darüber hinaus wird das IT-Alignment hier wie bereits erwähnt auch oft nur einseitig, d. h. bspw. eine unidirektionale Ausrichtung der IT auf das Geschäft, eindimensional, d. h. bspw. nur in Bezug auf strategische Aspekte, oder auch in Bezug auf nur einzelne Ebenen, d. h. bspw. ohne Berücksichtigung des IT-Alignments auf operativer Ebene, diskutiert.

Neben diesen (i) kommunikationsbasierten bzw. erklärungsorientierten Ansätzen, die zur Adressierung des IT-Alignments in der Literatur vorgeschlagen werden, sind weiterhin einerseits (ii) governancebasierte sowie andererseits (iii) architektur- bzw. modellbasierte Ansätze zu unterscheiden.[460] **Abb. 22** stellt dieses grobe Klassifizierungsschema grafisch dar und ordnet beispielhaft entsprechende Referenzen in die entsprechenden Kategorien ein.[461] Grundsätzlich wird in der vorliegenden Arbeit eine angemessene Kombination aller drei Typen verfolgt, um die definierten Forschungsziele der Arbeit zu erreichen. Der erarbeitete Bezugsrahmen des IT-Alignments ist als Erklärungsmodell zu verstehen, das den Gestaltungsbereich des IT-Alignments strukturiert und kann somit primär der ersten Klasse zugeordnet werden, während der Fokus der nachfolgenden Betrachtungen auf den Kategorien (ii) und (iii) liegt.

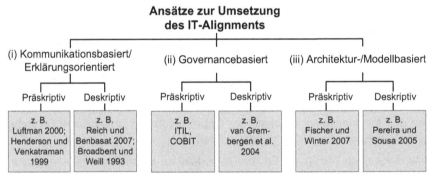

Abb. 22: Taxonomie von Ansätzen zur Umsetzung des IT-Alignments
Quelle: Eigene Darstellung.

Theoretische bzw. Best-Practice-Ansätze aus dem Bereich der IT-Governance adressieren das IT-Alignment dabei primär als eine der Aufgaben der IT-Governance gemäß den Ausführungen in Abschn. 2.2.1. Insbesondere aus

---

[459] Vgl. auch Fischer und Winter 2007, S. 167.
[460] Vgl. auch Chen 2008, S. 1 ff. für eine ähnliche Typisierung.
[461] Dabei ist diese Unterscheidung nicht als trennscharfe und eindeutige Abgrenzung zu sehen. Vielmehr findet sich vielfach auch eine Kombination verschiedener Merkmale, wie sie auch in der vorliegenden Untersuchung verfolgt wird. Vgl. hierzu bspw. auch Saat et al. 2010, S. 14.

Sicht der Unternehmenspraxis haben sich hier Ansätze wie ITIL aus dem Bereich des IT-Servicemanagements oder COBIT etabliert, die ebenfalls in diese zweite Kategorie eingeordnet werden können.

In der neueren Literatur werden demgegenüber v. a. auch architektur- bzw. modellbasierte Ansätze zur Umsetzung des IT-Alignments vorgeschlagen, die auch im Vordergrund der nachfolgenden Betrachtungen stehen. Architekturen stellen generell ganzheitliche Beschreibungen von Strukturen durch Modelle bereit, die ein System vollständig mit seinen Bestandteilen, deren Beziehungen und Abhängigkeiten zu- bzw. untereinander sowie zum Systemumfeld beschreiben.[462] Unternehmensarchitekturen (UA) im Speziellen können als Mittel zur Abbildung einer integrierenden Sicht auf ein Unternehmen verstanden werden und umfassen typischerweise mehrere Teilarchitekturen, die auf einer gemeinsamen Abstraktionsebene sowohl organisatorische als auch informationstechnische Aspekte sowie deren Zusammenhänge und Abhängigkeiten gemeinsam zusammenführen.[463] Durch umfassende modellbasierte Darstellungen der betrieblichen Strukturen und Abläufe können so neben der Beschreibung der aktuellen Ist-Situation und der Abbildung von Schnittstellen und Abhängigkeiten auch die Kommunikation durch Transparenz der Inhalte und Elemente auf den jeweiligen organisatorischen Ebenen sowie die gemeinsame Planung von Geschäft und IT unterstützt werden (Soll-Architektur).

Insbesondere für das IT-Alignment können (Architektur-)Modelle hierbei generell eine „Vermittlungsfunktion zwischen den fachlichen Anforderungen an die Systemgestaltung und den Unterstützungsleistungen von technologischen Infrastrukturen"[464] erfüllen. **Tab. 8** fasst die wesentlichen Potenziale der Unterstützung des IT-Alignments durch ein architekturbasiertes Vorgehen ausgehend von den drei eingeführten Alignmentdimensionen in einer ersten Übersicht zusammen.[465]

---

[462] Vgl. hierzu und im Folgenden u. a. Heinrich und Stelzer 2009, S. 61 ff.; Aier und Schönherr 2006, S. 188 f. sowie insbes. auch Abschn. 3.1.2 und die dort referenzierte Literatur für eine tiefergehende Betrachtung des Architekturbegriffs.
[463] Vgl. auch Schönherr und Offermann 2007, S. 39.
[464] Picot und Maier 1994, S. 123 f.
[465] Zur weiterführenden Betrachtung vgl. insbes. auch Kapitel 4.

Dimension	Unterstützung durch ein architekturbasiertes Vorgehen
Strategische Dimension	UA bilden Strukturen und Abläufe des Unternehmens in integrierter Form ab und ermöglichen es hierdurch, Analysen und Planungen bzgl. der Abhängigkeiten und Interdependenzen zwischen den Gestaltungsobjekten der Architektur auf allen Ebenen des Unternehmens durchzuführen und stellen somit eine Entscheidungsgrundlage für die Unternehmensführung dar.
Soziale Dimension	UA dienen als Kommunikations- und Informationsgrundlage und können hierdurch das Verständnis über einen gemeinsam betrachteten Sachverhalt erhöhen. Darüber hinaus schafft die UA Transparenz, wodurch Abstimmungsprozesse auf relationaler Ebene unterstützt werden können.
Strukturelle Dimension	UA bilden die Strukturen des Unternehmens und deren Gesamtzusammenhänge ab (Ist-Architektur) und können darüber hinaus als Planungsgrundlage für die Realisierung von Veränderungsvorhaben dienen (Soll-Architektur). Durch Bereitstellung einer integrierten Sicht auf das Unternehmen kann die Abstimmung zwischen Struktur- und Prozessänderungen unterstützt werden.

Tab. 8: Potenziale des architekturbasierten IT-Alignments
Quelle: Eigene Zusammenstellung.

Architekturbasiertes IT-Alignment beschreibt somit zusammenfassend zunächst die Unterstützung des IT-Alignments durch Einsatz von Unternehmensarchitekturen, indem diese u. a. zur Schaffung von Transparenz, einer gemeinsamen Informations- und Entscheidungsgrundlage und der Einrichtung gemeinsamer Analyse- und Planungsprozesse herangezogen wird.[466] Zur näheren Detaillierung erfolgt im nachfolgenden Kapitel eine analytische Vorbereitung der Artefaktkonstruktion, indem Unternehmensarchitekturen als Instrument zur Umsetzung des IT-Alignments eingeführt werden und ausgehend von der Bewertung bestehender Ansätze und der Ableitung von Gestaltungsmerkmalen die Ausgangspunkte für die Artefaktkonstruktion geschaffen werden.

---

[466] In der Literatur findet sich in diesem Zusammenhang auch häufig der Begriff des architektonischen IT-Alignments (*Architecture alignment*), der die wechselseitige Ausrichtung der Teilarchitekturen (insbes. der Geschäfts- und der IT-Architektur) der UA bezeichnet (vgl. bspw. Masak 2006, S. 145 ff.; Keller und Masak 2008, S. 30; Dern 2006, S. 12; Lankhorst 2013, S. 221), was im Vergleich zum hier verfolgten Ansatz jedoch einer eher einseitigen Sichtweise entspricht.

3. Analytische Vorbereitung der Artefaktkonstruktion

3.1 Modellbasierte Gestaltung und Planung des Unternehmens

„In the long term, enterprise value lies in the models themselves.
They have intrinsic value in their own right, as they constitute
the baseline for managing change."

John Zachman, zit. in O'Rourke et al. 2003, S. 538

In der WI und verwandten Disziplinen werden Modelle üblicherweise als grundlegendes Gestaltungsmittel für den Umgang mit Komplexität erachtet.[467] Modelle fassen dabei Wissen über ausgewählte, abgrenzbare Teilzusammenhänge eines Realitätsausschnitts zusammen und können hierdurch sowohl zur Dokumentation und Vermittlung von Wissen und damit zur Analyse und Beschreibung realer Systeme als auch zu deren Gestaltung, Planung und (Weiter-)Entwicklung herangezogen werden. Die Unternehmensmodellierung bzw. Modelle als solche stellen den zentralen Gegenstand von Unternehmensarchitekturen dar und sind ein wesentliches Gestaltungselement zur Explizierung organisatorischer Strukturen und Prozesse als Grundlage der Anwendungssystem- und Organisationsgestaltung.

Die folgenden Abschnitte befassen sich daher zunächst mit der notwendigen modelltheoretischen Grundlegung (Abschn. 3.1.1), bevor anschließend näher auf Unternehmensarchitekturen als Instrument für ein transparentes und ganzheitliches IT-Alignment eingegangen wird (Abschn. 3.1.2).

3.1.1 Modelltheoretische Grundlegung

Sowohl im alltagssprachlichen Gebrauch als auch im Rahmen wissenschaftlicher Forschung wird der Modellbegriff häufig uneinheitlich verwendet und oft nicht explizit definiert.[468] Auch in der Betriebswirtschaftslehre, der Informatik und der WI – sowie gleichermaßen auch innerhalb der jeweiligen Disziplinen – herrschen unterschiedliche Auffassungen hinsichtlich des Modellbegriffs vor. Einige Autoren führen dies neben der Doppeldeutigkeit des Begriffs aus etymologischer Sicht vor allem auch auf die Tatsache zurück, dass viele Wissenschaftler den Begriff ohne dessen differenzierte und reflektierte Betrachtung verwenden. Vor allem in Bezug auf die epistemologische und ontologische Position des Forschenden ergeben sich hier jedoch signifikante Unterschiede in Abhängigkeit vom jeweiligen Verständnis, die die Erkenntnisgewinnung erheblich beeinflussen.[469] Aufgrund der Bedeutung von Modellen und der Aner-

---

[467] Vgl. u. a. Thomas 2005, S. 3 ff.; Becker und Schütte 2004, S. 73 f.
[468] Vgl. hierzu und im Folgenden Thomas 2005, S. 6 ff.
[469] Vgl. Abschn. 1.2.2.

kennung der Modellierung als zentraler Betrachtungsgegenstand für die Konstruktion von Informationssystemen hat sich in der WI aus diesem Grund auch eine dedizierte Forschungsrichtung entwickelt, die sich intensiv mit Fragen der Modellkonstruktion, -entwicklung und -anwendung befasst.[470]

Nachfolgend werden daher zunächst die wesentlichen Positionen innerhalb der WI-Forschung skizziert (Abschn. 3.1.1.1) und das in der vorliegenden Arbeit eingenommene Begriffsverständnis bestimmt, welches richtungsweisend für die spätere Artefaktkonstruktion ist. Darauf aufbauend werden für die Arbeit relevante Modelltypen diskutiert sowie grundlegende Aspekte der (Meta-)Modellierung in Hinblick auf deren Relevanz für die vorliegende Arbeit herausgearbeitet (Abschn. 3.1.1.2). Abschn. 3.1.1.3 geht zudem auf Möglichkeiten zur Beurteilung der Modellqualität ein.

3.1.1.1 Grundlegende Positionen innerhalb der Wirtschaftsinformatik

Innerhalb der WI-Forschung sind in erster Linie zunächst der abbildungsorientierte und der konstruktionsorientierte Modellbegriff zu unterscheiden.[471] Eine in diesem Zusammenhang häufig verwendete und wissenschaftlich akzeptierte Interpretation stellt hier das Modellverständnis nach STACHOWIAK dar, der ausgehend von einer allgemeinen Modelltheorie drei Hauptmerkmale von Modellen definiert, die sowohl dem abbildungs- als auch dem konstruktionsorientierten Modellverständnis zugrunde liegen:[472]

- *Abbildungsmerkmal*: Modelle bilden einen real existierenden oder gedachten Sachverhalt ab. Sie stellen Repräsentationen natürlicher oder künstlicher Originale dar und weisen zu diesen eine Abbildungsrelation auf. Gemäß STACHOWIAK können Modelle dabei wiederum auch selbst Ausgangspunkt der Abbildung sein. In Abhängigkeit der Ähnlichkeit zwischen Original und Abbild wird hier von einer isomorphen, d. h. strukturell ähnlichen oder

---

[470] Hier können maßgeblich bspw. die Arbeiten von Schütte 1998; Becker et al. 1995; Wyssusek et al. 2002; Thomas 2005; vom Brocke 2003; Frank 1994 angeführt werden. Darüber hinaus wird die Modellierung zur Unterstützung der Systementwicklung auch in zahlreichen Lehrbüchern thematisiert. Vgl. bspw. Ferstl und Sinz 1998, S. 118 ff.; Alpar et al. 2011, S. 18 ff.; Laudon et al. 2010, S. 951 ff.

[471] Vgl. hierzu und im Folgenden insbes. Thomas 2005, S. 8 ff.; Dresbach 1999, S. 73 ff.; Trier et al. 2007, S. 70 ff.; vom Brocke 2003, S. 9 ff.; Schütte 1999b, S. 2 ff.; Strahringer 2012, S. 1; Wyssusek et al. 2002, S. 238 ff. Darüber hinaus sind generell bspw. noch der axiomatische oder der strukturorientiertere Modellbegriff zu differenzieren (vgl. hierzu u. a. Thomas 2005, S. 11; vom Brocke 2003, S. 9), die jedoch für die vorliegenden Ausführungen eine untergeordnete Rolle spielen und daher nicht explizit betrachtet werden.

[472] Vgl. hierzu und im Folgenden Stachowiak 1973, S. 131 ff. sowie auch insbes. die in Fn. 471 aufgeführte Literatur.

sogar gleichen, oder homomorphen, d. h. einer verkürzten bzw. eingren-
zenden, Abbildungsrelation gesprochen.[473]

- *Verkürzungsmerkmal*: Modelle erfassen grundsätzlich nicht alle Attribute
des jeweiligen Originals, sondern nur diejenigen, die für den Modellentwick-
ler oder -benutzer in Bezug auf die Intention der Modellierung als relevant
erachtet werden. Im Rahmen der Modellierung erfolgt daher eine zweckori-
entierte Selektion der Eigenschaften des Originals, wodurch üblicherweise
mehrere unterschiedliche, grundsätzlich subjektiv geprägte Modelle zu einem Original existieren können. Durch Beschränkung auf ausgewählte Modellattribute (Abstraktion) reduzieren Modelle hierdurch auch die Komplexität des abzubildenden Sachverhalts und begrenzen diesen auf Teilzusammenhänge. Neben dem Weglassen von Attributen des Originals im Modell
(Präterition) sieht STACHOWIAK hier auch die Möglichkeit der Abundanz,
d. h. das Hinzufügen neuer Attribute im Modell, sowie der Kontrastierung,
d. h. die Hervorhebung bestimmter Attribute des Modells.

- *Pragmatisches Merkmal*: Modelle werden für einen bestimmten Modellbe-
nutzer und für einen bestimmten Zweck erstellt, der typischerweise durch
den Nutzer des Modells bestimmt wird. Dabei ist zudem die Zeit entscheidend, zu der die Auswahl für einen subjektiven Nutzen erfolgt bzw. Gültigkeit besitzt, wodurch sich das pragmatische Merkmal primär in den Dimensionen Zeit, Intentionalität und Subjektivität ausdrückt.

Ein Modell wird damit gemäß diesem generischen Verständnis nach STACHO-
WIAK wie folgt definiert: „X ist ein Modell des Originals Y für den Verwender v
in der Zeitspanne t bezüglich der Intention Z"[474]. Entscheidende Elemente eines Modells sind folglich:

- der *Modellierungsgegenstand (Y)*, d. h. was wird modelliert;
- der *Verwender (v)*, d. h. für wen wird modelliert;
- die *Zeitspanne (t)*, d. h. wann ist das Modell gültig bzw. wann wurde modelliert;
- die *Intention (Z)*, d. h. für welchen Zweck wird modelliert.

Konstituierendes Merkmal des abbildungsorientierten Modellbegriffs, der in
den 1960er-Jahren primär in der Betriebswirtschaftslehre entstand und dort
durch zahlreiche Arbeiten, wie bspw. von KOSIOL[475], eine weite Verbreitung

---

[473] Isomorphe Modelle erlauben somit die Zuordnung von Modellelementen auch rekursiv zu
den korrespondierenden Elementen des Originals (1:1-Zuordnung), während bei homomorphen Modellen das Modell nur einen Teil der Elemente des Originals im Sinne des
Verkürzungsmerkmals abbildet (1:n-Zuordnung). Vgl. auch Thomas 2005, S. 16; vom
Brocke 2003, S. 11.
[474] Stachowiak 1983, S. 118.
[475] Vgl. auch Kosiol 1961, S. 318 ff.

(später auch in der WI) fand, bildet die grundlegende Annahme der Abbildungsbeziehung zwischen realweltlichem Original und entsprechendem Modell.[476] Dabei wird angenommen, dass Modelle immer ein Abbild der Realität darstellen und ausgehend von einem realen System interpretiert werden. Bspw. definieren BECKER ET AL. ein Modell als „ein immaterielles Abbild der Realwelt [...] für Zwecke eines Subjekts"[477]. Dem abbildungsorientiertem Modellverständnis zufolge besteht daher die Leistung der Modellierung vordergründig in der Wahrnehmung und Reproduktion eines objektiven, d. h. unabhängig vom Betrachter existierenden Sachverhalts, der lediglich wahrgenommen und abgebildet werden muss. Trotz des vorgegebenen realweltlichen Bezugs sind nach dieser Interpretation des Modellbegriffs auch relativierende Aussagen zu finden, die demgegenüber auch (immaterielle) Modelle einer zukünftigen Realität als möglich erachten. Insbesondere aufgrund der Tatsache, dass in der WI Modelle u. a. die Grundlage der IS-Entwicklung darstellen, ist die Notwendigkeit eines realen Vor- oder Abbilds hier nicht immer zu erfüllen.

Abb. 23 stellt die Beziehungen zwischen dem Subjekt als Modellnutzer und dem Modell(-system) in Bezug zum realem Objekt bzw. Original gemäß diesem Verständnis dar. Dabei wird durch Interpretation einer Realwelt bzw. Diskurswelt als relevanter Ausschnitt des realen Systems das Objektsystem gebildet, das die Interpretation des jeweiligen Diskurssystems als mentales Abbild repräsentiert und wiederum durch das Modell(-system) abgebildet wird. Die Gestaltungsaufgabe der Modellierung im Sinne der Verwendung bzw. Einwirkung des Modells innerhalb der Realwelt wird durch die Rückkopplung zwischen Modell und Objekt über das Subjekt symbolisiert. Gleichzeitig bestimmt das Subjekt den Zweck der Modellierung, der den innerhalb des Modellsystems darzustellenden Teilausschnitt definiert.

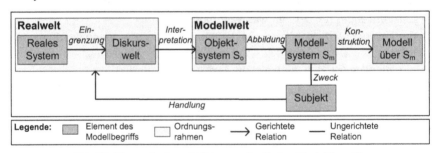

Abb. 23: Elemente des abbildungsorientierten Modellbegriffs
Quelle: Vom Brocke 2003, S. 11.

---

[476] Vgl. hierzu und im Folgenden v. a. Thomas 2005, S. 13-16; Strahringer 2012, S. 1; vom Brocke 2003, S. 10-13.
[477] Becker et al. 1995, S. 435.

Das abbildungsorientierte Verständnis wird insbesondere insofern kritisiert, dass die Modellbildung demnach rein auf Basis der objektiven, passiven Wahrnehmung der Realität erfolgen kann und angenommen wird, dass das abzubildende Objekt grundsätzlich als Ausschnitt der Realität existiert und entsprechende Modelle diese reproduzieren können.[478] Es wird hier von Struktur- und Verhaltenstreue des Modells gegenüber der Realität ausgegangen, die nur erfolgen kann, sofern die subjektive Wahrnehmung auch stets der Realität entspricht und damit einen naiven Realismus unterstellt.[479] Entsprechend wird z. T. auch der allgemeine Modellbegriff nach STACHOWIAK kritisch diskutiert, da hier ebenfalls von einer Abbildung gesprochen wird, die dazu verleiten kann, Modelle als reine Abbilder einer bzw. der Realität zu verstehen.[480] In der WI-Forschung lässt sich daher seit einigen Jahren eine Abkehr von der abbildungsorientieren hin zu einer stärker konstruktionsorientierten Interpretation des Modellbegriffs beobachten, die sich insbesondere hinsichtlich der epistemologischen und ontologischen Position von der Annahme einer intersubjektiv erfahrbaren Realität distanziert.

Im Rahmen des konstruktionsorientierten (oder auch konstruktivistischen) Modellbegriffs geht man demgegenüber davon aus, dass die Realität nicht objektiv erfahr- bzw. erfassbar ist, sondern immer der subjektiven Wahrnehmung des Modellierers unterliegt.[481] Im Sinne eines epistemologischen Idealismus wird angenommen, dass die Wahrnehmung der Realität grundsätzlich immer durch eine subjektive Erkenntnisleistung entsteht und die subjektiven Perspektiven und sozialen Gegebenheiten der an der Modellierung beteiligten Akteure maßgeblichen Einfluss auf die zu konstruierenden Modelle haben.[482] Es geht somit grundsätzlich nicht um eine Rekonstruktion, sondern eine Konstruktion eines als relevant erachteten Sachverhalts.[483] Während der abbildungsorientierte Modellbegriff ein subjektunabhängig erfahrbares vorhandenes Original in der Realität annimmt, das lediglich dessen Abbildung verlangt, geht der konstruktionsorientierte Begriff dementsprechend vom jeweiligen Ergebnis

---

[478] Vgl. zur Kritik am abbildungsorientierten Verständnis u. a. Thomas 2005, S. 20 ff.; Schütte 1999b, S. 4 ff.; vom Brocke 2003, S. 11 f.

[479] Kosiol (1961, S. 321) bspw. bezeichnet ein Modell dementsprechend auch als „ein *adäquates Abbild* der betrachteten Wirklichkeit" (Hervorhebungen im Original).

[480] Vgl. auch Schütte 1999b, S. 27; Thomas 2005, S. 25. Dabei ist dies jedoch vermutlich der möglichen Fehlinterpretation des Begriffs der Abbildung geschuldet, da auch Stachowiak betont, dass die Wirklichkeit jeweils entsprechend zu konstruieren ist. Vgl. Stachowiak 1983, S. 129 sowie hierzu weiterführend auch vom Brocke 2003, S. 16.

[481] Vgl. hierzu und im Folgenden u. a. Thomas 2005, S. 15-19; Dresbach 1999, S. 74 ff.; vom Brocke 2003, S. 12-15; Strahringer 2012, S. 1; Wyssusek et al. 2002, S. 241 ff.

[482] Vgl. auch Floyd und Klischewski 1998, S. 21 ff., die hier auch von der „sozialen Bedingtheit von Modellbildung und -nutzung" (S. 23) bzw. von Modellierung als „sozialer Prozess" (S. 25) sprechen. Vgl. hierzu auch Abschn. 4.3.3.4.

[483] Vgl. Thomas 2005, S. 18.

subjektiver Wahrnehmung eines Originals aus. Dabei wird hierbei auch dem Aspekt Rechnung getragen, dass das Objektsystem möglicherweise nicht objektiv existiert, sondern erst durch Wahrnehmung und Konstruktion entsteht.[484] Die subjektive Wahrnehmung bewirkt somit auch, dass de facto „in Abhängigkeit vom Modellierungsträger beliebig viele homomorphe Abbildungen denkbar sind"[485].

Im Vergleich zum abbildungsorientierten Verständnis, das „Modelle *von* Etwas" fokussiert, spricht man hier bezogen auf das pragmatische Modellmerkmal stattdessen somit verstärkt von „Modellen *für* Etwas" und stellt das Subjekt als maßgebliches Element im Modellierungsprozess in den Vordergrund.[486] Anstelle der strukturgleichen Abbildung der Realität wird der Zweckbzw. Problembezug als maßgebliches Kriterium zur Beurteilung der Modellqualität in den Mittelpunkt gestellt. Folglich kommt dabei vor allem dem pragmatischen Merkmal im Rahmen des konstruktionsorientierten Verständnisses eine tragende Rolle zu, indem der Modellnutzer die Anforderungen an das Modell bestimmt. Entsprechend sind somit auch Maßnahmen und Kriterien erforderlich, die Modelle hinsichtlich des intendierten Nutzens prüfen und der Subjektivität der Wahrnehmung Rechnung tragen.[487] Im Rahmen des Modellbildungsprozesses sind in diesem Zusammenhang somit grundsätzlich vorwiegend zwei Aspekte bzw. Ziele der Modellierung zu beachten:[488]

- *Problemkonformität/Zweckbezug*: Das Modell sollte dem Modellierungszweck bzw. -ziel entsprechen und ein relevantes Problem und dessen Eigenschaften angemessen repräsentieren;

- *Transparenz*: Das Modell sollte intersubjektiv nachvollziehbar sein, was im Sinne des konstruktionsorientierten Verständnisses die Transparenz der (internen und externen) Umstände des Modellierers, dessen Ziele und Vorgehen im Rahmen der Modellkonstruktion erfordert.

Dieser konstruktivistischen Interpretation des Modellbegriffs folgend definiert SCHÜTTE ein Modell bspw. als „das Ergebnis einer *Konstruktion eines Modellierers*, der für *Modellnutzer* eine Repräsentation eines Originals zu einer *Zeit* als relevant mithilfe einer *Sprache* deklariert. Ein Modell setzt sich somit aus der Konstruktion des Modellierers, dem Modellnutzen, einem Original, der Zeit und einer Sprache zusammen"[489]. Es wird davon ausgegangen, dass Modelle durch aktive, interpretative Konstruktionsvorgänge auf Basis interner bzw.

[484] Vgl. vom Brocke 2003, S. 11.
[485] Schütte und Becker 1998, S. 2.
[486] Vgl. Strahringer 2012, S. 1.
[487] Vgl. hierzu auch Abschn. 3.1.1.3.
[488] Vgl. Trier et al. 2007, S. 76; Thomas 2005, S. 25 ff.
[489] Schütte 1998, S. 59 (Hervorhebungen im Original).

mentaler Modelle der beteiligten Akteure mithilfe einer Modellierungssprache expliziert werden.[490] Modellierung ist folglich „mehr Strukturgebung als Abbildung vorgegebener Strukturkomplexe"[491]. Dabei wird insoweit von der Abbildungsbeziehung zwischen realem Objekt und Modell abgesehen, dass jedes Phänomen in Abhängigkeit vom Modellierer als Repräsentation anerkannt werden kann (subjektive/gedachte Realität). Typischerweise wird hier daher auch von einem Problem als Gegenstand der Modellierung und nicht zwingend von Originalen gesprochen, das real oder nur gedanklich existiert,[492] wobei Modelle entsprechend der Problembeschreibung bzw. der Problemlösung dienen.[493] Geht man davon aus, dass ein konstituierendes Merkmal von Problemen deren Unstrukturiertheit darstellt[494] und die Wahrnehmung eines Sachverhalts als Problem, d. h. der Diskrepanz zwischen etwas Erreichtem (Ist-Situation) und etwas Angestrebten (Soll-Situation), grundsätzlich ein subjektiver Vorgang ist, so überträgt sich auch die Subjektivität des Problembegriffs auf den des Modells.[495] Ein abbildungsorientiertes Verständnis, das von einer Strukturgleichheit zwischen Realität und Modell und der objektiven Erfahrbarkeit einer strukturierten Realität ausgeht, wird hierdurch für die vorliegende Untersuchung erneut entkräftet.

Dabei ist davon auszugehen, dass Modellnutzer und -ersteller und damit auch die zugrunde liegenden internen (mentalen) Modelle unterschiedlich sein können und durch Kooperation und Kommunikation zwischen den Akteuren vereinbart werden.[496] Mentale Modelle können in diesem Zusammenhang grundlegend als „'small-scale models' of reality that [...] can be constructed

---

[490] Vgl. auch Krcmar und Schwarzer 1994, S. 14.

[491] Schütte und Becker 1998, S. 2.

[492] Vgl. hierzu bspw. Becker und Schütte 2004, S. 67.

[493] Vgl. auch Dresbach 1999, S. 78 f. Der Problembegriff spiegelt dabei insbes. auch die bereits angesprochene komplexitätsreduzierende Funktion von Modellen wider. Gleichzeitig wird hierbei jedoch auch berücksichtigt, dass Modellen in der WI eine Gestaltungsaufgabe zukommt und somit Probleme im Sinne einer Ist-Situation und Modelle im Sinne einer Soll-Konzeption zur Lösung der Probleme zu verstehen sind. Vom Brocke (2003, S. 16) differenziert hierbei auch den Begriff des Originals näher anhand der Begriffe Gegenstand und Inhalt, wobei der Gegenstand das „Was" des Modells bezeichnet und das Modell im Außenverhältnis als Abgrenzung zu anderen Wahrnehmungen beschreibt. Dieser Gegenstand weist wiederum einen bestimmten Inhalt auf („Wie"), der den Gegenstand im Innenverhältnis konkretisiert.

[494] Vgl. auch Bretzke (1980, S. 34), der feststellt: „Wohlstrukturierte Probleme sind keine echten Probleme, das ‚Wesen' eines wirklichen Problems besteht vielmehr gerade umgekehrt in einem Mangel an Struktur."

[495] Vgl. Dresbach 1999, S. 75 f.

[496] Vgl. auch Wyssusek et al. 2002, S. 243.

from perception, imagination, or the comprehension of discourse"[497] definiert
werden. Ähnlich beschreibt WEIGEND mentale Modelle als „vereinfachte Repräsentationen realer oder hypothetischer Situationen"[498], die zur Beschreibung bzw. Lösung realer Probleme und dem Erklären realer Sachverhalte
herangezogen werden können.[499] Im Vergleich zu durch eine Modellierungssprache explizierte, konzeptionelle Modelle sind mentale Modelle folglich per-
sonenbezogene, gedankliche Konstruktionen, die vor allem durch eine Wahr-
nehmungsleistung anstelle einer physischen Konstruktionsleistung eines Subjekts entstehen und der Modellbildung als implizites Wissen über einen Sachverhalt zugrunde liegen. Durch Vereinfachungs- und Abstraktionsprozesse
wird die Komplexität einer Problemsituation somit gedanklich bereits vor der
Explikation des Modells reduziert.[500]

Die wesentlichen involvierten Subjekte, die durch Konstruktion subjektiver
Vorstellungen über das jeweils zugrunde liegende Original somit einen maßgeblichen Einfluss auf die Modellbildung haben, sind i. d. R. konkrete Individu-
en bzw. Personen oder aber auch abstrakte Subjekte (wie bspw. Unterneh-
men/Unternehmensbereiche).[501] Typischerweise sollte der Modellnutzer dabei
den Zweck der Modellbildung bestimmen und an der Explikation des Modells
durch den Modellersteller auf Basis einer geeigneten Modellierungssprache
mitwirken. Dabei liegen die jeweils ausgehend von der Diskurswelt konstruierten subjektiven Vorstellungen über den zu modellierenden Sachverhalt beider
Subjekte zugrunde und bilden die Basis für dessen Explikation als Modell.[502]
WYSSUSEK ET AL. folgend stellt das Ergebnis der Modellbildung daher nicht ein
Modell als solches dar, sondern wird als Modellrepräsentation im Sinne einer
Darstellung/Explikation des mentalen Modells verstanden.[503] Ausgehend von

---

[497] Johnson-Laird und Byrne 2000, S. 1. Vgl. auch Peffers et al. 2007, S. 52. Während mentale Modelle in zahlreichen Disziplinen – darunter auch in der Betriebswirtschaftslehre, Informatik und WI – relevant sind, gelten sie insbes. auch als zentraler Forschungsgegenstand im Bereich der Wissenspsychologie und der Kognitionswissenschaften. Vgl. hierzu
bspw. Bach 2010, S. 37 ff.
[498] Weigend 2007, S. 19. Bach (2010, S. 42) beschreibt mentale Modelle auch als „Oberflä-
chenmodelle", da diese keine tiefergehende Betrachtung eines Sachverhalts umfassen,
sondern sich vereinfachend auf einen bestimmten zweckbezogenen Sachverhalt beziehen.
[499] Vgl. Weigend 2007, S. 19 sowie auch Bach 2010, S. 37.
[500] Vgl. auch Bach 2010, S. 39 f.
[501] Vgl. hierzu auch Thomas 2005, S. 18 f.
[502] Im Vergleich zum abbildungsorientieren Modellverständnis sind die Vorstellungen von
Modellnutzer und Modellkonstrukteur in Bezug auf den Modellierungszweck dabei nicht
als identisch, sondern als kompatibel zu verstehen (vgl. auch Wyssusek et al. 2002, S.
243), wobei hier unter Annahme heterogener Akteure (wie bspw. Modellierer von Fach-
und IT-Seite) auch von einer Inkompatibilität ausgegangen werden muss, die es im Rahmen des Modellierungsprozesses durch geeignete Maßnahmen zu adressieren gilt. Vgl.
hierzu auch Abschn. 4.3.3.4.
[503] Vgl. Wyssusek et al. 2002, S. 244.

diesem Verständnis wird die Modellbildung daher auch als sozialer Prozess verstanden:[504] „Die persönlichen Erfahrungen, das Wissen und die Interessen eines Erkenntnissubjekts führen dazu, dass es perzeptive oder kognitive Strukturen erschafft, die den Ausgangspunkt der Modellkonstruktion darstellen"[505]. **Abb. 24** stellt das konstruktionsorientierte Modellverständnis ausgehend von den skizzierten Merkmalen schematisch dar.

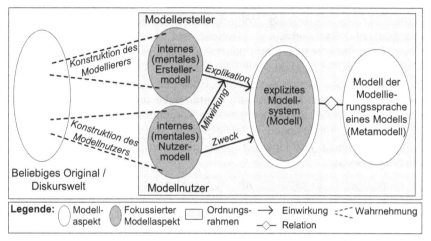

Abb. 24: Konstruktionsorientiertes Modellverständnis
Quelle: Eigene Darstellung in Anlehnung an Schütte 1998, S. 61; Thomas 2005, S. 19; vom Brocke 2003, S. 13.

Wenngleich im Rahmen des konstruktionsorientierten Modellbegriffs bereits davon ausgegangen wird, dass Modelle das Resultat eines sozialen Prozesses sind, in dem durch den Modellierer und unter Mitwirkung des Modellnutzers mentale Vorstellungen der Beteiligten über den jeweils betrachteten Problembereich expliziert werden, werden hier typischerweise kaum explizite Aussagen über die systematische Ausgestaltung von Modellierungsprozessen getroffen.[506] In Erweiterung hierzu wird in der vorliegenden Arbeit aus diesem Grund ein konstruktionsprozessorientiertes Verständnis angenommen, das die Interaktion der an der Modellierung beteiligten Akteure im Konstruktionsprozess explizit fokussiert.

---

[504] Vgl. auch bspw. Krogstie et al. 1995, S. 5.
[505] Schütte und Zelewski 1999, S. 9 (in geänderter Orthographie).
[506] So fordern bspw. Schütte und Becker (1998, S. 3), dass zur Unterstützung der Modellierung „Maßnahmen ergriffen werden [sollten], die nicht die Art der Darstellung im Modell, sondern auch die Strukturierung des in ein Modell zu überführenden Problems betreffen."

Dabei kommt dem Konstruktionsprozess – definiert als „spezieller Prozess [...], in dessen Verlauf sich Entwürfe herausbilden"[507] – eine entscheidende Bedeutung zu, der sich den obigen Ausführungen folgend nicht ausschließlich auf das Ergebnis der Modellkonstruktion bezieht, sondern neben der aktiven Repräsentation eines mentalen Entwurfs durch Anwendung einer bestimmten Sprache auch dessen geistigen, sprachunabhängigen Entwurf selbst (und dessen Entstehung) berücksichtigt.[508] Entsprechend beschreibt WINTER den Prozess der Modellierung als „Vorgang der Konstruktion eines Abbilds realer oder gedachter Sachverhalte [...], welcher auf der Grundlage der Wahrnehmung dieser Sachverhalte durch den/die Modellierer/in erfolgt und durch den jeweiligen Modellierungszweck beeinflusst wird"[509]. Wesentliches Element des Konstruktionsprozesses bildet daher die Rolle des Modellnutzers und des Modellkonstrukteurs bzw. Modellierers[510], deren subjektive Wahrnehmung, externe Umstände, Zielsetzungen und gewählte Vorgehensweise dem Modellerstellungsprozess zugrunde liegen. Entscheidend ist, dass Modelle „von Menschen für gewisse Zwecke und innerhalb eines gewissen pragmatischen Kontextes geschaffen werden"[511].

Die grundlegende Einordnung von Konstruktionsprozessen kann dabei anhand des Bezugsrahmens der konzeptionellen Modellierung nach WAND UND WEBER verdeutlicht werden (vgl. **Abb. 25**).[512] Der Modellierungsprozess führt unter Anwendung einer Modellierungssprache zu einem Modellierungsergebnis und wird dabei vor allem durch die die Modellierung umgebende Kontextfaktoren beeinflusst, die sich u. a. auf die individuellen Erfahrungen oder Fähigkeiten der involvierten Stakeholder (individuelle Faktoren), den jeweiligen Zweck der Modellierung (aufgabenbezogene Faktoren) oder die mit Modellen assoziierten Vorstellungen und Einstellungen der Akteure im organisatorischen Umfeld der Modellierung (soziale Faktoren) beziehen können.[513] Weiterhin sind typischerweise technische Werkzeuge zur Unterstützung von Mo-

---

[507] Thomas 2005, S. 26.

[508] Vgl. Thomas 2005, S. 27.

[509] Winter 2003, S. 89.

[510] Wenngleich typischerweise von einem Modellnutzer bzw. -konstrukteur (Singular) die Rede ist, sind hier typischerweise mehrere Personen involviert. Vgl. bspw. auch Becker und Schütte 2004, S. 66. Zudem wird hier grundsätzlich keine geschlechterspezifische Ausrichtung unterstellt (vgl. auch Fn. 46).

[511] Luft 1988, S. 239 (in geänderter Orthografie). Vgl. auch Thomas 2005, S. 28. Vom Brocke (2003, S. 19) spricht daher im übertragenen Sinne auch von einer Kunden-Lieferanten-Beziehung im Rahmen der Modellkonstruktion. Vgl. hierzu auch Fn. 746.

[512] Vgl. hierzu und im Folgenden Wand und Weber 2002, S. 363 ff.

[513] Vgl. Wand und Weber 2002, S. 371 f.

dellkonstruktionsprozessen einzubeziehen, die die Erstellung von Modellen unterstützen können.[514]

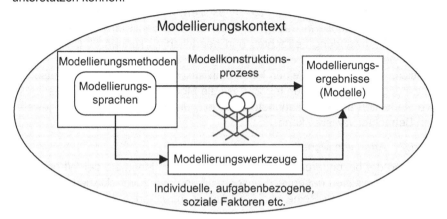

Abb. 25: Erweiterter Bezugsrahmen der konzeptionellen Modellierung
Quelle: Eigene Darstellung in Anlehnung an Wand und Weber 2002, S. 364.

Der Begriff der Modellkonstruktion enthält somit zwei Dimensionen: Zum einen wird Modellierung als Darstellungs- bzw. Explizierungsaufgabe im Sinne der Anwendung einer bestimmten Modellierungstechnik und i. d. R. unter Verwendung eines bestimmten Modellierungstools verstanden. Zum anderen umfasst die Modellierung dem vorgelagert Wahrnehmungs- bzw. Abstimmungsaufgaben, indem ein subjektiv wahrgenommener realweltlicher Problembereich im Rahmen eines Konstruktionsprozesses erfasst und unter Abstimmung mit den beteiligten Akteuren und deren Zielen strukturiert wird. Zusammenfassend kann ein Modell dem konstruktions- bzw. konstruktionsprozessorientierten Modellverständnis für die vorliegende Arbeit wie folgt definiert werden:[515]

Ein *Modell* ist eine durch einen Modellierer im Rahmen eines Konstruktionsprozesses gestaltete, auf ausgewählte relevante Merkmale reduzierte Repräsentation eines identifizierten Sachverhalts bzw. Problems, die durch einen Modellkonstrukteur unter Mitwirkung des Modellnutzers erstellt wird und einen spezifischen Zweck für den Modellnutzer verfolgt.

Die gewählte Definition bzw. die Ablehnung des abbildungs- und Favorisierung des konstruktionsprozessorientierten Modellverständnis geht dabei einher mit der in Abschn. 1.2.2 zugrunde gelegten epistemologischen und ontologischen Grundposition. Aus erkenntnistheoretischer Sicht wird angenommen, dass die Wahrnehmung der Realität grundsätzlich immer durch eine subjektive Er-

---

[514] Vgl. hierzu auch Abschn. 5.2.2.
[515] In Anlehnung an Thomas 2005, S. 25; Rupprecht 2002, S. 14; vom Brocke 2003, S. 13 ff.

kenntnisleistung entsteht und die Abbildung dieser wahrgenommen Probleme in Form von Modellen durch Subjektivität beeinflusst wird. Die ontologische Annahme, dass eine Realwelt objektiv existiert, ist zudem erforderlich, um die konstruierten Modelle in Bezug zur Realwelt und damit im Rahmen der betrieblichen Anwendung betrachten und beurteilen zu können.[516] Die Notwendigkeit der vorgenommenen Explizierung der Grundposition wird hier erneut deutlich, da hinsichtlich einer konstruktivistischen Sichtweise der Tatsache Rechnung getragen werden muss, dass die Modellrepräsentation eine subjektive Reduktion der Modellattribute impliziert, die in Abhängigkeit vom jeweiligen Betrachter variieren kann.

3.1.1.2 Arten von Modellen

Aufgrund der besonderen Bedeutung von Modellen innerhalb der WI und verwandten Disziplinen haben sich ausgehend von den zuvor skizzierten Modellinterpretationen eine Reihe von Modelltypen bzw. -arten entwickelt, die anhand verschiedener Kriterien systematisiert werden können. WINTER folgend können Modelle dabei zunächst in Bezug auf drei Dimensionen in die folgenden grundlegenden Modelltypen differenziert werden:[517]

- *Ist- vs. Soll*: Während Ist-Modelle den bestehenden Sachverhalt darstellen und einen konkreten Bezug zur aktuellen Situation aufweisen, repräsentieren Soll-Modelle (wie auch Referenzmodelle) erwünschte oder empfohlene Sachverhalte, die die intendierten Verbesserungen des Ist-Zustandes beschreiben. Grundlegend ist dabei die Gültigkeit von Ist-Modellen in Abhängigkeit der Veränderung von Rahmenbedingungen und Anforderungen beschränkt. Im Rahmen der Architekturentwicklung spielen Soll-Modelle vor allem hinsichtlich der Architekturplanung eine wichtige Rolle.[518]

- *Generalisierung vs. Spezialisierung*: Während spezielle Modelle die jeweiligen Sachverhalte in einem bestimmten Anwendungskontext abbilden, blenden generalisierte Modelle den speziellen Anwendungskontext mehr oder weniger stark aus und sind somit für eine Vielzahl von Anwendungskontexten gültig. Bspw. sind hier Referenzmodelle und unternehmensspezifische (Anwendungs-)Modelle anzuführen, wobei Referenzmodelle für eine Klasse spezifischer Anwendungsmodelle wiederverwendet werden können und somit i. d. R. allgemeingültiger als Anwendungsmodelle sind.[519]

---

[516] Vgl. ähnlich auch Schütte 1999a, S. 224.
[517] Vgl. hierzu und im Folgenden Winter 2003, S. 90 sowie auch bspw. Becker und Schütte 2004, S. 67 ff.
[518] Vgl. auch Abschn. 3.1.2 ff.
[519] Zur weiteren Differenzierung des Referenzmodellbegriffs vgl. z. B. vom Brocke 2003, S. 31 ff.

- *Aggregation vs. Dekomposition*: Modelle mit einem hohen Abstraktionsniveau (wie bspw. Architekturmodelle) bilden Zusammenhänge und Komponenten in ihrer Gesamtheit ab, während sich Detailmodelle auf die Repräsentation eines bestimmten Ausschnitts des Modells bzw. das Zusammenwirken bestimmter Komponenten beschränken. Aggregierte Modelle bilden daher einen Sachverhalt im Groben ab, wohingegen Detailmodelle den Sachverhalt in mehrere Einzelkomponenten zerlegen. Die Wahl eines geeigneten Abstraktions- bzw. Detaillierungsniveaus ist dabei insbesondere auch hinsichtlich der intendierten Zwecke der Modellierung relevant.

Ausgehend von diesen generischen Differenzierungsmerkmalen, die sich auf die zeitliche Gültigkeit, die inhaltliche Breite sowie den Abstraktions- bzw. Konkretisierungsgrad der Modelle beziehen, sind darüber hinaus in Bezug auf den Gegenstand der Modellierung als weitere Dimension auch Informationsmodelle abzugrenzen,[520] die innerhalb der WI im Allgemeinen, aber vor allem auch im Rahmen architekturbasierter Modellierungsvorhaben im Speziellen eine wesentliche Rolle einnehmen. „Informationsmodelle stellen eine spezifische Modellart dar, die auf die Informationen in einem (betrieblichen) System fokussiert"[521] und werden i. d. R. als Oberbegriff für Daten-, Funktions-, Organisations- und Prozessmodelle verwendet. Entsprechend dient die Informationsmodellierung der modellbasierten Abstraktion zur Entwicklung von IS, die auf verschiedenen Gestaltungsebenen der Organisation ansetzt.

Informationsmodelle werden dabei vorrangig zur Adressierung von Problemen in Bezug auf Informationssysteme verwendet und werden in der WI üblicherweise für Zwecke der Anwendungssystem- und Organisationsgestaltung eingesetzt. Dabei sind in der Literatur verschiedene Klassifizierungsschemata vorzufinden. **Abb. 26** stellt die typischerweise differenzierten Informationsmodellklassen nach SCHÜTTE als ERM (Entity-Relationship-Modell) dar, das den Informationsmodellbegriff anhand verschiedener, in Hinblick auf deren Relevanz für die vorliegende Untersuchung ausgewählter Merkmale unterteilt.[522] Neben den genannten Kriterien ist hier darüber hinaus nach der Nähe zur Informationstechnik der Modelle (Fachkonzept, DV-Konzept, Implementierung) zu unterscheiden sowie die Differenzierung aus systemtheoretischer Perspektive in Struktur- und Verhaltensmodelle zu nennen.[523] In Hinblick auf die Rele-

---

[520] Vgl. hierzu und im Folgenden auch Becker und Schütte 2004, S. 67 ff.; Picot und Maier 1994, S. 107 ff.; vom Brocke 2003, S. 26 ff.; Schütte 1998, S. 63 ff.

[521] Becker und Schütte 2004, S. 67.

[522] Vgl. Schütte 1998, S. 64 ff.; Becker und Schütte 2004, S. 67 ff.

[523] Auf die detaillierte Erläuterung sämtlicher Informationsmodellklassen sei an dieser Stelle verzichtet. Vgl. hierzu u. a. die in Fn. 520 referenzierte Literatur sowie die weiterführenden Abschnitte dieser Arbeit, die Begriffe in Hinblick auf deren Relevanz für die vorliegende Arbeit an geeigneter Stelle weiterführend konkretisieren.

vanz für die vorliegende Untersuchung ist dabei vor allem in Bezug auf die
Aussagestufen der Modellsprache auch der Begriff des Metamodells abzugrenzen, da Metamodelle zur Modellierung der Unternehmensarchitektur von
wesentlicher Bedeutung sind.

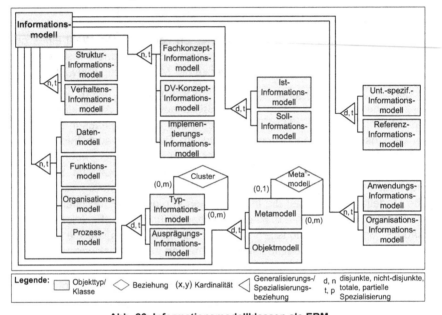

Abb. 26: Informationsmodellklassen als ERM
Quelle: Eigene Darstellung in Anlehnung an Schütte 1998, S. 64; Becker und Schütte 2004,
S. 68.

Zur Definition des Metamodellbegriffs bietet es sich zunächst an, den Begriff
der Modellierungstechnik und der Modellierungssprache einzuführen, die z. T.
bereits zuvor undifferenziert verwendet wurden, bevor näher auf Metamodelle
und die entsprechenden Metaisierungsprinzipien eingegangen wird. Eine Modellierungstechnik definiert dabei grundlegend, wie ein Modell zu konstruieren
ist und besteht typischerweise aus einer Modellierungssprache sowie einer
definierten Vorgehensweise (auch als Handlungsanleitung oder Vorgehensmodell bezeichnet), wobei letzterer Bestandteil sich immer auf die jeweilige
Modellierungssprache bezieht.[524] Die Anwendung einer bestimmten Modellie-

---

[524] Vgl. hierzu und im Folgenden u. a. Karagiannis und Kühn 2002, S. 183 ff.; Becker und
Schütte 2004, S. 70 f.; Strahringer 1998, S. 2 ff. Einige Autoren verwenden dabei synonym zum Begriff der Modellierungstechnik auch den Begriff der Modellierungsmethode.
Karagiannis und Kühn (2002, S. 183) folgend besteht eine Modellierungsmethode jedoch
aus einer Modellierungstechnik und Mechanismen und Algorithmen für deren Anwendung
und ist somit eher auf einer übergeordneten Hierarchieebene anzusiedeln.

rungstechnik im Rahmen eines Modellierungsprozesses führt somit zu Modellen als Ergebnisse der Modellierung. Die Bestandteile einer Modellierungstechnik und deren Zusammenhänge werden in **Abb. 27** dargestellt.

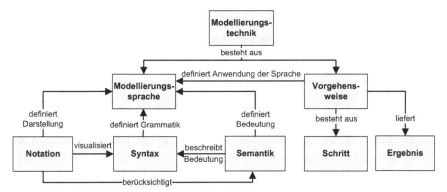

Abb. 27: Bestandteile einer Modellierungstechnik
Quelle: Eigene Darstellung in Anlehnung an Karagiannis und Kühn 2002, S. 184.

Die Modellierungssprache stellt dabei als wesentliches Element einer Modellierungstechnik eine künstliche Sprache dar, die zur Konstruktion von Modellen verwendet wird und die Elemente bestimmt, die bei der Erstellung des entsprechenden Modells genutzt werden können (Vokabular). Ähnlich wie auch natürliche Sprachen im Allgemeinen wird eine Modellierungssprache durch ihre Syntax, Semantik und Notation beschrieben. Das Vokabular wird durch die Menge aller Konstrukte der Modellierungssprache gebildet, wobei Konstrukte als generalisierender Begriff für Zeichen und Symbole verstanden werden können. Die Verknüpfung von Konstrukten wird dabei durch Regeln vorgegeben, die in ihrer Gesamtheit als Syntax der Modellierungssprache verstanden werden. Dabei ist die Syntax einer Modellierungssprache in Abhängigkeit der Konkretisierung dieser Regeln in eine konkrete und abstrakte Syntax zu unterscheiden.[525] Während die abstrakte Syntax die verfügbaren Konstrukte und den Regeln für deren Anordnung beschreibt und jeweils genau einer Modellierungssprache zuzuordnen ist, spezifiziert die konkrete Syntax (Notation) das Aussehen und die Darstellungsform der Symbole der Modellierungssprache, wobei hier mehrere gleichwertige Notationen für eine Modellierungssprache existieren können. Die Semantik einer Modellierungssprache beschreibt demgegenüber die Bedeutung der Konstrukte in Bezug zur jeweili-

---

[525] Vgl. hierzu auch Frank und van Laak 2003, S. 20. Häufig wird hier auch eine ähnliche Unterscheidung in den konzeptionellen Aspekt der Sprache (d. h. die Bedeutung der Sprachelemente und deren Beziehungen zueinander) und den repräsentationellen Aspekt einer Sprache (d. h. die Zuordnung von Repräsentationsformen zu Sprachelementen und Beziehungen) vorgenommen. Vgl. bspw. Strahringer 1996, S. 92.

gen Diskurswelt. Diese Unterscheidung ermöglicht somit auch die Identifikation syntaktisch korrekter aber semantisch unzulässiger Konstruktionen.[526] Die
Handlungsanleitung definiert demgegenüber als weiteres konstituierendes
Merkmal einer Modellierungstechnik das notwendige Vorgehen zur Konstruktion von Modellen mithilfe der Modellierungssprache. Dabei werden die erforderlichen Schritte festgelegt, die zur Erstellung eines syntaktisch und semantisch korrekten Modells erfolgen müssen. Man spricht daher häufig auch von
Vorgehensmodellen.

Modellierungssprachen können dabei anhand verschiedener Kriterien systematisiert werden. Eine typische Unterscheidung erfolgt häufig hinsichtlich der
syntaktischen und semantischen Präzision in informale bzw. natürlichsprachliche, semiformale und formale Modelle bzw. Sprachen.[527] Während informale Modellierungssprachen keine vollständige/eindeutige Beschreibungs-
syntax und -semantik aufweisen, verfügt eine semiformale Sprache i. d. R.
über ein Vokabular, eine definierte abstrakte Syntax sowie eine rudimentär
festgelegte Semantik, die typischerweise nicht eindeutig ist. Ein Beispiel für
semiformale Modellierungssprachen bzw. -techniken stellen Ereignisgesteuer-
te Prozessketten (EPK) dar. Demgegenüber weisen formale Modellierungssprachen neben einer eindeutigen Syntax auch eine ausreichend präzisierte
Semantik auf, gehen jedoch üblicherweise auch mit einer Steigerung der
Komplexität einher. Aufgrund der Bedeutung konzeptioneller Modelle für die
WI im Allgemeinen sowie auch für die vorliegende Arbeit im Speziellen stehen
hier semiformale Modellierungssprachen bzw. -techniken im Vordergrund.

Modellierungssprachen und Modelle können dabei selbst Gegenstand der
Modellbildung sein; man spricht hier von Metamodellen bzw. Metasprachen.[528]
Die Vorsilbe „Meta" drückt dabei generell eine Über- bzw. Unterordnung
aus.[529] Es handelt sich somit zunächst vereinfachend um Modelle von Modellen, die auf einer übergeordneten Ebene Modelle beschreiben. Metamodelle
können als Beschreibungsmodelle aufgefasst werden, welche die Modellierungstechnik auf verschiedenen Stufen beschreiben und grundlegend die Erstellung und Gestaltungsmöglichkeiten des entsprechenden (Objekt-)Modells
– sowohl in Bezug auf die Modellierungssprache als auch die Handlungsanleitung der Modellierungstechnik – einschränken. STRAHRINGER führt hierzu den
Begriff des Metaisierungsprinzips ein und unterscheidet mit dem sprachbasier-

---

[526] Vgl. hierzu auch Abschn. 3.1.1.3.
[527] Vgl. hierzu auch Frank und van Laak 2003, S. 20 f., S. 31 f.; Winter 2003, S. 91.
[528] Vgl. hierzu und im Folgenden insbes. Strahringer 1996, S. 22 ff.; Strahringer 1998, S. 1 ff.
[529] Vgl. Duden 2007, S. 652 sowie auch Abschn. 4.1.

ten und dem prozessbasierten Metaisierungsprinzip zwei wesentliche Abstraktionsmechanismen.[530] **Abb. 28** stellt beide Prinzipien grafisch gegenüber.

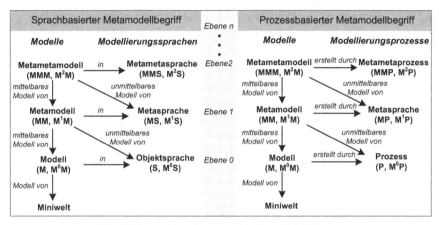

Abb. 28: Sprach- und prozessbasierte Metaisierung
Quelle: Eigene Darstellung in Anlehnung an Strahringer 1998, S. 3 f.

Das Prinzip der sprachbasierten oder auch linguistischen Metaisierung bezeichnet dabei die Abbildung einer Modellierungssprache in einem Modell. Das hieraus resultierende sprachbasierte Metamodell beschreibt die abstrakte Syntax der Modellierungssprache in Form eines Modells. Aufgrund des rekursiven Charakters von Metaisierungsprinzipien können beliebig viele Hierarchieebenen gebildet werden und das Metamodell erneut Gegenstand der Modellierung werden (Metametamodell etc.). Steht demgegenüber nicht die Modellierungssprache, sondern die Vorgehensweise zur Anwendung der Modellierungssprache im Vordergrund, spricht man vom Prinzip der prozessbasierten Metaisierung. Prozessbasierte Metamodelle beschreiben folglich auf übergeordneter Hierarchiestufe den Prozess der Anwendung der Modellierungssprache und fokussieren auf den Modellierungsprozess. Während sprachbasierte Metamodelle weit verbreitet sind, findet das Prinzip der prozessbasierten Metaisierung in der WI vergleichsweise selten Anwendung. Diese Tatsache verwundert, da gerade die Anwendung einer Modellierungssprache häufig zu fehlerhaften Modellen führt. Insbesondere die Auswahl der zu

---

[530] Dabei sind diese beiden Metaisierungsprinzipien nicht exklusiv zu verstehen. Einige Autoren differenzieren darüber hinaus bspw. das Prinzip der ontologischen Metaisierung, das im Vergleich zur sprachbasierten Metaisierung, die sich auf die abstrakte Syntax der Sprache bezieht, die Abstraktion von Modellelementen in Bezug auf deren Inhalt bzw. Bedeutung (Semantik) berücksichtigt. Vgl. hierzu bspw. Atkinson und Kühne 2003, S. 39 ff.

berücksichtigenden Elemente und Beziehungen stellt dabei ein zentrales Problem im Rahmen der Modellbildung dar.[531]

3.1.1.3 Beurteilung der Qualität von Modellen und Modellierungssprachen

> „Models are not right or wrong; they are more or less useful."
>
> Fowler 1997, S. 2

Die Beurteilung der Qualität von Modellen ist ein wesentlicher Aspekt, um Modelle zur Kommunikation zwischen IT- und Fachabteilung zielführend einzusetzen. Grundlegend umfasst dies sowohl inhaltliche Aspekte der Modellierung als auch Qualitätskriterien bezogen auf die Verwendung einer Modellierungstechnik im Rahmen von Konstruktionsprozessen gemäß dem zuvor eingeführten Modellverständnis.[532] Zur systematischen Bewertung von Modellen über die oben genannten Kriterien hinaus haben sich insbesondere im deutschsprachigen Raum vor allem die Grundsätze ordnungsmäßiger Modellierung (GoM) nach BECKER ET AL. als Ordnungsrahmen für die Modellkonstruktion durchgesetzt, die als Gestaltungsempfehlungen zur Erhöhung der Qualität von (Informations-)Modellen verstanden werden können.[533] Die GoM umfassen dabei sechs allgemeine Grundsätze, die bewusst in Analogie zu den Grundsätzen ordnungsmäßiger Buchführung (GoB) hergeleitet wurden und als Maxime den Modellbildungsprozess normativ anleiten. Die Beurteilung der Modellqualität erfolgt dabei situativ und ist aufgrund von Interdependenzen zwischen den einzelnen Grundsätzen auf Basis der jeweiligen Ziele des Modellierungsprojekts abzuwägen.[534] **Tab. 9** fasst die sechs Grundsätze einschließlich des jeweils fokussierten Modellaspekts sowie der möglichen Hilfsmittel zur Umsetzung in der Übersicht zusammen.

Der Grundsatz der Richtigkeit (1) bezieht sich dabei sowohl auf die syntaktische (formale) als auch auf die semantische (inhaltliche) Korrektheit eines Modells. Syntaktische Richtigkeit ist gegeben, wenn das Modell – unabhängig vom jeweiligen Objektsystem – Konsistenz und Vollständigkeit hinsichtlich des zugrunde liegenden Metamodells aufweist. Demgegenüber bezieht sich semantische Richtigkeit auf die Struktur- und Verhaltenstreue des Modells gegenüber des abgebildeten Objektsystems im Sinne einer inhaltlichen Widerspruchsfreiheit des Modells. Der Grundsatz der Relevanz (2) bezieht sich dagegen auf das pragmatische Merkmal von Modellen und fordert, dass das Modell Sachverhalte abbildet, die in Bezug auf den jeweiligen Modellierungs-

---

[531] Vgl. auch Krcmar und Schwarzer 1994, S. 3.
[532] Vgl. Abschn. 3.1.1.1
[533] Vgl. hierzu und im Folgenden u. a. Becker et al. 1995, S. 437 ff.; Becker 2012, S. 1 ff.; Schütte und Becker 1998, S. 3 f.; Rosemann et al. 2005, S. 46 ff.
[534] Zu den Abhängigkeiten zwischen den einzelnen Grundsätzen vgl. auch Schütte 1998, S. 138 ff.

zweck relevant sind. Dieser Grundsatz ist somit subjektbezogen und umfasst insbesondere die Auswahl geeigneter Modellelemente und Beziehungen und eines angemessenen Abstraktionsniveaus gemäß der Zwecke der Modellierung. Der Grundsatz der Wirtschaftlichkeit (3) beschränkt hingegen die Modellierungsintensität in Bezug auf den Aufwand bzw. die Kosten der Modellierung und wirkt damit als Restriktionskriterium für die anderen Grundsätze.[535]

Grundsatz	Modellaspekt	Mögliche Hilfsmittel
(1) Richtigkeit	Richtigkeit der Sprachverwendung *(formal)*, Richtigkeit in Bezug auf das Objektsystem *(inhaltlich)*	Namenskonventionen; Begriffsrekonstruktionen
(2) Relevanz	Inhaltlicher Umfang in Bezug auf Objektsystemausschnitt, Modellelemente und Beziehungen *(subjektiv)*	Explikation der Ziele der Modellierung
(3) Wirtschaftlich- keit	Modellierungsaufwand, Effizienz der Modellierung	Referenzmodelle; Werkzeugunterstützung
(4) Klarheit	Anschaulichkeit und Übersichtlichkeit des Modells *(subjektiv)*	Vorschriften zur Anordnung der Informationsobjekte; Namenskonventionen
(5) Vergleichbar- keit	Kompatibilität zwischen Modellen bzw. des Objektsystems	Sichtenübergreifende Metamodelle
(6) Systematischer Aufbau	Einordnung von Modellen in einen strukturierter Beschreibungsrahmen	Sichtenübergreifende Metamodelle

Tab. 9: Grundsätze ordnungsmäßiger Modellierung (GoM)
Quelle: Eigene Zusammenstellung nach Becker et al. 1995, S. 435 ff.

Der Grundsatz der Klarheit (4) ist – wie auch die Bestimmung der Relevanz eines Modells – subjektbezogen und zielt darauf, dass der Modellnutzer das Modell versteht. Hierzu sollte das Modell v. a. strukturiert, übersichtlich und lesbar sein. Durch den Grundsatz der Vergleichbarkeit (5) sollen vor allem Aussagen über die mögliche Vergleichbarkeit von Modellen bzw. dem zugrunde liegenden Objektsystem getroffen werden können. Hierbei ist ebenfalls zwischen der syntaktischen Vergleichbarkeit, d. h. der Kompatibilität von Modellen, die jeweils mit unterschiedlichen Sprachen erstellt wurden, und der semantischen Vergleichbarkeit, d. h. der inhaltlichen Kompatibilität von Modellen, zu unterscheiden. Der Grundsatz des systematischen Aufbaus (6) bezieht sich schließlich v. a. darauf, dass isoliert konstruierte Modelle, bspw. in getrennten Sichten, innerhalb eines strukturierten Beschreibungsrahmens und durch Komposition der Modellkomponenten zu einem Gesamtmodell integriert werden können. Dies fordert insbesondere die Konsistenz der Informationsob-

---

[535] Dabei ist der tatsächliche Aufwand häufig schwer quantifizierbar. Insbesondere durch Verwendung von Referenzmodellen und deren situationsspezifische Anpassung kann der Modellierungsaufwand üblicherweise jedoch deutlich reduziert werden.

jekte und kann durch Spezifikation eines sichtenübergreifenden Metamodells
erreicht werden.[536]

Ein wesentliches Mittel zur Operationalisierung der GoM stellen ROSEMANN ET
AL. folgend dabei v. a. Modellierungskonventionen dar, die die Freiheiten im
Rahmen der Verwendung einer Modellierungstechnik einschränken und hierdurch eine möglichst einheitliche Verwendung der Modellierungstechnik gewährleisten.[537] Bspw. kann durch Einschränkung der verfügbaren Objekttypen
die Anzahl möglicher Varianten der Modellgestaltung reduziert werden. Modellierungskonventionen sollten dabei insbesondere die Anforderungen der Modellnutzer und jeweiligen Perspektiven auf das Modell berücksichtigen.[538]

Während die GoM nach wie vor als wesentliches Mittel zur Sicherstellung der
Modellqualität erachtet werden, zeigt sich jedoch bei näherer Betrachtung,
dass sich die Forderungen zur Modellqualität verstärkt an einem abbildungsorientierten Modellverständnis orientieren, dem in der vorliegenden Arbeit
nicht gefolgt wird. Die zunehmende Verbreitung und Akzeptanz des konstruktionsorientierten Modellverständnisses haben zur Entwicklung der „GoM II"
geführt, die eine auf den ursprünglichen GoM (GoM I) aufbauende, konstruktionsorientierte Erweiterung darstellen. Hierbei sind Anpassungen insbesondere
in Bezug auf die Grundsätze der Richtigkeit, Relevanz und Klarheit erforderlich.[539] Aufgrund der verfolgten Auffassung, dass eine homomorphe Abbildung
zwischen dem zu modellierenden Sachverhalt und der Realität im Sinne der
semantischen Richtigkeit nicht möglich ist, wird der Grundsatz der Konstrukti-
onsadäquanz eingeführt, der sich dabei zunächst auf die adäquate Konstruktion von Modellen bezieht und Konsens zwischen Modellnutzer und Modellierer
in Bezug auf den zu repräsentierenden Sachverhalt sowie auch die Art und
jeweiligen Mittel zur Modelldarstellung fordert.[540] Die Konstruktionsqualität eines Modells ergibt sich somit aus Sicht des Anwenders und damit aus der Angemessenheit des Modells, den durch den Nutzer vorgegebenen Modellierungszweck zu erfüllen und die jeweiligen Informationsobjekte in für den Anwender geeigneter bzw. verständlicher Form darzustellen. Es geht somit um
die Bewertung der Problemrepräsentation aus Sicht des Modellnutzers, nicht

---

[536] Weiterhin werden in diesem Zusammenhang teils auch Qualitätskriterien vorgeschlagen,
die sich bspw. speziell auf einzelne Symbole, wie bspw. die Kantenlänge oder eingenommene Fläche, beziehen, was jedoch einerseits objektiv bemessbare Werte voraus-
setzt. Andererseits ist davon auszugehen, dass solche formalen Faktoren eine eher unte-
rordnete Rolle spielen, insbes. da heute von einer angemessenen Werkzeugunterstützung auszugehen ist. Vgl. hierzu auch Rosemann et al. 2005, S. 46.

[537] Vgl. Rosemann et al. 2005, S. 76.

[538] Vgl. zum Perspektivenbegriff auch Abschn. 3.1.2.2.2.

[539] Vgl. hierzu und im Folgenden Schütte 1998, S. 111 ff.; vom Brocke 2003, S. 147 f.

[540] Zur terminologischen Abgrenzung dieses Grundsatzes verwendet vom Brocke (2003, S.
147 f.) auch den Begriff der Inhaltsadäquanz.

um eine „richtige" Abbildung der Realität. Demgegenüber fordert der Grundsatz der Sprachadäquanz eine angemessene Modellierungssprache zur Repräsentation des jeweiligen Problems. Dabei sind sowohl die Eignung einer Sprache zur Modellierung des Sachverhalts und der gewählten Modellierungskonstrukte sowie deren korrekte Anwendung in Bezug auf die Sprachsyntax von Bedeutung. Die Sprachrichtigkeit bezieht sich somit auf die Modellierung gemäß dem zugrunde liegenden Metamodell, während die Eignung einer Sprache primär durch das zugrunde liegende Problem vorgegeben wird. Dieser Grundsatz erfordert folglich auch eine Anpassung des Grundsatzes der Klarheit, da Anschaulichkeit und Verständlichkeit des Modells auch vom Konsens über die Modelldarstellung abhängig sind.[541] Weiterhin ist neben diesen Anpassungen auch in Bezug auf den Grundsatz der Wirtschaftlichkeit zu berücksichtigen, dass zum Aufwand der Modellerstellung im Rahmen einer konstruktionsorientierten Sichtweise auch der Aufwand der Vorbereitung der Modellierung, insbesondere der Konsensfindung zwischen den am Modellkonstruktionsprozess beteiligten Akteuren, hinzukommt. Die Grundsätze der Vergleichbarkeit und des systematischen Aufbaus sind auch aus konstruktionsorientierter Sicht anwendbar, sollten jedoch auch den Merkmalen der Subjektivität und der Notwendigkeit einer Konstruktionsleistung Rechnung tragen.

Neben den GoM existieren zudem weitere Kriteriensammlungen, die jedoch im Kern den spezifizierten Merkmalen stark ähneln und vor allem die erforderliche syntaktische, semantische und pragmatische Qualität von Modellen hervorheben.[542] Insbesondere erfolgt dabei neben der Betrachtung von Qualitätsmerkmalen von Informationsmodellen im Allgemeinen auch eine Differenzierung hinsichtlich einzelner Informationsmodellklassen im Speziellen. Bspw. schlagen MENDLING ET AL. in Bezug auf die Prozessmodellierung in ähnlicher Weise sieben Richtlinien für die Prozessmodellierung vor (engl. *Seven Process Modeling Guidelines*, 7PMG), die in ihrer Gesamtheit auf die Erhöhung der Verständlichkeit und die Reduzierung von Fehlern im Rahmen der Modellie-

---

[541] Vom Brocke (2003, S. 147 f.) fasst die Grundsätze der Sprachadäquanz und der Klarheit aus diesem Grund auch zu dem von ihm als Darstellungsadäquanz bezeichneten Grundsatz zusammen. In diesem Zusammenhang ist auch die Beurteilung der Qualität von Modellierungssprachen zu erwähnen, die wiederum einen Einfluss auf die Modellqualität haben kann. Während positiver Einfluss bspw. durch eine vordefinierte Auswahl an Konstrukten und Attributen entsteht, die es dem Modellierer erleichtert, geeignete Sprachelemente für die Modellbildung auszuwählen, sind hiermit ggf. auch negative Einflüsse verbunden. Bspw. können Modellierungssprachen Konstrukte enthalten, die den Modellierer dazu bewegen, den jeweiligen Sachverhalt in einer bestimmten Art und Weise verzerrt wahrzunehmen. Vgl. hierzu auch Krogstie 1995, S. 66; Wand und Weber 2002, S. 365.
[542] Ein detaillierterer Vergleich der GoM zu alternativen Ansätzen findet sich bspw. auch bei Schütte 1998. Für eine Übersicht von Ansätzen zur Modellqualität vgl. bspw. auch Moody 2005, S. 246 ff.

rung von Geschäftsprozessen abzielen.[543] Erwähnenswert für die vorliegende Untersuchung ist über die genannten Kriterien hinaus zusätzlich die Dimension der sozialen Qualität, die von KROGSTIE ET AL. im Rahmen des sog. SEQUAL-Ansatzes eingeführt wird.[544] Dabei geht es primär um relativen oder absoluten Konsens (*agreement*) zwischen den an der Modellbildung beteiligten Akteuren hinsichtlich des Wissens über den zu modellierenden Problembereich, d. h. der Modellinhalte, sowie der Interpretation des jeweiligen Modells. Modellqualität bemisst sich demnach am Grad der Übereinstimmung zwischen den am Modellbildungsprozess beteiligten Akteuren, was für die vorliegende Untersuchung von gesonderter Relevanz ist.[545]

Festzuhalten ist, dass nicht von objektiv feststellbaren Qualitätskriterien auszugehen ist. Vielmehr ist – im Sinne eines ganzheitlichen Qualitätsmanagements – ein „Fitness for Use"-Zustand anzustreben, der zur Beurteilung der Modellqualität die Identifikation der Modellnutzer und deren Anforderungen an die Modellbildung berücksichtigen muss.[546] Dabei gilt, dass die Modellqualität durch einen Modellnutzer höher eingeschätzt wird, sofern das Modell dem jeweils subjektiven Problembereich des Nutzers entspricht.[547] Zusammenfassend ist die Evaluation von Modellen somit bei Zugrundelegung des konstruktionsprozessorientierten Modellbegriffs als sozialer, konsensbasierter Prozess zu verstehen, der grundsätzlich eine subjektive Beurteilung der Modellqualität impliziert.[548]

---

[543] Vgl. Mendling et al. 2008, S. 130 f.

[544] Vgl. hierzu und im Folgenden u. a. Krogstie et al. 1995, S. 5 ff., wobei SEQUAL als Akronym für „Semiotic framework for model quality" steht. Interessanterweise ordnet Schütte die soziale Qualität auf gleicher Ebene ein wie den Grundsatz der Vergleichbarkeit. Allerdings wird in der vorliegenden Arbeit von einem zusätzlichen Qualitätsmerkmal ausgegangen, das deutlich über die Merkmale dieses Grundsatzes hinausgeht und neben der Kompatibilität zwischen Modellen vor allem auch die „Kompatibilität" bzw. Übereinstimmung der am Modellierungsprojekt beteiligten Akteure im Sinne des Modellierungszwecks und der zu repräsentierenden Problemdomäne umfasst.

[545] Vgl. hierzu auch Abschn. 4.3.3.4.

[546] Vgl. auch Rosemann et al. 2005, S. 46 f.; Rosemann und von Uthmann 1998, S. 2.

[547] Vgl. auch Becker et al. 2001, S. 4. Dabei lässt sich in diesem Zusammenhang auch feststellen, dass sich insbes. Sprachen zur Geschäftsprozessmodellierung an Anwender richten, die grundlegend heterogen in Bezug auf die jeweils verfolgten Modellierungsziele und die jeweilige fachliche und methodische Kompetenz sind, was die Beurteilung der Qualität von Modellen erschwert. Vgl. auch Frank und van Laak 2003, S. 93.

[548] Vgl. auch Moody 2005, S. 245.

3.1.2 Unternehmensarchitekturen als Instrument für das IT-Alignment

> *„[W]ie wollen wir auf die schnelle Veränderung der Märkte reagieren,*
> *wie wollen wir das sich vehement bewegende Geschäft unterstützen,*
> *wenn wir nicht wissen, wo wir stehen, wenn wir unser komplexes*
> *System von Systemen gar nicht durchschauen?"*
>
> Niemann 2005, S. 20

Zur Integration verschiedener Sichten auf ein System und der Schaffung einer möglichst ganzheitlichen und transparenten Betrachtungsweise werden in der WI unter anderem (Unternehmens-)Architekturen herangezogen, die modellbasierte Repräsentationen dieser Systeme in ihrer Gesamtheit strukturiert darstellen und Beziehungen und Interdependenzen zwischen den Systemen, Systembestandteilen und der Systemumwelt offenlegen. Unternehmensarchitekturen (UA) im Speziellen bilden dabei die fundamentalen Strukturen der Organisation ab und können zur ganzheitlichen Dokumentation, Gestaltung, Planung und Entwicklung der Organisation sowohl aus fachlicher als auch aus informationstechnischer Sicht genutzt werden. Das IT-Alignment als komplexe organisatorische Gestaltungsaufgabe wird vor allem in der neueren Literatur als primäres Ziel und eine der wesentlichen treibenden Kräfte der Gestaltung und Nutzung von Unternehmensarchitekturen betrachtet.[549]

Nachfolgend soll daher zunächst näher auf Unternehmensarchitekturen und deren Potenzial zur Unterstützung der mehrdimensionalen und kontinuierlichen Abstimmung von Geschäft und IT eingegangen werden. Da überwiegend kein konsistentes Verständnis hinsichtlich des Architekturbegriffs besteht, ist zunächst das in der WI vorherrschende Verständnis einschließlich der Ziele des Architektureinsatzes zu präzisieren (Abschn. 3.1.2.1), bevor anschließend in Abschn. 3.1.2.2 näher auf Unternehmensarchitekturen als Untersuchungsgegenstand der Arbeit eingegangen wird.

3.1.2.1 Architekturverständnis in der Wirtschaftsinformatik

> *„An architecture is a framework for the disciplined*
> *introduction of change."*
>
> Tom DeMarco, zit. in Baumöl 2008, S. 49

Der Architekturbegriff findet in der WI vielfach Verwendung, wird jedoch trotz seiner weitreichenden Bedeutung häufig uneinheitlich und vage definiert.[550] Überwiegend wird der Begriff zunächst allgemein und meist in etymologischer

---

[549] Vgl. bspw. Lankhorst 2013, S. 6 f.; Fischer und Winter 2007, S. 163 f.; Pereira und Sousa 2005, S. 1344 f.

[550] Vgl. hierzu und im Folgenden v. a. Niemann 2005, S. 13 ff.; Aier et al. 2008a, S. 292 ff.; Esswein und Weller 2008, S. 6 ff.; Sinz 2004, S. 315; Sinz 2009, S. 1; Matthes 2011, S. 9 ff.; Schönherr 2004, S. 7-10; Schönherr und Offermann 2007, S. 39-44; Foegen und Battenfeld 2001, S. 290 ff.; Aier und Schönherr 2006, S. 188; Becker und Schütte 2004, S. 71 f.; Lankhorst 2013, S. 1 ff.

Analogie zum Bauwesen oder der Städteplanung als Bezeichnung für die modellhafte und i. d. R. planvolle Abbildung einer Systemstruktur genutzt. Ähnlich
der Architektur von Gebäuden beschreibt eine Architektur dabei neben der
Struktur eines Systems (i. S. eines Bauplans) außerdem dessen Elemente, die
Beziehungen und Schnittstellen zwischen den Elementen und die Beziehungen und Schnittstellen zwischen System und Umwelt in ganzheitlicher Betrachtungsweise. Dabei wird sowohl die Tätigkeit der Architekturerstellung als
auch das Ergebnis als solches unter dem Begriff Architektur subsumiert. Allerdings werden im Vergleich zum Bauwesen nicht nur statische Aspekte betrachtet; vielmehr werden auch dynamische Faktoren, wie bspw. die Kommunikation zwischen den Elementen, als Teil der Struktur berücksichtigt. Einige
Autoren schließen darüber hinaus explizit auch die der Architektur zugrundeliegenden Konstruktionsprinzipien in den Architekturbegriff mit ein.[551]

Gemäß dem ANSI/IEEE Standard 1471-2000 kann eine Architektur als „the
fundamental organization of a system embodied in its components, their relationships to each other, and to the environment, and the principles guiding its
design and evolution"[552] verstanden werden. Auf Basis dieser systemtheoretischen Betrachtungsweise wird davon ausgegangen, dass jedes System über
eine Architektur verfügt – wenn auch z. T. nur implizit bzw. ungeplant – und
somit auch jedes Unternehmen notwendigerweise auch eine Unternehmensarchitektur besitzt.[553] Ähnlich spezifizieren HEINRICH UND STELZER eine Architektur als „Organisation eines Systems, die sich in seinen Komponenten und
deren Beziehungen zueinander sowie zum Systemumfeld manifestiert"[554].

Im Allgemeinen bezeichnet der Begriff somit eine Menge von Objekten, die
systematisch miteinander in Beziehung stehen sowie die innerhalb dieser
Struktur eingebetteten Aktivitäten und Prozesse.[555] Architekturen umfassen
eine holistische abstrakte Betrachtung von Strukturen und stellen durch formalisierte Beschreibungen in Form von Modellen eine grundlegende Sicht auf ein
System als Grundlage für zukünftige Maßnahmen bereit.[556] Durch Abstrahie-
rung von einzelnen Details können hierdurch Zusammenhänge in einem komplexen Ganzen deutlich gemacht werden.[557] Sie scheinen daher besonders
dazu geeignet, um auf Basis einer systemzentrierten Betrachtungsweise die
Unternehmung und ihre Komponenten in Bezug auf Schnittstellen und Abhän-

---

[551] Vgl. bspw. Sinz 2004, S. 315.
[552] IEEE 2000, S. 3 sowie auch Anhang C.
[553] Vgl. bspw. Sinz 2004, S. 315; Foegen und Battenfeld 2001, S. 292 sowie ebenfalls
    Abschn. 4.3.2.2
[554] Heinrich und Stelzer 2009, S. 61.
[555] Vgl. Heinrich und Stelzer 2009, S. 26.
[556] Vgl. auch Aier und Schönherr 2006, S. 188.
[557] Vgl. auch Schwarzer 2009, S. 14.

gigkeiten zu analysieren und dabei gleichermaßen die Systemumgebung mit einzubeziehen. Zusammenfassend wird eine Architektur im generischen Verständnis für die vorliegende Arbeit damit zunächst wie folgt definiert:

> Die **Architektur** stellt die fundamentale Strukturierung eines Systems dar, einschließlich dessen Komponenten, deren Beziehungen zueinander und zu deren Umgebung und umfasst Prinzipien zur Gestaltung und Evolution der Architektur.

Im Rahmen der Architekturgestaltung gelten dabei grundlegend – ebenfalls übertragen aus dem Bauwesen – die übergeordneten Gestaltungsprinzipien *Utilitas* (Nützlichkeit), *Firmitas* (Stabilität) und *Venustas* (Schönheit, Anmut) als maßgebende Gestaltungsziele. Während die Nützlichkeit die Erfüllung der Anforderungen an ein System umfasst, beschreibt die Stabilität hier die Robustheit gegenüber Änderungen. Die Schönheit zielt schließlich auf die Klarheit und Verständlichkeit der Architektur.[558] Unter Berücksichtigung von Modellen als zentralem Gegenstand von Architekturen übertragen sich hier die zuvor eingeführten Grundsätze der Modellierung dabei grundlegend auch auf die Architekturgestaltung.[559]

Allerdings zeigt sich, dass der Architekturbegriff in seiner speziellen Ausprägung deutlich weniger trennscharf in der Literatur abgegrenzt und definiert wird. So herrscht insbesondere auch in Bezug auf die nachfolgend fokussierte Ausprägung der Unternehmensarchitektur (UA) kein einheitliches Verständnis. Während hier bspw. die Informationssystemarchitektur (ISA) überwiegend als Teilarchitektur der übergeordneten UA verstanden wird, die sich auf sämtliche informationsverarbeitende Elemente innerhalb des Unternehmens bezieht,[560] existieren ebenfalls Auffassungen, die eine weiter gefasste Definition zugrunde legen und die ISA als ganzheitliche Architektur, einschließlich strategischer Aspekte betrachten[561]. In der vorliegenden Arbeit wird vornehmlich dem erstgenannten Verständnis gefolgt. Allerdings sind beide Ausprägungen aufgrund der häufig anzutreffenden weiteren Definition des ISA-Begriffs nicht überschneidungsfrei und disjunkt voneinander zu betrachten; stattdessen lassen sich IS-Architekturkonzepte oftmals auch als Unternehmensarchitekturen klas-

---

[558] Vgl. Foegen und Battenfeld 2001, S. 290 f.; Heinrich und Stelzer 2009, S. 69.
[559] Vgl. Abschn. 3.1.1.3.
[560] Vgl. bspw. Winter und Fischer 2007, S. 7 f.; Sinz 2004, S. 315 f.; Heinrich und Stelzer 2009, S. 65. Wobei dann bspw. die Anwendungssystemarchitektur wiederum i. d. R. als Teil der ISA aufgefasst wird. Vgl. auch Sinz 2009, S. 1.
[561] Vgl. u. a. Esswein und Weller 2008, S. 8 f.; Dern 2006, S. 32. Ein Beispiel wäre die ISA nach Krcmar, die Elemente der Unternehmensstrategie bis hin zur technische Infrastruktur integriert und im Rahmen eines Kreiselmodells ganzheitlich abbildet. Vgl. Krcmar 1990, S. 399 f. sowie auch den nachfolgenden Abschn. 3.1.2.2.

sifizieren.[562] Generell werden Architekturen dabei zu verschiedenen Verwendungszwecken genutzt, die sich HEINRICH UND STELZER folgend in drei grundlegende Funktionen unterscheiden lassen:[563]

- *Beschreibungsfunktion:* Architekturen dienen als explizite Beschreibung von Zusammenhängen, Schnittstellen und Abhängigkeiten auf hohem Abstraktionsniveau mit dem Ziel der Schaffung von Transparenz und der Offenlegung komplexer Strukturen für die Analyse bestehender Strukturen, das Aufdecken von Schwachstellen und die Optimierung von Abläufen und Informationssystemen.

- *Kommunikationsfunktion:* Architekturen unterstützen die Kommunikation zwischen unterschiedlichen Personen- und Interessensgruppen im Unternehmen durch Schaffung eines gemeinsamen Bezugspunkts und geeignete Abstraktionsmechanismen, indem Abhängigkeiten, Schnittstellen und Konzepte der einzelnen Domänen und Perspektiven miteinander in Beziehung gesetzt werden.

- *Gestaltungsfunktion:* Die Architektur dient als Grundlage für die Analyse der Ist-Situation und als Ausgangspunkt für die Planung und Entwicklung einer Soll-Situation im Hinblick auf kontinuierliche Veränderungen und die damit verbundene Transformation von Abläufen und Informationssystemen.

Das Ziel einer Architektur besteht somit im Wesentlichen darin, die Ist-Situation als Planungsgrundlage für die Umgestaltung eines Systems zu spezifizieren und durch eine integrierte und ganzheitliche Sicht auf das System zu gewährleisten, dass das Soll-System die Anforderungen aller beteiligten Bereiche und Akteure erfüllt.[564] Hierdurch wird explizit deutlich, dass Architekturen per se beiden Zielen – Alignment und Flexibilität – förderlich sind, indem sowohl dem Aspekt der Transformation des Unternehmens ausgehend von einer definierten Soll-Situation sowie der Schaffung einer Grundlage für eine beidseitige Abstimmung Rechnung getragen wird.[565]

Neben differenzierten Teilarchitekturen sind innerhalb einer Architektur zudem einerseits Modellebenen sowie andererseits die zugehörigen Sichten zu unterscheiden.[566] Während die Modellebenen die Struktur anhand inhaltlicher Krite-

---

[562] Vgl. auch Sinz 2009, S. 1 sowie insbes. auch den nachfolgenden Abschn. 3.1.2.2 zur weiterführenden Abgrenzung. Grundlegend ist diese Differenzierung historisch zu begründen, da der Ursprung von Unternehmensarchitekturen in den frühen Arbeiten zu IS-Architekturen liegt.
[563] Vgl. hierzu und im Folgenden Heinrich und Stelzer 2009, S. 62 sowie ähnlich auch Winter 2003, S. 89; Aier et al. 2008a, S. 294 f.
[564] Vgl. u. a. Foegen und Battenfeld 2001, S. 290.
[565] Vgl. hierzu auch Abschn. 3.1.2.2.3.
[566] Vgl. hierzu und im Folgenden v. a. Sinz 1997, S. 3 ff.; Sinz 2002, S. 1056 ff.; Sinz 2009, S. 1.

rien untergliedern und verfeinern, werden Sichten für die jeweils involvierten Interessensgruppen zur Beschreibung einer Gesamtarchitektur gebildet, die die individuellen Anforderungen der Beteiligten und deren Sichtweisen auf das System berücksichtigen.[567] Durch dieses Vorgehen wird sichergestellt, dass Informationen jeweils auf die Bedürfnisse der beteiligten Anspruchsgruppen in geeigneter Detaillierung bereitgestellt werden.[568] Wesentliches Element neben der Unterscheidung in Sichten oder Ebenen stellen darüber hinaus Querbezüge dar, die Abhängigkeiten und Wirkungen innerhalb der Unternehmensarchitektur visualisieren.[569] Wie bereits zuvor deutlich wurde, ist die Explizierung der bspw. an einem Geschäftsprozess beteiligten Perspektiven und Rollen einschließlich deren Einstellungen und Konzepte für alle Alignmentebenen sowie die Abhängigkeiten zwischen einzelnen Artefakten von hoher Relevanz. Insbesondere bieten Architekturen die Grundlage für die Kooperation heterogener Gruppen und können somit eine gemeinsame Sprache zwischen den Gruppen fördern.[570]

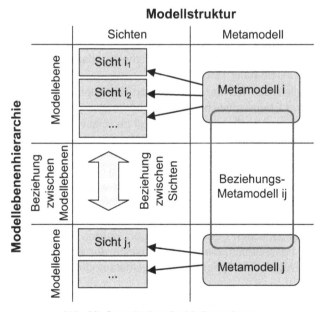

Abb. 29: Generischer Architekturrahmen
Quelle: Sinz 2009, S. 1.

---

[567] Vgl. Heinrich und Stelzer 2009, S. 63 sowie Abschn. 3.1.2.2.2.
[568] Vgl. auch Dern 2006, S. 15.
[569] Vgl. auch Niemann 2005, S. 76 ff.
[570] Vgl. bspw. Foegen und Battenfeld 2001, S. 292.

Zum Vergleich verschiedener Architekturkonzepte und deren einheitlicher Beschreibung sind formale Strukturen für die Architekturerstellung notwendig, die
anhand von generischen Merkmalen die Architekturausprägungen bestimmen
und eine einheitliche Terminologie fördern. Zu diesem Zweck soll für die nachfolgende Artefaktkonstruktion der generische Architekturrahmen nach SINZ
zugrunde gelegt werden, der in **Abb. 29** dargestellt ist.[571] Dieser Bezugsrahmen kann als Metametamodell verstanden werden (vgl. Abschn. 3.1.1.2), das
als Grundkonzept der Architektur- bzw. Strukturmodellierung von (Informati-
ons-)Systemen folgende generische Beschreibungsmerkmale bzw. -kompo-
nenten definiert und zueinander in Beziehung setzt:[572]

- *Modellebenen* (auch als Gestaltungsebenen bezeichnet) beschreiben (In-
formations-)Systeme aus einem bestimmten Blickwinkel, bspw. aus fachlicher, technischer, innen- oder außengerichteter oder aufgaben- oder auf-
gabenträgerbezogener Sicht, und untergliedern das System auf diese Weise. Mehrere Modellebenen bilden typischerweise eine Gesamtarchitektur.

- *Metamodelle* definieren die Beschreibungsformen für die jeweilige Modellebene und bestimmen somit de facto die verwendete Modellierungssprache
bzw. -notation (UML, BPMN, EPK etc.). Die Metamodelle der einzelnen
Modellebenen werden durch Beziehungsmetamodelle zu einem integrierten
Metamodell miteinander verbunden.

- *Sichten* stellen als Teil der zugehörigen Modellebene einen bestimmten
Aspekt dieser Ebene ausschnitthaft dar und bilden jeweils einen Teil dieser
Ebene aus einem bestimmten Blickwinkel ab (bspw. Datensicht, Funktionssicht etc.). Sie werden als Projektionen auf das jeweilige Metamodell verstanden (Abstraktionsebenen), die in ihrer Gesamtheit dem Modellsystem
der jeweiligen Modellebene entsprechen und werden üblicherweise zur weiteren Komplexitätsreduktion eingesetzt. Hierdurch können Ausschnitte definiert werden, die jeweils für bestimmte Anspruchsgruppen von Relevanz
sind.

- *Beziehungen* zwischen den Modellebenen werden mittels Beziehungsme-
tamodellen beschrieben, die die Metaobjekte der einzelnen Modellebenen
verbinden. Dabei verknüpfen Beziehungsmetamodelle die Metamodelle der

---

[571] Vgl. hierzu und im Folgenden Sinz 2009, S. 1 ff.; Sinz 1997, S. 3 f. Ein ähnliches konzeptuelles Modell ist auch im Rahmen des IEEE-Standards 1471-2000 vorzufinden, das die
Elemente einer Architektur semiformal beschreibt. Dieses ist für die vorliegende Arbeit
ebenfalls grundlegend relevant, wird jedoch an dieser Stelle nicht zusätzlich expliziert.
Vgl. hierzu insbes. IEEE 2000 sowie Abschn. 4.3.2 und Anhang C.
[572] Sinz (1997, S. 3) differenziert zusätzlich zu den skizzierten Elementen des Architekturrahmens zudem Strukturmuster, die heuristisches Modellierungswissen zur Einschränkung der Gestaltung eines Modellsystems innerhalb einer Modellebene enthalten und die
zulässigen Strukturen beschränken. In der vorliegenden Arbeit werden diese aus Verein-
fachungsgründen nicht berücksichtigt.

einzelnen Ebenen zu einem Gesamtmetamodell. Hierdurch können inhaltliche Zusammenhänge und Abhängigkeiten zwischen den Modellebenen transparent gemacht werden, die wiederum ein integriertes Metamodell bilden.

Im Folgenden soll aufbauend auf diesem generischen Architekturverständnis eine detailliertere Betrachtung und Abgrenzung von Unternehmensarchitekturen im Speziellen erfolgen, was die Grundlage für die nachfolgende Artefaktkonstruktion bereitstellt.

3.1.2.2 Unternehmensarchitekturen: Merkmale, Modellierung, Management

> *„Um die Vielfalt des Wandels zielgerichtet zu planen und umzusetzen, bedarf es neben einer klar definierten Strategie eines geeigneten Koordinationsinstruments sowohl für die Strategiedefinition als auch für die Strategieumsetzung."*
>
> Aier et al. 2012, S. 15

Der Begriff der Unternehmensarchitektur (UA) bzw. des englischsprachigen Pendants der Enterprise Architecture (EA) wurde insbesondere Ende der 1980er-Jahre durch ZACHMAN geprägt, der Architekturen als logisches Konstrukt zur Definition und kontrollierten Integration der Komponenten innerhalb eines Systems und deren Schnittstellen untereinander versteht.[573] Die mehr als zwanzigjährige Auseinandersetzung mit dem Thema sowohl in der wissenschaftlichen Forschung als auch in der Unternehmenspraxis hat jedoch nicht allein zur Generierung neuer Erkenntnisse, sondern auch zu einer häufig undifferenzierten und uneinheitlichen Begriffsverwendung geführt.[574]

Nachfolgend sollen daher zunächst die Merkmale von Unternehmensarchitekturen skizziert und zu einer Arbeitsdefinition verdichtet werden (Abschn. 3.1.2.2.1), bevor näher auf die Unternehmensmodellierung als Instrument zur Gestaltung von Unternehmensarchitekturen (Modellierungsaufgabe der UA) eingegangen wird (Abschn. 3.1.2.2.2). Abschn. 3.1.2.2.3 befasst sich zudem mit dem Unternehmensarchitekturmanagement (UAM) und der organisatorischen Verankerung der UA-Aktivitäten (Managementaufgabe der UA), was insbesondere in Hinblick auf eine wandlungsfähige Architektur von Bedeutung ist.

---

[573] Vgl. Zachman 1987, S. 276 ff. Vgl. weiterführend auch Matthes 2011, S. 17; Schwarzer 2009, S. 35 f.

[574] Vgl. auch die vorherigen Ausführungen zum generischen Architekturbegriff in Abschn. 3.1.2.1. Zachman (1987, S. 277) weist in diesem Zusammenhang explizit auch auf die – z. T. bewusste – Subjektivität des Architekturbegriffs hin, da die Ausgestaltung und der Umfang der Architekturbetrachtung grundsätzlich von den Aufgaben der Person, die das System jeweils betrachtet, sowie den Zielen der Architektur abhängig ist. Vgl. auch Esswein und Weller 2008, S. 7.

3.1.2.2.1 Merkmale und Gestaltungsobjekte der Unternehmensarchitektur

„[I]n the 21st Century, it [EA] will be the determining factor, the factor that separates the winners from the losers, the successful and the failures, the acquiring form the acquired, the survivors from the others."

Zachman 1997, S. 2

Ausgehend von dem zuvor eingeführten generischen Architekturbegriff können Unternehmensarchitekturen als Mittel zur Abbildung einer integrierenden Sicht auf ein Unternehmen verstanden werden, die sowohl organisatorische als auch informationstechnische Aspekte sowie deren Zusammenhänge und Abhängigkeiten in einer gemeinsamen Abstraktion zusammenführt.[575] UA werden daher der etymologischen Analogie folgend auch vereinfachend als Bauplan des Unternehmens definiert.[576] Sie stellen eine Menge von Plänen, Modellen oder Diagrammen dar, die in ihrer Gesamtheit die Struktur eines Unternehmens und die Zusammenhänge, Relationen und Abhängigkeiten zwischen Geschäftsprozessen, Organisationstrukturen und IT-Systemen abbilden und daher als Analyse-, Steuerungs- und Gestaltungsinstrument komplexer betrieblicher Systeme herangezogenen werden können.[577] UA können daher als Kommunikationsgrundlage für die prozess- und projektübergreifende Zusammenarbeit und Problemlösung dienen und unterstützen die wechselseitige Orientierung und Ausrichtung von Geschäft und IT, indem ganzheitlich sowohl die Unternehmensziele und -strategien als auch die Geschäftsprozesse des Unternehmens mit den jeweils unterstützenden IS, beteiligten Akteure und anderen Ressourcen sowie vor allem auch deren betrieblichen Zusammenhänge in Form von Querbeziehungen innerhalb einer Gesamtarchitektur spezifiziert werden.[578] Auf Grundlage der erweiterten Definition von IS als soziotechnische Systeme umfassen UA damit das Zusammenwirken sowohl technologischer als auch organisatorischer und psycho-sozialer Aspekte.[579]

Dem folgend versteht NIEMANN unter einer UA „eine strukturierte und aufeinander abgestimmte Sammlung von Plänen für die Gestaltung der IT-Landschaft eines Unternehmens, die in verschiedenen Detaillierungen und Sichten, ausgerichtet auf spezielle Interessengruppen, unterschiedliche As-

---

[575] Vgl. auch Schönherr und Offermann 2007, S. 39. Ähnlich wie bereits auch in Bezug auf den (Geschäfts-)Prozessbegriff wird hier nachfolgend ebenfalls von einer Generalisierungs-/Spezialisierungsbeziehung ausgegangen.

[576] Vgl. bspw. Ferstl und Sinz 1998, S. 177; Mannmeusel 2012, S. 38.

[577] Vgl. u. a. Niemann 2005, S. 14 ff.; Sinz 2004, S. 315; Winter und Fischer 2007, S. 7 ff.; Dern 2006, S. 1 ff. Entsprechend bezeichnet Niemann (2005, S. 36 f.) die UA daher auch plakativ als „Management-Informationssystem des CIO" bzw. als „Navigationsinstrument, das GPS des CIO".

[578] Vgl. u. a. Schönherr und Offermann 2007, S. 42-44; Sinz 2004, S. 315; Fischer und Winter 2007, S. 168 ff.

[579] Vgl. Schönherr und Offermann 2007, S. 42.

pekte von IT-Systemen und deren Einbettung in das Geschäft in vergangenen, aktuellen und zukünftigen Ausprägungen"[580]. Wenngleich diese Auffassung im Wesentlichen die IT-Perspektive in den Mittelpunkt stellt, sind diese Aspekte jedoch auf den ganzheitlichen Begriff der Unternehmensarchitektur übertragbar. Weiterführend beschreiben FISCHER UND WINTER die UA auch als „hierarchischen, mehrstufigen Gestaltungs- und Weiterentwicklungsprozess"[581] zur ganzheitlichen und konsistenten Ausrichtung des Gesamtunternehmens. Grundlegend werden dabei neben dem Ausgangspunkt zur Positionsbestimmung und der zukünftigen Situation als angestrebten Zustand auch Wege zur Realisierung und die entsprechenden Rahmenbedingungen deutlich.[582] Unternehmensarchitekturen können somit sämtliche Strukturen, Prozesse und Interdependenzen offenlegen und neben der Dokumentationsfunktion auch die Analyse und Planung im Hinblick auf die Gestaltung des Unternehmens im Sinne einer kontinuierlichen Weiterentwicklung fördern.[583] Gemäß dieser beiden Funktionen der UA sind grundlegend zwei Typen zu unterscheiden:[584]

- *Typ I (Struktur):* Architekturen von Typ I beschreiben die Gestaltung eines Systems oder einer Menge von Systemen im Sinne einer Momentaufnahme (nachfolgend auch als *Dokumentationsfunktion* der UA bezeichnet).

- *Typ II (Prozesse/Projekte zur Strukturgestaltung):* Architekturen von Typ II erweitern Architekturen von Typ I und beziehen sich auf die Konzeption und Weiterentwicklung von Systemen im Rahmen deren nachhaltigen Veränderung (nachfolgend auch als *Planungsfunktion* der UA bezeichnet).

Insbesondere in Bezug auf die Wandlungsfähigkeit der Organisation ermöglicht die UA hierdurch die „Integration aller Unternehmenselemente – insbesondere Strategie, Organisation und IT – mit dem Ziel eine langfristig adäquate und wandlungsfähige – also nachhaltige – Struktur der Unternehmung sicherzustellen"[585]. Unternehmensarchitekturen sind dabei heute überwiegend geschäftsprozessorientiert und trennen explizit Elemente der Aufgaben- und

---

[580] Niemann 2005, S. 3.
[581] Fischer und Winter 2007, S. 170.
[582] Vgl. Niemann 2005, S. 37.
[583] Vgl. Auch Niemann 2005, S. 75 ff.; Aier et al. 2008a, S. 292 f. Beispielhafte Analysen, die auf Basis der UA durchgeführt werden können sind u. a. Abdeckungs-, Kosten-, Nutzen-, Komplexitäts- oder Abhängigkeitsanalysen sowie Schnittstellen- und Heterogenitätsanalyse, die u. a. dazu dienen, Lücken in der IT-Unterstützung der Geschäftsprozesse des Unternehmens oder Einsparpotenziale zu identifizieren. Vgl. hierzu auch Lankhorst 2013, S. 189 ff.; Niemann 2005, S. 125 ff.; Winter und Schelp 2008, S. 549 f.
[584] Die Unterscheidung in Architekturtypen geht dabei grundlegend auf den ISO-Standard 15704 zurück, wenngleich sich diese dichotome Sichtweise vielfach auch implizit in der Literatur wiederfindet. Vgl. ISO 2000, S. 1 sowie auch Schönherr 2004, S. 12 f.; Schönherr und Offermann 2007, S. 44; Esswein und Weller 2008, S. 7; Aier et al. 2008a, S. 292.
[585] Schönherr und Offermann 2007, S. 43. Vgl. hierzu auch Schönherr 2004, S. 11; Aier und Dogan 2005, S. 608 ff.

der Aufgabenträgerebene, wodurch eine umfassende Sicht auf das Unternehmen ermöglicht und damit eine ganzheitliche Abstimmung innerhalb der Architektur unterstützt wird.[586] Sie umfassen dabei „das Zusammenwirken organisatorischer, technischer und psychosozialer Aspekte bei der Planung und Entwicklung betrieblicher sozio-technischer Informationssysteme"[587] und erscheinen daher auch insbesondere für die Realisierung eines mehrdimensionalen und kontinuierlichen IT-Alignments entsprechend den in Abschn. 2.2.3 diskutierten Dimensionen geeignet. Ein funktionierendes IT-Alignment wird dabei insbesondere dadurch unterstützt, dass Abhängigkeiten und Beziehungen zwischen Fach- und IT-Seite klar erkennbar und in Beziehung zur Gesamtorganisation gesetzt werden können und den beteiligten Anspruchsgruppen eine gemeinsame Kommunikations- und Entscheidungsgrundlage bereitgestellt werden kann.[588]

In der vorliegenden Arbeit wird, wie bereits im vorherigen Abschnitt erwähnt, das weiter gefasste Verständnis verwendet und IS-Architekturen als Bestandteil von Unternehmensarchitekturen definiert. Die UA unterscheidet sich somit von anderen (Teil-)Architekturen auf Basis der Betrachtung des Gesamtunternehmens. Zudem werden sowohl die Dokumentation als auch die Planung der UA als Aufgaben der Architekturgestaltung betrachtet. Zusammenfassend werden Unternehmensarchitekturen somit in der vorliegenden Untersuchung wie folgt definiert:[589]

Die *Unternehmensarchitektur (UA)* stellt die fundamentale Strukturierung einer Organisation im Sinne eines Bauplans dar, der zur ganzheitlichen Dokumentation und Planung der Organisation herangezogen werden kann und eine integrierende Sicht auf sowohl fachliche als auch technologische und psychosoziale Aspekte und deren Zusammenhänge und Abhängigkeiten in geeigneter Weise modellbasiert abbildet.

Eng verbunden mit dem Begriff der UA ist daher auch der teils synonym verwendete Begriff des Unternehmensmodells bzw. der Unternehmensmodellierung.[590] Im Vergleich bilden Unternehmensarchitekturen die Unternehmung auf einem höheren Abstraktionsgrad ab und implizieren notwendigerweise ei-

---

[586] Vgl. auch Sinz 2004, S. 316 sowie insbes. auch Abschn. 4.2.
[587] Aier und Schönherr 2006, S. 189.
[588] Vgl. u. a. auch Pereira und Sousa 2005, S. 1344; Fischer und Winter 2007, S. 165 ff.
[589] In Anlehnung an Aier et al. 2008a, S. 292; Aier und Dogan 2005, S. 608; Aier und Schönherr 2006, S. 189.
[590] Vgl. bspw. Frank 1994, S. 11 ff.; Scheer 1992.

ne Beschränkung des Detaillierungsgrads der enthaltenen Artefakte[591] und deren Abhängigkeiten. Unternehmensmodelle zielen dagegen stärker auf eine integrierte und detaillierte Gesamtmodellierung einer Organisation ab.[592] Allerdings ist diese Unterscheidung vergleichsweise unscharf, da Unternehmensarchitekturkonzepte typischerweise wiederum eine mögliche Detaillierung vorsehen und beide Begriffe enge Überschneidungsbereiche aufweisen.[593] In der vorliegenden Arbeit werden Unternehmensmodelle daher als Mittel zur Beschreibung von UA verstanden, die auf der integrierten Modellierung der UA basieren und deren Abstraktionsgrad grundsätzlich von den Zielen der Modellierung abhängig ist, wodurch sich im Wesentlichen eine Ziel-Mittel-Relation ergibt.[594]

Als grundlegende Ziele einer architekturgestützten Betrachtung gelten hierbei v. a. die Nachhaltigkeit von Geschäftsvorhaben und IT, die Beherrschung von Komplexität, die Identifikation von Abhängigkeiten, die Integration von Informationen, Gestaltungsbereichen, Ressourcen, Perspektiven etc. sowie hierdurch vor allem auch die Gewährleistung einer effizienten IT-Unterstützung.[595] Gleichermaßen wird durch den Architektureinsatz typischerweise eine durchgehende Strategie- und Geschäftsorientierung der IT sowie eine Erhöhung der Anpassungsfähigkeit und Kontinuität der Organisation angestrebt, was v. a. in Bezug auf die Problemstellung der vorliegenden Arbeit relevant ist. Unter anderem können durch eine modellbasierte Darstellung des Unternehmens im Rahmen der Anwendungsentwicklung bspw. die Konsequenzen von Änderungen einzelner Applikationen für den gesamten IT-Betrieb eingeschätzt und Interdependenzen zwischen den Systemen sowie in Bezug auf die Unterstützung fachlicher Abläufe aufgedeckt werden. Durch die zunehmende strategische Relevanz der Informationsverarbeitung und der Notwendigkeit der betriebswirtschaftlichen Steuerung und Kontrolle der Ressource Information

---

[591] Die Ergebnisse der Modellkonstruktion im Rahmen der UA-Gestaltung werden dabei häufig als Architekturbeschreibungen, Architekturprodukte oder -artefakte bezeichnet. Der Artefaktbegriff entspricht hier de facto der im Rahmen der DSR üblichen Konnotation (vgl. Abschn. 1.2.2) im Sinne von durch Gestaltungsprozesse entstandenen Konstrukten (z. B. Diagramme, Modelle).

[592] Vgl. Aier et al. 2008a, S. 299 f.; Winter und Fischer 2007, S. 11 f. In diesem Zusammenhang konstatieren Winter und Fischer (2007, S. 11) auch abgrenzend: „EA should be 'broad' rather than 'deep'".

[593] Als Beispiel sei das ARIS-Rahmenwerk angeführt, das die Modellierung von Artefakten auf mehreren Hierarchieebenen vorsieht und durch Integrationskonzepte (Hinterlegung) eine sukzessive Verfeinerung grobgranularer Unternehmensmodelle erlaubt. Vgl. bspw. Scheer 1992; Scheer 2002.

[594] Vgl. auch Frank 1994, S. 11 ff. sowie insbesondere auch den nachfolgenden Abschn. 3.1.2.2.2.

[595] Vgl. hierzu und im Folgenden u. a. Schönherr 2004, S. 11; Dern 2006, S. 11 ff.; Fischer und Winter 2007, S. 172; Esswein und Weller 2008, S. 9.

steigt die Bedeutung der UA im Sinne einer Gesamtsicht auf das Unternehmen.

Unternehmensarchitekturen können folglich durch die explizite und transparente Darstellung des Gestaltungsgegenstandes dabei helfen, das komplexe System der Unternehmung und der IT-Unterstützung hinsichtlich des aktuellen und zukünftigen Zustands zu verstehen und somit auch die Grundlage für die Gestaltung und Reorganisation betrieblicher Systeme darstellen.[596] Insbesondere Veränderungsvorhaben erfordern i. d. R. umfassende Informationen über das Unternehmen, dessen Komponenten und deren Beziehungen und Abhängigkeiten untereinander, sodass Unternehmensarchitekturen von besonderem Nutzen für Flexibilitäts- und Nachhaltigkeitsbestrebungen sind.[597] Diese können im Rahmen von Transformationsprojekten als grundlegendes Fundament der Kommunikation zwischen den verschiedenen Stakeholdern[598] (z. B. Projektleiter, Softwareentwickler) und damit als grundlegende Referenz für Gestaltungsentscheidungen dienen, indem diese auf Basis einer ganzheitlichen Darstellung der organisatorischen Strukturen getroffen werden. Zusammenfassend ergeben sich damit mehrere Merkmale von Unternehmensarchitekturen, die in **Tab. 10** zusammengefasst sind.[599]

Zur konzeptuellen Beschreibung und Strukturierung von Architekturen werden häufig Schichten- bzw. Ebenenmodelle herangezogen, die die einzelnen Bestandteile einer Gesamtarchitektur hierarchisch abbilden und in ein mehrstufiges Grobmodell strukturieren.[600] Der Aufbau und die Strukturierung von Architekturmodellen sind dabei i. d. R. abhängig vom jeweiligen Fokus und Detaillierungsniveau der (Teil-)Architekturmodelle sowie auch dem fachlichen Hintergrund des jeweiligen Autors.[601] In den meisten Fällen wird dabei neben der UA als übergeordneter Struktur mit unternehmensweitem Fokus zunächst eine grobe Zweiteilung in die Ebenen der Geschäfts- und der IT-Architektur vorge-

[596] Vgl. auch Niemann 2005, S. 48; Alpar et al. 2011, S. 125 sowie auch Abschn. 3.1.2.2.3.
[597] Vgl. auch Niemann 2005, S. 35 f. sowie auch Abschn. 4.2.2.
[598] Als Stakeholder werden im Untersuchungskontext „individual or grouped representatives of the organisation who are affected by EA products" (van der Raadt et al. 2008, S. 21) verstanden und bezeichnen somit grundlegend die Akteure im Unternehmen, die ein Interesse im Rahmen der Nutzung der UA verfolgen, wobei hier typischerweise interne, jedoch grundsätzlich auch externe Anspruchs- bzw. Interessensgruppen von Bedeutung sind. Vgl. hierzu insbes. auch Abschn. 4.2.2
[599] Vgl. hierzu u. a. auch Schwarzer 2009, S. 17 f.; Niemann 2005, S. 21 f.
[600] Vgl. auch Alpar et al. 2011, S. 125; Heinrich und Stelzer 2009, S. 64; Winter und Fischer 2007, S. 8 ff.
[601] Vgl. auch Aier und Schönherr 2006, S. 189; Matthes 2011, S. 10. Ein übersichtlicher Vergleich anerkannter UA-Konzeptualisierungen und der zugehörigen Ebenen findet sich beispielhaft in Schönherr und Offermann 2007, S. 45 ff. Vgl. auch Matthes 2011, S. 37 ff.

nommen, die ggf. in weitere Teilarchitekturen untergliedert sind.[602] Die Geschäftsarchitektur – auch als Organisationsarchitektur bezeichnet[603] – definiert
und strukturiert dabei üblicherweise die Organisation des Unternehmens auf
Basis der Unternehmensstrategie und umfasst im Kern die Beschreibung des
Geschäftsmodells und der betrieblichen Aufgaben aus fachlicher Sicht sowie
die Geschäftsprozesse des Unternehmens einschließlich der Anforderungen,
Ressourcen und deren fachlicher Organisation bzw. Struktur. Häufig findet
sich auch die separate Untergliederung der Geschäftsarchitektur und der Prozessarchitektur.[604]

Merkmal	Beschreibung
Dokumentation	Die UA, deren Komponenten, Schlüsselelemente und Zusammen-hänge werden in Form von Modellen dokumentiert und visualisiert.
Abstraktion	Die Dokumentation bzw. Modellierung der UA kann auf unterschiedli-chen Detaillierungsstufen erfolgen und verschiedene Sichten integrie-ren.
Multiperspektivität	Die Entwicklung, Darstellung und Nutzung der UA ist an den Anforde-rungen unterschiedlicher Nutzer und Interessensgruppen auszurich-ten.
Integration / Ganzheitlichkeit	Die UA umfasst sowohl technische als auch betriebswirtschaftliche Artefakte und Aspekte, die ausgehend von den jeweiligen Teilarchi-tekturen in einer integrierten Gesamtarchitektur zusammengeführt werden.
Transformation	Die UA sollte nicht nur den aktuellen Zustand, sondern auch den an-gestrebten Soll-Zustand in geeigneter Weise abbilden und Transfor-mationsentscheidungen unterstützen.
Transparenz	Die UA sollte die Darstellung, den Vergleich und die Bewertung alter-nativer Gestaltungsansätze ermöglichen, um so auch auf dem Weg zur Soll- bzw. Zielarchitektur eine Grundlage für Gestaltungsent-scheidungen bereitzustellen.

Tab. 10: Merkmale der Unternehmensarchitektur
Quelle: Eigene Zusammenstellung.

Die Informations-(system-)architektur (üblicherweise Bestandteil der IT-
Architektur) bezieht sich dagegen auf die informationsverarbeitenden Elemente des Unternehmens und definiert die technischen Ressourcen, die Infrastruktur, Rahmenbedingungen, Abläufe und unterstützten Aufgaben. Zusätzlich
werden seitens der IT weiterhin die Anwendungs- oder auch Applikationsarchitektur sowie die Ebene der technischen Infrastruktur als Teil der IT-Architektur
differenziert, die die Funktionalität und die Beziehungen zwischen den Anwen-

---
[602] Vgl. hierzu und im Folgenden u. a. Heinrich und Stelzer 2009, S. 64 f.; Schwarzer 2009, S. 19 ff.
[603] Vgl. bspw. Aier und Schönherr 2006, S. 189.
[604] Vgl. bspw. Hafner et al. 2004, S. 57; Winter 2004, S. 318.

dungssystemen und der zugrundeliegenden Infrastruktur beschreibt. Darüber hinaus ist seitens des Geschäfts die Ebene der Strategie zu unterscheiden, die häufig explizit, teils jedoch in einigen Ansätzen auch nicht oder nur implizit adressiert wird.[605] In Abgrenzung zu Ansätzen, die ausschließlich die IT- oder Software-Architektur fokussieren, umfasst die UA somit neben Geschäftsprozessmodellen und damit fachlichen Architekturartefakten auch strategische Aspekte, die das Geschäftsmodell der Unternehmung betreffen (z. B. Ziele, Wettbewerber, Märkte etc.).[606] Zudem werden – gemäß dem eingeführten Architekturrahmen nach SINZ – auch häufig innerhalb der Ebenen Sichten zur Komplexitätsreduktion verwendet, die die Gestaltungsbereiche weiter untergliedern.[607]

Die Zuordnungen der einzelnen Gestaltungsobjekte sind folglich häufig nicht überschneidungsfrei und hängen stark vom jeweils fokussierten Betrachtungsgegenstand ab. Gleiches gilt für die Berücksichtigung der jeweiligen Elemente, die unter anderem vom Zweck und vom Betrachter der Architektur abhängig sind.[608] Trotz der Diversität der jeweils im Einzelnen in einer UA integrierten Teilarchitekturen wird jedoch die notwendige Berücksichtigung sowohl von Modellen zur Abbildung des Geschäfts als auch der IT deutlich. **Abb. 30** stellt zur Veranschaulichung des Gesamtzusammenhangs gängige Teilarchitekturen und deren Inhalte sowie deren ungefähre Einordnung schematisch dar.

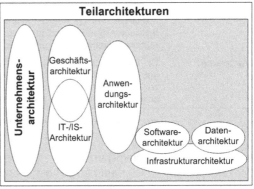

Abb. 30: Überblick über Teilarchitekturen der Unternehmensarchitektur
Quelle: Eigene Darstellung in Anlehnung an Heinrich und Stelzer 2009, S. 64.

---

[605] Bspw. werden in der Literatur Strategie- und Organisationsebene teilw. zusammengefasst (z. B. Zachman-Framework) oder es wird komplett auf die Berücksichtigung strategiebezogener Gestaltungsobjekte verzichtet (z. B. ARIS).

[606] Vgl. auch Winter und Schelp 2008, S. 548.

[607] Bspw. unterscheidet das Zachman-Framework Sichten auf allen Ebenen, während im ISA-Modell nach Krcmar diese erst auf Informationssystemebene eingeführt werden.

[608] Vgl. auch Esswein und Weller 2008, S. 9.

Ein verbreitetes Ebenenmodell zur Strukturierung der UA stellen bspw. WIN-TER UND FISCHER bereit, die die verschiedenen in der Literatur eingeführten Ebenen zu einem Gesamtmodell konsolidieren und hier die Ebenen Strategie, Prozess, Applikation, Software und IT-Infrastruktur unterscheiden.[609] Auf Basis einer umfangreichen Literaturanalyse identifizieren die Autoren relevante Gestaltungsobjekte bzw. -artefakte und Architekturebenen einer UA. Dabei wird zusätzlich zu den fachlichen Ebenen der Strategie und der Organisation/Prozesse (Geschäftsarchitektur) sowie der technischen Software- und IT-Infrastrukturarchitektur (Informationssystemarchitektur) eine Integrations- oder auch Applikationsarchitektur eingeführt, die im Kern der Anwendungsarchitektur entspricht, jedoch noch stärker den Zusammenhang zwischen Geschäft und IT als Bindeglied zwischen fachlichen Ebenen (Strategie und Organisation) und technischen Ebenen (Software und Infrastruktur) und den damit verbundenen Integrationscharakter der Anwendungsarchitektur verdeutlichen soll.[610] Insbesondere dient die Applikationsarchitektur hier „als transparente Kommunikations- und Arbeitsplattform zwischen verschiedenen fachlichen und technischen IS-Stakeholdern (z. B. Applikations-Nutzer im Fachbereich und Applikations-Betreiber im IT-Bereich)"[611] und ist somit für das IT-Alignment von gesonderter Bedeutung. Ähnlich wie auch vergleichbare Klassifizierungsansätze[612] kann das zugehörige Modell als Referenzmodell aufgefasst werden, das die strukturellen Zusammenhänge und den konzeptionellen Aufbau einer zu konkretisierenden Gesamtarchitektur beschreibt.[613] Die Autoren verwenden dabei eine gleichförmige Ebenenstruktur und schließen explizit auch mehr als nur eine hierarchische, rein „IT-follows-Business"-orientierte Vorgehensweise ein.[614]

---

[609] Vgl. hierzu und im Folgenden insbes. Winter und Fischer 2007, S. 8 ff. sowie auch Aier et al. 2008a, S. 293; Fischer und Winter 2007, S. 172 ff.; Alpar et al. 2011, S. 125 f.

[610] Die Autoren verwenden dabei die Begriffe der Applikations- und der Integrationsarchitektur synonym (vgl. bspw. Winter und Fischer 2007, S. 10). Ebenfalls ist in späteren Arbeiten die Bezeichnung der „Alignment-Architektur" zu finden (vgl. bspw. Aier und Winter 2009, S. 176 ff.), die jedoch in der vorliegenden Arbeit zur Vermeidung terminologischer Unklarheiten vermieden wird.

[611] Hafner und Winter 2005, S. 631.

[612] Vgl. bspw. Dern 2006, S. 6 ff., der die Ebenen Strategie, Geschäfts-, Informations-, IT-und IT-Basisinfrastruktur unterscheidet oder auch Hafner et al. 2004, S. 56 f., die die Geschäfts-, Prozess-, Applikations- und IT-Architektur differenzieren.

[613] Vgl. auch Schönherr und Offermann 2007, S. 51.

[614] Daneben finden sich bspw. häufig Darstellungen in Pyramidenform, um explizit das Top-down-Vorgehen ausgehend von der Unternehmensstrategie zu symbolisieren (vgl. bspw. Dern 2006, S. 6). Krcmar wählt für seine ISA dagegen bewusst einen Kreisel, der „versucht zu zeigen, dass nur die Abstimmung aller Schichten aufeinander und Sichten zueinander zu einer die Unternehmensziele unterstützenden Informationssystem-Architektur führt. Die Analogie zu einem Kreisel ist absichtlich: wird auch nur eines der Teile entfernt, gerät das Ganze 'aus dem Gleichgewicht'". (Krcmar 1990, S. 399; in geänderter Orthographie).

Tab. 11 fasst die Gestaltungsebenen gemeinsam mit deren inhaltlicher Beschreibung sowie der relevanten Gestaltungsobjekte zusammen.[615] Die nachfolgenden Ausführungen basieren dabei im Wesentlichen auf dieser Strukturierung nach WINTER UND FISCHER, wobei in Bezug auf das IT-Alignment die Applikations-, Software- und Infrastrukturebene auf Basis der groben Zweiteilung zusammenfassend auch als IT- oder Systemarchitektur und die Organisations- und Strategieebene auch als Geschäftsarchitektur bezeichnet werden, falls angebracht.[616]

Gestaltungs-ebene	Beschreibung	Gestaltungsobjekte
Strategie	Gesamtzusammenhang der strategischen Positionierung des Unternehmens im Leistungsnetzwerk, Spezifikation der strategischen Ausrichtung des Unternehmens	Produkte/Dienstleistungen, Marktsegmente, Strategische Unternehmensziele, Strategische Vorhaben/ Projekte, Interaktion mit Kunden, Interaktion mit Zulieferern
Organisation / Prozesse	Gesamtzusammenhang der Leistungsentwicklung, der Leistungserstellung und des Leistungsvertriebs, Festlegung der Aufbau- und Ablauforganisation	Vertriebskanäle, Geschäftsprozesse, Organisationseinheiten, Rollen/Verantwortlichkeiten, Informationsflüsse, Standorte
Applikation	Gesamtzusammenhang der Zuordnung zwischen Informationssystemfunktionalitäten zu fachlichen Aktivitäten und Informationsbedarfen	Applikationen, Applikationsdomänen, Fachliche Services, IS-Funktionalitäten, Informationsobjekte, Schnittstellen
Software und Daten	Gesamtzusammenhang der Softwarekomponenten und Datenstrukturen	Softwarekomponenten, Datenstrukturen
IT-Infrastruktur	Gesamtzusammenhang der technischen Komponenten des Informationssystems	Hardwarekomponenten, Netzwerkkomponenten, Softwareplattformen

Tab. 11: Gestaltungsebenen und -objekte der Unternehmensarchitektur
Quelle: Eigene Zusammenstellung.

Der folgende Abschnitt geht näher auf die Modellierung innerhalb der einzelnen Ebenen und notwendige Integrationsmechanismen im Rahmen der Architekturmodellierung ein, die für die Umsetzung der UA relevant sind.

---

[615] Vgl. hierzu insbes. Winter und Fischer 2007, S. 8 ff. Vgl. auch Aier et al. 2008a, S. 293; Schwarzer 2009, S. 66.

[616] Dabei finden sich in diesem Zusammenhang noch weitere Wortschöpfungen, wie bspw. „IT-Unternehmensarchitektur" (vgl. Keller 2012, S. 3 ff., der sich de facto auf die IT-Architektur im Sinne des hier eingenommenen Verständnisses bezieht). Nach Ansicht der Verfasserin führt dies jedoch leicht zu einer terminologischen Konfusion, was durch den historischen Ursprung der UA aus der IT und die angesprochenen sprachlichen Unsicherheiten noch akzeleriert wird.

3.1.2.2.2 Modellierung der Unternehmensarchitektur

Unternehmensarchitekturen sind der obigen Definition folgend somit zunächst vereinfachend als Sammlungen von Repräsentationen bzw. Modellen zu verstehen, die auf unterschiedlichen Ebenen und aus unterschiedlichen Sichten Artefakte als Komponenten der UA abbilden. Zur Systematisierung der Aufgaben innerhalb der Architekturgestaltung und der Einordnung der Modellierung als wesentliche Aktivität der UA-Gestaltung kann die Entwicklung der UA dabei zunächst – ähnlich wie auch die Entwicklung von Geschäftsprozessen (vgl. **Abb. 9**) – anhand eines Regelkreises beschrieben werden, der die wesentlichen Kernprozesse der UA-Gestaltung in Beziehung setzt. Wenngleich der Entwurf der UA durch entsprechende Architekturmodelle als wesentlicher Schritt zu betrachten ist, sind hier zudem auch weitere vor- bzw. nachgelagerte Aktivitäten relevant, die im Laufe der Untersuchung weiterführend detailliert werden.[617] Als Maßnahme der Strukturierung der entsprechenden Prozesse können die Aufgaben innerhalb des Architekturprozesses dabei entlang der Systematisierung nach OP'T LAND ET AL. beschrieben und grundlegend in die Phasen der Erstellung (*create*), Nutzung (*apply*) und Wartung (*maintain*) untergliedert werden.[618] Weiterhin wird hier die Phase der Vorbereitung (*prepare*) ergänzt, die entsprechend den anderen Aufgaben vorgelagerte Maßnahmen umfasst. **Abb. 31** stellt den zugrunde gelegten Lebenszyklus der UA-Gestaltung grafisch dar.[619]

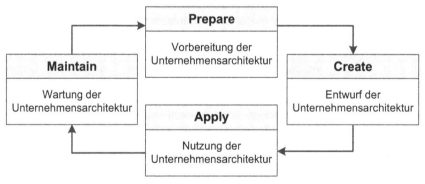

Abb. 31: Lebenszyklus der UA-Gestaltung
Quelle: Eigene Darstellung.

---

[617] Vgl. hierzu insbes. auch den folgenden Abschn. 3.1.2.2.3.
[618] Vgl. Op't Land et al. 2009, S. 85 sowie weiterführend auch insbes. Abschn. 4.3.3.3.
[619] Wobei dieser Zyklus – ähnlich wie auch der des GPM – idealtypisch zu verstehen ist und zunächst keine Rückkopplungen zwischen den Phasen vorsieht. Vgl. hierzu auch Kapitel 4.

Die Modellierung der UA[620] ist somit primär im Rahmen der Entwurfsphase einzuordnen. Zur Unterstützung der Modellierung und Organisation von Architekturbeschreibungen anhand der gewählten Beschreibungsebenen bzw. Teilarchitekturen werden hier typischerweise Architekturframeworks herangezogen, die neben einem konzeptionellen Bezugsrahmen i. d. R. auch Werkzeuge und Modellierungssprachen für deren Umsetzung bereitstellen.[621] Die in der Literatur vorzufindenden Rahmenwerke sind dabei sowohl aus dem akademischen Umfeld als auch vielfach aus der Unternehmenspraxis entstanden und bieten dabei einen üblicherweise integrierten Ordnungsrahmen für die Organisation und Zusammenführung der einzelnen Gestaltungsobjekte zur Erstellung einer integrierten Gesamtarchitektur. Die Systematisierung von Organisationsstrukturen und -abläufen in Modellen auf mehreren Gestaltungsebenen hilft dabei, die Komplexität der Organisation auf Teilaspekte zu reduzieren. Gleichermaßen ist zur Wahrung der Gesamtzusammenhänge und der Möglichkeit der Beurteilung von Abhängigkeiten und Interdependenzen zwischen den Ebenen die notwendige Integration der Modelle zu berücksichtigen.[622]

Per definitionem handelt es sich bei diesen Architekturframeworks überwiegend um (Meta-)Modelle, die sich im Wesentlichen zunächst durch unterschiedliche Schwerpunktsetzung auf bestimmte Teilarchitekturen und die jeweils betrachteten Aspekte und Perspektiven sowie den gewählten Detaillierungsgrad unterscheiden.[623] Unterschiede existieren vor allem in der Einbeziehung und Bezeichnung der Architekturebenen (bspw. Prozessarchitektur und Aufbauorganisationsarchitektur vs. Organisationsarchitektur), der Art der konzeptionellen Darstellung (bspw. Kreisel als Symbol des Ausgleichs zwischen den Architekturebenen vs. Matrixform) sowie der zusätzlichen Einführung von Sichten (wie bspw. im Rahmen des Zachman-Frameworks). Dagegen besteht in Bezug auf das IT-Alignment überwiegend Konsens darüber, dass eine UA sowohl die Geschäfts- als auch die IT-Sicht integrieren muss und die Ebenen und Gestaltungselemente nicht losgelöst voneinander zu behandeln sind.

Bei genauerer Betrachtung des Modellierungsaspekts sind in diesem Zusammenhang grundlegend zwei Vorgehensweisen zu differenzieren, die die ange-

---

[620] Nachfolgend werden die Begriffe Modellierung der UA, Architekturmodellierung und Unternehmensmodellierung synonym für die modellbasierte Gestaltung der UA verwendet. Vgl. hierzu auch die Ausführungen in Abschn. 3.1.2.2.1.

[621] Vgl. auch Esswein und Weller 2008, S. 10 f.; Lux et al. 2008, S. 21; Matthes 2011, S. 17-21; Schönherr 2004, S. 16 ff. sowie hierzu weiterführend insbes. auch Abschn. 3.2.2.

[622] Vgl. auch bspw. Scheer 2002, S. 32 ff.; Fischer und Winter 2007, S. 164 ff. sowie Abschn. 3.1.2.1.

[623] Vgl. Heinrich und Stelzer 2009, S. 65; Matthes 2011, S. 17 f. sowie zum Begriff des Frameworks auch Abschn. 4.1.

sprochene Integration auf Modellebene sicherstellen. Einerseits existieren hier sog. integrierte Modellierungssprachen, die versuchen, mittels einer gemeinsamen Sprachverwendung alle Beschreibungsebenen zu spezifizieren und so auf Modellebene Konsistenz zu erreichen. Ein Beispiel für einen solchen Architekturansatz stellt das Archimate-Rahmenwerk dar, das von der Open Group als offener und unabhängiger Standard für die Unternehmensmodellierung geführt wird.[624] Das Framework zur Strukturierung der Gestaltungsobjekte und Beziehungen innerhalb der Sprache unterscheidet dabei in seiner Grundform die Ebenen Geschäft, Applikation und Technologie sowie die Aspekte Information, Verhalten und Struktur in einer zweidimensionalen Matrixdarstellung. Das Ziel besteht in einer einheitlichen, integrierten Modellentwicklung, wodurch JONKERS ET AL. folgend auch insbesondere dem Problem des IT-Alignments Rechnung getragen wird.

Andererseits existieren darüber hinaus weitaus häufiger sog. integrierte Architekturkonzepte, die für die jeweils unterschiedlichen Ebenen der Architektur spezifische Modellierungstechniken vorsehen, die wiederum durch ein gemeinsames Metamodell integriert werden. Vor allem für heterogene Nutzergruppen entsteht hier der Vorteil der Individualisierbarkeit auf Sprachebene in Abhängigkeit der Methodenkompetenz. In Bezug auf die Wahrung der Konsistenz der einzelnen Modellebenen als Teile der Gesamtarchitektur werden dabei typischerweise ebenenübergreifende Metamodelle definiert, die die Modellbildung auf den jeweiligen Gestaltungsebenen einschränken. Hinsichtlich der UA definiert ein Metamodell dabei, welche Artefakte eines Unternehmens innerhalb der Architektur abgebildet werden können und in welcher Beziehung die einzelnen Komponenten der Architektur zueinander stehen.[625] Jede Sicht als Bestandteil der Architektur enthält dabei verschiedene Modelle bzw. Modelltypen, die wiederum einen Teilausschnitt der Organisation repräsentieren und in ihrer Gesamtheit Zusammenhänge zwischen den einzelnen Bereichen einer Organisation sichtbar machen. Als Beispiel integriert ARIS die Organisations-, Daten- und Funktionssicht über die Steuerungs- bzw. Prozesssicht, indem innerhalb des Metamodells Objekttypen definiert werden, die innerhalb der Beschreibungsebenen gleichermaßen Verwendung finden.[626] In ähnlicher Weise sieht auch bspw. der St. Galler Ansatz des Business Engineering (BE) die metamodellbasierte Integration der Teilarchitekturen vor. **Abb. 32** stellt

---

[624] Vgl. hierzu und im Folgenden u. a. Jonkers et al. 2004, S. 257 ff.; Lankhorst 2013, S. 75 ff. sowie auch The Open Group 2013a. Aufgrund der Entwicklung als Open-Group-Standard ist Archimate daher auch vollständig kompatibel mit TOGAF und ADM (vgl. TOGAF 2011). Vgl. hierzu auch die folgenden Abschnitte.

[625] Vgl. hierzu und im Folgenden auch Lux et al. 2008, S. 20 f.; Strahringer 1998, S. 1 ff.; Becker et al. 2001, S. 3 ff. sowie insbes. auch die Ausführungen in Abschn. 3.1.1.2

[626] Vgl. auch Scheer 2002, S. 32 ff.; Becker et al. 2001, S. 5 ff.

diese Zusammenhänge ausgehend von den im vorhergehenden Abschnitt der Untersuchung zugrunde gelegten Gestaltungsebenen der UA mithilfe eines Ausschnitts aus dem Metamodell des St. Galler Ansatzes exemplarisch dar.[627]

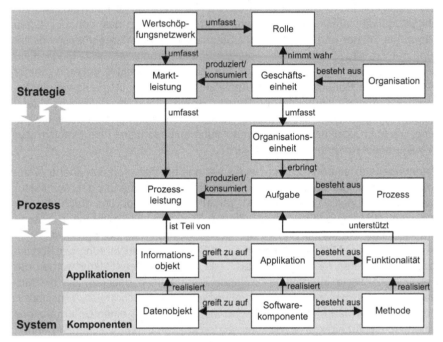

Abb. 32: Vereinfachtes Metamodell des Business Engineering
Quelle: Wortmann 2005, S. 14.

In Hinblick auf die Relevanz für den Untersuchungsgegenstand der vorliegenden Arbeit lässt sich hier auch feststellen, dass innerhalb der Literatur zu UA häufig eine uneinheitliche Verwendung des Perspektivenbegriffs und dabei v. a. eine synonyme Verwendung der Begriffe Perspektive und Sicht vorzufinden ist.[628] In Bezug auf die Prozessmodellierung definieren ROSEMANN UND VON UTHMANN eine Perspektive bspw. auch als „Subjekt-Verwendungszweck-Modell-Relation [...], in der sowohl der Verwendungszweck als auch das involvierte Subjekt (Ersteller, Nutzer) und dessen Charakteristika (z. B. Methodenkompetenz) zu einer individuellen Aufbereitung von Geschäftsprozessmodellen führen"[629]. Ähnlich verstehen BECKER ET AL. eine Perspektive als „Kon-

---

[627] Vgl. hierzu auch Österle 1995, S. 14 ff.; Österle et al. 2011, S. 108; Österle und Blessing 2000, S. 77.
[628] Vgl. auch Becker et al. 2001, S. 5.
[629] Rosemann und von Uthmann 1998, S. 2 (in geänderter Orthografie).

strukt [...], mit dem ein Modellersteller versucht die unterschiedlichen Subjektivierungen verschiedener Modellnutzer zu berücksichtigen"[630]. In Bezug auf den bereits zuvor in der vorliegenden Arbeit zunächst undifferenziert verwendeten Begriff der Sicht ist hier somit – in Übereinstimmung mit der gewählten konstruktionsprozessorientierten Modellinterpretation – neben den involvierten Akteuren auch insbesondere der Verwendungszweck als weiteres konstituierendes Merkmal zu betrachten.

Die Berücksichtigung unterschiedlicher Modellanforderungen als Resultat unterschiedlicher Zwecke und Subjekte wird dabei im Bereich der Unternehmensmodellierung auch unter dem Stichwort der Multiperspektivität untersucht. FRANK bspw. setzt den Perspektivenbegriff mit dem der Sicht oder auch der (Beschreibungs-)Ebene gleich und versteht diese als faktische Abstraktionen des Unternehmens, die objektiv als relevant gelten (hier: Strategie-, Organisations- und Informationssystemperspektive).[631] Dabei wird jedoch angenommen, dass sich die jeweils individuellen Interessen, Informationsbedarfe und damit verbundene Modellierungszwecke grundlegend in wenige, objektiv definierbare Beschreibungssichten zusammenfassen lassen.[632] Entsprechend der Vielfältigkeit der unterschiedlichen Verwendungszwecke und Interessensschwerpunkte für die Nutzung von Unternehmensmodellen (auch innerhalb einer Sicht) sowie der Heterogenität der involvierten Akteure entspricht dies jedoch einer eher undifferenzierten Betrachtungsweise.[633] Verschiedene Blickwinkel auf ein zu konstruierendes System resultieren grundlegend daraus, dass die Akteure verschiedene Verantwortlichkeiten oder Funktionen einnehmen, die wiederum verschiedene Intentionen, Sichtweisen und Ziele involvieren. In Bezug auf die Dichotomie Geschäft-IT ist daher festzustellen, dass Architekturnutzer wie bspw. die Mitglieder der Unternehmensführung andere Anforderungen an die Architekturmodelle stellen als bspw. ein Systementwickler oder Prozesseigner, wodurch erneut die Berücksichtigung des nutzer- bzw. zweckgebundenen Interesses der Architekturnutzer betont wird.[634]

---

[630] Becker et al. 2001, S. 11. Unter dem Begriff der Subjektivierung verstehen Becker et al. (2001, S. 4) hierbei „das Erklärungsprinzip [...], dass sich die Individualität von Menschen insbesondere aus den Unterschieden ihrer subjektabhängigen Vorstellungswelten ergeben".

[631] Vgl. hierzu insbesondere Frank 1994, S. 163 ff.

[632] Vgl. Rosemann und von Uthmann 1998, S. 2.

[633] Vgl. auch Rosemann und von Uthmann 1998, S. 2 f. Als Beispiel kann die Verwendung von Prozessmodellen für das Workflowmanagement und die Simulation von Prozessen angeführt werden, die jeweils aufgrund des Verwendungszwecks unterschiedliche Anforderungen an die Modelle stellen, jedoch gemäß der skizzierten Auffassung des Perspektivenbegriffs grundlegend in einer Perspektive zusammengefasst werden würden.

[634] Vgl. hierzu insbes. auch Abschn. 4.2.2.

3.1.2.2.3 Management und organisationale Verankerung der Unternehmens-architektur

> „[I]f these individual measures are to become a part of the whole,
> then we will also need an element of general control, a
> comprehensive architecture management process."
>
> Niemann 2006, S. 124

Wie in den vorhergehenden Abschnitten dargelegt weisen Unternehmensar-chitekturen insbesondere zur Schaffung von Transparenz und der Bewältigung von Komplexität ein hohes Potenzial auf. Zur Erreichung der beschriebenen Ziele der UA und unter Berücksichtigung der Problemstellung der vorliegenden Untersuchung ist jedoch neben der einmaligen Erstellung im Sinne der Be-schreibungs- bzw. Dokumentationsfunktion (Typ I) vor allem auch eine konti-nuierliche Weiterentwicklung sowie eine angemessene organisatorische Ver-ankerung der UA im Rahmen eines systematischen Architekturmanagements erforderlich, um die UA auch dauerhaft als Analyse-, Gestaltungs- und Pla-nungsinstrument nutzbar zu machen (Typ II).[635] Da der initiale Aufwand der Architekturgestaltung typischerweise zunächst Kosten anstelle von Nutzen birgt, sind geeignete Maßnahmen und Methoden gefordert, die die Entwick-lung der UA als kontinuierliche Entscheidungs- und Kommunikationsgrundlage nachhaltig steuern.[636] Unternehmensarchitekturen stellen de facto Moment-aufnahmen dar, die durch einen geeigneten Managementprozess fortwährend weiterzuentwickeln und im Unternehmen zu verankern sind.[637]

Das Unternehmensarchitekturmanagement (UAM; engl. Enterprise Architectu-re Management, EAM) umfasst hierzu sämtliche Prozesse, Methoden, Werk-zeuge, Verantwortlichkeiten und Standards, die für die Planung, Entwicklung, Nutzung, Steuerung und Pflege der UA notwendig sind.[638] Es beschreibt dabei Verfahrensweisen, die sowohl strategische als auch operative Prozesse zur Planung, dem Aufbau, der Umsetzung, Weiterentwicklung und Steuerung der Unternehmensarchitektur umfassen. LUX ET AL. definieren das UAM in diesem Zusammenhang als den ganzheitlichen „Prozess der Erhebung, Dokumentati-on und der langfristigen Entwicklung der Unternehmensarchitektur"[639]. Durch entsprechende Vorgaben und Etablierung geeigneter Prozesse kann das UAM grundlegend für eine anforderungs- und zielorientierte Vorgehensweise bei der Erstellung, der Pflege sowie des Einsatzes der Architekturen und Architektur-

---

[635] Vgl. hierzu auch Aier et al. 2008a, S. 294 f.; Schwarzer 2009, S. 23 ff.; Lohmann et al. 2008, S. 552 ff. sowie auch Abschn. 3.1.2.2.1.
[636] Vgl. auch Schwarzer 2009, S. 100 ff.; Hafner et al. 2004, S. 54 f.
[637] Vgl. auch Dern 2006, S. 16.
[638] Vgl. Niemann 2005, S. 23 ff.
[639] Lux et al. 2008, S. 20.

artefakte sorgen und hat damit im Wesentlichen Planungs- und Steuerungs-charakter.[640]

Damit einhergehend beschreiben AIER UND SCHÖNHERR die Aufgabe des Architekturmanagements auch als Moderator bzw. Berater, der dazu dient, zwischen der IT und den Fachabteilungen zu vermitteln und die relevanten Komponenten beider Domänen angemessen und transparent zu strukturieren.[641] Den Autoren zufolge bietet ein in geeigneter Weise institutionalisiertes UAM damit die Möglichkeit, zu einer besseren Integration und Abstimmung auf Ebene der Geschäftsprozesse zu gelangen, wodurch sich das UAM insbesondere als prozessorientiertes Instrument zur Unterstützung des IT-Alignments eignet. Ähnlich hat das UAM laut WALSER UND RIEDL das Potenzial, nachhaltig zur Überwindung der Grenzen zwischen Fach- und IT-Seite beizutragen.[642] Der Fokus des Architekturmanagements liegt daher vor allem auf der operativen Umsetzung der strategischen Planung im Sinne der Transformation von der Ist- zur Soll-Struktur des Unternehmens und stellt damit den zugehörigen „Prozess zur Unternehmensarchitektur"[643] dar, der ausgehend von den Unternehmenszielen und der Ist-Architektur zukünftige Handlungsfelder identifiziert und in ganzheitlicher Weise die Transformation vom aktuellen zum geplanten Zustand anleitet.[644]

Das UAM hat somit die Erstellung und dauerhafte Aufrechterhaltung einer angemessenen Informationsinfrastruktur zur Erreichung der Unternehmensziele zum Ziel, was der Unterstützung der klassischen Aufgaben des Informationsmanagements entspricht.[645] Wesentliche Aufgabe ist die Herstellung von Transparenz durch die UA und die Unterstützung von Veränderungsprozessen auf unternehmens- bzw. bereichsweiter Ebene durch Koordination sowohl im Rahmen der Strategiedefinition als auch der Strategieumsetzung.[646] In Bezug auf dessen Positionierung weist das UAM somit einerseits enge Bezugspunkte zur strategischen Planung auf, indem die UA den Strategieprozess mit notwendigen Informationen versorgt. Andererseits kann das UAM die Ableitung und Umsetzung eines entsprechenden Projektportfolios auf operativer Ebene

---

[640] Vgl. auch Schwarzer 2009, S. 23 f.; Lohmann et al. 2008, S. 552.
[641] Vgl. Aier und Schönherr 2006, S. 195.
[642] Vgl. Walser und Riedl 2010, S. 197.
[643] Niemann 2005, S. 24.
[644] Vgl. Niemann 2005, S. 169 ff.; Mannmeusel 2012, S. 35.
[645] Vgl. Hafner et al. 2004, S. 60 f.; Aier et al. 2012, S. 15 f.
[646] Vgl. Aier et al. 2012, S. 15 f.; Niemann 2005, S. 169 ff.; Foegen (2003, S. 62 f.) folgend ist das Architekturmanagement daher auch dafür verantwortlich, dass die UA im Unternehmen „gelebt" wird.

fördern, das die Strategieumsetzung nachhaltig unterstützt. **Abb. 33** stellt diese Zusammenhänge grafisch dar.[647]

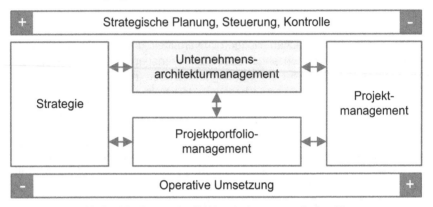

Abb. 33: Positionierung des UAM zwischen strategischer Planung und operativer Umsetzung
Quelle: Aier et al. 2012, S. 16.

Das UAM gewährleistet so die Berücksichtigung von Abstimmungsaufgaben im Sinne der Unterstützung aktueller und geplanter fachlicher Anforderungen und bietet dabei wichtige Ansatzpunkte für die konsequente Abstimmung und Ausrichtung zwischen Geschäft und IT, indem das UAM als Bindeglied zwischen Geschäfts- und IT-Fokus wirkt und durch gemeinsame, zukunftsorientierte Planungs-, Entscheidungs- und Umsetzungsprozesse die Lücke zwischen Fach- und IT-Bereichen überwinden soll.[648] Gleichzeitig kann das UAM durch die geschaffene Transparenz einen Ausgangspunkt für Flexibilitätsbestrebungen des Unternehmens darstellen, um kurzfristig auf neue fachliche Anforderungen in angemessener Weise reagieren zu können. Hierauf aufbauend kann das UAM zusammenfassend wie folgt definiert werden:

> Das ***Unternehmensarchitekturmanagement (UAM)*** bezeichnet eine Managementdisziplin zur architekturbasierten Unternehmensgestaltung, das die Dokumentation, Analyse und Planung der Unternehmensarchitektur umfasst und als ganzheitliches Koordinations- und Planungsinstrument den kontinuierlichen Gestaltungsprozess von Ist- zu Soll-Architekturen steuert.

Zum Management der Unternehmensarchitektur existieren in der Literatur verschiedene Vorgehens-, Phasen- und auch Reifegradmodelle, die den Architek-

---

[647] Vgl. ähnlich auch Niemann 2005, S. 169 ff., der die Positionierung des UAM auch metaphorisch in erneutem etymologischen Bezug zur Bauplanung als „Brückenschlag von der strategischen Planung hin zur operativen Umsetzung" (S. 169) beschreibt.

[648] Vgl. u. a. auch Schwarzer 2009, S. 7; Walser und Riedl 2010, S. 197; Hafner und Winter 2004, S. 56.

turgestaltungs- und -weiterentwicklungsprozess systematisieren. Zunächst lässt sich das UAM dabei anhand eines groben, vereinfachten Zyklus des UAM beschreiben, der die drei Schritte der (i) Abbildung der Ist-Situation, (ii) Definition des angestrebten Zustands und (iii) der Planung und Umsetzung des Übergangs umfasst (vgl. **Abb. 34**).[649] Dabei kann die Ist-Situation anhand von IT- und Geschäftskriterien untersucht und bewertet werden, woraufhin aufbauend auf dieser Betrachtung und unter Berücksichtigung der zukünftigen Anforderungen eine Zielarchitektur konzipiert werden kann. Dieses Vorgehen sieht somit eine gemeinsame Entwicklung von Geschäfts- und IS-Architektur vor. Die Planarchitektur im dritten Schritt umfasst dann Maßnahmen zur konkreten Umsetzung der veränderten Anforderungen als Grundlage für Projekte zur Umsetzung der Zielarchitektur. Aufgrund der Volatilität der Unternehmensumgebung und des Wandlungsbedarfs der Architektur muss dieses Verfahren kontinuierlich durchlaufen werden.

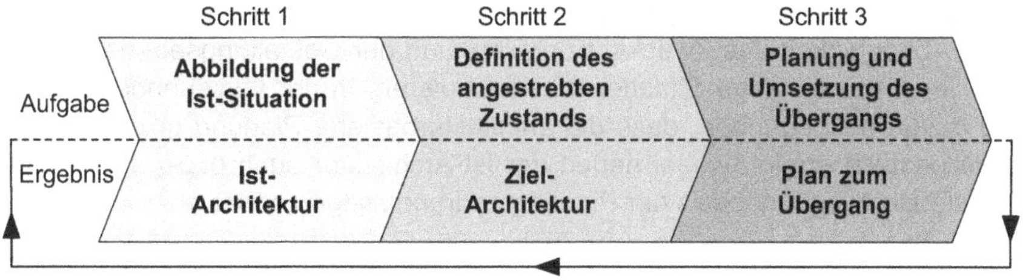

	Schritt 1	Schritt 2	Schritt 3
Aufgabe	Abbildung der Ist-Situation	Definition des angestrebten Zustands	Planung und Umsetzung des Übergangs
Ergebnis	Ist-Architektur	Ziel-Architektur	Plan zum Übergang

Abb. 34: Grobstruktur des Architekturmanagementprozesses
Quelle: Schwarzer 2009, S. 26.

Ein wesentliches Problem, das mit der Architekturgestaltung einhergeht, ist dabei generell der erhöhte Aufwand seitens der Architekten und die problematische Quantifizierung und Zuordnung eines Wertbeitrags der UA und des Architekturmanagements.[650] Während in der Vergangenheit häufig postuliert wurde, dass Schnelligkeit wichtiger als Nachhaltigkeit sei, ist heute der Nutzen von eher langfristig ausgerichteten Architekturmaßnahmen jedoch weitestgehend anerkannt. Im Gegenteil kann Nachhaltigkeit stattdessen maßgeblich zur Schnelligkeit und Flexibilität von Strukturen und Abläufen beitragen, v. a. da ein organisatorisch verankertes Architekturmanagement zur verbesserten Wartbarkeit und einer erhöhten Entwicklungsgeschwindigkeit sowie vor allem zu einer gesteigerten Flexibilität und zur Verbesserung des IT-Alignments beitragen kann.[651] Die Dokumentation der UA dient dabei gemäß dem skizzierten

---

[649] Vgl. Schwarzer 2009, S. 25 f.
[650] In diesem Zusammenhang argumentiert auch Zachman (2001, S. 1): „You can't ‚cost-justify' Architecture". Vgl. hierzu und im Folgenden auch Winter 2004, S. 318 f.; Lohmann et al. 2008, S. 553 ff.
[651] Vgl. auch Winter 2004, S. 319; Schwarzer 2009, S. 25 f.

Grobprozess als Grundlage der Planung und Analyse der Unternehmensstrukturen, wobei die Planung selbst wiederum auch flexibel sein muss, da neue Anforderungen sich nicht nur auf die langfristig angestrebte Architektur, sondern auch auf die geplanten und sich in der Umsetzung befindenden Soll-Architekturen wirken und Anpassungen an der ursprünglich geplanten Architektur erforderlich machen können.[652]

Dabei ist in diesem Zusammenhang zudem ergänzend anzumerken, dass nicht in allen Fällen eine Ist-Modellierung sinnvoll ist, wohingegen die Entwicklung einer Ziel-Architektur vor allem für die Durchführung einer architekturbasierten Planung unerlässlich erscheint. Darüber hinaus wird in Bezug auf Nutzung der UA als Planungsinstrument vielfach auch die Modellierung der Transformation vom Ist- zum Soll-Zustand als notwendig erachtet.[653] Im Wesentlichen sind dabei verschiedene Aspekte abzuwägen, die für oder gegen eine Modellierung des aktuellen Zustands sprechen können, von denen einige exemplarisch in **Tab. 12** zusammengefasst sind.[654] Architekturinhalte sind somit in Abhängigkeit des Zwecks, Kontextes und der Gestaltungsebene für die aktuelle oder zukünftige Situation zu konstruieren. In der vorliegenden Arbeit wird davon ausgegangen, dass die architekturbasierte Planung grundsätzlich modellgestützt erfolgt, wobei neben der Ist-Architektur auch bspw. Referenzmodelle als Ausgangsbasis der Planung zugrunde liegen können.

Gründe für eine Ist-Analyse, z. B.	Gründe gegen eine Ist-Analyse, z. B.
• Verschafft einen (detaillierten) Überblick über die momentane Situation	• Die momentane Situation kann nur unter extrem hohem Aufwand beschrieben werden (kein eindeutiges Ist)
• Unterstützt Change Management bei der Transformation	• Extrem hoher Leidensdruck bei allen Beteiligten
• Die Ausgangslage ist unklar	• Die Ausgangslage ist allen Beteiligten klar
• Möglichkeit, die Hebel zur Beseitigung der Schwachstellen frühzeitig zu identifizieren	• Radikale Veränderungen bzw. Innovationen werden angestrebt

Tab. 12: Ausgewählte Gründe für und gegen eine Ist-Analyse
Quelle: Österle et al. 2011, S. 16.

Allerdings verlaufen die Veränderungsprozesse fachlicher und technischer Architekturen üblicherweise nicht synchron. Stattdessen weisen Geschäfts- und Prozessarchitekturen bzw. IT- und Applikationsarchitekturen i. d. R. einen unterschiedlichen Lebenszyklus auf, da Änderungen der fachlichen Architektur

---

[652] Vgl. auch Schwarzer 2009, S. 26.
[653] Vgl. u. a. Aier et al. 2008a, S. 300 f.; Aier und Saat 2010, S. 65 f.
[654] Darüber hinaus sind hier auch Unterschiede in Bezug auf die jeweilige Teilarchitektur festzustellen. Bspw. sind Ist-Modelle auf Strategieebene i. d. R. eher von untergeordneter Bedeutung. Vgl. auch Österle et al. 2011, S. 16.

nicht immer zwingend Änderungen der technischen Architektur bedingen und vice versa.[655] Insbesondere fachliche und technische Strukturen verändern sich i. d. R. unterschiedlich schnell. Während Änderungen an den Geschäftsprozessen aus organisatorischer Sicht häufig relativ schnell möglich sind und vergleichsweise zeitnah in Bezug auf den veränderten Anforderungsbedarf angepasst werden können, sind Änderungsprozesse in Bezug auf die technische Umsetzung häufig langsamer und aufwändiger. Gleiches gilt bspw. auch für strategische Planungen und organisatorische Strukturen: während strategische Planungen häufiger kleinere Änderungen mit sich bringen, bspw. innerhalb eines Jahres, sind größere strukturelle Reorganisationsmaßnahmen eher seltener.

Diese unterschiedlichen Architekturlebenszyklen führen zu auseinander divergierenden Teilarchitekturen, die die konsistente Umsetzung neuer fachlicher Anforderungen auf technischer Ebene verhindern.[656] Dies kann zu einer als unzureichend wahrgenommenen IT-Unterstützung führen, die die Anforderungen des Geschäfts nicht adäquat umsetzen kann. Allerdings kann eine angemessene Reaktion seitens der IT nur erfolgen, sofern die zugehörigen fachlichen Abläufe, Strukturen und Abhängigkeiten in der Geschäftsarchitektur entsprechend expliziert wurden. Weiterhin treten fachliche Anforderungen typischerweise nicht zeitgleich auf. Im Sinne eines kontinuierlichen Managements sollten diese zum Zeitpunkt ihres Auftretens erfasst und hinsichtlich der Ist-Situation und möglichen Abhängigkeiten in einer integrierten Weise beurteilt werden. Durch eine geeignete Vorgehensweise ist hier v. a. sicherzustellen, dass Architekturplanungen zum Zeitpunkt ihrer Umsetzung nicht bereits wieder obsolet sind, sondern im Sinne eines „Moving Target" evolutionär und kontinuierlich auf Veränderungen reagiert werden kann.[657] Hierfür sind gesonderte Abstimmungsprozesse erforderlich, die die Architekturentwicklung zielführend unterstützen. Aufgabe des Architekturmanagements ist daher auch insbesondere die Koordination der einzelnen Teilarchitekturen im Zeitablauf, wobei vor allem die angemessene Abstimmung zwischen der Geschäfts- und Prozessarchitektur mit der IT- und Applikationsarchitektur das Kernziel des Architekturmanagements darstellt.[658] Die UA wird damit zur Grundlage analytischer Entscheidungen und strategischer Planungsprozesse und kann somit als Instru-

---

[655] Vgl. hierzu und im Folgenden u. a. Hafner und Winter 2005, S. 629 ff.; Winter 2004, S. 318 f.; Gronau und Rohloff 2007, S. 1741 ff.; Aier und Saat 2010, S. 63 ff. sowie auch Abschn. 4.3.3.3.
[656] Vgl. auch Winter 2004, S. 318.
[657] Vgl. Hafner et al. 2004, S. 62. Dabei zeigt sich hier auch, dass die Analogie zum Bauwesen nur bedingt zutreffend ist: Der Lebenszyklus von Architekturen im klassischen Sinne ist um ein vielfaches länger und statischer als der von Unternehmensarchitekturen, die durch organisatorischen Wandel ebenfalls kontinuierlichen Veränderungen unterliegen.
[658] Vgl. Hafner und Winter 2005, S. 629.

ment zur Steuerung der Organisation sowohl aus fachlicher als auch informationstechnischer Sicht herangezogen werden.[659]

Während sich für die Gestaltung der UA im Sinne der Dokumentationsfunktion bereits zahlreiche Ansätze in Wissenschaft und Praxis etabliert haben, werden neben Instrumenten der Analyse insbesondere Methoden zur Unterstützung der Transformation der Architekturmodelle bislang nur rudimentär in der Literatur betrachtet.[660] Für die Gestaltung und Weiterentwicklung der UA wird dabei i. d. R. ein Verfahren beschrieben, dass im Sinne eines sukzessiven Vorgehens zunächst ausgehend von der strategischen Positionierung aus fachlicher Sicht eine geeignete Aufbau- und Ablauforganisation spezifiziert und nachfolgend die unterstützenden Informationssysteme sowie die zur Umsetzung erforderliche IT-Infrastruktur betrachtet. Da eine simultane Ausrichtung fachlicher und IT-bezogener Aspekte häufig schwer möglich ist, ist FISCHER UND WINTER folgend grundsätzlich ein hierarchischer und mehrstufiger Gestaltungs- und Weiterentwicklungsprozess zu implementieren, der die individuelle Gestaltung und Evolution der Teilmodelle vorsieht, die wiederum mit der UA als übergreifendes Artefakt zur Konsistenzsicherung verglichen und an diese angepasst werden.[661]

Allerdings lässt sich feststellen, dass insbesondere Vorgehensmodelle bzgl. der tatsächlichen Umsetzung des UAM-Prozesses häufig sehr abstrakt bleiben. Es werden häufig grobe Schritte definiert, die nur ausschnittsartig einzelne Aspekte des UAM berücksichtigen und weder den Prozess des UAM hinreichend beschreiben noch konkrete und ausreichend erprobte Maßnahmen für dessen aktive Umsetzung bereitstellen. Insbesondere personen- bzw. aufgabenträgerbezogene Aspekte im Sinne der Berücksichtigung von Belangen der jeweiligen Anspruchsgruppen und der jeweiligen Nutzungsanforderungen werden i. d. R. außer Acht gelassen. Zudem bezieht sich der Großteil der Ansätze vordergründig auf technische Aspekte und das Management der IT-Architektur bei nur rudimentärer Berücksichtigung fachlicher Einflüsse.[662]

Einen methodisch vergleichsweise detaillierten und hinreichend dokumentierten Ansatz für das UAM bietet bspw. die Architecture Development Method

---

[659] Vgl. auch Aier et al. 2008a, S. 298.
[660] Vgl. Aier et al. 2008a, S. 300 f.
[661] Vgl. Fischer und Winter 2007, S. 169 f.
[662] Vgl. hierzu bspw. den Ansatz nach Dern 2006.

(ADM), die Bestandteil des TOGAF-Frameworks ist.[663] ADM beschreibt dabei einen Zyklus von insgesamt neun Phasen, der ausgehend von der Architekturvision (Schritt A) zunächst die Gestaltung der Geschäftsarchitektur (Schritt B) vorsieht und in einem Top-Down-Vorgehen die IS- und Technologiearchitektur (Schritt C und D) iterativ entwickelt. Darüber hinaus werden Schritte für die Transformation der Ist- zur Soll-Situation (Schritte E und F), zur Steuerung und Kontrolle der Realisierungsprojekte (Schritt G) sowie zur Einrichtung eines Changemanagementprozesses für die UA (Schritt H) vorgesehen, die jeweils in Hinblick auf die entsprechenden Anforderungen beurteilt und durchgeführt werden.

Demgegenüber fokussiert der Ansatz nach HAFNER UND WINTER das Management der Applikationsarchitektur als Schnittstelle zwischen fachlichen und technischen Interessensgruppen und bezieht somit auch die Anforderungen der Applikationsnutzer ein.[664] Ausgehend von einer detaillierten Untersuchung bestehender UAM-Ansätze und der Durchführung und Analyse mehrerer Fallstudien entwickeln die Autoren ein Vorgehensmodell, das das Architekturmanagement in die vier miteinander verbundenen Hauptprozesse der Architekturführung, Architekturentwicklung, Architekturkommunikation und Architekturvertretung untergliedert. **Abb. 35** stellt den Prozess einschließlich der jeweils zugeordneten Aktivitäten als Beispiel für ein entsprechendes Vorgehensmodell exemplarisch dar.[665]

Dabei werden ausgehend von den strategischen Anforderungen die vorhandenen Ist- und Soll-Architekturen beurteilt und Architekturprinzipien abgeleitet, die bei der Entwicklung der weiteren Architekturartefakte herangezogen werden können. Zudem werden Informations- und Schulungsmaßnahmen bereitgestellt und eine aktive Unterstützung und Beratung in sowohl strategischen als auch operativen Belangen gewährleistet. Wesentlich sind hierbei nicht nur die Architekturentwicklung, sondern auch die Berücksichtigung von Führungs-, Kommunikations- und Vertretungsaufgaben im Sinne der Schaffung von Ak-

---

[663] TOGAF steht für The Open Group Architecture Framework und stellt ein werkzeugunabhängiges Rahmenwerk zur Architekturentwicklung dar. Vgl. TOGAF 2011 sowie auch The Open Group 2013b. Für eine detailliertere Beschreibung vgl. bspw. auch Matthes 2011, S. 188 ff. sowie weiterführend insbes. auch Anhang B. TOGAF wird dabei vielfach auch als De-facto- bzw. Quasi-Standard bezeichnet (vgl. bspw. Keller 2012, S. 296) und gilt neben dem Zachman-Framework als das verbreitetste Architekturframework in der Unternehmenspraxis (vgl. Matthes 2011, S. 5).

[664] Vgl. Hafner und Winter 2005, S. 642 ff.; Hafner und Winter 2008, S. 1 ff. Wenngleich sich die Autoren explizit auf die Applikationsarchitektur beziehen, die gemäß dem hier eingenommenen Verständnis als Teilarchitektur der UA zu verstehen ist, sind die Aussagen jedoch auch – vor allem auch in Hinblick auf die Bedeutung der Applikations- bzw. Integrationsarchitektur für den Untersuchungsgegenstand der vorliegenden Arbeit – grundlegend auf das ganzheitlich ausgerichtete UAM übertragbar.

[665] Vgl. hierzu auch Abschn. 4.2.1 sowie weiterführend auch Anhang B.

zeptanz und Durchsetzung einer „gelebten" UA. Hierzu werden im Rahmen der Phase der Architekturführung zunächst bestehende Architekturen auf Basis der aus der IT-Strategie abgeleiteten Anforderungen beurteilt und somit Handlungsbedarfe erarbeitet. Gemeinsam mit zusätzlichen operativen Anforderungen aus der IT und weiteren fachlichen Anforderungen werden die aktualisierten Architekturprinzipien in der Phase der Architekturentwicklung einbezogen, um neue Architekturartefakte zu gestalten. Zur Durchsetzung der geplanten Maßnahmen sind zudem die Kommunikation der Architekturartefakte und -prinzipien sowie Maßnahmen der Architekturvertretung notwendig, woraus wiederum neue Anforderungen an das Architekturmanagement entstehen können und sich ein kontinuierlicher Regelkreis ergibt.

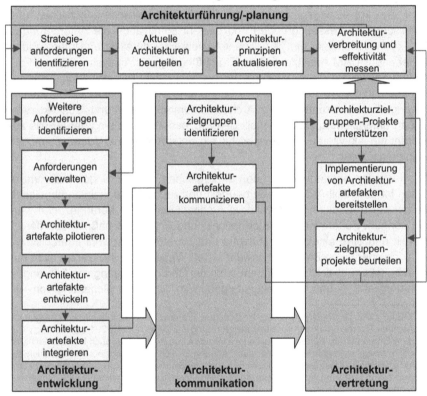

Abb. 35: Vorgehensmodell für das Architekturmanagement
Quelle: Eigene Darstellung in Anlehnung an Hafner und Winter 2005, S. 643; Hafner und Winter 2008, S. 9.

Als zentraler Stellhebel für den Erfolg des UAM wird dabei vielfach dessen konzeptionelle und organisatorische Verankerung im Sinne einer unternehmensweiten Architekturfunktion betont.[666] AIER ET AL. folgend sind hier in erster Linie drei Varianten zu differenzieren: Neben einem zentralisierten UAM, das i. d. R. auch alle weiteren Veränderungsaufgaben integriert und die Koordination lokaler Einheiten übernimmt, werden eine fachlich und IT-bezogene inhaltliche Differenzierung sowie eine vollständige Dezentralisierung der UAM-Funktion in lokale Einheiten unterschieden. Während eine zusätzliche dezentrale Verantwortungsstruktur aus Sicht des IT-Alignments unter Voraussetzung der Verankerung sowohl in der IT- als auch in den Fachabteilungen ebenfalls grundsätzlich sinnvoll erscheint, wird nachfolgend primär ein zentralisiertes UAM favorisiert, da davon ausgegangen wird, dass eine gemeinsame strategische UAM-Funktion für Geschäft und IT eine bessere Ausrichtung der Teilarchitekturen – insbesondere auch im Rahmen der Architekturplanung – im Sinne des hier angenommenen ganzheitlichen UA-Verständnisses und hinsichtlich der Unterstützung des IT-Alignments ermöglicht.[667] **Abb. 36** stellt die Möglichkeiten der Verankerung nach AIER ET AL. grafisch gegenüber.

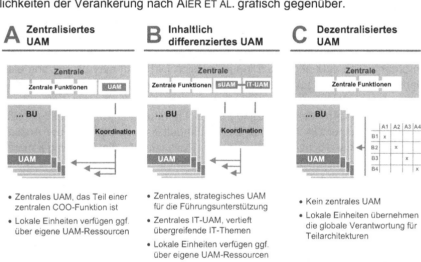

A Zentralisiertes UAM

B Inhaltlich differenziertes UAM

C Dezentralisiertes UAM

- Zentrales UAM, das Teil einer zentralen COO-Funktion ist
- Lokale Einheiten verfügen ggf. über eigene UAM-Ressourcen

- Zentrales, strategisches UAM für die Führungsunterstützung
- Zentrales IT-UAM, vertieft übergreifende IT-Themen
- Lokale Einheiten verfügen ggf. über eigene UAM-Ressourcen

- Kein zentrales UAM
- Lokale Einheiten übernehmen die globale Verantwortung für Teilarchitekturen

Abb. 36: Optionen der organisatorischen Verankerung des UAM
Quelle: Aier et al. 2012, S. 22.

---

[666] Vgl. u. a. Aier et al. 2012, S. 17 ff.; Lohmann et al. 2008, S. 558; Schwarzer 2009, S. 33, S. 170; Lankhorst 2013, S. 305 ff.

[667] Aier et al. (2012, S. 21 f.) beschreiben diese Vorgehensweise aufgrund des historischen Ursprungs der UAM auch als Prozess der „Emanzipation von der IT" und betonen hierbei v. a. die Notwendigkeit der unternehmensweiten Anerkennung und Legitimation der UAM-Funktion auch außerhalb der IT, was insbesondere auch für das IT-Alignnment von zentraler Bedeutung ist.

Neben der Verankerung des UAM wird darüber hinaus vor allem auch eine geeignete Kommunikation der UAM-Maßnahmen als entscheidend für deren Umsetzungserfolg gesehen.[668] Dies beinhaltet dabei sowohl die Kommunikation von Architekturinhalten als auch die „Vermarktung" der UA im Sinne der unternehmensweiten Durchsetzung. Insbesondere ist hier auch die Vorbildfunktion des Managements anzusprechen (*Commitment*). Neben Modellen, die in allen Ansätzen einen wesentlichen Bestandteil der Architekturgestaltung und -planung darstellen, stellen in dieser Hinsicht vor allem auch Standards oder auch Vereinbarungsdokumente ein wichtiges Instrument für das UAM dar, die Regeln und Richtlinien in Bezug auf die Nutzung der Architektur sowie Kriterien und Vorgehensweisen für die Aufgaben im Architekturprozess enthalten.[669]

Als wesentliches Element beinhalten UAM-Maßnahmen in diesem Zusammenhang i. d. R. auch das Gestalten von Architekturprinzipien, die den Architekturerstellungs-, Architekturentwicklungs- und -implementierungsprozess steuern und somit das UAM faktisch durchsetzen.[670] Im Rahmen von TOGAF werden Prinzipien bspw. definiert als „general rules and guidelines, intended to be enduring and seldom amended, that inform and support the way in which an organization sets about fulfilling its mission [...] [and] may be just one element in a structured set of ideas that collectively define and guide the organization, from values through to actions and results"[671]. Wie bereits zuvor angedeutet, werden Architekturprinzipien in der Literatur teils implizit, teils explizit als Merkmal einer UA angeführt. Dabei handelt es sich um konkrete Aussagen, Grundsätze, Richtlinien, Regeln oder Postulate, die die Ableitung konkreter Handlungsempfehlungen und Entscheidungskriterien erlauben und damit den Rahmen der Architekturkonstruktion, -beschreibung, -nutzung und -evaluation bilden.

Grundlegend wird durch Einbindung von Architekturprinzipien und der Betonung der Notwendigkeit einer organisatorischen Verankerung des UAM auch insbesondere der Bezug zur IT-Governance deutlich, da ein sinnvoll integriertes Architekturmanagement offensichtlich wesentliche Überschneidungen mit den Governanceaufgaben im Unternehmen aufweist. Im Folgenden werden diese Zusammenhänge näher betrachtet und ausgehend von der Analyse bestehender Architekturkonzepte als Grundlage für die Ableitung von Gestaltungsmerkmalen an das zu entwickelnde Artefakt genutzt.

---

[668] Vgl. hierzu auch bspw. Aier et al. 2012, S. 23; Hafner et al. 2004, S. 62; Dern 2006, S. 87.
[669] Vgl. auch Schwarzer 2009, S. 27 ff. sowie hierzu auch Abschn. 3.2.1.
[670] Vgl. hierzu und im Folgenden u. a. Schwarzer 2009, S. 28; Stelzer 2010, S. 55 ff.; TOGAF 2011, S. 235 ff.; Stelzer 2010, S. 55 ff. sowie weiterführend auch Abschn. 4.3.2.
[671] TOGAF 2011, S. 235.

3.2 Bewertung und Ableitung von Gestaltungsmerkmalen

Unternehmensarchitekturen sind den obigen Ausführungen zufolge somit primär als Managementinstrument zu verstehen, das auf Basis eines expliziten Modells der Organisation insbesondere Transparenz und damit eine systematische Kommunikationsbasis und strategische Entscheidungsgrundlage – vor allem in Bezug auf die Beurteilung der Auswirkungen von Veränderungen – bereitstellt. Gleichermaßen steuern die Prozesse der IT-Governance die Entscheidungsprozesse durch Definition geeigneter Strukturen, Mechanismen und Abläufe im Unternehmen sowie entsprechender interner Kontrollmechanismen, die die Abstimmung der IT mit den Unternehmenszielen sicherstellen. Wie bereits in Abschn. 2.2.4 angedeutet, erscheinen beide Ansatzpunkte – Unternehmensarchitekturen und Governance – grundlegend geeignet, durch die Umsetzung des IT-Alignments im Verständnis dieser Arbeit zu fördern, wodurch nachfolgend ein synergetisches Vorgehen intendiert wird.

Nachfolgend werden daher in Abschn. 3.2.1 zunächst die grundlegenden Zusammenhänge und Interdependenzen zwischen der IT-Governance, Unternehmensarchitekturen und dem IT-Alignment herausgearbeitet, um eine Basis für die nachfolgende Beurteilung der Grenzen bestehender architekturbasierter Ansätze und der Ableitung von Gestaltungsmerkmalen an das zu entwickelnde Artefakt zu schaffen (Abschn. 3.2.2).

3.2.1 Zusammenhänge zwischen IT-Governance, Unternehmensarchitekturen und IT-Alignment

> „Enterprise Architecture (EA) provides the tight cohesion and loose coupling between the Business and IT strategies. It is the 'glue' that allows both Business and IT strategy to enable and drive each other."
>
> Aziz et al. 2005, S. 2

Insbesondere in Hinblick auf eine sich verändernde Unternehmensumgebung und den damit verbundenden Wandlungsbedarf von Unternehmen spielt die IT-Governance eine kritische Rolle, indem sie durch geeignete Prozesse und Mechanismen die Verbindung zwischen Unternehmens- und IT-Zielen sowie deren operativer Umsetzung unterstützt. Gleichermaßen gilt das IT-Alignment im Sinne der Verbesserung der Effizienz und Qualität der IT neben Faktoren mit unternehmensexternem Einfluss, wie bspw. Compliance oder der Unterstützung externer Beziehungen, als wesentlicher unternehmensinterner Treiber für die Entwicklung und Nutzung von Unternehmensarchitekturen.[672] Das IT-Alignment wird dabei vielfach als eines der wesentlichen Ziele und Motivationsgründe für den Einsatz der UA betrachtet, indem vor allem durch höhere

---

[672] Vgl. auch Schwarzer 2009, S. 73 ff.; Lankhorst 2013, S. 6 ff.

Transparenz des aktuellen Zustands des Unternehmens und gemeinsamer Planungsprozesse die Effektivität der IT und die wechselseitige Abstimmung von Geschäft und IT verbessert werden kann.[673]

Im Rahmen der IT-Governance sind Unternehmensarchitekturen NIEMANN folgend demnach als Mittel zu sehen, um Governanceziele und -mechanismen durchzusetzen und eine wertmäßige und risikobewusste Steuerung des Gesamtunternehmens zu erreichen, indem die der Kontrolle und Steuerung zugrunde gelegten Rahmenbedingungen und Abhängigkeiten sichtbar gemacht werden.[674] Insbesondere kann die UA maßgeblich durch die Schaffung transparenter Zusammenhänge im Sinne eines Partners der IT-Governance dazu beitragen, die Anforderungen an die IT sowie auch die strategische Bedeutung des IT-Einsatzes zu verstehen und somit auch zukünftige Handlungsfelder des Unternehmens zu identifizieren und die Reichweite von IT-Investitionen beurteilen zu können, wodurch grundlegend das Hauptziel der IT-Governance adressiert wird.[675] Die UA beschreibt in diesem Sinne somit grundlegend den unternehmensweiten Kontext, in dem die IT-Governance stattfindet.

Während IT-Governance-Frameworks (wie bspw. COBIT) dabei im Wesentlichen die erforderlichen Prozesse für die IT-Steuerung bereitstellen, bieten Unternehmensarchitekturen demgegenüber eine ganzheitliche Informationsbasis, die die IT-Governance im Unternehmen durchgehend und fundamental unterstützt.[676] Dies ist entscheidend, da trotz Standardisierung und Praxisbewährung der vielfach eingesetzten Rahmenwerke und Standards die verantwortlichen Akteure im Unternehmen nicht nur über die festzulegenden Regelungen im Rahmen der IT-Governance entscheiden, sondern hierfür auch über die notwendige Kenntnis hinsichtlich der IT und deren Abhängigkeiten und damit insbesondere auch über die Kompetenz zur Beurteilung der Tragweite von Entscheidungen verfügen müssen.[677] Die Kombination beider Ansatzpunkte – d. h. die Bereitstellung relevanter Informationen auf Basis der UA für die Managementprozesse zur Steuerung und Kontrolle des IT-Einsatzes als Aufgabe der IT-Governance – erscheint daher erfolgversprechend für die Umsetzung des IT-Alignments im Verständnis dieser Untersuchung. Dieser Zusammenhang wird auch durch **Abb. 37** schematisch veranschaulicht.

[673] Vgl. u. a. Schwarzer 2009, S. 75 ff.; Fischer und Winter 2007, S. 163 ff.; Pereira und Sousa 2005, S. 1344 f. sowie auch Abschn. 2.2.4.
[674] Vgl. Niemann 2005, S. 30 ff.
[675] Vgl. ITGI 2003a, S. 7.
[676] Vgl. auch Niemann 2005, S. 72 f.
[677] Vgl. auch Strecker 2009, S. 8.

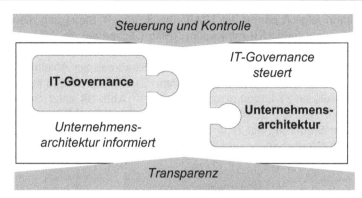

Abb. 37: Grundlegender Zusammenhang zwischen Unternehmensarchitektur und IT-Governance
Quelle: Eigene Darstellung in Anlehnung an Niemann 2005, S. 5.

Über den Aspekt der Transparenz und der damit verbundenen Informationen als Entscheidungs- und Steuerungsgrundlage hinaus können Unternehmensarchitekturen somit auch Wege für den IT-Governance-Prozess aufzeigen und die Steuerung der IT sowohl unter Risikominimierungs- bzw. Sicherheits- als auch unter Effizienz- und Effektivitätsgesichtspunkten maßgeblich fördern.[678] Am Beispiel des Risikomanagements als eine der Kernaufgaben der IT-Governance neben dem IT-Alignment lässt sich der Zusammenhang der beiden Teildisziplinen sinnvoll verdeutlichen.[679] Bereits die Definition der im Rahmen der UA dokumentierten (IT-)Artefakte sowie deren Beziehungen untereinander kann das Risikomanagement unterstützen, indem aus Geschäfts-, Anwendungs- und Systemperspektive Risiken identifiziert und in Beziehung gesetzt werden können (UA von Typ I). Insbesondere die Beurteilung von Investitionen und damit verbundener Chancen und Risiken kann durch die Modelle der UA unterstützt werden. Es können Zusammenhänge zwischen verschiedenen Risiken dargestellt und im Rahmen der Soll-Architekturentwicklung geeignete Maßnahmen gegen das Eintreten bestimmter Risikofälle oder auch ggf. nach Eintreten eines bestimmten Risikofalls geplant und in ihrer Umsetzung angeleitet werden (UA von Typ II). Darüber hinaus können Risiken u. U. bereits im Vorfeld vermieden werden, indem Zusammenhänge zwischen den einzelnen betroffenen Komponenten visualisiert, frühzeitig im Rahmen von Planungsprozessen erkannt und durch Intervention verhindert oder gemindert werden.

---

[678] Vgl. auch Niemann 2005, S. 44 ff.
[679] Vgl. hierzu auch Walser und Riedl 2010, S. 201; ITGI 2003a, S. 26 f. sowie auch Abschn. 2.2.1.2.

Die UA kann folglich primär der Unterstützung der IT-Steuerung dienen und dabei helfen, mit möglichst minimalem Risiko (Sicherheit) die richtigen Dinge (Effektivität) richtig zu tun (Effizienz). Sie trägt so zur Umsetzung der IT-Governance bei, indem sie de facto eine Art Roadmap zur Ableitung von IT-Investitionen und der Verbindung zwischen Geschäftsprozessanforderungen und der jeweiligen IT-Infrastruktur bereitstellt.[680] **Abb. 38** setzt die wesentlichen Nutzenpotenziale der Gestaltung und des Einsatzes von UA zur Unterstützung der Steuerung der IT in Relation zu den beiden Hauptzielen der IT-Governance (Wertschaffung und Risikominimierung).

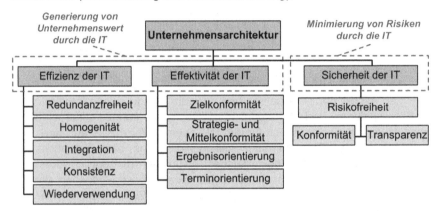

Abb. 38: Zielkonvergenz von IT-Governance und Architektureinsatz
Quelle: Eigene Darstellung in Anlehnung an Niemann 2005, S. 46.

Hierdurch wird erneut deutlich, dass sowohl die IT-Governance als auch Unternehmensarchitekturen gleichermaßen grundsätzlich das Ziel der Unterstützung des IT-Alignments verfolgen. Durch die UA sollten Abhängigkeiten und Querbeziehungen transparent gemacht werden können, die insbesondere zwischen Strategie-, Geschäfts- und IT-Architektur bestehen. Dadurch lassen sich u. a. Fragen der Zuordnung bspw. von einzelnen Applikationen, Applikationsplattformen oder IT-Services zu den jeweils unterstützen Geschäftsprozessen, Aufgaben oder Leistungen in Hinblick auf die Unternehmens- und IT-Strategie beantworten. Insbesondere im Rahmen von geplanten Veränderungen können Fragen nach Abhängigkeiten wie bspw. nach den jeweils betroffenen IT-Komponenten bei Anpassung eines bestimmten (Teil-)Prozesses oder auch bspw. die Auslotung möglicher weiterer Distributionskanäle für ein Produkt auf Basis der bestehenden oder anzupassenden Infrastruktur beantwortet werden.

---

[680] Vgl. auch Lankhorst 2013, S. 14.

Dem folgend versteht LANKHORST die UA auch als Instrument bzw. strategisches Werkzeug zur Umsetzung der (IT-)Governance, indem vor allem durch Definition von Beziehungen und Abhängigkeiten zwischen den Schlüsselelementen die Voraussetzung für einen effektiven IT-Einsatz geschaffen wird und die UA als Schnittstelle zwischen fachlichen und IT-bezogenen Komponenten vermittelt.[681] Ähnlich beschreiben WALSER UND RIEDL die UA als Mittler zwischen IT-Strategie, der IT-Governance und dem IT-Management.[682] Insbesondere wird dabei das UAM als wichtiges Handlungsinstrument verstanden, da hierdurch eine regelmäßige Überprüfung des Ist-Architekturzustands im Vergleich zu einem zukünftigen Soll-Zustand sichergestellt werden kann und eine kontinuierliche Architekturentwicklung stattfindet. Beide Ansätze – UAM und IT-Governance – verfolgen daher ein gemeinsames Ziel: „Aus strategischer, taktischer und operativer Sicht zum Business-IT-Alignment beizutragen [bzw.,] dass die verschiedensten Anspruchsgruppen der IT und des Geschäfts über das Management der IT-Governance und des UAM aus proaktiver und reaktiver Sicht eine adäquate gemeinsame Gestaltungs- und Arbeitsplattform finden"[683].

Folglich fokussieren sowohl governance- als auch architekturbasierte Ansätze die Aspekte der Führung, entsprechende Prozesse sowie auch Strukturen im Unternehmen, um das Ziel des IT-Alignments zu realisieren.[684] Als entscheidend für die Nachhaltigkeit des Architekturmanagements wird in der Literatur dabei – wie bereits im vorherigen Abschnitt thematisiert – vor allem eine dauerhafte organisatorische Verankerung und Einbindung des UAM in bestehende Managementprozesse im Unternehmen für dessen Erfolg betont. Hierzu gehört neben der Definition von Rollen, Entscheidungsrechten und Verantwortlichkeiten auch die Einrichtung geeigneter organisatorischer Strukturen, wodurch der Bezug zur IT-Governance erneut deutlich wird. Die UA kann dabei Entscheidungsprozesse vorstrukturieren und damit eine Diskussions- und Entscheidungsgrundlage für die Unternehmensführung bereitstellen, die die proaktive Umsetzung der IT-Governance unterstützt. Durch die Möglichkeit, strategische Entscheidungen abzubilden und deren Umsetzung auf Basis der Geschäfts- und IT-Architekturen aufzuzeigen, kann das Architekturmanagement damit ein zentrales Element der strategischen IT-Planung darstellen. Als wesentliches Instrument sind dabei v. a. auch die genannten Architekturprinzipien zu sehen, die Richtlinien für die Entscheidungen zur Architekturgestaltung und -entwicklung spezifizieren und somit eine möglichst transparente und konsistente Architekturgestaltung sicherstellen.

---

[681] Vgl. Lankhorst 2013, S. 6 ff.
[682] Vgl. Walser und Riedl 2010, S. 195 ff.
[683] Walser und Riedl 2010, S. 199.
[684] Vgl. auch Schwarzer 2009, S. 171.

In der neueren Literatur wird daher bereits ansatzweise unter dem Begriff der (Untenehmens-)Architektur- bzw. EA-Governance neben den Potenzialen der UA und des UAM für die IT-Governance gleichermaßen auch die Übertragbarkeit von Governancestrukturen und -instrumenten für die Architekturgestaltung und -planung diskutiert, wobei sich die Forschungsaktivitäten hier jedoch auf wenige, überwiegend aus der Praxis stammende und z. T. einseitige und wenig ausgereifte Beiträge beschränken.[685] Im Wesentlichen ist hierbei die Notwendigkeit zu betonen, das UAM ausgehend von seiner typischerweise historisch bedingten Verortung in der IT vor allem auch in den Fachabteilungen zu integrieren und insbesondere auch als Führungsverantwortung im Rahmen von Managementaktivitäten nachhaltig und konsistent zu verankern ist, um die Erfolgspotenziale der UA auszuschöpfen und einen Wertbeitrag durch die UA zu generieren. Die Umsetzung einer rein auf die IT-Architektur bezogenen Governancefunktion ist folglich nicht ausreichend.[686] Da weder die alleinige Gestaltung der UA noch eine Steuerung der UA-Aktivitäten ausschließlich innerhalb der IT des Unternehmens deren effektive Nutzung gewährleistet, sind entsprechende organisatorische Strukturen und Prozesse zu implementieren, die neben der Gestaltung der Architekturinhalte insbesondere auch deren Kommunikation, Nutzung und Durchsetzung seitens der Unternehmensführung im Unternehmen fördern.[687]

AZIZ ET AL. zufolge stellt die UA damit einhergehend das Bindeglied – den „Klebstoff" – zwischen Geschäfts- und IT-Strategie dar, wodurch der Bezug zum IT-Alignment erneut deutlich wird.[688] Die Autoren stellen ein Governanceframework bereit, das primär aus praxisorientierter Sichtweise erste Ansatzpunkte für eine Governance der UA aufzeigt. UA-Governance wird dabei verstanden als „the set of mechanisms through which architecture is enacted in the enterprise"[689] und umfasst im Wesentlichen Maßnahmen, die die Steuerung und Kontrolle für die Definition, Umsetzung, das Management und die Messung der Effektivität der UA auf allen Gestaltungsebenen realisieren. Dabei wird gleichermaßen die enge Verknüpfung zum UAM deutlich, wobei die Autoren hier jedoch keine explizite Abgrenzung vornehmen. In ähnlicher Weise wird die Architekturgovernance auch im Rahmen von TOGAF aufgefasst und beschrieben als „the practice and orientation by which enterprise architectures and other architectures are managed and controlled at an en-

---

[685] Vgl. hierzu und im Folgenden u. a. Winter und Schelp 2008, S. 550 ff.; Aziz et al. 2005, S. 2 ff.; Aziz et al. 2006, S. 2 ff.; Bittler 2009, S. 1 ff. sowie insbes. auch Abschn. 4.3.

[686] Vgl. bspw. Keller 2012, S. 19 ff.

[687] Bittler (2009, S. 1) folgend bildet die Governance der Unternehmensarchitektur demnach den Unterschied zwischen einer „EA shelfware" und der wertstiftenden Nutzung der UA. Vgl. hierzu weiterführend auch Abschn. 4.3.

[688] Vgl. Aziz et al. 2005, S. 2 ff.; Aziz et al. 2006, S. 2 ff.

[689] Aziz et al. 2005, S. 5.

terprise-wide level. [...] [A]rchitecture governance is an approach, a series of processes, a cultural orientation, and set of owned responsibilities that ensure the integrity and effectiveness of the organization's architectures"[690].

UA-Governance umfasst dabei sowohl Strukturen, Prozesse, Richtlinien und Prinzipien zur Anwendung der UA als auch Maßnahmen zur Architekturführung und bezieht sich daher nicht nur auf die Architekturgestaltung, sondern bezieht auch die jeweiligen Umgebungsvariablen im Architekturkontext mit ein. Folglich sieht die Architekturgovernance einerseits die Berücksichtigung der UA im Rahmen von Governancemaßnahmen auf IT- und Unternehmensebene vor. Andererseits sind zur Realisierung der Potenziale der UA Governance-aspekte auch auf die Aufgaben innerhalb der Architekturgestaltung und -entwicklung zu übertragen. **Abb. 39** skizziert den Zusammenhang zwischen Corporate, IT- und UA-Governance hierauf aufbauend schematisch.

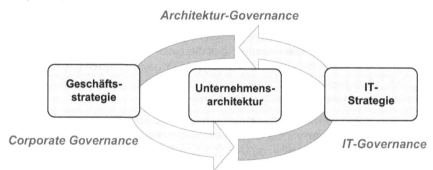

Abb. 39: Unternehmensarchitektur als Bindeglied zwischen Geschäfts- und IT-Strategie
Quelle: Eigene Darstellung in Anlehnung an Aziz et al. 2005, S. 2.

Corporate Governance, IT-Governance und Unternehmensarchitekturen weisen somit enge Bezugspunkte auf, die es insbesondere in Hinblick auf das IT-Alignment als zentrales Gestaltungsproblem von Unternehmen zu berücksichtigen gilt. Ausgehend von dieser Betrachtung und den vorhergehenden Schilderungen sollen nachfolgend Grenzen bestehender Ansätze identifiziert und in Gestaltungsmerkmale für einen entsprechenden Ansatz konsolidiert werden.

3.2.2 Beurteilung bestehender Ansätze und Ableitung von Gestaltungsmerkmalen

Ausgehend von den vorausgegangen Schilderungen und der in Abschn. 1.1 definierten Problemstellung der Untersuchung lassen sich Grenzen und Defizite existierender Architekturbetrachtungen ermitteln, die als Ausgangspunkt für

---

[690] TOGAF 2011, S. 585, S. 589.

die Ableitung entsprechender Gestaltungsmerkmale bzw. Anforderungen[691] und damit die spätere Artefaktkonstruktion dienen. Die Literatur zu Unternehmensarchitekturen und entsprechenden Ansätzen zeigt sich dabei sehr heterogen. Es existieren zahlreiche Architekturkonzepte sowie -frameworks, die sich insbesondere hinsichtlich des jeweils fokussierten Nutzungsszenarios und Anwendungsbereichs sowie der Berücksichtigung von ausschließlich Gestaltungs- oder darüber hinaus auch Managementaufgaben der UA unterscheiden und mehr oder weniger Verbreitung in Forschung und Praxis gefunden haben. Im Vordergrund der nachfolgenden Betrachtung stehen dabei zunächst Architekturframeworks, die als Ordnungsrahmen eine grundlegende Strukturierung für die Gestaltung der Architektur bereitstellen und als übergeordnete Rahmenwerke als gemeinsamer Nenner bestehender architekturbasierter Ansätze verstanden werden können. Ziel der Betrachtung ist es nicht, sämtliche in der Literatur beschriebenen Ansätze zu beurteilen. Stattdessen sollen – ausgehend von einer groben Kategorisierung bestehender Rahmenwerke und der vorhergehenden Ausführungen – Gestaltungsmerkmale eines architekturbasierten Konzepts identifiziert werden, das die zuvor genannten Aspekte adressiert und Unternehmen – auch unabhängig vom gewählten Rahmenwerk zur Architekturbeschreibung – systematisch in der Gestaltung und Weiterentwicklung der UA und deren Nutzung unterstützen kann.

Architekturframeworks stellen dabei grundlegend Hilfsmittel für die Beschreibung und die Weiterentwicklung von Unternehmensarchitekturen dar, auf denen entsprechende Ansätze zu Architekturmodellierung und -management aufbauen, und lassen sich dabei zunächst grob – und daher nicht absolut trennscharf – anhand ihres Ursprungs in eher praxisorientierte Arbeiten, wie bspw. TOGAF[692] oder das Framework for Enterprise Architecture nach Zachman[693], sowie in wissenschaftliche Publikationen, wie bspw. das Semantische Objektmodell (SOM) nach Ferstl und Sinz[694] oder MEMO nach Frank[695], unterteilen.[696] Erstere beschreiben Architekturdomänen und deren Zusammenhänge i. d. R. auf relativ abstrakter Ebene, z. T. ohne konkret auf die Modellierung der UA-Artefakte einzugehen. Wissenschaftliche Ansätze fokussieren

---

[691] Die erarbeiteten Merkmale (vgl. insbes. Tab. 14) sind dabei nicht als Anforderungen im Sinne formaler Kriterien bzw. Bedingungen zu verstehen, sondern beschreiben Ansatzpunkte, die im Rahmen eines entsprechenden Konzepts zu berücksichtigen sind.
[692] Vgl. TOGAF 2011; The Open Group 2013b.
[693] Vgl. u. a. Zachman 1987; Sowa und Zachmann 1992 sowie auch http://www.zifa.com.
[694] Vgl. Ferstl und Sinz 1995.
[695] Vgl. Frank 1994; Frank 1995.
[696] Vgl. für eine ähnliche Differenzierung auch Schwarzer 2009, S. 36 ff. Für eine Übersicht vgl. zudem insbes. auch Matthes 2011, S. 37 ff.; Schönherr 2004, S. 16 ff. Matthes (2011, S. 37 ff.) identifiziert und beschreibt hier bspw. mehr als fünfzig in Literatur und Praxis diskutierte UA-Frameworks.

hingegen häufig den Modellierungsaspekt der UA und stellen üblicherweise konkretere Beschreibungsansätze dar, die u. a. Methoden, Modellierungssprachen, Metamodelle und Werkzeuge zur Umsetzung der UA bereitstellen. Dabei finden sich zudem auch Arbeiten, die tendenziell an der Schnittstelle zu beiden Kategorien einzuordnen sind. Bspw. existieren Ansätze von Praktikern, die auch in der wissenschaftlichen Forschung relativ breite Akzeptanz finden, wie z. B. die Architekturkonzepte nach NIEMANN[697] oder DERN[698]. Gleichermaßen weisen einige Arbeiten akademischen Ursprungs auch eine weite Verbreitung in der Unternehmenspraxis auf, wie z. B. das ARIS-Konzept nach SCHEER[699].

Weiterhin lassen sich die Ansätze grundlegend in domänen- bzw. branchenneutrale Ansätze klassifizieren, die Gestaltungsobjekte unabhängig von einer bestimmten betrieblichen Anwendungsdomäne beschreiben, sowie in domänenspezifische Architekturen, wie bspw. das Handels-H nach BECKER UND SCHÜTTE, das eine spezifische Architektur für Handelsunternehmen bereitstellt.[700] Diese spezifischen Ansätze sind auch als Referenzmodelle zu verstehen, die für eine bestimmte Gruppe von Unternehmen an- bzw. wiederverwendbar sind und typischerweise nicht darauf abzielen, einen konsistenten, ganzheitlichen Gesamtansatz zur Modellierung und Analyse der UA im Verständnis dieser Arbeit bereitzustellen.[701] Dabei existieren bspw. insbesondere im anglo-amerikanischen Raum auch Rahmenwerke aus dem öffentlichen Sektor, wie bspw. das Federal Enterprise Architecture Framework (FEAF) aus dem Bereich der öffentlichen Verwaltung, oder aus dem Bereich des Militärs, wie bspw. DoDAF (U.S. Department of Defense Architecture Framework), die sich im Sinne von Common-Practices für bestimmte Anwendungsdomänen

---

[697] Vgl. Niemann 2005; Niemann 2006.
[698] Vgl. Dern 2006.
[699] Vgl. u. a. Scheer 1992; Scheer 2002 sowie auch http://www.ariscommunity.com.
[700] Vgl. Becker und Schütte 2004.
[701] Hier wird auch deutlich, dass Referenzmodelle und Unternehmensarchitekturen nicht immer distinktiv voneinander abzugrenzen sind. Folgt man insbes. der wiederverwendungsorientierten Begriffsauffassung, die die intendierte oder faktische Wiederverwendung von Modellen zur Konstruktion weiterer Modelle als konstituierendes Merkmal von Referenzmodellen vorsieht (vgl. u. a. Fettke und vom Brocke 2012, S. 1; vom Brocke 2003, S. 34; Alpar et al. 2011, S. 171), ist auch Unternehmensarchitekturen grundlegend Referenzmodellcharakter zuzuschreiben.

etabliert haben.[702] **Tab. 13** ordnet einige bekannte Frameworks anhand dieser
Merkmale beispielhaft in eine Klassifikationsmatrix ein.[703]

		Akademischer Ursprung	Praxisorientierter Ursprung
Domänen- neutrale Ausrichtung		• SOM (Ferstl und Sinz) • Memo (Frank) • ISA (Krcmar) • St. Galler Ansatz des Business Engineering (Österle et al.) • ARIS (Scheer) • …	• Framework for Enterprise Architecture (Zachmann) • TOGAF/ADM (The Open Group) • Generalised Reference Architecture and Methodology (GERAM) • Ansatz nach Niemann • …
Domänen- spezifische Ausrichtung		• Handels-H (Becker und Schütte) • Y-CIM-Modell (Scheer) • …	• Federal Enterprise Architecture Framework (FEAF) • U.S. Department of Defense Architecture Framework (DoDAF) • …

Tab. 13: Exemplarische Einordnung von Architekturansätzen
Quelle: Eigene Zusammenstellung.

In der vorliegenden Arbeit soll ein domänenneutraler und gemäß dem in
Abschn. 3.1.2 skizzierten Architekturverständnis ganzheitlicher, mehrdimensio-
naler Ansatz entwickelt werden, wodurch sowohl domänenspezifische Ansätze
aus dem wissenschaftlichen Umfeld als auch domänenspezifische Ansätze mit
Ursprung aus der Unternehmenspraxis an dieser Stelle keine nähere Betrachtung erfahren. Ein drittes Klassifizierungskriterium ist in diesem Zusammenhang zudem in der bereits angesprochenen Unterscheidung in Ansätze zu sehen, die die alleinige Gestaltung der UA im Sinne einer Beschreibung bestehender Strukturen vorsehen, und solche, die auch methodische Unterstützung
für Aufgaben der Architekturanalyse und -planung bieten und die Weiterentwicklung der UA systematisch im Rahmen eines UAM-Ansatzes unterstützen.[704] Während bei näherer Betrachtung festzustellen ist, dass die meisten
domänenneutralen Ansätze v. a. auf die Dokumentation der UA ausgerichtet
sind, wie bspw. ARIS, können hier insbesondere Ansätze wie der St. Galler

---

[702] Vgl. hierzu auch Matthes 2011, S. 94-99 (DoDAF), 128-131 (FEAF).

[703] Aufgrund der Heterogenität und Vielfalt der in der Literatur vorzufindenden Ansätze ist
Tab. 13 als Ausschnitt exemplarischer Ansätze bzw. Frameworks zu verstehen, der dazu
dient, den Themenbereich grob vorzustrukturieren, wobei nicht alle Ansätze dem hier eingenommenen UA-Verständnis folgen. Es ist zudem nicht intendiert – und auch kaum
sinnvoll möglich – eine vollständige Einordnung aller Rahmenwerke und Konzepte vorzunehmen. Darüber hinaus sind weitere Systematisierungen denkbar. Für weiterführende
Betrachtungen vgl. insbes. auch die in Fn. 696 angeführte Literatur.

[704] Diese Unterscheidung entspricht dem Architekturverständnis im engeren (Typ 1) bzw.
weiteren Sinne (Typ 2). Vgl. Abschn. 3.1.2.2.1.

Ansatz des Business Engineering und v. a. der hierauf aufbauende UAM-Ansatz nach HAFNER UND WINTER[705], TOGAF und die hierauf aufbauende ADM[706] sowie der Ansatz von NIEMANN[707] identifiziert werden, die explizit Hilfestellung auch für das ganzheitliche und dauerhafte UAM bieten und für die vorliegende Untersuchung von übergeordneter Relevanz sind.[708]

Als Ansatzpunkt für die Konkretisierung einer Bewertung von Ansätzen und die Ableitung von Anforderungen an einen Lösungsansatz für die vorliegende Untersuchung lassen sich ausgehend von den Schilderungen der vorhergehenden Abschnitte notwendige Gestaltungsmerkmale eines entsprechenden Architekturkonzepts formulieren, die nachfolgend in generische, methodische und funktionale Eigenschaften differenziert werden.

Generische Eigenschaften beziehen sich dabei auf die grundlegenden Merkmale einer UA, die aus den in Abschn. 3.1.2.2 erarbeiteten Merkmalen von UA im Allgemeinen abgeleitet werden können (vgl. hierzu auch **Tab. 10**) und an dieser Stelle zu drei Kernanforderungen konsolidiert werden. Dabei werden grundlegend zunächst beide Typen von Unternehmensarchitekturen und deren Wirkungsbereiche, d. h. einerseits bezogen auf die Gestaltung der UA sowie andererseits bezogen auf das Management der UA im Sinne der Architekturplanung und Transformation der UA, berücksichtigt. Eine hieraus abgeleitete Anforderung besteht somit zunächst darin, die UA als Prozess zu verstehen, der sowohl die Gestaltung als auch die kontinuierliche Weiterentwicklung von Architekturinhalten im Rahmen eines UAM-Ansatzes umfasst (G1). Weiterhin wird den Aspekten der Multiperspektivität (G2) sowie der Integration bzw. Ganzheitlichkeit (G3) im Hinblick auf das IT-Alignment und den herausgestellten Merkmalen gesonderte Bedeutung beigemessen. Die Notwendigkeit ergibt sich dabei im Kern aus der Forderung nach einer Ausrichtung der UA an den jeweiligen Nutzern und Interessensgruppen im Sinne der sozialen Komponenten des IT-Alignments und der Modellierung als sozialer Prozess sowie der ganzheitlichen Betrachtung der UA unter Berücksichtigung von sowohl fachlichen als auch IT-bezogenen Gestaltungsobjekten – im Vergleich zur historisch begründeten, rein IT-orientierten Sicht.

Darüber hinaus sind methodische Anforderungen an ein entsprechendes Konzept zu stellen, die demgegenüber primär die notwendige Vorgehensweise betreffen, die sich ausgehend von der zuvor skizzierten Problemstellung ergibt. Hierbei ist einerseits ein sog. ingenieurmäßiges, d. h. methoden- und

---

[705] Vgl. Hafner und Winter 2005; Hafner und Winter 2008.
[706] Vgl. TOGAF 2011.
[707] Vgl. Niemann 2005; Niemann 2006.
[708] Für eine weiterführende Betrachtung und Begründung sei auch auf Abschn. 4.2.1 und Anhang B verwiesen.

modellbasiertes und systematisches Vorgehen zu wählen, was insbesondere auch durch die Berücksichtigung des Transformationsaspekts notwendig erscheint (M1). Vor allem aufgrund der Komplexität von Veränderungen und der mit Veränderungsprojekten verbundenen Risiken ist ein systematischer Ansatz zu wählen, der die Architekturgestaltung und -entwicklung schrittweise strukturiert und unter Anwendung wohldefinierter Prinzipien anleitet.[709] Weiterhin wird in der vorliegenden Untersuchung – wie bereits deutlich wurde – ein prozessorientierter Ansatz verfolgt (M2), wobei dieser Aspekt die Artefaktentwicklung in zweierlei Hinsicht betrifft. Einerseits stehen Geschäftsprozesse als zentrales Gestaltungselement der UA im Fokus der Betrachtung, da sich aufgrund der skizzierten Bedeutung von Geschäftsprozessen für den Unternehmenswandel und für die Ausrichtung von Geschäft und IT als Bindeglied für Entscheidungswege zwischen Strategie- und Informationssystementwicklung hier eine gesonderte Relevanz für die Problemstellung der Arbeit ergibt. Zudem fokussiert der Ansatz den Gesamtprozess der UA und berücksichtigt insbesondere Gestaltungs-, Weiterentwicklungs-, Planungs- und Führungsprozesse, die das UAM als kontinuierlichen Management- und Gestaltungsprozess im Unternehmen implementieren. Dies geht einher mit der gängigen Auffassung in der Literatur, die die Bedeutung der Prozessorientierung als solche auch für die UA selbst betont.[710] Weiterhin ist zudem vor allem auch aufgrund des geforderten ganzheitlichen Charakters der UA und des Umfangs und der Komplexität des Untersuchungsgegenstands davon auszugehen, dass ein generischer, universeller Ansatz im Sinne eines „One-Size-fits-all"-Konzept nicht existiert.[711] Stattdessen muss ein entsprechendes Konzept anpassbar sein an sowohl unternehmensspezifische Faktoren, wie bspw. Unternehmensgröße, Unternehmenskultur, als auch an bereits existierende Methoden und Instrumente, wie bspw. verwendete Modellierungsmethoden oder Architekturframeworks (M3).

Funktionale Anforderungen ergeben sich schließlich vor allem aus den erforderlichen Merkmalen architekturbasierter Ansätze, die sich auf die im Rahmen der vorliegenden Untersuchung fokussierte Funktion der UA zur Umsetzung des IT-Alignments beziehen. Hierbei steht auf Grundlage des erarbeiteten Bezugsrahmens für das IT-Alignment (vgl. Abschn. 2.2.3.1) insbesondere die Un-

---

[709] Vgl. für eine ähnliche Argumentation auch Österle und Winter 2000, S. 12 f.; Lankhorst 2013, S. 304. Als Kernelemente jeder ingenieurmäßigen Vorgehensweise sind dabei v. a. Prinzipien, Methoden, Verfahren und Werkzeuge anzuführen, die im Rahmen der Anwendung eines systematischen, disziplinierten und auf Strukturen, Systemen, Prozessen etc. aufbauenden Ansatzes eingesetzt werden. Vgl. auch Greiffenberg 2003, S. 955 f.; Ferstl und Sinz 1998, S. 117; Stahlknecht und Hasenkamp 2005, S. 212. Bspw. wird die Bedeutung eines ingenieurmäßigen Vorgehens typischerweise im Rahmen des Business Engineering oder im Rahmen des Software Engineering betont.
[710] Vgl. bspw. Lankhorst 2013, S. 304.
[711] Vgl. auch Aier und Saat 2010, S.62 f.

terstützung eines mehrdimensionalen, kontinuierlichen IT-Alignments im Vordergrund, das sowohl die strategische und strukturelle als auch die soziale Abstimmung zwischen Geschäft und IT auf allen Ebenen der Organisationsgestaltung berücksichtigt und als dauerhafte Aufgabe der gegenseitigen Anpassung und Ausrichtung begreift (F1). Weiterhin ist in Bezug auf die Einordnung des IT-Alignments als Kernaufgabe der IT-Governance und der im vorherigen Abschn. 3.2.1 dargestellten engen Verzahnung architektur- und governancebasierter Aspekte ein Ansatz zu wählen, der einerseits die Anforderungen der Corporate- und IT-Governance berücksichtigt und gleichermaßen geeignete Strukturen, Prozesse und Mechanismen auch für das UAM ableitet, um die Architektur wertorientiert und nachhaltig zu gestalten (F2). Diese Anforderung erfordert zudem eine enge Einbindung und Verankerung des Architekturmanagements in entsprechende bestehende Prozesse und Aufgaben (F3). Die aus den Eigenschaften abgeleiteten Gestaltungsmerkmale, die der Artefaktkonstruktion zugrunde gelegt werden, werden in **Tab. 14** zusammengefasst. Dabei bedingen sich die Aspekte z. T. gegenseitig und bilden in ihrer Gesamtheit einen möglichen Bewertungsrahmen für das im nachfolgenden Abschn. 4 entwickelte Framework.[712]

In Hinblick auf die betrachteten Architekturframeworks und die Vielfalt existierender Rahmenwerke erscheint es grundlegend dabei nicht zielführend, ein alternatives Konzept zu entwickeln, sondern auf bestehenden Erkenntnissen aufzubauen.[713] Gleichermaßen ist es, auch aufgrund der Zentralität der funktionalen Anforderungen sowie im Sinne der Übertragbarkeit der Forschungsergebnisse als sinnvoll anzusehen, einen Ansatz zu wählen, der auch unabhängig vom gewählten Rahmenwerk anzuwenden ist. Das entwickelte Framework nutzt dabei bestehende Ansätze als methodische Fundierung und ist gleichzeitig jedoch auf einer übergeordneten Ebene einzuordnen. Das nachfolgende Kapitel geht detaillierter auf die Ausgestaltung des Artefakts und damit die Adressierung der erarbeiteten Erkenntnisse ein.

---

[712] Dabei handelt es sich hierbei nicht um eine erschöpfende Liste. Stattdessen werden Gestaltungsmerkmale herausgestellt, die sich ausgehend von den zuvor erarbeiteten terminologischen und konzeptionellen Grundlagen und der hierauf aufbauenden Analyse aus Sicht der Verfasserin ergeben und die insbes. zur Abgrenzung vergleichbarer Artefakte herangezogen werden können. Weiterhin sind hier ggf. weitere generische Anforderungen, wie bspw. die Erweiterbarkeit oder Verständlichkeit des Ansatzes, zu berücksichtigen, die jedoch de facto jedem im Rahmen gestaltungsorientierter Forschung entwickelten Artefakt zugrunde zu legen sind und daher an dieser Stelle zunächst nicht explizit berücksichtigt werden. Vgl. weiterführend auch Abschn. 5.3.

[713] Diese Ansicht, Forschungsbemühungen anstelle der Neuentwicklung von Architekturframeworks sinnvollerweise auf die Anwendung und Weiterentwicklung existierender Methoden und Konzepte zu richten, wird im Hinblick auf die immer unüberschaubarer werdende Fülle an UA-Ansätzen auch von anderen Autoren geteilt. Vgl. bspw. Persson 2000, S. 981.

Gestaltungsmerkmale	
Generisch	
G1 – Kontinuierlicher Gestaltungs- und Managementprozess:	Die Gestaltung der UA ist als kontinuierlicher Prozess des UAM zu verstehen, der neben der Gestaltung der Architektur auch die Weiterentwicklung der UA im Sinne der Architekturplanung umfasst.
G2 – Multiperspektivität:	Die Gestaltung, Nutzung und Weiterentwicklung der UA ist an den Anforderungen unterschiedlicher Nutzer und Interessensgruppen auszurichten.
G3 – Ganzheitlichkeit:	Die UA umfasst Artefakte, die sich sowohl auf die strategische und geschäftliche als auch auf die technische Ausgestaltung der Organisation beziehen und die ausgehend von den jeweiligen Teilarchitekturen in einer integrierten Gesamtarchitektur zusammengefasst und in Beziehung gesetzt werden.
Methodisch	
M1 – Ingenieurmäßiges Vorgehen:	Unter Berücksichtigung des Wandlungsbedarfs der Organisation und der UA ist eine strukturierte und systematische Vorgehensweise zu wählen, die Methoden und Modelle zu Unterstützung der Architekturgestaltung und -entwicklung nutzt.
M2 – Prozessorientierung:	Das Verständnis der UA als kontinuierlicher Prozess sowie die Bedeutung von Geschäftsprozessen als Bindeglied zwischen strategischen und anwendungsbezogenen UA-Artefakten impliziert die Notwendigkeit eines prozessorientierten Ansatzes.
M3 – Anpassbarkeit:	Der Ansatz sollte anpassbar sein bzw. hinreichend von Spezifika abstrahieren, sodass die Anwendung des Ansatzes unabhängig vom gewählten Architekturframework sowie ggf. auch von unternehmensspezifischen Rahmenbedingungen möglich ist.
Funktional	
F1 – Mehrdimensionales und kontinuierliches IT-Alignment:	Der Ansatz ist grundlegend an den Merkmalen des IT-Alignments gemäß dem eingeführten Bezugsrahmen auszurichten, der eine mehrdimensionale und kontinuierliche Abstimmung zwischen Geschäft und IT vorsieht.
F2 – Governanceorientierung:	Die UA ist ausgehend von den Anforderungen der Corporate und IT-Governance wertorientiert und nachhaltig zu gestalten und aktiv in diese einzubinden bzw. durch entsprechende Mechanismen zu unterstützen.
F3 – Integriertes UAM:	Der UAM-Prozess ist in bestehende Unternehmens- und Governancestrukturen und -prozesse einzubetten und konzeptionell und organisatorisch zu verankern.

Tab. 14: Kernanforderungen an das Architekturkonzept
Quelle: Eigene Zusammenstellung.

4. Entwicklung eines architekturbasierten Konzepts zur Unterstützung des IT-Alignments

4.1 Das mEA-Framework: Überblick

Ebenso wie Modelle selbst Gegenstand von Modellen (Metamodelle) und Sprachen selbst Gegenstand von Sprachen (Metasprachen) sein können (vgl. Abschn. 3.1.1.2), wird nachfolgend ebenfalls vereinfachend angenommen, dass auch Architekturen – im Sinne einer Menge von Modellen und verwendeter Modellierungssprachen – wiederum durch Architekturen beschrieben bzw. durch Metaprozesse umgesetzt werden können. In den folgenden Abschnitten wird daher ein nachfolgend auch als Meta-Architektur-Framework (kurz: mEA-Framework) bezeichneter Ansatz entwickelt, der die skizzierte Problemstellung der Arbeit unter Berücksichtigung der in Abschn. 3.2 definierten Anforderungen adressiert. Das entwickelte Artefakt kann dabei als formalisierter Ansatz zur Architekturgestaltung verstanden werden, welcher den Architekturgestaltungs- und -weiterentwicklungsprozess auf einer übergeordneten Ebene methodisch anleitet, und ist in mehrere Teilartefakte untergliedert.

Frameworks dienen dabei im Allgemeinen der zielorientierten Strukturierung eines Gestaltungsbereichs und zeigen durch Kombination bzw. systematische Integration von Modellen und Konzepten[714] unter Berücksichtigung der jeweiligen Problemstellung Handlungsvarianten für eben diese auf.[715] Frameworks sind folglich als integrierende Instrumente zu verstehen, die Strukturierungshilfen für die Erklärung vielschichtiger, komplexer und häufig interdisziplinärer Problemstellungen bereitstellen und relevante Lösungskonzepte für einen bestimmten Anwendungsbereich bieten. Innerhalb der WI sind dabei einerseits technische Frameworks zu unterscheiden, die im Bereich der Softwareentwicklung Anwendung finden und vor allem auf die Wiederverwendung von Programmcode abzielen. Andererseits sind konzeptionelle Frameworks abzugrenzen, die einen Untersuchungsgegenstand grundlegend strukturieren und für die Beschreibung von fachlichen Anforderungen für die Informationssys-

---

[714] Konzepte stellen explizit formuliertes, praktisches Handlungswissen dar und basieren oft auf einer Interpretation von Erfahrungen im Gegenstandsbereich. Vgl. Osterloh und Grand 1994, S. 279 f.; Goeken 2003, S. 18. Das entwickelte Governancekonzept als Teilartefakt des mEA-Frameworks ist bspw. hier einzuordnen. Vgl. hierzu auch Abschn. 4.3.

[715] Vgl. hierzu und im Folgenden u. a. Frank 2001, S. 203 f.; Frank 2006, S. 52 f.; Greiffenberg 2003, S. 10 f.; Goeken 2003, S. 19; Osterloh und Grand 1994, S. 278 ff. Der Begriff des Frameworks findet in der WI breite Anwendung, wird jedoch nur selten explizit abgrenzt und ist insbes. in der neueren Literatur stark „verwässert" (vgl. auch Esswein und Weller 2008, S. 11). Zur Abgrenzung des Methodenbegriffs vgl. in diesem Zusammenhang insbes. auch Fn. 723.

temgestaltung herangezogen werden können. Sie werden typischerweise als generischer Lösungsansatz zu einem Problem oder Problembereich verstanden, der darauf zielt, die zu berücksichtigenden Aspekte und Faktoren zu bestimmen, diese systematisch zu erfassen und vorhandenes Wissen zu einem Gesamtkonzept zu integrieren.

In Abgrenzung zu technischen Frameworks sowie auch den genannten Architekturframeworks – die ebenfalls überwiegend konzeptioneller Natur sind – stellt das nachfolgend entwickelte Artefakt ein konzeptionelles Framework dar, das sich zwar auf die architekturbasierte Gestaltung und Weiterentwicklung des Unternehmens bezieht, jedoch auf übergeordneter Ebene einen strukturellen, konzeptionellen Rahmen für die Architekturgestaltung definiert. Die terminologische Definition in Bezug auf das Präfix „Meta-" stützt sich dabei im Wesentlichen auf die folgenden Annahmen. Einerseits besteht ein wesentlicher Aspekt des Ansatzes in der Integration einer Governancefunktion innerhalb des UAM, die den Architekturgestaltungsprozess unter Berücksichtigung der beteiligten Akteure systematisch anleitet und auf einer übergeordneten Ebene angesiedelt ist.[716] Dieser Aspekt ist auch als Metaaufgabe zu verstehen, die das Management des Architekturgestaltungsprozesses selbst fokussiert.[717] Andererseits werden Modelle und Modellkonstruktionsprozesse als Kernaspekte der UA-Gestaltung verstanden (vgl. Abschn. 3), sodass das Framework – im Sinne einer konstruktiven Menge von Modellen und Konzepten – selbst wiederum Modelle zum Gegenstand hat. Die Auseinandersetzung mit Modellen als Objekt wissenschaftlicher Forschung hat grundlegend einen metatheoretischen Charakter, indem die Modellierung selbst Gegenstand der Untersuchung und der Problemlösung durch die Modellbildung vorgelagert ist.[718] Drittens wird die UA von einigen Autoren auch selbst als Metadisziplin bezeichnet, vor allem da sie verschiedene andere Disziplinen, wie bspw. die Geschäftsprozessmodellierung, integriert und im Sinne eines ganzheitlichen Architekturverständnis eine Art „Metakontext" auf übergeordneter Ebene für andere Aufgaben und Disziplinen im Unternehmen bildet.[719] Schließlich wird damit einhergehend die Architekturgestaltung und kontinuierliche Weiterentwicklung im Rahmen des UAM als Metaprozess konstruiert, der in diesem Sinne als Gestaltungsprozess zur Entwicklung der UAM-Prozesse verstanden werden kann und eine Menge an übergeordneten Aktivitäten und Maßnahmen zur Umset-

---

[716] Vgl. hierzu auch Abschn. 4.2.1. Entsprechend drückt die Vorsilbe „Meta" gemäß Duden (2007, S. 652) aus, dass sich etwas auf einer höheren Stufe oder Ebene befindet bzw. übergeordnet ist oder hinter etwas steht.

[717] Vgl. insbes. Krcmar 2005, S. 288 ff., der die IT-Governance als Metaaufgabe im Kontext des Informationsmanagements versteht. Vgl. auch Abschn. 2.2.1.1.

[718] Vgl. auch Dresbach 1999, S. 82.

[719] Vgl. bspw. Gøtze 2013, S. 6.

zung der Architekturinitiative[720] umfasst. Es wird folglich von der UA als Prozess ausgegangen, die wiederum selbst Prozesse zur Gestaltung von Architekturinhalten und der Steuerung des UAM integriert.[721]

Darüber hinaus ist hier auch der Architekturbegriff mehrdeutig zu verstehen, was ebenfalls primär durch die Governanceorientierung des mEA-Frameworks zu begründen ist. Zur Betonung eines ganzheitlichen und integrativen Ansatzes der IT-Governance, dem auch im Rahmen der vorliegenden Arbeit gefolgt wird, prägt PETERSON in diesem Zusammenhang den Begriff der IT-Governance-Architektur, der vor allem die Notwendigkeit der Definition und Steuerung der Schnittstellen und Beziehungen zwischen den verteilten Komponenten eines Governancesystems und die Berücksichtigung verschiedener Anspruchsgruppen betont.[722] Das erarbeitete Governancekonzept kann hierauf aufbauend somit wiederum auch selbst als Architektur verstanden werden.

Als Meta-Architektur-Framework wird dem folgend im weiteren Verlauf der Untersuchung ein architekturbasierter Ansatz bezeichnet, der die jeweiligen Gestaltungsobjekte einer Architektur sowie deren Beziehungen auf einer Metaebene beschreibt, d. h. die Gestaltung der Architektur selbst fokussiert, und insbesondere einen konzeptionellen Rahmen sowie Vorgehensweisen und methodische Komponenten integriert, die die eigentliche Architekturgestaltung und -weiterentwicklung als solche unterstützen. Es wird folglich kein alternatives Framework entwickelt, sondern de facto die Anwendung bestehender Frameworks auf aggregierter Ebene betrachtet. Während die UA somit die Strukturierung der Modellergebnisse erlaubt und die Beziehungen und Interdependenzen zwischen den Objekten einer Organisation beschreibt, bezieht sich das mEA-Framework auf die Strukturierung der Architekturabläufe und der Interdependenzen zwischen den Akteuren und Objekten, die für die Erreichung und die Weiterentwicklung der Architekturartefakte relevant sind, sowie die geeignete Integration des UAM-Prozesses in bestehende Abläufe und Strukturen. Der Ansatz stellt damit grundlegend auch ein methodisches Rah-

---

[720] Im Folgenden wird – ähnlich wie auch in einigen anderen verwandten Arbeiten (vgl. bspw. Aier et al. 2008b, S. 559; TOGAF 2011, S. 33) – von einer Unternehmensarchitekturinitiative (UA-Initiative) gesprochen, die einen Oberbegriff für sämtliche Planungen und Handlungen des Unternehmens in Bezug auf die Einführung, Nutzung und Wartung der UA kennzeichnet. Bewusst wird der Begriff „Projekt" vermieden, da es sich bei den beschriebenen Tätigkeiten nicht um eine abgeschlossene, zeitlich begrenzte Aktivität, sondern eine langfristig ausgelegte Aufgabe des Unternehmens handelt.

[721] Vgl. ähnlich auch Lienhard 2007, S. 1 f.

[722] Vgl. Peterson 2004a, S. 61 ff. sowie ähnlich auch Johannsen und Goeken 2006, S. 12 f.

menkonzept[723] bereit, das den UAM-Prozess anleitet und als Management-aufgabe für das architekturbasierte IT-Alignment definiert.

Das mEA-Framework als Gesamtartefakt besteht dabei aus mehreren Teilar-tefakten, die aufeinander aufbauen und sich gegenseitig bedingen. Das Kern-artefakt des Ansatzes stellt ein Governancekonzept dar, das ausgehend von Ansatzpunkten der Corporate und IT-Governance abgeleitet wird und im Sinne eines übergeordneten Handlungssystems zur Steuerung der interaktionsba-sierten Architekturprozesse dient. Dieses wird aufbauend auf der Definition eines erweiterten Architekturrahmens erarbeitet, der die Kernelemente einer governancebasierten Architekturgestaltung systematisiert und terminologisch in Beziehung setzt. Grundlage hierfür ist zudem ein Ordnungsrahmen, der als übergeordneter Prozess der Architekturgestaltung verstanden werden kann, der den Gestaltungs- und Transformationsprozess der UA im Rahmen des UAM systematisiert und hierdurch vor allem eine Einordnung der Architektur-governance ermöglicht. Die Zusammenhänge zwischen den Teilartefakten werden in **Abb. 40** untereinander in zeitliche und sachlogische Beziehung ge-setzt.

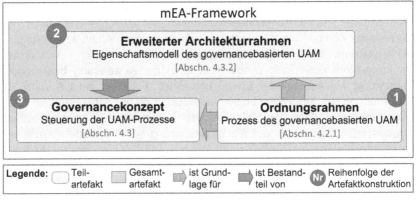

Abb. 40: Grobstruktur des mEA-Frameworks
Quelle: Eigene Darstellung.

---

[723] Als Methoden werden strukturierte, planmäßige und i. d. R. prinzipiengeleitete Vorge-hensweisen verstanden, die Vorschriften bzw. Regeln sowie notwendige Schritte zur Er-reichung eines definierten und überprüfbaren Ziels bereitstellen und sich v. a. durch die Merkmale der Anleitung, Zielorientierung und Systematik abgrenzen. Vgl. u. a. Stahl-knecht und Hasenkamp 2005, S. 212; Greiffenberg 2003, S. 1 ff. sowie auch die Ausfüh-rungen in Abschn. 1.2.2. Der Begriff „methodisches Rahmenkonzept" wird hier in Abgren-zung zum Methodenbegriff bewusst gewählt, da der Ansatz zwar die genannten Merkmale besitzt, jedoch nicht als eigenständige Methode, sondern vielmehr als methodische Er-gänzung bestehender Methoden bzw. Rahmenwerke zu verstehen ist, die gemäß der vorhergehenden Erläuterungen auf übergeordneter Ebene angesiedelt ist.

Nachfolgend soll hierfür zunächst das zuvor dargelegte UAM-Verständnis wieder aufgegriffen und um prozess- und governancebezogene Facetten erweitert werden, was den Ausgangspunkt der Artefaktkonstruktion darstellt.

4.2 Prozess- und governancebasiertes Architekturmanagement als grundlegendes Gestaltungsprinzip

> *„It's the processes: the effective implementation of processes makes all the difference to the success of an Enterprise Architecture project."*
>
> Lienhard 2007, S. 1

Zur Integration der Architekturinhalte innerhalb einer UA existieren – wie bereits grob skizziert – grundlegend zwei Möglichkeiten. Einerseits werden die Modelle der einzelnen Gestaltungsebenen typischerweise über ein gemeinsames Metamodell integriert, wobei die einzelnen Domänen unterschiedliche Sprachkonzepte für die Modellierung der Teilarchitekturen nutzen (vgl. z. B. ARIS). Andererseits ist es auch möglich, sog. integrierte bzw. ganzheitliche Architekturansätze zu wählen, die eine gemeinsame Sprache für alle Gestaltungsebenen bieten (z. B. Archimate).[724] Während diese Ansätze gleichermaßen auf die Integration von Architekturartefakten im Sinne von Gestaltungs*ergebnissen* zielen, wird es in der vorliegenden Untersuchung gemäß den vorhergehenden Ausführungen jedoch als notwendig erachtet, auch bereits im Rahmen der Gestaltungs*prozesse* der UA-Initiative die unterschiedlichen Perspektiven relevanter Interessensgruppen auf die UA zu berücksichtigen und die aus inhaltlicher und zeitlicher Sicht in verschiedenen Zyklen ablaufenden Aktivitäten innerhalb der jeweiligen Gestaltungsebenen – sowohl im Rahmen der Dokumentation als auch der Planung der UA – zu integrieren. Hierzu ist grundlegend ein Architekturmanagementansatz erforderlich, der nicht nur die sichtenspezifische Abstimmung der Architekturinhalte als solche, sondern insbesondere auch die Interaktion der an den jeweiligen Prozessen und Lebenszyklen beteiligten Akteure und die Abhängigkeiten zwischen den Architekturartefakten innerhalb der UA-Initiative berücksichtigt und durch geeignete Maßnahmen adressiert.

Nachfolgend soll daher zunächst ein geeignetes Vorgehensmodell für das UAM abgeleitet werden, das auf bestehenden UAM-Ansätzen aufbaut und die Kernprozesse im Rahmen der Architekturevolution identifiziert und systematisiert (Abschn. 4.2.1). Anschließend wird in Abschn. 4.2.2 weiterhin zur Fundierung des Governancekonzepts auf den Aspekt der Stakeholderorientierung eingegangen und die Implikationen für die zuvor herausgearbeiteten UAM-Prozesse diskutiert. Dies ist erforderlich, da den Nutzern der UA in Hinblick auf das IT-Alignment eine besondere Bedeutung beizumessen ist. Diese Betrach-

---

[724] Vgl. Abschn. 3.1.2.2.2.

tungen bilden die Grundlage für die Entwicklung des Governancekonzepts in Abschn. 4.3.

4.2.1 Ableitung eines UAM-Prozesses zur konzeptuellen Verortung der Architekturgovernance

> „EA reveals its real value only after one goes beyond the
> pure documentation of current states."
>
> Niemann 2006, S. 157

Das UAM ist aufbauend auf den vorhergehenden Ausführungen grundsätzlich als Methode zu verstehen, um die UA zu entwickeln, für Analyse- und Planungszwecke zu nutzen und die Realisierung des angestrebten Zustands anzuleiten, und gibt somit den konzeptionellen Rahmen für einen architekturbasierten Ansatz zur Unterstützung des IT-Alignments vor.[725] Zur Strategieumsetzung und der Durchführung von unternehmens- bzw. bereichsweiten Gestaltungs- und Veränderungsprozessen wird nachfolgend angenommen, dass hierzu neben Entwicklungs- und Planungsprozessen zudem kontrollierte UAM-Prozesse zu definieren sind, die auch die für die UA-Evolution erforderlichen Abstimmungs- und Steuerungsprozesse zwischen den Gestaltungs- und Planungsbereichen der UA innerhalb des UAM etablieren.

Vor diesem Hintergrund ist das in Abschn. 4.3 detaillierte Governancekonzept zunächst als Teilaufgabe des UAM einzuordnen, das an verschiedenen Punkten im UAM-Zyklus ansetzt und aus prozessorientierter Sicht übergeordnet auf die Steuerung der Architekturgestaltungs- und -entwicklungsaufgaben zielt.[726] Eine wesentliche Annahme in Bezug auf die Unterstützung des IT-Alignments durch das UAM ist hierbei, dass neben den Architekturprodukten vor allem die Prozesse, die zur Dokumentation, Analyse und Planung der UA erforderlich sind, genau diejenigen Handlungsbereiche darstellen, die eine wechselseitige Abstimmung zwischen IT und Geschäft erfordern. Daher ist zunächst ein geeignetes Vorgehensmodell für das UAM abzuleiten, das vor allem unter Berücksichtigung der in Abschn. 3.2 vorgenommenen Einschränkungen hinsichtlich relevanter bestehender Ansätze die Einbettung des Konzepts einer Unternehmensarchitekturgovernance (UA-Governance) auf konzeptueller Ebene ermöglicht.

---

[725] Vgl. insbes. Abschn. 3.1.2.2.3.

[726] Nachfolgend werden die Begriffe Unternehmensarchitekturgovernance (UA-Governance) und Architekturgovernance synonym verwendet, wobei der Architekturbegriff gemäß dem eingeführten UA-Verständnis ganzheitlich zu verstehen ist. Vgl. hierzu auch Fn. 575. An dieser Stelle sei angemerkt, dass die Verortung der Governanceaufgabe als Teil des UAM damit auch per definitionem Bezeichnungen wie „EAM-Governance" (vgl. bspw. Hanschke 2011, S. 54) im Kontext der vorliegenden Arbeit ausschließt. Vgl. hierzu weiterführend auch Abschn. 4.3.

Merkmal	Hafner / Winter	Niemann	TOGAF/ADM
Kurzbe-schrei-bung	Ausgehend von einer Literaturanalyse und drei Fallstudien wird ein zyklisches Vorgehensmodell für das Management der Applikationsarchitektur entwickelt und in weitere Teilaufgaben detailliert.	Der Ansatz umfasst Aspekte des strategischen und des operativen Architekturmanagements und bezieht insbesondere auch Aufgaben der IT-Governance mit ein.	ADM stellt einen Kernbestandteil von TOGAF dar und beschreibt einen iterativen, zyklischen Ansatz bestehend aus insgesamt neun Phasen, die die Dokumentation und Entwicklung der UA strukturieren.
Ziel	Effektive und effiziente Koordination von Geschäfts- und Prozessarchitektur mit der Applikations- und IT-Architektur (IT-Alignment)	Transparenz, Information als Entscheidungs- und Steuerungsgrundlage zur Unterstützung der IT-Governance	Integrierte Architekturentwicklung zur gemeinsamen Berücksichtigung von Geschäft und IT (IT-Alignment / Wertbeitrag der IT)
Phasen	Architekturführung, Architekturgestaltung, Architekturkommunikation, Architekturvertretung	Dokumentation, Analyse, Planung, Implementierung	Vorbereitung, Vision, Geschäfts-, IS-, Technologie-Architektur, Chancen/Lösungen, Migrationsplanung, Implementierungsgovernance, Change Management
Fokus	Applikationsarchitektur/ IT-Architektur	Unternehmensarchitektur/ IT-Architektur	Unternehmensarchitektur/ IT-Architektur
Hinter-grund	Wissenschaft	Wissenschaft/Unternehmenspraxis	Unternehmenspraxis
Konzept. Bezug	St. Galler Business Engineering	IT-Management/IT-Governance	TOGAF/IT-Management

Tab. 15: Zusammenfassende Gegenüberstellung ausgewählter UAM-Ansätze
Quelle: Eigene Zusammenstellung.

Den Ausgangspunkt bilden an dieser Stelle vor allem drei UAM-Ansätze, die jeweils ein Vorgehensmodell für die Evolution der UA bereitstellen und bereits ausgehend von der Bewertung in Abschn. 3.2.2 hierfür als grundlegend geeignet eingestuft wurden. Dabei stellen die Ansätze nach HAFNER UND WINTER, nach NIEMANN sowie der ADM-Zyklus nach TOGAF zunächst die Grundlage für einen konsolidierten UAM-Prozess dar, der entsprechend den bisherigen Ausführungen und Anforderungen angepasst wird.[727] Die Relevanz der Ansätze sowie die Notwendigkeit der Anpassung bzw. Ableitung eines adaptierten UAM-Prozesses ergeben sich dabei in erster Linie ausgehend von den zuvor

---

[727] Die drei Ansätze werden in Anhang B detaillierter beschrieben und gegenübergestellt sowie von weiteren Arbeiten abgegrenzt. Die Auswahl ist dabei nicht als vollständig zu verstehen und umfasst nicht alle, möglicherweise relevanten Ansätze. Gleichermaßen ist hier jedoch auch eine gewisse grundlegende Ähnlichkeit der Ansätze innerhalb des Untersuchungsbereichs zu konstatieren, sodass ggf. auch weitere Vorgehensmodelle mithilfe des angewendeten Bewertungsschemas beurteilbar sind.

dargelegten Anforderungen und Annahmen. Die Auswahl ist dabei primär durch die Aktualität des Themas geprägt, da bislang in der Literatur nur wenige vergleichbare Vorgehensmodelle zur Verfügung stehen, wobei nur TOGAF darüber hinaus eine umfassende Gesamtmethodik bereitstellt.[728] Die gewählten Ansätze spiegeln somit den aktuellen Stand der Literatur wider und werden als geeignet erachtet, um in ihrer Gesamtheit den Ausgangspunkt des erarbeiteten methodischen Rahmenkonzepts bereitzustellen. **Tab. 15** stellt die Vorgehensmodelle anhand ausgewählter Merkmale zusammenfassend gegenüber.

Zur grundlegenden Systematisierung der Bewertung können UAM-Ansätze dabei AIER ET AL. folgend grundsätzlich hinsichtlich ihres (i) Umfangs, (ii) Detaillierungsgrads, in Bezug auf das (iii) Anforderungsmanagement, (iv) ihre Wirkung und (v) den Aspekt der Verankerung unterschieden werden.[729] Der Aspekt des Umfangs beschreibt dabei, auf welche Betrachtungsgegenstände sich das UAM bezieht und damit, ob ausschließlich IT-bezogene Architekturartefakte, wie bspw. Modelle der Anwendungslandschaft oder IT-Infrastruktur, oder darüber hinaus auch fachliche Modelle, wie bspw. Geschäftsprozessmodelle, bzw. zusätzlich auch strategische Aspekte, innerhalb des UAM Berücksichtigung finden. Die Dimension Detaillierungsgrad bezieht sich hingegen auf das Abstraktionsniveau, das innerhalb der Architekturbeschreibungen sowie im Rahmen der Planungsaktivitäten gewählt wird und berücksichtigt damit auch die jeweilige Breite bzw. Tiefe der innerhalb der UA dargestellten Zusammenhänge. Das Anforderungsmanagement umfasst weiterhin die Berücksichtigung von Stakeholdern und den jeweiligen Interessen und Perspektiven in Bezug auf die Gestaltung und Weiterentwicklung der UA.[730] Hierbei sind einerseits stakeholdergetriebene Ansätze im Sinne einer durchgängigen Berücksichtigung und Integration der Stakeholder(-interessen) und andererseits Ansätze, die die Einbeziehung der Stakeholder erst nach der Architekturgestaltung im Rahmen der Identifizierung möglicher Anwendungsbereiche und Anspruchsgruppen vorsehen (architekturgetrieben), zu unterscheiden. Ausgehend von der Wirkung der UAM-Ansätze sind diese darüber hinaus hinsichtlich ihrer entweder passiven, d. h. die reine Zusammenstellung, Gestaltung und Bereitstellung von Informationen innerhalb der UA, oder aktiven, d. h. typischerweise prinzipiengeleiteten, auf die systematische Entwicklung und Durchsetzung von Soll-Architekturen gerichteten, Gestaltungsfunktion zu differenzieren. Schließlich beschreibt die Dimension Verankerung den Grad der organisatorischen Verortung bzw. Einbindung der UAM-Funktion im Unter-

---

[728] Zur weiterführenden Begründung der Auswahl vgl. auch Anhang B.
[729] Vgl. hierzu und im Folgenden Aier et al. 2012, S. 16 f.
[730] Vgl. hierzu auch Abschn. 4.2.2.

nehmen.[731] Als weiteres Kriterium wird unter Berücksichtigung der vorliegenden Untersuchung darüber hinaus der Aspekt der (vi) Governance dieser Systematisierung ergänzt, der beschreibt, ob grundlegend Maßnahmen zur wert-
orientierten Steuerung und Koordination der Architekturprozesse vorgesehen
sind. Die Ausprägungen umfassen hier keine, in Ansätzen oder grundlegend
vorhandene Maßnahmen.

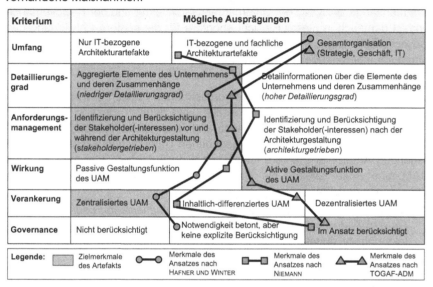

Abb. 41: Morphologischer Kasten zur Systematisierung relevanter UAM-Ansätze
Quelle: Eigene Darstellung.

Abb. 41 fasst diese Kriterien mithilfe eines morphologischen Kastens zusammen und ordnet die relevanten UAM-Ansätze durch entsprechend gekenn-
zeichnete Linienzüge innerhalb der Darstellung ein. Während die Linien dabei
die jeweiligen Ausprägungen der genannten Ansätze kennzeichnen, werden
darüber hinaus durch die Schattierung der Felder die idealtypischen Merk-
malsausprägungen eines Ansatzes zur Unterstützung des architekturbasierten
IT-Alignments eingeordnet, wie er mit dem entwickelten Artefakt verfolgt wird
und wodurch sich eine erste Definition bzw. grobe Einordnung hinsichtlich der
Merkmale und abgrenzenden Charakteristika des Ansatzes ergibt.[732] Dabei
zeigt sich, dass keiner der betrachteten Ansätze sämtliche als notwendig er-

---

[731] Vgl. auch Abschn. 3.1.2.2.3 sowie insbes. Abb. 36.
[732] Die Positionierung der einzelnen Ansätze erfolgt dabei nicht trennscharf und ist nicht in
allen Fällen eindeutig möglich. Bspw. gibt TOGAF nur wenig konkrete Hinweise bzgl. der
praktischen Ausgestaltung der Modellierung und erlaubt somit nur eine vage Einschätzung hinsichtlich des intendierten Detaillierungsgrads der Architekturartefakte.

achtete Attribute des hier verfolgten Konzepts erfüllt. Bei zusätzlicher Ergänzung einer groben Wertung der Aspekte untereinander gemäß den obigen Ausführungen zeigt sich, dass bspw. der Ansatz nach TOGAF-ADM in Bezug auf die Erfüllung der geforderten Ganzheitlichkeit und Stakeholder- und Nutzungsorientierung hier am ehesten die Zielmerkmale des Artefakts erfüllt. Der Ansatz nach NIEMANN berücksichtigt demgegenüber jedoch explizit die Zusammenhänge zwischen der Unternehmensarchitektur und der IT-Governance und ist demnach in dieser Hinsicht ebenfalls für die spätere Entwicklung des Governancekonzepts einzubeziehen. Grundsätzlich lassen sich zudem wiederum auch innerhalb der einzelnen Kategorien mehr oder weniger starke Ausprägungen der einzelnen Merkmale erkennen.[733]

Betrachtet man hierzu weiterhin die vorgesehenen Phasen bzw. Aufgabenbereiche der genannten Vorgehensmodelle, wird deutlich, dass in Hinblick auf die bereits erarbeiteten Anforderungen und Rahmenbedingungen für ein entsprechendes Konzept und den vorgegebenen Untersuchungskontext der vorliegenden Arbeit hier mehrere interdependente Aufgabenfelder innerhalb des UAM eine Rolle spielen, die sich zu den folgenden Kernaufgaben bzw. -prozessen verdichten lassen:[734]

(1) *Konstruktions- und Analyseaufgaben zur Dokumentation und Planung der UA (UA-Erstellung):* Im Rahmen von Konstruktionsaufgaben werden Architekturinhalte erstellt und gewartet, wobei hier neben Dokumentationsaufgaben (Ist-Situation) auch die modellbasierte Planung erfolgt.[735] Wesentlich in Bezug auf das IT-Alignment und die Nutzung der UA als Instrument der strategischen Planung ist hierbei die Annahme, dass die Analyse und Planung grundlegend modellbasiert durch Prozesse der Modellkonstruktion (1) und Entscheidung (2) erfolgt und die Analyse- und Planungsprozesse die Umsetzung des zukünftigen Zustands (3) vorgeben und nicht vice versa. Modelle sind dabei selbst Gegenstand von Entscheidungen im Rahmen der Konstruktionsprozesse und bilden zudem wiederum den

---

[733] Bspw. werden im Ansatz nach TOGAF strategische und fachliche Aspekte gleichermaßen berücksichtigt; der Ansatz ist allerdings dennoch stark IT-orientiert. Zudem kann bspw. auch der Detaillierungsgrad einer Architektur in Abhängigkeit von der betrachteten Ebene variieren. Bspw. werden für Modelle auf Strategieebene typischerweise grobgranulare Darstellungen als sinnvoll angesehen, während die IT-Architektur möglicherweise detaillierter modelliert werden sollte (vgl. auch Niemann 2006, S. 15).

[734] Vgl. auch van der Raadt et al. 2010, S. 1955 f. für eine ähnliche Systematisierung. Die Autoren differenzieren hier die UA-Funktion in die Aufgaben „EA delivery" (Konstruktionsaufgaben zur Erstellung und Wartung der UA), „EA decision making" (Entscheidungen über UA-Produkte und die UA-Strategie) und „EA conformance" (Umsetzung von Veränderungen und deren Überwachung).

[735] Dabei ist anzumerken, dass nicht in allen Fällen eine Ist-Modellierung sinnvoll und erforderlich ist. Bspw. kann die Architekturplanung auch an bestehenden Architektur- oder Referenzmodellen ansetzen. Vgl. hierzu auch Abschn. 3.1.2.2.3.

Ausgangspunkt der Entscheidungen in Bezug auf die Organisationsgestaltung.

(2) *Entscheidungs- und Führungsaufgaben (UA-Steuerung)*: Im Rahmen von Entscheidungsaufgaben sind in erster Linie Aktivitäten der Architekturbeurteilung hinsichtlich der Genehmigung oder Ablehnung von im Rahmen von Konstruktionsprozessen erstellten Architekturinhalten (1) und der Identifikation strategischer Anforderungen zu vollziehen, die die Initiierung der weiteren UA-Aufgaben herbeiführen. Dabei sind Entscheidungen vor allem in Bezug auf die Konstruktion neuer Architekturartefakte bzw. deren Freigabe sowie die Anpassung existierender Architekturinhalte und deren Konsolidierung innerhalb der Gesamtarchitektur zu treffen. Sowohl die Dokumentation der Ist-Situation als auch deren Analyse und die Ableitung einer Soll-Architektur erfordern dabei eine übergeordnete Steuerung der UA-Prozesse innerhalb der UA-Initiative insbesondere in Hinblick auf deren Konformität mit der strategischen Ausrichtung des Unternehmens.

(3) *Implementierungs- und Überwachungsaufgaben (UA-Nutzung)*: Weiterhin ist es erforderlich, die Umsetzung der mithilfe der UA geplanten Änderungen ausgehend von den Architekturentscheidungen (2) anzuleiten, sodass die realisierten Veränderungen mit der Ziel-Architektur übereinstimmen, und kontinuierlich zu überwachen, um hieraus neue Anforderungen an die Architekturgestaltung abzuleiten, die sowohl aus neuem Wandlungsbedarf der Organisation, aber auch bspw. aus dem Feedback der Stakeholder resultieren können. Unter anderem, da eine sporadische Aktualisierung der UA typischerweise einen hohen Ressourcenaufwand impliziert, sind die Architekturentwicklungs- und -entscheidungsprozesse (1, 2) dabei grundlegend in bestehende organisatorische Prozesse einzubinden und regelmäßig zu pflegen.[736]

Der hierauf aufbauend abgeleitete UAM-Zyklus liegt dem mEA-Framework als übergeordnete Konzeptualisierung zugrunde, die die relevanten Gestaltungsbereiche und Aufgaben zur Architekturgestaltung und -planung in Form eines Ordnungsrahmens für die methodische Vorgehensweise des Frameworks strukturiert (vgl. **Abb. 42**). Der UAM-Zyklus ist dabei als anforderungsgetriebene Konsolidierung der genannten Vorgehensmodelle zu verstehen, der die Grundlage für das im Folgenden entwickelte Governancekonzept bildet und insbesondere zu dessen Einordnung innerhalb des UAM dient. Wie auch in den zugrunde liegenden UAM-Ansätzen wird hier ein zyklisches Strukturprinzip gewählt, das die identifizierten Gestaltungsfelder und Kernprozesse systematisiert und auf Basis einer Organisations-, einer Architektur- sowie einer Prozessebene in Beziehung setzt. Der Ordnungsrahmen ist dem folgend als

---

[736] Vgl. auch Rohloff 2008, S. 96.

strukturelles Mittel zu verstehen, das die relevanten Komponenten bzw. Teilaspekte des UAM systematisiert und die entsprechenden Aufgaben und Abläufe einer prozess- und governanceorientierten Architekturgestaltung ableitet. Er dient somit als abstrakter Rahmen zur Konzeptualisierung des governancebasierten UAM, der in den nachfolgenden Abschnitten an den geeigneten Stellen wieder aufgegriffen wird.

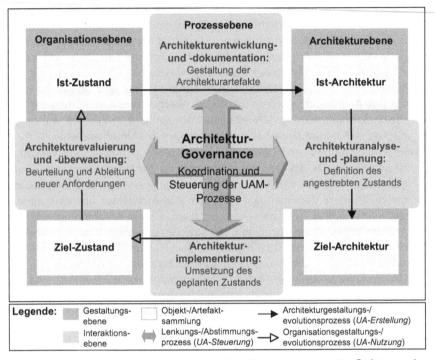

Abb. 42: Prozess- und governancebasiertes Architekturmanagement – Ordnungsrahmen zur Einordnung der Architekturgovernance
Quelle: Eigene Darstellung.

Dabei werden innerhalb des Ordnungsrahmens mehrere interdependente Gestaltungsbereiche einbezogen, die in ihrer Gesamtheit die zu berücksichtigenden Aspekte aufzeigen und die Architekturgovernance als verbindendes Element einschließen. Die Prozessebene fasst dabei grundlegend die für die Umsetzung des UAM relevanten Aktivitäten zusammen und setzt die Architekturgovernance in Beziehung zu den jeweils erforderlichen UAM-Prozessen, die sich entsprechend den obigen Ausführungen nicht nur auf die Architekturgestaltung und -evolution sondern auch deren Nutzung innerhalb der Organisation beziehen. Hierzu werden innerhalb des Ordnungsrahmens insgesamt vier

Gestaltungsfelder und fünf Aufgaben/Prozesse unterschieden, die sich aus den erwähnten UAM-Ansätzen sowie den Ausführungen der vorhergehenden Abschnitte der Arbeit ableiten und zu deren effektiven Durchführung eine Abstimmung zwischen Geschäft und IT erforderlich ist. Die Prozesse werden wiederum durch entsprechende Gestaltungsmaßnahmen adressiert, aus denen sich schließlich Prinzipien bzw. Handlungsalternativen für die Architekturgestaltung ableiten lassen.

Zur Durchführung der zuvor genannten Prozesse sind hier durchgängig Führungs- und Abstimmungsprozesse erforderlich, die sich sowohl auf die jeweiligen Akteure als auch auf die Artefakte untereinander beziehen (UA-Governance). Dabei unterliegen neben den Dokumentations- und Planungsprozessen zur Überführung der Ist- in eine Ziel-Architektur auch die Prozesse der Gestaltung und Veränderung der Organisation, d. h. der Nutzung der UA, einem entsprechenden Kontrollbedarf, was durch entsprechende Governancemaßnahmen adressiert wird. Hier zeigt sich insbesondere auch die Schnittstelle zur IT-Governance: Während die UA-Governance vordergründig die architekturbasierte Planung im Sinne der unternehmensexternen Ausrichtung der Organisation und deren Effektivität fokussiert, ist im Rahmen der IT-Governance primär die interne Effizienz in Bezug auf die Durchführung IT-basierter Geschäftsprozesse von Bedeutung.[737] Der entsprechende Prozess innerhalb des UAM-Zyklus wird dabei durch das Pfeilkreuz in der Mitte von **Abb. 42** symbolisiert und im vorliegenden Ansatz durch geeignete Gestaltungsmaßnahmen innerhalb der UA-Initiative adressiert.

Die UA-Governance bildet demnach die Führungsfunktion des UAM, indem sie primär definiert, wer welche Entscheidungen im Umgang mit Architekturmodellen trifft und die Konformität der Architekturprozesse und -produkte sicherstellt, während das UAM die Aufgabe hat, die jeweiligen Entscheidungen zu treffen und umzusetzen. Insbesondere, da im Rahmen des Architekturmanagements dabei von mehreren Modellierungsprojekten auszugehen ist, deren Prozesse und Ergebnisse zu integrieren sind, sowie mehrere unterschiedliche Stakeholder Interessen durch die Modellbildung verfolgen, wird davon ausgegangen, dass eine übergeordnete Instanz zur Führung, Steuerung und Kontrolle der Modellierungsprojekte und Planungsprozesse zu etablieren ist.

Das entwickelte Konzept der Architekturgovernance setzt somit in erster Linie an den Prozessen des Architekturmanagements an und umfasst die Steuerung und Koordination aller Aspekte der Entwicklung und Evolution der UA. Da sowohl die Herausforderungen zur Erreichung und dauerhaften Aufrechterhaltung des IT-Alignments hinsichtlich aller Dimensionen und Aspekte sowie auch

---

[737] Vgl. hierzu auch insbes. Abschn. 4.3.

die Ausgestaltung der UA-Funktion typischerweise unternehmensspezifisch sind, erscheint ein generalisierter Ansatz kaum zielführend. Vielmehr intendiert der vorgeschlagene Ansatz daher, einen Ansatzpunkt für die Etablierung einer Architekturgovernance bereitzustellen, der in Hinblick auf unternehmensspezifische Faktoren, wie bspw. das jeweils verwendete Architekturframework, anpassbar ist.[738] Zur Erarbeitung eines strukturierten Ansatzes zur Umsetzung eines solchen Governancekonzepts werden in den folgenden Abschnitten vor allem die zu betrachtenden Gestaltungsbereiche in Form von Hauptaufgaben und entsprechender Maßnahmen unter Rückgriff der eingeführten Merkmale zur Unterstützung eines architekturbasierten IT-Alignments thematisiert, um hierdurch die „Stellschrauben" für eine nachhaltige UA-Governance im Rahmen des UAM zu erarbeiten.

Der nachfolgende Abschnitt geht hierfür zunächst vertiefend auf den Aspekt der Stakeholderorientierung und die im Rahmen der UAM-Prozesse involvierten Akteure ein, bevor die Merkmale und Gestaltungsaktivitäten der UA-Governance näher konkretisiert werden. Dieser Aspekt wird vorbereitend als wesentlich erachtet, da im Rahmen der Architekturgovernance die Erwartungen und Ziele der Stakeholder einen entscheidenden Ausgangspunkt der governancebasierten Architekturgestaltung darstellen. Insbesondere für das architekturbasierte IT-Alignment ergeben sich hier eine Reihe von Implikationen, die für das nachfolgend erarbeitete Governancekonzept relevant sind und daher an dieser Stelle zunächst näher ausgeführt werden sollen.

4.2.2 Stakeholderorientierung und die Implikationen für die Architekturprozesse

> *„It is essential in any initiative to identify the individuals and groups within the organization who will contribute to the development of the architecture, identify those that will gain and those that will lose from its introduction, and then develop a strategy for dealing with them."*
>
> TOGAF 2011, S. 251

Sofern die Modelle der UA eine wesentliche Rolle für kritische Entscheidungen im Unternehmen spielen, wie bspw. im Rahmen der strategischen Planung, ist es notwendig, dass diese grundlegend den Sichtweisen der wesentlichen Akteure innerhalb der jeweiligen Domänen im Unternehmen entsprechen.[739] Hierzu ist das UAM als ganzheitliche und kooperative Aufgabe auf allen Unternehmensebenen zu verankern, was dazu führt, dass neben den Verantwortlichen innerhalb der UA-Initiative verschiedene weitere Stakeholder in mehre-

---

[738] Zur Diskussion möglicher Kontingenzfaktoren, die die Umsetzung des vorgeschlagenen Konzepts beeinflussen, vgl. auch Abschn. 5.2.2 sowie Abschn. 6.2.
[739] Vgl. Persson 2000, S. 980 sowie auch Kurpjuweit und Winter 2007, S. 146.

ren, interdependenten Konstruktions-, Entscheidungs- und Nutzungsprozessen der UA involviert sind.

Grundlegend ist hier anzunehmen, dass die Orientierung an den Stakeholderinteressen von entscheidender Bedeutung für den Erfolg der UA-Initiative ist, v. a. da die UA-Entwicklung üblicherweise nicht zum Selbstzweck, sondern maßgeblich im Sinne der Nutzung durch die entsprechenden Interessensgruppen im Unternehmen erfolgt.[740] Das Erreichen eines gemeinsamen Verständnisses im Sinne der UA als gemeinsame Kommunikationsgrundlage bzw. „Sprache" und als wesentliches Instrument der strategischen Planung erscheint ohne die Beteiligung der relevanten Akteure im Unternehmen an den Prozessen zur Gestaltung und Konstruktion der Architekturartefakte kaum sinnvoll. Zudem sind diese i. d. R. auch maßgeblich von den durch die UA geplanten Veränderungen innerhalb der Organisation betroffen.[741]

Insbesondere von der frühen Einbindung relevanter Stakeholder, die neben dem notwendigen Domänenwissen auch über ausreichend Autorität verfügen, kann daher auch eine höhere Akzeptanz der UA-Initiative erwartet werden.[742] Gleichzeitig ist in Bezug auf das IT-Alignment davon auszugehen, dass die UA an den Anforderungen heterogener Stakeholder auszurichten ist, wodurch sich eine fehlende Abstimmung de facto auch bereits in der Vorbereitung und während der eigentlichen Architekturgestaltung manifestieren kann. Da insbesondere Architekturmodelle auf den Beschreibungsebenen der Prozess- und der Applikationsarchitektur sowohl fachliche als auch IT-bezogene Modellierungszwecke verfolgen, sich gegenseitig bedingen und die heterogenen Nutzer i. d. R. unterschiedliche Anforderungen bzw. Informationsbedarfe an die UA stellen, ist hier grundsätzlich von Interessenskonflikten und divergierenden Vorstellungen und Wahrnehmungen auszugehen, die im Rahmen der Prozesse zur Dokumentation, Planung und Implementierung der UA entsprechend berücksichtigt werden müssen. Weiterhin zeigt sich, dass Unternehmen zudem Zeitvorteile realisieren können, sofern Geschäfts- und IT-Architekturen gemeinsam geplant werden, was insbesondere für das IT-Alignment von Relevanz ist.[743] Als wesentliche Gefahren einer UA-Initiative identifizieren NAKAKAWA ET AL. damit einhergehend primär

* die Benennung eines ineffizienten bzw. ungeeigneten Unternehmensarchitekten und damit der unzureichenden Vermittlung zwischen den Interessen sowie

---

[740] Vgl. u. a. auch van der Raadt et al. 2010, S. 1954 ff.; Hanschke 2011, S. 54.
[741] Vgl. hierzu auch Barjis 2009, S. 653; Op't Land et al. 2009, S. 10 ff.
[742] Vgl. auch Aier et al. 2008b, S. 564; van der Raadt et al. 2008, S. 20; Persson 2000, S. 980 f.
[743] Vgl. hierzu bspw. Keller 2012, S. 12.

- die fehlende Einbindung der relevanten Stakeholder innerhalb der UA-Initiative.[744]

Wie bereits vorab grob definiert, sind Stakeholder in Bezug auf die UA-Entwicklung dabei zunächst als Personen oder Gruppen zu verstehen, die in irgendeiner Art und Weise von den Architekturprodukten betroffen sind, und stellen typischerweise diejenigen Akteure im Unternehmen dar, die ein Interesse im Rahmen der Nutzung der UA verfolgen und/oder Informationen für die Erstellung von Architekturinhalten bereitstellen.[745] Dabei ist in der Literatur häufig eine zweiteilige Betrachtungsweise festzustellen, im Rahmen derer einerseits die Rolle des Architekten (UA-Erstellung) sowie andererseits alle weiteren involvierten Interessensgruppen im Unternehmen (UA-Nutzung) unter dem Begriff des Stakeholders subsumiert werden. Zu Letzteren gehören bspw. neben den Mitgliedern der Unternehmensführung auch Projekt- oder Programmmanager, Entwickler, Prozesseigner, Fachbereichsleiter etc. In der vorliegenden Untersuchung wird der Architekt demgegenüber explizit nicht als Stakeholder beschrieben und entsprechend abgegrenzt, da hier vor dem Hintergrund eines konstruktionsprozessorientierten Modellverständnisses de facto von einer Lieferanten-Abnehmer-Beziehung und daher grundsätzlich verschiedener Positionen im UAM-Prozess ausgegangen werden muss. Beide Rollen und Aufgabenbereiche der UA-Gestaltung werden nachfolgend daher separat betrachtet.[746]

Die Rolle des Architekten wird dabei zunächst vielfach als zentrales Element im Rahmen der Architekturgestaltung verstanden, wobei jedoch häufig keine explizite Abgrenzung oder Einordnung in Bezug auf weitere Akteure erfolgt.[747] Zum einen wird die Rolle des Unternehmensarchitekten – trotz dessen gestalterischer Verantwortung für das Gesamtunternehmen – vielfach als reine IT-Rolle verstanden, die lediglich IT-bezogene Gestaltungsaufgaben umfasst und

---

[744] Vgl. Nakakawa et al. 2010, S. 43 sowie ähnlich auch van der Raadt et al. 2010, S. 1954.

[745] Vgl. u. a. van der Raadt et al. 2008, S. 21 ff.; van der Raadt et al. 2010, S. 1954 ff.; Op't Land et al. 2009, S. 10 ff.; Aier et al. 2008b, S. 560 sowie insbes. auch Fn. 598.

[746] Diese Betrachtungsweise impliziert dabei auch, dass sich die in Abschn. 2.1.3.1 erarbeiteten Merkmale von Geschäftsprozessen de facto auch auf die Konstruktionsprozesse der UA übertragen lassen: Konstruktionsprozesse nutzen mentale Modelle bzw. subjektive Vorstellungen der involvierten Akteure über einen realweltlichen Problembereich als Input, transformieren diese Vorstellungen innerhalb der Modellexplikation zum einem Modell, das als Output bzw. Ergebnis des Konstruktionsprozesses einen Wert für einen bestimmten Nutzer des Modells generiert. Der Entwurfsprozess erfolgt somit zudem typischerweise arbeitsteilig und hat maßgeblichen Einfluss auf die Qualität des Modellprodukts. Damit einher geht auch die Bezeichnung der Ergebnismodelle der UA als Architekturprodukte bzw. -leistungen (engl. products, deliverables). Vgl. bspw. TOGAF 2011, S. 11.

[747] Vgl. insbes. auch Abschn. 4.3.3.2.

die entsprechende organisatorische Einbindung erfährt.[748] Dabei überträgt sich hier die teils synonyme Verwendung der Begriffe Unternehmens- und IT-Architektur, indem neben den Rollen des Unternehmensarchitekten bzw. Enterprise Architect diese auch z. T. mit der des IT-Architekten gleichgesetzt werden. De facto stellt jedoch gerade die Rolle des Unternehmensarchitekten eine Schlüsselrolle hinsichtlich des architekturbasierten IT-Alignments dar, indem sie die Schnittstelle zwischen den Gestaltungsaufgaben der Architekturebenen bildet, domänenübergreifende Kommunikationsaufgaben wahrnimmt und über die Geschäftsprozesse strategische und IT-bezogene Aufgabengebiete zentral miteinander verbindet, wodurch die Rolle – insbesondere auch aufgrund des zugrunde gelegten ganzheitlichen Architekturverständnisses – eine entsprechende Differenzierung erfordert.[749] Da der Unternehmensarchitekt wesentliche Aufgaben in Bezug auf die Transformation und Weitergabe von Wissen zwischen den Stakeholdern übergreifend übernimmt, sind hier vor allem die Schnittstellen zwischen beiden Funktionsbereichen zu identifizieren.

STRANO UND REHMANI folgend ist die Rolle des Unternehmensarchitekten hiermit einhergehend ganzheitlich zu verstehen und beschreibt grundlegend einen Akteur, der in entscheidender Weise die architekturbasierte Abstimmung zwischen fachlichen Anforderungen und der IT des Unternehmens steuert und beeinflusst.[750] Den Autoren zufolge sind die Aufgaben des Unternehmensarchitekten dabei im Wesentlichen weiter zu differenzieren in die fünf Aufgabenbereiche bzw. Rollen des

- *Modellierers*, der für die Erstellung der Architekturinhalte in angemessener Detaillierung und mithilfe der entsprechenden Modellierungstechnik einschließlich der Koordination der beteiligten Akteure verantwortlich ist;
- *Change Agents*, der die Unternehmensführung in der Erstellung und Kommunikation einer Strategie unterstützt, die wiederum die Ziele des Unternehmens bestmöglich fördert und der somit im Wesentlichen Planungsaufgaben übernimmt;
- *Kommunikators*, der v. a. Führungskräfte, Analysten, Systemarchitekten und Softwareentwickler dabei unterstützt, die Unternehmensstrategie in ausreichendem Maß zu verstehen, um Entscheidungen treffen und entsprechende Pläne zur Umsetzung der Strategie realisieren zu können;

---

[748] Vgl. hierzu und im Folgenden auch Dern 2006, S. 32 ff.; Niemann 2005, S. 25 ff.; Strano und Rehmani 2007, S. 379 ff.; Walker 2007, S. 1 ff.; Op't Land et al. 2009, S. 113 ff.
[749] Vgl. hierzu auch Strano und Rehmani 2007, S. 381 ff., die die Schnittstellenfunktion des Architekten auch wie folgt beschreiben: „The unique role that the enterprise architect provides is aligning technology with the business goals and objectives by managing the complex set of interdependencies to communicate a common or shared vision of the strategic direction of the enterprise" (S. 386).
[750] Vgl. hierzu und im Folgenden Strano und Rehmani 2007, S. 385 f.

- *Leiters*, der sich aktiv an der Entwicklung und Kommunikation einer gemeinsamen Vision des Unternehmens und der involvierten Akteure im Hinblick auf die Zielerreichung und kontinuierliche Verbesserungen auf strategischer Ebene beteiligt;
- *Managers*, der die Architekturentwicklung auf operativer Ebene organisiert und die Ressourcen zur Umsetzung der Architekturgestaltungs- und -planungsprozesse bereitstellt.

Im Vergleich zu dieser funktionsorientierten Systematisierung der Aufgabenbereiche des Architekten werden diese zudem in der Literatur vielfach auch kompetenzorientiert strukturiert. Beispielsweise identifizieren OP'T LAND ET AL. mehrere Kernkompetenzen, die als wesentlich für die Rolle des Unternehmensarchitekten angesehen werden.[751] Hierzu gehören neben analytischen und kommunikativen Fähigkeiten vor allem auch Verhandlungs- und Abstraktionsgeschick sowie bspw. die Fähigkeit zu Sensibilität und Empathie. Gleichermaßen werden hier zudem auch die Attribute Kreativität und Führungskompetenz als wesentlich notwendige Fähigkeiten betont. Grundlegend können diese Kompetenzen dabei den fünf unterschiedlichen Kernaufgabenbereichen zugeordnet werden (z. B. Abstraktionskompetenz als wesentliche Kompetenz in der Rolle als Modellierer). Gleichzeitig zeigt sich in der Literatur jedoch häufig auch, dass die Forderungen, die an einen Unternehmensarchitekten in Bezug auf dessen Fähigkeiten und Kompetenzen gestellt werden, kaum erfüllbar und unrealistisch erscheinen. Im vorliegenden Ansatz wird daher angenommen, dass Aufgaben des Unternehmensarchitekten z. T. auch von weiteren Rollen erfüllt werden können.[752]

Der Unternehmensarchitekt ist folglich als zentrales Element der Architekturgestaltung, -planung und -kommunikation zu sehen, der neben technologischen vor allem auch organisatorische, strategische und unternehmenspolitische Aufgaben wahrnimmt. Dabei kann er einerseits die im Rahmen des konstruktionsprozessorientierten Modellverständnisses skizzierte Rolle des Modellkonstrukteurs abdecken und die entsprechenden Aufgaben bei ausreichender Methodenkompetenz übernehmen. Andererseits ist die Rolle auch bspw. in Beziehung zum IT-Leiter zu sehen: „While the CIO is typically attempting to ensure the return on investment for an IT investment, the enterprise architect is uniquely positioned to identify investment opportunities that support the business goals of the enterprise"[753], was v. a. auch in Hinblick auf die Governance der UA von Bedeutung ist. Der IT-Leiter nutzt dabei die UA als Informationsgrundlage zur Entscheidungsfindung, während der Architekt,

---

[751] Vgl. Op't Land et al. 2009, S. 113 ff. sowie ähnlich auch Walker 2007, S. 1 ff.
[752] Vgl. hierzu weiterführend insbes. auch Abschn. 4.3.3.2.
[753] Strano und Rehmani 2007, S. 382.

der typischerweise eine ganzheitliche Sichtweise einnimmt und sowohl IT-bezogene als auch fachliche Aspekte überblickt, hier beratend wirken kann.

In Bezug auf die Stakeholder bleibt unter Betrachtung der relevanten Literatur dabei jedoch häufig unklar, wie die Interaktion zwischen Unternehmensarchitekt und den relevanten Stakeholdern ausgestaltet sein sollte, um Effektivität und Effizienz der UA-Initiative sicherzustellen. Hinsichtlich der Modellierung der UA bestimmt dabei zunächst typischerweise die Perspektive, die ein bestimmter Akteur in seiner Rolle als Architekturnutzer auf die UA einnimmt, auch die Anforderungen an die Architekturentwicklung durch Spezifikation des Modellierungszwecks.[754] In diesem Zusammenhang werden im Kontext der Stakeholderorientierung der UA neben dem bereits eingeführten Begriff der Perspektive (vgl. Abschn. 3.1.2.2.2) vor allem auch die Begriffe des Concerns und des Viewpoints diskutiert.[755] Ein Concern bezieht sich dabei auf die jeweiligen Interessen eines Stakeholders bzw. einer Gruppe von Stakeholdern, die wiederum jeweils unterschiedliche Informationsbedarfe bedingen.

Die Informationsbedarfe können dabei ausgehend von den verschiedenen Anwendungsmöglichkeiten der UA, wie bspw. Produktplanung, Applikationsentwicklung etc., durch die entsprechende Analyse der UA erfüllt werden. Der Begriff des Viewpoints beschreibt demgegenüber ein Vorgehen im Rahmen der Modellierung, das die Beschreibung eines Systems aus einer bestimmten Sicht gemäß der Informationsbedarfe der beteiligten Akteure ermöglicht und somit im Kern mit dem zuvor eingeführten Perspektivenbegriff korrespondiert. Bspw. beschreibt LANKHORST einen Viewpoint als Spezifikation der Konzepte, Modelle, Techniken, Sprachen und Visualisierungen, die auf die jeweiligen Stakeholder und deren Anforderungen ausgerichtet sind und somit die Sichtweise bzw. den Blickwinkel definieren, während eine Sicht (View) wiederum das Ergebnis der Anwendung bzw. Berücksichtigung der Perspektive darstellt.[756] **Abb. 43** stellt den Zusammenhang zwischen den Akteuren schematisch dar.

---

[754] Vgl. auch Abschn. 3.1.2.2.2.

[755] Vgl. hierzu und im Folgenden u. a. Kurpjuweit 2009, S, 32 f.; Aier et al. 2008b, S. 1 ff.; Lankhorst 2013, S. 147 ff. IEEE 2000, S. 3 ff. Die Forschung beruht hier im Kern auf dem Entwurfsprinzip der sog. „Separation of Concerns" (SoC), das auf Dijkstra (1982) zurückgeführt wird und insbes. als Gestaltungsprinzip im Bereich der Softwareentwicklung und im Requirements Engineering Anwendung findet. Dabei wird davon ausgegangen, dass die Komplexität von Systemen durch dessen Zergliederung in mehrere Sichten besser beherrscht werden kann, die jeweils einen oder eine kleine Gruppe von Aspekten von Interesse, sog. Concerns, beschreiben. Vgl. hierzu auch Dijkstra 1982, S. 60 ff.; Kurpjuweit 2009, S. 32; Kurpjuweit und Winter 2007, S. 143 ff. sowie auch Anhang C. Vgl. weiterführend auch Abschn. 4.3.2.

[756] Vgl. Lankhorst 2013, S. 149 f. Vgl. hierzu auch Abschn. 4.3.2.

Die Analyse von Viewpoints bzw. Perspektiven wird dabei typischerweise zur Generierung von Modellalternativen verwendet, wobei sich die Anforderungen primär in der gewählten Modellierungssprache und deren Verständlichkeit sowie dem Modellinhalt widerspiegeln sollte.[757] Wenngleich dieser Aspekt wesentlich für die Architekturgestaltung ist, steht im vorliegenden Ansatz nicht die Aufbereitung oder Integration von Architekturmodellen zu bedarfsgerechten Visualisierungen im Vordergrund. Stattdessen ist für die Unterstützung des IT-Alignments durch die UA hier in erster Linie von Bedeutung, an welchen Stellen eine Interaktion der Stakeholder der UA stattfindet und wie diese auch in Bezug auf die durch den Architekten ausgeübte Gestaltungsaufgabe der UA-Funktion systematisch zu koordinieren ist. Wesentlich ist daher nicht die Überführung von Viewpoints in Modellartefakte, sondern die Identifikation von und Vermittlung zwischen Perspektiven der beteiligten Akteure im Rahmen der UAM-Prozesse als Grundlage für den gemeinsamen UA-Entwurf und im Sinne des angenommenen Modellverständnisses.[758]

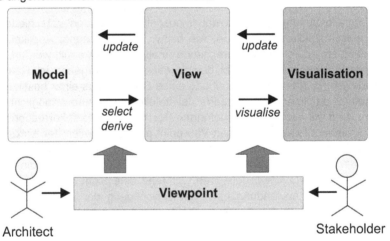

Abb. 43: Zusammenhänge der stakeholderorientierten Modellierung
Quelle: Lankhorst 2013, S. 154.

Um die Rolle des Stakeholders im Architekturprozess für die nachfolgenden Ausführungen hierauf aufbauend zu systematisieren wird hierzu – ähnlich wie in Bezug auf den Architekten durch STRANO UND REHMANI – eine funktionsorientierte Unterscheidung eingeführt, die Stakeholder ohne Bezug zu Position und Aufgaben im Unternehmen anhand der folgenden drei generischen Aufgabenbereiche charakterisiert:

---

[757] Vgl. auch Kurpjuweit und Winter 2007, S. 146 ff. sowie auch Abschn. 3.1.2.2.2.
[758] Vgl. hierzu auch Abschn. 4.3.3.

- *Nutzer:* In seiner Funktion als Architekturnutzer gibt der Stakeholder der UA die Zwecke der Modellierung vor, wobei diese gemäß dem konstruktions-prozessorientierten Modellverständnis zu kommunizieren sind und unter (aktiver oder passiver) Mitwirkung des Nutzers im Konstruktionsprozess in das Ergebnismodell bzw. Architekturprodukt einfließen.[759] Hierzu gehören primär Akteure, die die UA als Informations- oder Entscheidungsgrundlage nutzen sowie solche, die mittelbar oder unmittelbar von den durch die Architektur geplanten Veränderungen betroffen sind.

- *Informant:* In der Funktion als Informant stellt ein Stakeholder der UA dabei das notwendige fachliche Wissen zur Verfügung, um den Architekten im Rahmen der Modellierung mit den relevanten Informationen zu versorgen.[760] Er fungiert somit als Lieferant von Modellinformation (Fach-/Domänenexperte[761]) und tritt dabei gleichzeitig i. d. R. auch als indirekter Nutzer der UA auf, da davon ausgegangen werden kann, dass diejenigen Akteure, die Informationen zur Erstellung und Planung der UA bereitstellen, auch maßgeblich von dieser betroffen sind.

- *Entscheider:* Entscheider in Bezug auf die UA-Initiative sind typischerweise primär im architekturbasierten Planungsprozess involviert und i. d. R. überwiegend mittelbar durch die UA-Initiative betroffen. Dabei beziehen sich UA-Entscheidungen grundlegend auf die Führung der UA-Initiative und fallen üblicherweise in den Verantwortungsbereich der Unternehmensführung, wobei diese auch an entsprechende Gremien oder Stellen delegiert werden kann. Dabei sind neben laufenden Entscheidungen, die sich bspw. auf die Prüfung, Konsolidierung oder Zustimmung/Ablehnung von Architekturprodukten beziehen, auch Entscheidungen hinsichtlich der Ausgestaltung der UA-Initiative selbst zu unterscheiden, wie bspw. in Bezug auf Standards, Richtlinien oder Prinzipien sowie der grundlegenden Architekturstrategie.[762]

Dabei können Nutzer gleichzeitig in Abhängigkeit von der weiteren Positionierung innerhalb der UA-Initiative auch als Informanten oder Entscheider agieren und vice versa, wodurch die Kategorisierung nicht als eindeutige, sondern komplementäre Zuordnung zu verstehen ist. Darüber hinaus sind gleichermaßen aktive als auch passive Beteiligungen denkbar, wobei die Bereitschaft zur

---

[759] Vgl. insbes. Abschn. 3.1.1.

[760] Dabei zeigt sich hierdurch auch erneut die Notwendigkeit einer separaten Betrachtung von Architekt (Methodenexperte) und Stakeholder (Fachexperte) in Bezug auf die Modellierung, da davon auszugehen ist, dass methodisches und fachliches Know-how im Unternehmen grundsätzlich nicht von denselben Akteuren erbracht wird. Vgl. auch Rosemann et al. 2011, S. 2.

[761] Der Begriff Experte ist im wissenschaftlichen Kontext grundsätzlich kritisch zu sehen und wird hier nur verwendet, um deutlich zu machen, dass die zugehörige Rolle über die nötige Kompetenz zur Ausführung der für die Rolle vorgesehenen Aufgaben verfügt.

[762] Vgl. hierzu auch Abschn. 4.3.2.

aktiven Partizipation primär von der jeweiligen Funktion im Unternehmen abhängig ist, aber gleichermaßen auch von der Zufriedenheit mit der UA bzw.
deren Akzeptanz in Bezug auf die Erfüllung der individuellen Stakeholderinteressen. Grundsätzlich ist daher davon auszugehen, *dass* Stakeholder zu
beteiligen sind, der tatsächliche Grad der Beteiligung jedoch situativ in Abhängigkeit verschiedener Einflussfaktoren zu bestimmen ist.

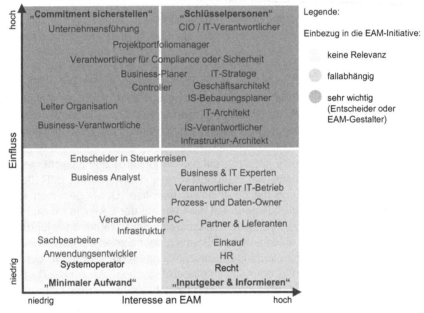

Abb. 44: Beispielhafte Stakeholderanalyse
Quelle: Hanschke 2011, S. 95.

Die Mitwirkung der Stakeholder setzt wiederum auch voraus, dass Architekten
nicht nur die Stakeholder, sondern auch deren Interessen und individuelle Ziele kennen.[763] Vielfach sind die Stakeholder dabei nicht direkt an der Architektur selbst interessiert, sondern primär an deren Einfluss auf ihre Ziele. Gleichzeitig stimmen die individuellen Ziele der Stakeholder möglicherweise nicht mit
den kollektiven Zielen der Organisation überein.[764] Hierfür ist es in diesem Zusammenhang einerseits erforderlich, zu spezifizieren, wie die jeweils relevanten Stakeholder identifiziert werden können, und andererseits, wie diese im
Rahmen der Architekturentwicklung in geeigneter Weise einzubeziehen sind.
Im Rahmen von TOGAF werden diese Aspekte bspw. unter dem sog. Stake-

---

[763] Vgl. auch van der Raadt et al. 2008, S. 20; van der Raadt et al. 2010, S. 1957.
[764] Vgl. van der Raadt et al. 2010, S. 1955; Persson 2000, S. 981 f.

holder Management zusammengefasst, wobei die Identifikation und Analyse der Stakeholder der UA bereits innerhalb der initialen Phase der Definition der Architekturvision vorgesehen ist.[765] Dabei sind im Rahmen der Analyse der Stakeholder insbesondere deren Einfluss auf die UA-Initiative und deren Interesse an den Architekturprodukten zu spezifizieren. **Abb. 44** stellt ein beispielhaftes Ergebnis einer solchen Analyse dar, wobei mögliche Stakeholder hinsichtlich ihres Einflusses und des Interesses in eine Vier-Felder-Matrix eingeordnet werden.

Neben der Identifikation und Analyse relevanter Stakeholder für die UA sind dabei hierauf aufbauend vor allem auch deren Aufgaben und Verantwortlichkeiten innerhalb der Architekturentwicklung selbst zu bestimmen, die eine angemessene Einbindung der Stakeholder sicherstellen. Vor allem die Interaktion zwischen Stakeholdern und Architekten sowie die angemessene Berücksichtigung der Stakeholderziele unter Berücksichtigung der Unternehmensstrategie ist in Hinblick auf die skizzierten Herausforderungen hier nicht dem Zufall zu überlassen. Aus diesem Grund wird stattdessen angenommen, dass Regelungen zur Führung und Lenkung der UA-Aktivitäten erforderlich sind, die die kollaborative, interaktive Architekturgestaltung fördern und die Entscheidungsfindung innerhalb der Architekturgestaltung unter Einbeziehung der Stakeholder anleiten. Dieser Aspekt ist Bestandteil des nachfolgenden Abschnitts, der sich mit der Erarbeitung des Governancekonzepts für die UA-Gestaltung und -Evolution befasst.

4.3 Governance der Unternehmensarchitektur

> *„Governance ist der Versuch, die Interessen aller an einer Organisation Beteiligten unter einen Hut zu bekommen."*
>
> Masak 2006, S. 25

Während der in Abschn. 4.2.1 eingeführte Ordnungsrahmen zur Systematisierung der UAM-Aufgaben als konzeptionelle Fundierung des Ansatzes verstanden werden kann und die Prozesse der Architekturgestaltung und -evolution sowie deren Beziehungen zur Einordnung der UA-Governance innerhalb des UAM definiert, wird nachfolgend das methodische Rahmenwerk des Ansatzes erarbeitet. Aufgrund der Vielzahl der in Literatur und Praxis zur Verfügung stehenden Architekturansätze besteht das Ziel der Artefaktkonstruktion hier – wie bereits erwähnt – grundlegend nicht darin, einen alternativen Ansatz zu entwickeln. Vielmehr bauen die entwickelten Artefakte auf bestehenden Methoden, Modellen und Erkenntnissen auf und ergänzen diese auf einer übergeordneten Ebene. Kern des methodischen Rahmenkonzepts des mEA-Frameworks ist

---

[765] Vgl. hierzu und im Folgenden TOGAF 2011, S. 251 ff.; Hanschke 2011, S. 89 ff.

ein Governancekonzept, das eine Integration der Disziplinen sowohl in Bezug auf die Governance der Architekturgestaltung als auch deren Einbettung in bestehende Strukturen und Prozesse vorsieht und die Aktivitäten des Architekturmanagements gemäß den obigen Ausführungen durch entsprechende Maßnahmen systematisch anleitet und verankert.

Hierzu erfolgt in Abschn. 4.3.1 zunächst eine Definition und Einordnung bzw. Abgrenzung des Ansatzes aus konzeptioneller Sicht, wobei neben dessen Verortung in Bezug zur IT-Governance auch die Notwendigkeit einer dedizierten UA-Governance thematisiert wird. Zudem wird die initiale Betrachtung bestehender Architekturgovernanceansätze aus Abschn. 3.2.1 wieder aufgegriffen und die skizzierten Ansatzpunkte unter Berücksichtigung der Problemstellung zu Merkmalen der UA-Governance verdichtet. Ausgehend von der vorhergehenden Definition und Einbettung des Konzepts werden in Abschn. 4.3.2 anschließend die zu betrachtenden Gestaltungsbereiche und -elemente detailliert und zueinander in Beziehung gesetzt. Abschn. 4.3.3 geht dann näher auf die Umsetzung der Architekturgovernance und entsprechende Maßnahmen ein.

4.3.1 Einordnung und Merkmale der Architekturgovernance

Wie bereits in Abschn. 2.2 deutlich wurde, stellen Governancemaßnahmen im Allgemeinen die nachhaltige, langfristige und verantwortungsvolle Steuerung und Entwicklung des Unternehmens unter Berücksichtigung der beteiligten Akteure und deren Aufgaben zur Erreichung der Unternehmensziele in den Vordergrund. Dabei geht es generell weniger um strikte Vorgaben und Regelkonformität, sondern um die Einrichtung geeigneter Führungs- und Lenkungsmechanismen, die die zur Zielerreichung notwendigen Maßnahmen definieren. Vor allem aufgrund der Tatsache, dass Unternehmensarchitekturen nicht nur darauf ausgerichtet sein müssen, mit Veränderungen umzugehen, sondern auch aktiv zu deren Gestaltung herangezogen werden und Architekturentscheidungen – insbesondere hinsichtlich der Planungsfunktion der UA – typischerweise von unternehmensweiter Bedeutung sind, sind diese unter Berücksichtigung der verschiedenen Lebenszyklen der Teilarchitekturen aktiv zu steuern sowie gleichermaßen in bestehende Governancefunktionen des Unternehmens einzubeziehen.

Wie einführend erwähnt, ist der im Rahmen der folgenden Ausführungen präsentierte Governanceansatz aus diesem Grund einerseits in Bezug auf dessen Einordnung hinsichtlich der weiteren Governancefunktionen im Unternehmen zu betrachten sowie andererseits ausgehend von bestehenden UA-Governancekonzepten zu definieren und zu verorten. Bezugnehmend auf die bereits grob skizzierten Merkmale einer UA-Governance (vgl. Abschn. 3.2.1) wird die Governance der Architekturgestaltung hier folglich einerseits in einer außengerichteten Sichtweise in Bezug zu einem unternehmensweiten Governancesystem und dabei insbesondere der IT-Governance definiert. Andererseits wird zudem eine innengerichtete Sichtweise eingeführt, die entsprechende Governanceaufgaben und -maßnahmen auch für die Entwicklung der UA im Rahmen des UAM ableitet. Diese Systematisierung ist richtungsweisend für den erarbeiteten Ansatz, in dem die wechselseitige und synergetische Beziehung zwischen UAM und IT- bzw. UA-Governance im Vordergrund steht. **Abb. 45** stellt diesen Zusammenhang der beiden Perspektiven schematisch dar.

Abb. 45: Systematisierung der Perspektiven auf die UA-Governance
Quelle: Eigene Darstellung.

Der nachfolgende Abschn. 4.3.1.1 geht hierauf aufbauend zunächst im Rahmen der innengerichteten Sichtweise auf die Merkmale der UA-Governance ein, bevor diese in Abschn. 4.3.1.2 innerhalb einer außengerichteten Sichtweise in Beziehung zur IT-Governance gesetzt und eingeordnet wird. Beide Abschnitte dienen als konzeptuelle Grundlegung der nachfolgenden Detaillierung des Ansatzes, im Rahmen derer beide Perspektiven einfließen.

4.3.1.1 Innengerichtete Sichtweise: Definition und Merkmale

> *„[E]nterprise architecture (EA) initiatives need authority (not just influence) over design to be successful."*
>
> Burke 2006, S. 2

In Bezug auf die innengerichtete Sichtweise ist dabei zunächst eine terminologische Definition und Abgrenzung der Architekturgovernance vorzunehmen, indem die einleitenden Ausführungen zur Governance der Architekturgestaltung aus Abschn. 3.2.1 erneut aufgegriffen und zu einem näheren Governanceverständnis in Bezug auf die UA verdichtet werden. Die UA-Governance wurde im Rahmen dieses Abschnitts zunächst als Mittel eingeführt, das die Steuerung und Kontrolle für die Definition, die Umsetzung, das Management und die Messung der Effektivität der UA auf allen Gestaltungsebenen realisiert und Maßnahmen umfasst, die den kontrollierten und wertmäßigen Einsatz der UA im Unternehmen sicherstellen. Abgeleitet aus der Corporate bzw. der IT-Governance sind innerhalb der UA-Governance dabei primär Rahmenbedingungen für die Gestaltung der Konstruktionsprozesse und die Entwicklung von Architekturartefakten sowie gleichermaßen auch die Planungs- und Analyseprozesse zu schaffen, die kontrolliert Architekturentscheidungen ermöglichen und die Erreichung der Ziele der Modellierung im Sinne der Gesamtarchitektur sowie in Hinblick auf die Unternehmensziele überwachen.

Bislang wird der Aspekt einer Architekturgovernance dabei in der Literatur nur von wenigen ausgewählten Arbeiten explizit thematisiert, die sich zudem entweder vorwiegend auf die IT-Architektur beziehen oder in ihren Ausführungen sehr abstrakt bleiben.[766] KELLER folgend beschreibt die Architekturgovernance bspw. allgemein diejenigen Elemente, „die benötigt werden, um Architekturentscheidungen zu treffen und diese durchzusetzen"[767] und bezieht sich damit im Wesentlichen auf die Umsetzung und faktische Realisierung einer beschlossenen Architektur. Wenngleich KELLER insgesamt vornehmlich die Governance der IT-Architektur fokussiert, leitet er jedoch gleichermaßen auch Aussagen ab, die sich auch auf die UA-Governance im hier eingenommenen Verständnis übertragen lassen. Im Wesentlichen versteht er die Architekturgovernance als die Einrichtung und Durchsetzung entsprechender Gremien und Prozesse, die sowohl die Ausrichtung der Architektur an den Unternehmenszielen als auch die konsequente Umsetzung von Architekturentscheidungen sicherstellen.

Inhaltlich bauen die Ausführungen von KELLER dabei überwiegend auf dem Ansatz der Architekturgovernance nach TOGAF auf, der diesen Aspekt im Rahmen des umfassenden Architekturframeworks ebenfalls thematisiert. Zwar ist TOGAF ebenfalls stark IT-orientiert, bezieht jedoch grundlegend auch fachliche Einflüsse ein und sieht die Ableitung der IT-Architektur aus der Unternehmensstrategie vor, wodurch sich hier konkrete Ansatzpunkte für die UA-Governance ergeben.[768] Dabei wird die Architekturgovernance im Rahmen des TOGAF-Frameworks als Bestandteil des ADM-Zyklus beschrieben und als ein essenzielles Vorgehen verstanden, das für das unternehmensweite Management und die unternehmensweite Steuerung der Unternehmensarchitektur

---

[766] Vgl. auch Winter und Schelp 2008, S. 550.
[767] Keller 2012, S. 58. Vgl. im Folgenden auch Keller 2012, S. 123 ff.
[768] Vgl. auch Abschn. 4.2.1 sowie Anhang B.

und der jeweiligen Teilarchitekturen notwendig ist.[769] Im Wesentlichen sieht TOGAF die Realisierung der Architekturgovernance dabei in Form von Projekten vor, die sowohl die Ersteller als auch die Nutzer von Architekturmodellen einbezieht und integriert und hierbei Prozesse schafft, die einerseits die Qualität, Aktualität, Zweckmäßigkeit und Zugänglichkeit der Architekturinhalte sicherstellt sowie andererseits dafür Sorge trägt, dass die Nutzung der Architekturinhalte angemessen überwacht wird. Hierzu umfasst TOGAF grundlegend die folgenden vier Aufgabenbereiche:[770]

- Die Einrichtung eines Systems, das die Erstellung und Überwachung sämtlicher Architekturbestandteile und -aktivitäten kontrolliert und hierdurch die effektive Einführung, Umsetzung und Evolution der Architekturen innerhalb der Organisation sicherstellt.

- Die Einrichtung eines Systems, das die Compliance mit internen und externen Standards sowie sonstigen regulatorischen Anforderungen sicherstellt.

- Die Einrichtung von Prozessen, die das effektive Management sämtlicher Architekturprozesse unterstützen.

- Die Entwicklung geeigneter Maßnahmen, die die Verantwortlichkeiten in Bezug auf die UA und die beteiligten Stakeholder verbindlich festlegen.

Architekturgovernance im Rahmen von TOGAF ist demnach als zentrales Instrument der Architekturentwicklung und -evolution zu verstehen, das den Einsatz der UA und die entsprechenden Architekturentscheidungen vor allem durch Einrichtung dedizierter Prozesse und struktureller Maßnahmen koordiniert. Wesentliches Element der Methode ist dabei das sog. *Architecture Governance Framework*, das als konzeptuelles Modell Unternehmen dabei unterstützen kann, die notwendigen Prozesse und relevanten Inhalte zur Umsetzung der Architekturgovernance zu identifizieren.[771] **Abb. 46** stellt einen Ausschnitt aus der konzeptuellen Struktur des Frameworks dar.

Dabei werden Prozesse insbesondere als notwendig erachtet, um alle Informationen für das UAM zu erheben, zu steuern, zu prüfen, zu kommunizieren und zu überwachen. Der sog. Content bezieht sich darüber hinaus auf die Architekturinhalte, wobei hier neben den Architekturen bzw. Architekturmodellen und zugehörigen Prinzipien u. a. auch Vereinbarungen, Anforderungen oder Standards eingeschlossen werden. Erwähnenswert ist hier zudem die Berücksichtigung von Strukturen, die Zuständigkeiten und Entscheidungsrechte festlegen („Authority Structures").[772] Auch eine Berücksichtigung des Architektur-

---

[769] Vgl. hierzu und im Folgenden TOGAF 2011, S. 21, S. 51 ff., S. 585 ff.
[770] Vgl. TOGAF 2011, S. 588.
[771] Vgl. hierzu weiterführend TOGAF 2011, S. 589 ff.
[772] Vgl. hierzu insbes. auch Abschn. 4.3.3

kontexts im Sinne der beeinflussenden Umgebungsvariablen findet im Rahmen des Frameworks statt.

Ein wesentlicher Bestandteil der Architekturgovernance nach TOGAF besteht zudem auch in der sog. Implementierungsgovernance, die explizit als Teil des ADM-Zyklus vorgesehen ist (Phase G) und primär die Konformität der Implementierungsprojekte mit der Zielarchitektur sicherstellen soll.[773] Dabei befasst sich dieser Schritt des Architekturmanagements vordergründig mit der Umsetzung der Architektur durch Veränderungsprojekte und der notwendigen Maßnahmen zur Steuerung der Entwicklung und Evolution der UA und deckt somit die im Rahmen des eingeführten Ordnungsrahmens zur Einordnung der UA-Governance identifizierten Prozesse der Organisationsentwicklung und -evolution ab (UA-Nutzung). De facto stellt die Implementierungsgovernance somit die Schnittstelle zur Realisierung der geplanten Veränderungen dar, die die architekturbasierten Veränderungsprozesse koordiniert und überwacht. Dabei unterscheidet TOGAF grundsätzlich auch zwischen Veränderungsprozessen, die sich auf die Gestaltung von Architekturinhalten beziehen und somit auch explizit die Steuerung der Modellkonstruktion berücksichtigen (sog. Design Governance), sowie der operativen Governance, die die Durchsetzung der Architekturmaßnahmen im Sinne von Management- und Kommunikationsprozessen fokussiert.[774]

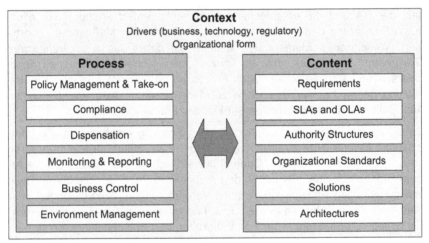

Abb. 46: Kernelemente des Architecture Governance Framework nach TOGAF
Quelle: Eigene Darstellung in Anlehnung an TOGAF 2011, S. 589.

---

[773] Vgl. TOGAF 2011, S. 149 ff. sowie Abschn. 4.2.1.
[774] Vgl. TOGAF 2011, S. 21.

Während TOGAF grundsätzlich eine vollumfassende Methode zum UAM bereitstellt, die auch Aspekte der Architekturgovernance mit einbezieht, wird die tatsächliche Ausgestaltung, Einordnung und Umsetzung der Governanceaktivitäten jedoch kaum detailliert. Über das Rahmenwerk hinaus existieren zudem weitere verwandte Arbeiten, die in Teilen ebenfalls als Grundlage für das hier entwickelte Konzept anzusehen sind. Bspw. leitet BITTLER in einem Beitrag von Gartner Research sechs Best-Practice-Empfehlungen zur Umsetzung einer UA-Governance ab, die im Wesentlichen

- die Definition und Dokumentation von Verantwortlichkeiten und Prozessen,
- die Durchsetzung der UA mittels einer angemessenen UA-Führung und der Sicherstellung einer umfassenden Managementunterstützung,
- die Verfügbarkeit und Kommunikation der UA-Inhalte,
- die kontinuierliche Aktualisierung der UA,
- die Involvierung der wesentlichen Stakeholder und beteiligten Akteure der UA sowie
- die Überwachung der UA-Governanceprozesse

umfassen.[775] Auch die bereits erwähnten Whitepaper von AZIZ ET AL. stellen einen grundlegenden Ansatzpunkt für die Ausgestaltung eines UA-Governancekonzepts bereit.[776] Die Autoren identifizieren hier im Wesentlichen sieben Dimensionen, die sich als Bestandteile einer erfolgreichen UA-Governance auf alle Ebenen der UA beziehen und die grundlegenden Aspekte der (i) Führung, (ii) Organisation, (iii) Investition, die Definition relevanter (iv) Prozesse, (v) Policys und Prinzipien sowie die Umsetzung geeigneter (vi) Mess- bzw. Monitoringverfahren und (vii) Möglichkeiten der Werkzeugunterstützung umfassen. Diese ordnen sie – ähnlich wie auch im Rahmen des mEA-Frameworks vorgeschlagen – als begleitende bzw. übergeordnete Aktivitäten in Bezug zur Entwicklung der UA ein.[777]

Die genannten Ansätze stellen dabei in ihrer Gesamtheit grundsätzlich geeignete Ansatzpunkte für das vorgeschlagene Governancekonzept bereit. Die Erkenntnisse wurden hier überwiegend aus Praxisprojekten bzw. -erfahrungen abgeleitet, sind darüber hinaus jedoch bislang kaum wissenschaftlich fundiert und bieten zudem überwiegend nur fragmentarische Vorgehensweisen und grobe Ansatzpunkte, die dabei kaum auf die tatsächliche Ausgestaltung der notwendigen Aufgaben zur systematischen Umsetzung des UAM und der UA-Governance sowie vor allem auch deren Einbindung in Bezug auf die IT- und Corporate Governance eingehen. Insbesondere die fehlende methodische

---

[775] Vgl. Bittler 2009, S. 1 ff.
[776] Vgl. Aziz et al. 2005, S. 1 ff.; Aziz et al. 2006, S. 1 ff.
[777] Vgl. insbes. Aziz et al. 2005, S. 4 ff.

Einordnung im Gesamtkontext ist hier zu kritisieren. Da das UAM und auch die UA-Governance jedoch – vor allem auch in Bezug auf das IT-Alignment – keine isolierten Aktivitäten im Unternehmen darstellen können, ist gerade diese Verankerung in Bezug auf die IT-Governance und das UAM für die vorliegende Untersuchung von wesentlicher Bedeutung.[778]

Einen ersten Ansatzpunkt aus wissenschaftlicher Sicht bieten in diesem Zusammenhang WINTER UND SCHELP, die die UA-Governance auch in Bezug zur Corporate und IT-Governance verstehen.[779] Die Autoren betonen dabei die Notwendigkeit der Umsetzung einer entsprechenden UA-Governancefunktion im Unternehmen durch formale Prozesse und Strukturen zur Sicherstellung der sowohl für Dokumentations- als auch für Planungsaufgaben erforderlichen Aktualität und Konsistenz der UA sowie auch die zwingend notwendige Einbettung der UA-Initiative innerhalb der Geschäftsbereiche. Allerdings konzentrieren sich die vergleichsweise rudimentären Darstellungen hier primär auf die Betrachtung aktueller Literatur und ausgewählter Fallbeispiele, ohne explizit Merkmale und Gestaltungsmaßnahmen für ein entsprechendes Konzept abzuleiten.

Der vorliegende Ansatz setzt hier an, indem die UA-Governance sowohl ausgehend von den bestehenden Governancefunktionen im Unternehmen definiert wird als auch die entsprechenden Governanceaufgaben aktivitätsbezogen hinsichtlich der UAM-Prozesse eingeführt werden. Hierzu werden Gestaltungsmaßnahmen identifiziert, die die wertmäßige Steuerung der UA-Aktivitäten innerhalb der Organisation ermöglichen.[780] Ausgehend von der IT-Governance wird die Governance der UA dabei zunächst ebenfalls als kontinuierlicher Prozess aufgefasst, der v. a. durch Kombination entsprechender formaler und informaler Mechanismen in Bezug auf die UA-Aktivitäten gewährleistet, dass die UA-Initiative erfolgreich ist und Wert durch Unterstützung der durch die UA verfolgten Ziele leistet. Dies bedeutet in erster Linie, dass die UA-Governance im Sinne der Design Governance nach TOGAF die Konsistenz und Aktualität der Ergebnisse der UAM-Prozesse (Architekturprodukte) sowohl im Rahmen von Dokumentations- als auch Planungsprozessen sicherstellen und kontinuierlich in Bezug auf neue Anforderungen sowie die Einhaltung der Architekturstandards und -richtlinien überwachen sollte (Governance der Architekturerstellung). Zudem leitet sie die Umsetzung der Architektur und die architekturbasierte Transformation des Unternehmens an (Governance der Architekturnutzung).[781]

---

[778] Vgl. hierzu auch den nachfolgenden Abschn. 4.3.1.2.
[779] Vgl. Winter und Schelp 2008, S. 548 ff.
[780] Vgl. insbes. auch Abschn. 4.3.3.
[781] Vgl. auch Abschn. 4.2.1.

Dabei geht es einerseits um eine angemessene Koordination und Steuerung der Architekturentscheidungen, indem vor allem Verantwortlichkeiten und Aufgaben in Bezug auf die beteiligten Funktionsträger definiert und durch geeignete Mechanismen durchgesetzt werden. Andererseits geht es hierbei auch um die Abstimmung, Überwachung und Führung der Architekturaktivitäten in Bezug auf Unternehmensstrategie und -ziele sowie den weiteren Führungsaufgaben der Organisation. Insbesondere aufgrund der vorhergehenden Ausführungen ist die UA-Governance im Rahmen des Ansatzes als Managementaufgabe zu verstehen, die zentral in bestehende Prozesse eingebettet ist und den Einsatz der UA als Instrument zur Kommunikation und Entscheidungsfindung im gesamten Unternehmen sicherstellt.[782] Dabei ist gemäß den Ausführungen in Abschn. 4.2.2 vor allem auch die Rolle der Stakeholder und deren Interaktion in Bezug auf die UA durch entsprechende Mechanismen zu berücksichtigen.

Merkmal	Beschreibung
Integriertes Konzept	Die UA-Governance ist einerseits eng verbunden mit den weiteren Governancefunktionen im Unternehmen (insbesondere der IT-Governance) und bildet andererseits einen zentralen Bestandteil des UAM.
Management-aufgabe	Eine wesentliche Grundvoraussetzung für den Erfolg der UA-Initiative wird in der Einbindung der Architekturentscheidungen in die Unternehmensführung und die unternehmensweiten Entscheidungsprozesse gesehen, um die UA auch aktiv als Instrument der strategischen Planung zu nutzen.
Steuerung und Überwachung	Neben Maßnahmen, die aktiv die Architekturgestaltung und -nutzung steuern, sind auch Überwachungsmechanismen zu definieren, die die UA-Governance als dauerhafte Aufgabe implementieren.
Prinzipien-orientierung	Wesentliches Element zur Durchsetzung von Architekturstandards und -vorgaben stellen Architekturprinzipien dar, die im Rahmen der UA-Governanceprozesse zu definieren und umzusetzen sind.
Kollaborativer Grundgedanke	Ein wesentlicher Grundgedanke der UA-Governance besteht in der geeigneten Einziehung der relevanten Stakeholder auf allen Unternehmensebenen, um die Ganzheitlichkeit der UA-Initiative zu gewährleisten.

Tab. 16: Kernmerkmale der UA-Governance
Quelle: Eigene Zusammenstellung.

Im Wesentlichen ist im Rahmen der UA-Governance somit ein Kontroll- und Lenkungssystem zu definieren, das – gemäß der Ausführungen in Abschn. 4.2 – die für die Entwicklung und Nutzung der UA notwendigen Steuerungs- und Abstimmungsaufgaben auf übergeordneter, zentraler Ebene koordiniert und die Durchführung der UAM-Prozesse nachhaltig unterstützt. Dabei weist die UA-Governance gemäß dem nachfolgend detaillierten Ansatz mehrere Merk-

---

[782] Vgl. hierzu auch Abschn. 4.3.1.2.

male auf, die die Kernaspekte des Konzepts beschreiben und auch grundlegend dessen Abgrenzung gegenüber den anderen genannten Ansätzen der Architekturgovernance ermöglichen. **Tab. 16** fasst die Wesentlichen dieser Eigenschaften zusammen.

Abgeleitet aus der relevanten Literatur ist die Governance der UA dem folgend als struktureller Rahmen vorgesehen, der sich einerseits gemäß dem verhaltensbasierten Governanceaspekt auf die Beziehungen und Verhaltensmuster zwischen den Mitgliedern und Anspruchsgruppen einer UA-Initiative und deren Interaktion im Rahmen der Architekturgestaltung bezieht. Andererseits wird durch den normativen Aspekt der UA-Governance die Menge an Regeln bzw. Grundsätzen bestimmt, die diese Beziehungen und Verhaltensweisen der einzelnen Projektmitglieder vorgeben und den integrierten Prozess der Modellkonstruktion und -nutzung steuern. Dabei wird eine weiter gefasste Sichtweise eingenommen, die sowohl die Einrichtung und Steuerung geeigneter Gestaltungs- und Entscheidungsprozesse im Hinblick auf die Erreichung der durch die Modellierung verfolgten Ziele aus Sicht der involvierten Stakeholder als auch die Prozesse der Analyse der UA im Rahmen der Nutzungsprozesse fokussiert. Die UA-Governance bedeutet hier weniger strikte Kontrolle, sondern eine Möglichkeit der Anleitung systematischer Entscheidungs- und Handlungsprozesse in Bezug auf die UA. Aufbauend auf dem in Abschn. 2.2.1 erarbeiteten Governanceverständnis sowie den vorhergehenden Ausführungen dieses Kapitels wird die UA-Governance damit im Rahmen des vorliegenden Ansatzes wie folgt definiert:[783]

> Die *Governance der Unternehmensarchitektur (UA-Governance)* besteht aus Führung, Organisationsstrukturen und Prozessen, die sicherstellen, dass die Unternehmensarchitektur die Umsetzung der Unternehmensstrategie- und ziele unterstützt, und umfasst integrierte Maßnahmen, um die Aufgaben der Architekturgestaltung, -analyse, -planung, -implementierung und -überwachung wertorientiert zu steuern und zu koordinieren.

Dabei beantwortet die UA-Governance somit in erster Linie Fragen nach der Art der Durchführung und der effektiven und effizienten Steuerung der Architekturaufgaben, um die Ziele des Architektureinsatzes zu erreichen und das Potenzial der UA auszuschöpfen. Es geht somit vereinfachend darum, die UA richtig zu gestalten und einzusetzen. Die UA-Governance verfolgt hierzu grundlegend mehrere Ziele, die eng mit den Zielen der IT- und Corporate Governance zusammenhängen.[784] Einerseits besteht das Ziel der UA-Governance darin, ein Steuerungsinstrument für die Architekturentwicklung bereitzustellen, das die Unternehmensziele unterstützt und auf diese abge-

---

[783] In Anlehnung an ITGI 2003b, S. 6 ff.; Aziz et al. 2005, S. 5 sowie auch Abschn. 2.2.1.
[784] Vgl. hierzu auch Abschn. 3.2.1 sowie den nachfolgenden Abschn. 4.3.1.2.

stimmt ist. Andererseits ermöglicht die Steuerung der UA-Aktivitäten auch vor allem die Identifizierung von Risiken und die Umsetzung eines angeleiteten Transformationsprozesses des Unternehmens. Wesentliches Ziel aus Sicht des IT-Alignments besteht dabei darin, einen integrierten UAM-Prozess im Unternehmen zu verankern, sodass sämtliche Architekturaktivitäten und beteiligten Akteure zum Erreichen der Architektur- und damit auch der Unternehmensstrategie beitragen. Zudem ist unter Wirtschaftlichkeitsaspekten der UA durch die UA-Governance dafür Sorge zu tragen, dass deren Nutzenpotenziale optimal ausgeschöpft werden, wobei wiederum auch eine Minimierung des Aufwands von Modellierung und Management und eine hohe Akzeptanz der UA anzustreben sind. Hierdurch kann somit auch das Risiko der UA-Initiative selbst minimiert werden, indem die häufig aufwändige Modellierung sowie die Einrichtung und der Betrieb der UA nutzen- bzw. wertorientiert erfolgen.

Der nachfolgende Abschnitt geht zunächst näher auf die Zusammenhänge zwischen Corporate, IT- und UA-Governance im Rahmen der außengerichteten Perspektive ein, bevor in den darauffolgenden Abschnitten die innengerichtete Sichtweise durch konkretere Gestaltungsmaßnahmen und Handlungsempfehlungen hinsichtlich der Umsetzung der UA-Governancefunktion weitergehend detailliert wird.

4.3.1.2 Außengerichtete Sichtweise: Einordnung und Verankerung

> „[E]nterprise architecting is an integral part of the governance
> of an enterprise and its transformation.“
>
> Op't Land et al. 2009, S. 27

Obwohl bereits die Forderung nach einer integrierten Betrachtung von IT- und Corporate Governance sowohl in der Unternehmenspraxis als auch in der wissenschaftlichen Literatur allgemein anerkannt ist, findet in der IT-Governance-Literatur i. d. R. kaum ein tatsächlicher Rückbezug zur Literatur und den Maßnahmen der unternehmensweiten Governancefunktion statt.[785] Dies ist übertragen auf die UA-Governance umso bedeutender, da ohne eine entsprechende Einbettung des Konzepts in das unternehmensweite Governancesystem auch kaum eine angemessene Einbindung und Nutzung der UA sowohl zur Schaffung von Transparenz zwischen Geschäft und IT als auch zur strategischen Planung im Sinne einer gemeinsamen, ganzheitlichen und integrierten Anstrengung realisierbar erscheint. Gemäß dem im Rahmen der innengerichteten Sichtweise eingenommenen Verständnis stellt die UA-Governance hier eine Erweiterung um architekturbezogene Kontroll- und Steuerungsbereiche bereit, die grundlegend von gegenseitigen Abhängigkeiten geprägt sind. Dabei

---

[785] Vgl. Strecker 2009, S. 6.

sind vor allem aus der IT-Governance Gestaltungsmaßnahmen auch für die UA-Governance abzuleiten, um diese nachhaltig zu verankern.

Die außengerichtete Einordnung und Abgrenzung des Ansatzes erfolgt im Folgenden daher sowohl ausgehend von der bereits eingeführten Governancedefinition (vgl. Abschn. 2.2.1) als auch hinsichtlich der Verortung und Aufgaben des UAM (vgl. Abschn. 3.1.2.2.3), indem die Governance der Architekturgestaltung – wie bereits in Abschn. 4.2 erläutert – grundlegend als übergeordnete Teilaufgabe innerhalb des UAM definiert und abgegrenzt wird. Hierdurch wird vor allem auch der Bezug beider Sichtweisen hergestellt. Insbesondere die Einordnung der UA-Governance in Bezug auf bestehende Governancefunktionen ist notwendig, um die im Rahmen der innengerichteten Sichtweise erarbeiteten Merkmale und Kennzeichen der UA-Governance in Beziehung zu den weiteren Governanceaufgaben der Organisation zu setzen und ein integriertes Konzept zu erarbeiten.

Während der in Abschn. 2.2.1 dargestellte Zusammenhang zwischen der unternehmensweiten Governance und der Governance der IT-Funktion eines Unternehmens als deren integraler Bestandteil die gängige Auffassung innerhalb der relevanten Literatur widerspiegelt und als allgemein akzeptiert angesehen werden kann, ist die Einordnung der Architekturgovernance zunächst weniger eindeutig zu vollziehen. Einen ersten Versuch unternimmt KELLER in Bezug auf die IT-Architektur, indem er die Governance der IT-Architektur in ähnlicher Weise im Rahmen eines Hierarchiesystems sowohl in Beziehung zur Corporate und IT-Governance als auch der SOA-Governance, d. h. der auf serviceorientierte Architekturen spezialisierten Governance, setzt (vgl. **Abb. 47**).[786]

Diesem Hierarchiesystem folgend ist die IT-Architektur-Governance als wesentlicher Teil der IT-Governance zu verstehen, der jedoch keine direkten Bezüge zur unternehmensweiten Governance aufweist. Übertragen auf die Governance der Unternehmensarchitektur lässt sich hieraus zunächst ableiten, dass die IT-Governance idealerweise Teil der unternehmensweiten Governance sein sollte und in ihren Strukturen und Prozessen zu dieser passt, was dem in der vorliegenden Arbeit eingenommen Verständnis entspricht. Gleichermaßen ist die Ebene der IT-Architektur (Applikations-, Software- und Infrastrukturebene) als konstituierender Bestandteil einer Gesamtarchitektur zu sehen; auch da davon ausgegangen werden kann, dass heute kaum Unternehmen ohne zumindest minimale IT-Unterstützung ihrer Geschäftsabläufe

---

[786] Vgl. hierzu und im Folgenden Keller 2012, S. 114 ff., S. 147 ff. Im Rahmen von TOGAF (2011, S. 585 ff.) werden Corporate, Technology, IT und Architecture Governance dabei ebenfalls in ähnlicher Weise als Hierarchie von Governancedomänen beschrieben. Zu SOA vgl. weiterführend z. B. auch vom Brocke 2008b, S. 11 ff.

existieren und Unternehmensarchitekturen gemäß ihrer Merkmale einen IT-Einsatz grundsätzlich zumindest implizit voraussetzen.[787] Folglich weist die UA-Governance ebenfalls enge Überschneidungsbereiche mit der IT-Governance auf.

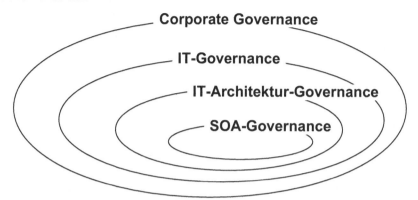

Abb. 47: Verortung der IT-Architektur-Governance in der Hierarchie von Governancesystemen
Quelle: Keller 2012, S. 114.

Dabei erscheint eine Unterordnung der UA-Governance innerhalb der IT-Governance vor allem aufgrund des eingenommenen ganzheitlichen, zentralen Verständnisses und der damit verbundenen Reichweite der UA nicht angemessen. Insbesondere wird angenommen, dass das Potenzial der UA nur in vollem Maße ausgeschöpft werden kann, sofern die UA nicht nur innerhalb der IT-Funktion des Unternehmens Anwendung findet, sondern auch die Fachbereiche und die Unternehmensführung in geeigneter Weise in die Ausgestaltung der UA-Initiative einbezogen werden.[788] Die Corporate Governance ist demnach grundlegend als übergeordnete Instanz zu verstehen, die sowohl die IT- als auch die UA-Governance als Teilbereiche integriert bzw. durch diese erweitert wird. Gleichzeitig ist der IT-Governance jedoch ein anderer Stellenwert in Bezug auf die unternehmensweite Governance zuzuweisen. Während die IT-Governance die Corporate Governance um IT-spezifische Aspekte erweitert und als Treiber der unternehmensweiten Governance zu sehen ist, fungiert die UA-Governance gleichzeitig auch als Mittel zur Umsetzung sowohl von Corporate als auch IT-Governance. Insbesondere unter Berücksichtigung der IT als maßgebliches Gestaltungselement im Rahmen der UA-Planung sind zudem die Maßnahmen der UA-Governance aus der IT-Governance abzulei-

---

[787] Vgl. hierzu auch Abschn. 3.1.2.2.
[788] Vgl. hierzu auch Aier et al. 2008a, S. 298 f.; Schwarzer 2009, S. 120.

ten und eng mit dieser zu verknüpfen. **Abb. 48** stellt diesen Zusammenhang vereinfachend dar.

Die UA-Governance ist diesem Verständnis folgend daher nicht als isolierte Aktivität oder Disziplin im Unternehmen zu verstehen, sondern ist grundlegend eingebettet innerhalb eines Systems von Governancefunktionen. Dabei weisen die einzelnen Handlungsbereiche Überschneidungen auf, die es im Rahmen eines integrierten Systems zu berücksichtigen gilt. Gleichermaßen verfügen die jeweiligen Bereiche jedoch auch über individuelle Prozesse und Maßnahmen, die sie von den jeweils anderen Funktionen abgrenzen. In ihrer Gesamtheit können diese Governancefunktionen damit – je nach unternehmensspezifischer Ausgestaltung – in unterschiedlicher Art und Weise zu einem übergeordneten, ganzheitlichen Governancesystem koordiniert werden.

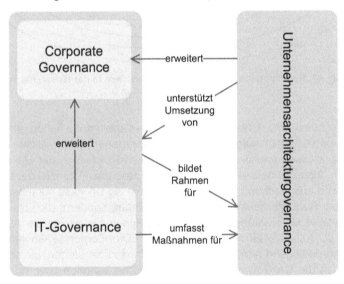

Abb. 48: Einordnung der UA-Governance
Quelle: Eigene Darstellung

Während die IT-Governance als integraler Bestandteil einer unternehmensweiten Governance aufgefasst werden und ein zentrales Element der Unternehmensführung darstellen sollte, ist diese Forderung in diesem Zusammenhang folglich auch für die UA-Governance abzuleiten. Vor allem aufgrund der strategischen Bedeutung von Entscheidungen, die die Architekturentwicklung und -planung betreffen, ist es insbesondere für das IT-Alignment und die Durchsetzung einer effektiven Ausrichtung und Abstimmung von Geschäft und IT erforderlich, die Governance der Unternehmensarchitektur im Verantwortungsbereich der Unternehmensführung zu etablieren.[789] Ausgangspunkt der Einbettung der UA-Governance im unternehmensweiten Governancesystem stellt dabei auch die Berücksichtigung des Architektureinsatzes im Rahmen der Geschäfts- und IT-Strategie sowie die möglicherweise notwendige Anpassung der existierenden Governancestrukturen und -prozesse dar. Im Rahmen des vorliegenden Ansatzes wird die UA dabei AZIZ ET AL. folgend im Sinne eines Verbindungsglieds („Klebstoff") gesehen, das entsprechend als integrierendes Gestaltungsmittel die Abstimmung von Geschäfts- und IT-Strategie fördert.[790] Aus diesem Grund ist vor allem auch eine Architekturstrategie abzuleiten, die die Erstellung und Nutzung von Architekturinhalten in Abstimmung mit den jeweiligen Anforderungen der Organisation und der Stakeholder abstimmt.[791]

Folglich ist eine strategische Abstimmung nicht nur zwischen IT- und Geschäftsstrategie, sondern de facto auch zwischen IT-, Geschäfts- und Architekturstrategie zu verfolgen. Dabei ist in Bezug auf das IT-Alignment vor allem der Frage nach zu gehen, wie im Rahmen des Architekturmanagements die Entscheidungen hinsichtlich der Planung der IT-Architektur auf der einen Seite in Einklang mit der Planung der entsprechenden Geschäftsarchitektur und der Unternehmensstrategie zu treffen sind. Hier sind grundlegend Prinzipien abzuleiten, die es ermöglichen, die Umsetzung der UA in konkrete Richtlinien und definierte Maßnahmen zu übertragen.[792] Die Annahme der UA-Governance als Führungsaufgabe geht darüber hinaus einher mit der Forderung, das UAM als zentrale Methode im Unternehmen zu etablieren und zu verankern.[793] Aufgrund der Tatsache, dass die UA bzw. das UAM grundlegende Informationen für strategische Entscheidungen bereitstellt, kann das UAM somit auch als Disziplin der IT-Governance verstanden werden. Die UA-Governance ergänzt die IT-Governance zu einem wesentlichen Teil, indem die UA als Mittel zur Umsetzung von IT-Governance-Aufgaben herangezogen werden kann und im Sinne des zuvor erarbeiteten Verständnisses die Abstimmung zwischen Geschäft und IT auf Architekturebene vollzieht. Auch da die UA-Initiative letztlich in Veränderungen der organisatorischen Abläufe, Restrukturierungsmaßnahmen oder auch Investitionen in neue Technologien resultiert, erscheint es notwendig, die UA-Entscheidungen zentral in Bezug auf das IT-Management und

---

[789] Vgl. auch TOGAF 2011, S. 585 ff. sowie hierzu auch Abschn. 4.3.3
[790] Vgl. Aziz et al. 2005, S. 2 ff. sowie auch Abschn. 3.2.1.
[791] Vgl. hierzu auch TOGAF 2011, S. 594 sowie insbes. auch Abschn. 4.3.2.
[792] Ein wesentlicher Ansatzpunkt für die Verknüpfung zwischen IT- und UA-Governance ist folglich vor allem auch auf Ebene der primären Entscheidungsfelder der IT-Governance zu sehen (vgl. Abschn. 2.2.1.1), die sich bspw. auch auf IT-Prinzipien und die IT-Architektur beziehen (s. Abb. 11). Vgl. hierzu insbes. auch die nachfolgenden Abschnitte.
[793] Vgl. hierzu auch Abschn. 3.1.2.2.3.

die IT-Governance zu verankern, um die UA als strategisches Instrument nutzbar zu machen.

Die Notwendigkeit einer dedizierten Architekturgovernance ergibt sich dabei in erster Linie aufgrund der Tatsache, dass die Effizienz und Effektivität einer UA-Initiative i. d. R. neben der Qualität der Architekturartefakte vor allem auch von Aspekten wie der Kommunikation von Architekturinhalten, dem Einfluss der Architektur und entsprechender Rollen, einer geeigneten organisatorischen Positionierung der UA und damit verbundener Aktivitäten sowie der Transparenz und Einflussnahme entsprechender Akteure in die Entscheidungsprozesse der UA abhängig sind. Die wertmäßige Steuerung und Koordination dieser Aspekte ist von entscheidender Bedeutung für den Erfolg der UA-Initiative und deren Auswirkungen im Unternehmen. Der Einsatz der UA kann dabei – wie bereits deutlich wurde – grundsätzlich einen entscheidenden Mehrwert generieren, was jedoch nur gelingen kann, wenn die UA sowohl fachliche als auch IT-bezogene Artefakte integriert und deren Zusammenhänge bzw. Abhängigkeiten im Rahmen eines gemeinsamen Planungsprozesses berücksichtigt.

Dies setzt jedoch einerseits voraus, dass Verantwortlichkeiten der Architekturgestaltung auch auf die Fachbereiche übertragen werden und die UA zentral im Unternehmen verankert wird, was eine kontinuierliche Steuerung und Durchsetzung der Aktivitäten durch eine entsprechende Governanceinstanz erfordert. Bei Betrachtung der Umsetzungsmaßnahmen für die IT-Governance fällt dabei auf, dass die Managementprozesse und Kontrollmechanismen der IT-Governance nicht ausreichen, um die UA gemäß dem eingenommenen ganzheitlichen Verständnis der UA zu steuern. Es sind Strukturen abzuleiten, die die Gestaltung und Nutzung der UA über die IT hinaus positionieren, wodurch sich die Architekturgovernance wiederum von der IT-Governance abgrenzt. Andererseits ist es notwendig, dass die UA nicht nur einmalig, sondern kontinuierlich aktuell und konsistent gehalten wird, um die UA dauerhaft als Instrument nutzbar zu machen, was eine zentrale Koordination der UA-Aktivitäten selbst erfordert. Dabei stellt sich vor allem die Frage, wie die UA ganzheitlich – d. h. einschließlich der Geschäfts- und IT-Architekturen – gesteuert und geplant werden kann, was auch die Frage nach der Art und Weise einer konsequenten Einbindung bzw. Verknüpfung der UA-Aktivitäten mit den Fachbereichen und der Unternehmensführung einschließt, um die Beteiligung der relevanten Akteure durch geeignete Führungs- und Kontrollmaßnahmen sicherzustellen.[794] Durch Positionierung des UAM als Informationslieferant für den Strategieprozess und Steuerungsinstrument für die strategische Ableitung und Umsetzung von Veränderungsprojekten nimmt die UA hier somit eine ent-

---

[794] Vgl. auch Winter und Schelp 2008, S. 548.

scheidende Rolle ein, die es in geeigneter Weise zu lenken gilt. Die UA-Governance stellt dabei die Schnittstelle für die Verankerung der UA-Aktivitäten in bestehende Prozesse und Strukturen dar und hilft, die UA als Instrument durch entsprechende Steuerungsmechanismen zielführend einzusetzen.

Nachfolgend wird näher auf die Ausgestaltung der UA-Governance unter Rückgriff des erarbeiteten Verständnisses der UA-Governance eingegangen, indem zunächst die Kernelemente und -bereiche der Architekturgovernance detailliert werden.

4.3.2 Kernelemente und -bereiche der Architekturgovernance und deren Integration

Vorbereitend zur Betrachtung der möglichen Umsetzung der UA-Governance, die im nachfolgenden Abschn. 4.3.3 thematisiert wird, sind zunächst die relevanten Kernelemente und -bereiche der UA-Governance zu identifizieren und in Bezug auf das IT-Alignment als Kernaufgabe der IT-Governance zu integrieren. Diese werden als Ausgangspunkt für die Verknüpfung zwischen IT- und UA-Governance in erster Linie zur Herausstellung der Synergien bzw. Beziehungen und des Entwurfs eines gemeinsamen, integrierten Governancekonzepts erarbeitet und dienen im Wesentlichen der terminologischen und konzeptionellen Fundierung der UA-Governance.

In diesem Kontext wird die UA-Governance ebenfalls als kontinuierliche Aufgabe verstanden, die typischerweise mit der Formulierung einer Architekturstrategie und deren Ausrichtung im Unternehmen beginnt. Im Rahmen der Festlegung der strategischen Ausrichtung der UA-Initiative sind dabei verschiedene Fragen zu beantworten, die sich vor allem auf den intendierten Zweck der UA und den zu erreichenden Zielzustand der Gesamtarchitektur einschließlich des entsprechenden Wegs zur Erreichung dieses Zustands beziehen.[795] Wesentlich im Sinne des hier eingenommenen Verständnisses der UA-Governance sowie insbesondere deren Einordnung in Bezug zur IT-Governance ist dabei die Abstimmung der Architekturstrategie mit der Geschäfts- und IT-Strategie, um sicherzustellen, dass die Architekturentscheidungen in Einklang mit den Unternehmenszielen getroffen werden. Die UA ist hier – wie bereits angedeutet – sowohl als Instrument zur Formulierung und Durchsetzung von Geschäfts- und IT-Strategie im Rahmen der Unterstützung des strategischen Planungsprozesses als auch gleichermaßen eigenständig zu verstehen, indem auch der Architektureinsatz selbst unter strategischen

---

[795] Im Rahmen von TOGAF-ADM (TOGAF 2011, S. 71 ff.) wird dieser Aspekt grundlegend auch unter der Phase „Architecture Vision" adressiert, wobei auch hier explizit der Bezug zu den Unternehmenszielen herzustellen ist. Vgl. hierzu außerdem auch Abschn. 4.3.3.3.

Gesichtspunkten zu planen ist. Dabei sind neben der grundlegenden Ausrichtung und Ausgestaltung der UA auch bspw. Prioritäten in Bezug auf die Architekturentwicklung zu bestimmen. Die Formulierung der Architekturstrategie wird im Folgenden als typische Aufgabe eines entsprechenden Architekturkomitees verstanden.[796]

Grundlegend werden damit innerhalb der UA-Strategie die Ziele des Architektureinsatzes sowie deren Abstimmung determiniert, wobei hier insbesondere auch die Ziele der Stakeholder der UA zu berücksichtigen sind. Neben den Stakeholderzielen als Treiber der Architekturentwicklung, die die Bedürfnisse der Organisation widerspiegeln und maßgeblich den jeweiligen Modellierungszweck und entsprechende Konstruktionsentscheidungen im Rahmen der Modellierung beeinflussen (vgl. auch Abschn. 3.1.1.1), lassen sich darüber hinaus generische Ziele des Architektureinsatzes identifizieren, wie sie z. T. bereits in Abschn. 3.1.2.2 thematisiert wurden. KRCMAR folgend ist hier vorranging bspw. die Nachhaltigkeit der Architektur anzustreben, die v. a. durch die Etablierung von Standards und eine durchgängige Orientierung an der Geschäftsstrategie erreicht werden kann.[797] In Bezug auf die UA-Governance ist hier zudem die Schaffung von Transparenz und die Reduktion von Komplexität relevant, um die Nutzung der UA als Planungsinstrument überhaupt zu ermöglichen.[798]

Die UA stellt als Instrument der strategischen Planung dabei einerseits ein Entscheidungsfeld dar, das im Rahmen des IT-Governance-Regelwerks in angemessener Weise Berücksichtigung finden muss. Andererseits müssen gleichermaßen auch Richtlinien und Standards für die UA-Gestaltung selbst abgeleitet und in ein entsprechendes Regelwerk integriert werden, wobei insbes. Unternehmensarchitekten, die häufig nicht in die Entwicklung der Unternehmensstrategie eingebunden sind, über Kenntnisse in Bezug auf die Unternehmensstrategie verfügen müssen, um die Architekturentwicklung entsprechend durchzusetzen.[799] Daher wird angenommen, dass der Unternehmensarchitekt als zentrale Rolle innerhalb der Architekturentwicklung – zumindest indirekt – in strategische Planungsprozesse einbezogen werden muss.[800]

Ein wesentliches Mittel zur Durchsetzung der Architekturstrategie wird in diesem Zusammenhang vor allem in der Formulierung und Implementierung von

---

[796] Vgl. hierzu auch Abschn. 4.3.3.2.
[797] Vgl. auch Krcmar 1990, S. 395 ff.; Schönherr et al. 2007, S. 26; Schönherr 2004, S. 11 f.; Aier und Dogan 2005, S. 608 ff.
[798] Vgl. hierzu auch Abschn. 4.3.3.3.
[799] Vgl. auch TOGAF 2011, S. 594.
[800] Vgl. hierzu auch Abschn. 4.3.3.2.

Architekturprinzipien gesehen.[801] Diese beinhalten architekturbezogene Regelungen, Grundsätze und Standards, die unternehmensweit im Rahmen der Architekturentwicklung einzubeziehen bzw. einzuhalten und damit grundlegend als Richtlinien für die Nutzung und Entwicklung der UA im Unternehmen zu verstehen sind.[802] Ähnlich wie entsprechende Grundsätze zur Durchsetzung der IT-Governance stellen Prinzipien somit ein Gestaltungsmittel bereit, um die Zielerreichung (Unternehmens-, IT- und Architekturziele) zu fördern. Sie werden i. d. R. auf hohem Abstraktionsniveau formuliert und sind für ihren praktischen Einsatz durch entsprechende Regeln oder Kriterien zu konkretisieren.[803] Prinzipien stellen folglich Grundsätze und Richtlinien bereit, die die Ableitung von Handlungsmustern ermöglichen und eine Orientierungshilfe für die an der Architekturgestaltung beteiligten Akteure darstellen. Hierdurch sind Prinzipien insbesondere dazu geeignet, die Gestaltung und Evolution der UA vom Ist- zum Ziel-Zustand im Rahmen des UAM systematisch anzuleiten.[804] Dieser Zusammenhang wird schematisch auch durch **Abb. 49** dargestellt.

Abb. 49: Prinzipienbasierte Transformation von Ist- zu Ziel-Architektur
Quelle: Lindström 2006, S. 2.

In Abgrenzung zu anderen Grundsätzen sind Architekturprinzipien dabei vor allem in Bezug zu Unternehmens- und IT-Prinzipien zu sehen. Während Unternehmensprinzipien grundlegende Richtlinien vorgeben, an denen sich IT-Prinzipien orientieren sollten, stellen diese wiederum den Ausgangspunkt der Formulierung und Durchsetzung der Prinzipien für die Unternehmensarchitektur dar.[805] Wenngleich sich diese Abgrenzung als sinnvoll für eine grundlegende Einordnung und Ableitung von UA-Prinzipien erweist, ist hier jedoch keine trennscharfe Differenzierung möglich, da die UA per definitionem auch IT- und

---

[801] Trotz der Bedeutung von Architekturprinzipien für die Entwicklung und den Einsatz einer UA werden diese in der UA-Literatur vergleichsweise selten diskutiert. Vgl. auch Stelzer 2010, S. 55 f. bzw. S. 56 ff. für eine Literaturüberblick.

[802] Vgl. hierzu und im Folgenden v. a. Stelzer 2010, S. 55 ff.; TOGAF 2011, S. 235 ff.; Fischer et al. 2010, S. 193 ff.; Dern 2006, S. 28, 48 ff.; Lindström 2006, S. 1 ff.

[803] Vgl. Stelzer 2010, S. 61.

[804] Vgl. auch Fischer et al. 2010, S. 194.

[805] Vgl. auch Stelzer 2010, S. 62; TOGAF 2011, S. 235.

unternehmensspezifische Grundsätze tangiert. Vielmehr wird im vorliegenden Ansatz davon ausgegangen, dass Architekturprinzipien integrierend wirken und in Abstimmung mit Unternehmens- und IT-Prinzipien zu definieren sind. UA-Prinzipien bauen somit auf der Geschäfts- und der IT-Strategie auf und setzen diese um.[806] Grundsätzlich erscheint es zudem sinnvoll, Prinzipien mit Zielen und Konsequenzen für die Durchführung, aber vor allem auch mit entsprechenden Mitteln zur Zielerreichung zu verknüpfen, wobei Architekturprinzipien generell gleichermaßen für die Verfolgung von Unternehmens-, IT- und Architekturzielen verwendet werden können.[807]

Die konkrete Ausgestaltung und Formulierung von Prinzipien sowie auch deren Durchsetzung hängt dabei häufig von der Organisation und den jeweiligen Spezifika ab, wodurch der Gültigkeitsbereich von Prinzipien i. d. R. variiert. TOGAF sieht es bspw. in Anlehnung an die Struktur des Frameworks vor, die Prinzipien für Unternehmensarchitekturen in Geschäfts-, Daten-, Anwendungs- und Technologieprinzipien zu untergliedern.[808] Architekturprinzipien in TOGAF beziehen sich dabei auf die Entwicklung, Wartung und Nutzung der UA und stellen hierdurch ein wesentliches formales Handlungsinstrument zur Governance des Architekturprozesses dar. Auf Basis einer umfassenden Literaturanalyse identifiziert STELZER primär drei Arten von Architekturprinzipien, die sich auf jeweils unterschiedliche Objekte beziehen und die verschiedenen Auffassungen zu Prinzipien in der Literatur konsolidieren:[809]

- *Konstruktionsprinzipien*, die sich auf den Entwurf und die Gestaltung von Architekturen beziehen (z. B. Prinzip in Bezug auf die Modularität der Systemstruktur),

- *Beschreibungsprinzipien*, die sich auf die Darstellung, Modellierung und Dokumentation von Architekturen beziehen (z. B. Prinzip der Rückverfolgbarkeit),

- *Prozessprinzipien*, die sich auf den Prozess der Architekturentwicklung beziehen (z. B. Prinzipien in Bezug auf Entscheidungsrechte).

Im vorliegenden Konzept werden sowohl Prinzipien inkludiert, die sich eher generisch auf die Konstruktion und Beschreibung von Architekturen beziehen als auch solche, die den Prozess der Architekturgestaltung selbst fokussieren. Grundsätzlich werden Architekturprinzipien dabei i. d. R. formal durch Prinzipbeschreibungen konkretisiert, die neben dem Namen des Prinzips wiederum Auswirkungen und Handlungsanweisungen (*Implications bzw. Key Actions*)

---

[806] Vgl. Fischer et al. 2010, S. 193 ff.
[807] Vgl. auch Stelzer 2010, S. 61; Fischer et al. 2010, S. 193.
[808] Vgl. hierzu TOGAF 2011, S. 235 ff. Dabei werden hier 21 Prinzipien beispielhaft beschrieben.
[809] Vgl. Stelzer 2010, S. 61.

sowie Begründungen (*Rationale*) umfassen.[810] Begründungen beschreiben dabei den jeweiligen Beitrag des Prinzips in Bezug auf die Zielerreichung, während Auswirkungen die Anforderungen für Geschäft und IT beschreiben, die das Prinzip impliziert. Diese können zudem ggf. durch die explizite Beschreibung von Randbedingungen (*Constraints*) ergänzt werden.

Dabei wird im vorliegenden Ansatz angenommen, dass durch die Formulierung von Prinzipien und Standards, die aufeinander abgestimmt sind und in ihrer Gesamtheit die Architekturentwicklung strukturiert anleiten und durchsetzen, die Ziele der UA und des Unternehmens unterstützt werden. Insbesondere werden hierdurch auch die Konstruktionsentscheidungen im Rahmen der Modellkonstruktion eingeschränkt, die darüber hinaus gemäß den vorhergehenden Ausführungen maßgeblich dem von den jeweiligen Architekturnutzern definierten Modellierungszweck unterliegen. In diesem Zusammenhang wird angenommen, dass sich die Generierung von Wert durch die Etablierung der UA-Initiative als primäres Ziel der UA-Governance vor allem auch durch die Konformität der UA mit den Zielen der Stakeholder ergibt. Folglich sind entsprechende Richtlinien auch für die Durchführung von Modellierungsprozessen innerhalb der UA-Prinzipien zu definieren, um auch den Modellierungsprozess als solches und die zielgerichtete Interaktion der Teilnehmer Qualitätskriterien zu unterwerfen.

Zur Definition und Etablierung einer entsprechenden Terminologie sowie der konzeptionellen Fundierung der Architekturgovernance werden die zuvor und in diesem Abschnitt eingeführten und diskutierten Elemente, Bereiche und Aspekte, die für die governancebasierte Architekturgestaltung eine Rolle spielen, nachfolgend in ein semiformales Informationsmodell überführt. Dieses dient als konzeptioneller Bezugsrahmen der UA-Governance, der die genannten relevanten Elemente systematisiert und innerhalb des Gesamtkontextes einordnet. Grundlegend beschreibt das Informationsmodell hierfür diejenigen Elemente, die im Rahmen einer UA-Initiative notwendigerweise zu berücksichtigen bzw. zu spezifizieren sind, sowie deren Beziehungen untereinander. Hierzu wird das zuvor eingeführte Architekturverständnis um governancebezogene Aspekte erweitert und in die übergeordneten, bereits in vorherigen Abschnitten dieser Arbeit eingeführten Konzepte integriert. Auf diese Weise

---

[810] Vgl. hierzu und im Folgenden Stelzer 2010, S. 61 f.; Fischer et al. 2010, S. 193 ff.; TOGAF 2011, S. 235 ff. Der Nutzen von Prinzipien, die auch mit einem zusätzlichen (Dokumentations-)Aufwand einhergehen, ist dabei maßgeblich auch von der Qualität der Prinzipien abhängig. Im Rahmen von TOGAF (2011, S. 237 f.) werden hier die Kriterien der Verständlichkeit (*understandable*), Robustheit (*robust*), Vollständigkeit (*complete*), Konsistenz (*consistent*) und Stabilität (*stable*) differenziert, die somit grundlegend auch die Richtlinien zur Sicherstellung der Modellqualität (vgl. Abschn. 3.1.1.3) im Rahmen der Architekturgestaltung ergänzen sollten.

können Gestaltungsmaßnahmen abgeleitet werden, die die integrierte Einführung eines governancebasierten UAM systematisieren.

Die primäre konzeptionelle Grundlegung des erweiterten governance-orientierten Architekturrahmens (**Abb. 50**) bildet neben den vorhergehenden Ausführungen dabei in erster Linie der in Abschn. 3.1.2.1 eingeführte generische Architekturrahmen nach SINZ, der die formalen Strukturen für die Architekturerstellung anhand generischer Merkmale definiert und als Metametamodell ein Grundkonzept für die jeweiligen Beschreibungsmerkmale bzw. -komponenten für die Architekturausprägungen bestimmt. Aufgrund der Betonung einer notwendigen Stakeholderorientierung sowie auch der Vorteile einer strukturierten Informationsmodelldarstellung, basiert der Bezugsrahmen darüber hinaus in Erweiterung der Elemente auch auf dem konzeptuellen Modell der Architekturbeschreibung nach IEEE (1471-2000).[811] Das Modell nach IEEE berücksichtigt dabei insbesondere als konstituierendes Merkmal die an der Architekturgestaltung beteiligten Stakeholder sowie deren Informationsbedarfe und Sichtweisen auf die Architektur gemäß dem zuvor eingeführten Verständnis und der entsprechend beschriebenen Elemente (vgl. Abschn. 4.2.2). Wenngleich der Standard aus dem Bereich der Softwarearchitekturen entstammt, ist er jedoch grundlegend auch auf den UA-Kontext übertragbar und wird in der relevanten Literatur zu UA vielfach als grundlegendes definitorisches Rahmenwerk herangezogen.[812]

In Bezug auf die UA und entsprechende Governancemechanismen bezieht sich der Architekturrahmen zudem in Teilen auf die Systematisierung nach FISCHER ET AL. Ausgehend von sowohl praktischen Fallbeispielen als auch aufbauend auf einer Analyse der relevanten Literatur erarbeiten die Autoren verschiedene Definitionen von UA-Prinzipien und systematisieren diese in Form entsprechender Informationsmodellfragmente.[813] Insbesondere werden hierdurch die Zusammenhänge der genannten Bestandteile von Prinzipbeschreibungen sowie deren Bezug zur Architektur und der Governancefunktion gemäß den oben skizzierten Merkmalen im Überblick deutlich, was dem erarbeiteten Architekturrahmen als theoretisches Fundament dient. Darüber hinaus werden Modelle im vorliegenden Ansatz – wie bereits mehrfach

---

[811] Vgl. IEEE 2000, S. 1 ff. Die wesentlichen Elemente sowie das zugehörige Modell werden in Anhang C der Vollständigkeit halber näher beschrieben (vgl. hier insbes. auch Abb. 62).

[812] So zum Beispiel von Kurpjuweit 2009, S. 27 f.; Aier et al. 2008a, S. 292; Stelzer 2010, S. 55 f.; Saat et al. 2010, S. 14 f. Darüber hinaus bezieht sich der Standard auf sogenannte „software-intensive systems", wobei diese als „any system where software contributes essential influences to the design, construction, deployment, and evolution of the system as a whole" definiert werden und somit per definitionem auch einen weiter gefassten Systembegriff unterstellen. Vgl. hierzu IEEE 2000, S. 1 sowie weiterführend auch Anhang C.

[813] Vgl. Fischer et al. 2010, S. 194 ff.

betont – als konstituierendes Merkmal von Unternehmensarchitekturen verstanden, wobei nicht nur Modellierungsergebnisse (Objektmodelle), sondern auch die entsprechenden Konstruktionsprozesse von Relevanz sind, die sich maßgeblich durch die Interaktion zwischen Architekten und Stakeholdern und zugehörigen Konstruktionsentscheidungen manifestieren. Das in Abschn. 3.1.1 zugrundgelegte modelltheoretische Verständnis ist daher ebenfalls in den Bezugsrahmen zu integrieren.

Abb. 50 stellt den erweiterten governanceorientierten Architekturrahmen hierauf aufbauend als semiformales Informationsmodell dar, das dem folgend auch als Metametamodell des governancebasierten UAM verstanden werden kann und die relevanten Aspekte ausgehend von den vorhergehenden Ausführungen der Untersuchung zusammenführt.[814] Dabei wird der modell-, organisations-, architektur- und governancebezogene Aspekt der UA-Gestaltung und -Evolution berücksichtigt sowie die eingeführten Elemente und deren Zusammenhänge integriert und untereinander in Beziehung gesetzt. Hierdurch kann maßgeblich die Komplexität des Untersuchungsgegenstands reduziert und die Vereinheitlichung eines Begriffssystems gefördert werden.

Die nachfolgenden Abschnitte befassen sich hierauf aufbauend näher mit den Möglichkeiten der Ausgestaltung der Architekturgovernance im Unternehmen, indem aufbauend auf dem erarbeiteten Architekturrahmen und den betrachteten Elementen und Sichtweisen Möglichkeiten der Ausgestaltung der UA-Governance diskutiert werden.

---

[814] Die Notation des konzeptuellen Modells ist angelehnt an den UML-Standard. Zu UML vgl. auch bspw. Booch et al. 2006; Staud 2010.

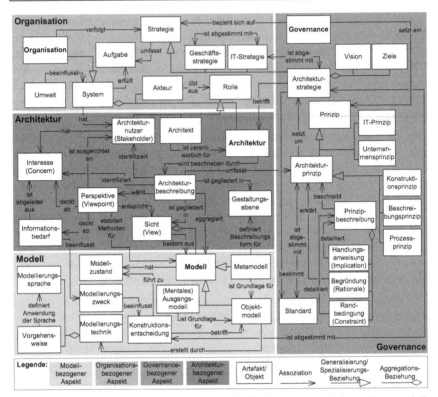

Abb. 50: Erweiterter governanceorientierter Architekturrahmen – Informationsmodell zur Systematisierung des governancebasierten UAM

Quelle: Eigene Darstellung.

4.3.3 Möglichkeiten zur Umsetzung und Ausgestaltung der Architekturgovernance

> „An Enterprise Architecture is only as good as the decision-making framework that is established around it."
>
> Harrison 2007, S. 48

Zur Umsetzung von Governancemaßnahmen, die sich auf die UA-Initiative beziehen, sind vor allem die notwendigen Voraussetzungen für deren Einbettung im Unternehmen zu bestimmen, um die wertorientierte Steuerung und Abstimmung der Architekturprozesse sicherzustellen. Nachfolgend wird hierzu die zuvor eingeführte Systematisierung von Maßnahmen der IT-Governance nach PETERSON in Strukturen, Prozesse und relationale Mechanismen wieder

aufgegriffen und auf den Architekturkontext übertragen.[815] Während viele Arbeiten zur IT- sowie auch bestehende Ansätze für die UA-Governance häufig
sehr abstrakt bleiben, wird hierin eine geeignete Möglichkeit gesehen, um die
notwendigen Ansatzpunkte für die Realisierung einer integrierten UA-
Governancefunktion zu identifizieren und hinreichend zu konzeptualisieren.[816]
Die Grundlage hierfür bildet ein Schichtenmodell, das die Maßnahmen der UA-
Governance entsprechend systematisiert und in Beziehung setzt.

Im Folgenden wird zunächst die hierzu notwendige Vorbereitung der Umsetzung der UA-Initiative diskutiert und Faktoren abgeleitet, die die Voraussetzung für die Umsetzung darstellen und im Ergebnis in das Schichtenmodell
integriert werden (Abschn. 4.3.3.1). Die weiteren Ausführungen gehen dann
näher auf mögliche Ansatzpunkte in Bezug auf die Strukturen (Abschn. 4.3.3.2),
Prozesse (Abschn. 4.3.3.3) und relationalen Mechanismen (Abschn. 4.3.3.4) ein,
die für die UA-Governance als wesentlich erachtet werden.

4.3.3.1 Schichtenmodell der Architekturgovernance

Ähnlich wie auch in Bezug auf die IT-Governance lässt sich feststellen, dass
die Ausgestaltung der UA und damit auch der UA-Governance selbst in hohem Maße kontextabhängig ist und nicht unmittelbar und unabhängig von situativen Faktoren, wie z. B. dem Unternehmenstyp, der wirtschaftlichen Situation des Unternehmens, dem Reifegrad des IT-Einsatzes, dem eingesetzten
Architekturframework oder der Art der Führungs- und Steuerungsprinzipien,
bestimmt werden kann.[817] Dabei nutzen Unternehmen i. d. R. ein Portfolio bestehend aus verschiedenen Governancemechanismen und -methoden, die je

---

[815] Vgl. insbes. Peterson 2004a, S. 58 ff.; Peterson 2004b, S. 7 ff. sowie Abschn. 2.2.1.1 und
Abb. 12.

[816] Dabei ist die tatsächliche Konkretisierung aufgrund verschiedener Kontingenzfaktoren im
jeweiligen betrieblichen Kontext zu sehen, wobei jedoch anzunehmen ist, dass hier grundlegend gemeinsame Elemente und Prinzipien zugrunde liegen. Ähnlich wird dies auch
bspw. durch die OECD (2004b, S. 13) in Bezug auf die Corporate Governance formuliert:
„There is no single model of good corporate governance. However, work carried out in
both OECD and non-OECD countries and within the Organisation has identified some
common elements that underlie good corporate governance."

[817] Vgl. auch Grohmann 2003, S. 232; Weill 2004, S. 9; van Grembergen et al. 2004, S. 20.
Dieser Gedanke begründet dabei v. a. auch die Ablehnung der von einigen Autoren
(insbes. in der früheren Literatur) vorgenommenen Versuche, *einen* bestmöglichen Weg
zur Implementierung der IT-Governance zu finden. Stattdessen wird in der neueren Literatur typischerweise entsprechend die Auffassung vertreten, dass i. d. R. eine geeignete
Kombination von Maßnahmen in Abhängigkeit von der speziellen Situation zu wählen ist.
Vgl. bspw. Weill 2004, S. 9 ff.; Peterson 2004b, S. 8 ff.

nach Anwendungssituation zu kombinieren sind. Diese lassen sich überwiegend auf die durch PETERSON vorgenommene Kategorisierung.[818]

Diesem Ansatz folgend ist eine Governancefunktion, wie bspw. die IT-Governance, grundlegend durch eine Zusammenstellung von Strukturen, Prozessen und relationalen Mechanismen umzusetzen. Während Strukturen vor allem die Definition von Verantwortlichkeiten und Entscheidungsrechten umfassen und die organisatorische Verankerung der Maßnahmen und entsprechender Aufgaben bewirken, dienen Prozesse primär der Entscheidungsfindung und der Überwachung der Prozessergebnisse. Relationale Mechanismen beziehen sich darüber hinaus vor allem auf die Beziehungen zwischen unterschiedlichen Akteuren bzw. involvierten Perspektiven und deren wechselseitige Kommunikation und Interaktion. Hierauf aufbauend erscheint es an dieser Stelle ebenfalls sinnvoll, geeignete Strukturen, Prozesse und Mechanismen auch für die UA-Governance abzuleiten, die in ihrer Gesamtheit deren Ausgestaltung gemäß den vorhergehenden Ausführungen systematisieren können.

Vorbereitend sind hierzu vor der Einführung einer UA-Initiative und damit auch einer UA-Governance zunächst initial Voraussetzungen zu schaffen, die den Nutzen der UA-Initiative sicherstellen und sich primär ausgehend von den Elementen des im vorhergehenden Abschnitt erarbeiteten governanceorientierten Architekturrahmens ergeben.[819] In diesem Zusammenhang sind in erster Linie grundlegende Fragen bezüglich des erwarteten Nutzens der UA seitens der Stakeholder zu klären und die Ziele der UA-Initiative abzustimmen. Diese sollten im Rahmen einer entsprechenden Strategiedefinition konkretisiert und dokumentiert werden, die den Handlungsrahmen für die Architekturaktivitäten vorgibt. Die Umsetzung der UA-Governance sollte – wie bereits diskutiert – mit der Formulierung der Architekturstrategie beginnen, die wiederum auch die Ausrichtung der UA an den Unternehmenszielen sicherstellt. Dabei kann die Architekturstrategie auf verschiedenen Ebenen mit der Unternehmens- und IT-Strategie verknüpft werden, was im Wesentlichen auch von der Art der organisatorischen Verankerung der UA abhängig ist.

Weiterhin ist im Zuge der UA-Initiative vor allem grundlegend auch ein Verständnis für den UA-Einsatz und dessen Ziele auf allen Unternehmensebenen zu schaffen, das die Unternehmensziele unterstützt und die beteiligten Akteure

---

[818] Vgl. hierzu und im Folgenden insbes. Peterson 2004a, S. 63 ff.; Peterson 2004b, S. 13 ff. sowie auch van Grembergen et al. 2004, S. 1 ff.; De Haes und van Grembergen 2004, S. 1 ff.; De Haes und van Grembergen 2005, S. 1 ff. Ähnliche Differenzierungen werden auch von anderen Autoren vorgeschlagen, wie z. B. von Weill und Ross (2004a, S. 85 ff.), die Governancemechanismen in Strukturen der Entscheidungsfindung, Alignmentprozesse und formale Kommunikation untergliedern (siehe auch Abb. 11).

[819] Vgl. Abschn. 4.3.2.

in geeigneter Weise involviert. Diese, auch als „EA awareness" bzw. „Architecture awareness"[820] bezeichnete Voraussetzung impliziert dabei vor allem auch die Loslösung von der UA als rein IT-bezogene Aufgabe und die Ausweitung der Strukturen und Prozesse über alle Unternehmensbereiche hinweg. Insbesondere die Unternehmensführung sollte klare Anforderungen an die UA kommunizieren und die Durchsetzung der UA durch entsprechende Maßnahmen fördern. Vor allem wird hierdurch sichergestellt, dass die UA vor dem Hintergrund ihres Erstellungs- und Wartungsaufwands nicht zu „Shelfware" verkommt und aktiv als Gestaltungsinstrument im Unternehmen anerkannt wird.[821]

Die hierauf aufbauenden Governancestrukturen und -prozesse – auch als Aufbau- und Ablauforganisation der Architekturgovernance bezeichnet[822] – sind dabei für die UA-Governance von grundlegender Bedeutung und werden durch die Einrichtung und Umsetzung relationaler Mechanismen ergänzt.[823] Organisatorische Strukturen im Rahmen der IT-Governance stellen dabei typischerweise ein formales Steuerungsinstrument dar, das vor allem auf die horizontale Integration zwischen Geschäft und IT, d. h. hinsichtlich der Einrichtung und des Aufbaus von Fähigkeiten zur Koordination und Integration formaler Instanzen zur Entscheidungsfindung in Bezug auf den IT-Einsatz, zielt. Übertragen auf die UA-Governance ist diese Integration auch für die UA-Initiative zu fordern, indem Architekturentscheidungen konsistent über die Teilarchitekturen hinweg getroffen werden und eine gemeinsame Instanz zur Integration der Aufgaben und Prozesse geschaffen wird. Dabei können sich Strukturen einerseits in Form von formalen Positionen bzw. Funktionen manifestieren, die sich grundlegend auf Individuen beziehen, die eine definierte Aufgabe bzw. Funktion innerhalb der Umsetzung der Governancemechansimen ausüben (z. B. die Rolle des Architekten). Andererseits sind hier zudem Gruppen von Akteuren zu nennen, die bspw. in Form von Komitees oder Managementteams beratend oder überwachend tätig sein können. Im Rahmen der vorliegenden Betrachtung stehen hier vor allem solche Rollen im Vordergrund, die Integrationsaufgaben zwischen Geschäfts- und IT-Funktionsbereichen übernehmen und als Bindeglied innerhalb der UA-Aktivitäten agieren. Auch sind bspw. die Stakeholder der UA in bestimmten Organisationsformen, wie bspw. Gremien, zusammenzuführen, um deren Integration innerhalb der UA-Initiative aktiv zur fördern. Entscheidend hierbei ist, dass die festgelegten Rollen und Verantwort-

---

[820] Vgl. bspw. Winter und Schelp 2008, S. 550 ff.
[821] Vgl. auch Aziz et al. 2005, S. 4 sowie Abschn. 4.3.3.4.
[822] Vgl. bspw. Keller 2012, S. 123.
[823] Vgl. hierzu und im Folgenden insbes. Peterson 2004a, S. 63 ff.; Peterson 2004b, S. 13 ff.; van Grembergen et al. 2004, S. 1 ff.; De Haes und van Grembergen 2004, S. 1 ff.; De Haes und van Grembergen 2005, S. 1 ff.; Keller 2012, S. 123 ff.

lichkeiten klar kommuniziert werden und sichergestellt wird, dass diese innerhalb der Gesamtorganisation verstanden werden.[824] Durch entsprechende
Strukturen kann dabei auch forciert werden, dass die Stakeholder die UA wiederum auch tatsächlich nutzen.[825]

Für die UA-Governance, wie sie im vorliegenden Fall betrachtet wird, bedeutet
dies einerseits die Notwendigkeit einer formalen Organisationsstruktur der UA-
Initiative, in der neben den relevanten Stakeholdern und den Architekten auch
ggf. weitere Entscheidungsträger in geeigneter Weise einzubeziehen sind.
Dabei ist festzulegen, welche Entscheidungen zur Sicherstellung der Effektivität der UA-Initiative durch welche Stellen getroffen werden müssen und wie
diese im Architekturentwicklungsprozess angemessen überwacht werden.
Insbesondere sind hier die Aufgaben im Rahmen der UAM-Prozesse zu bestimmen und an die jeweiligen Funktionsträger zu übertragen. In Abschn.
4.3.3.2 werden hierzu die relevanten Rollen identifiziert und in ein vereinfachtes Rollen- und Aufgabenmodell überführt, das die Kernrollen im Rahmen der
IT- und der UA-Governance zueinander in Beziehung setzt und als beispielhafte Ausprägung einer entsprechenden organisatorischen Struktur der UA-
Governance verstanden werden kann. Zu berücksichtigen ist jedoch, dass die
formale Definition von Strukturen allein typischerweise nicht zur Realisierung
einer Governancefunktion ausreicht, sondern vielmehr das Grundgerüst für
den Aufbau eines entsprechenden Handlungssystems darstellt.

Ergänzend gewährleistet die Ablauforganisation der UA-Governance andererseits die Definition und Umsetzung der erforderlichen Prozesse, die die UA-
Aktivitäten im Unternehmen steuern und überwachen. Dabei sind neben
Überwachungs- und Kontrollprozessen auch die für die Umsetzung der UAM-
Aktivitäten notwendigen Rahmenbedingungen zu schaffen, die die UA als Informationsbasis und Entscheidungsgrundlage nutzbar machen. In Bezug auf
die IT-Governance spielen hier üblicherweise Prozesse der strategischen Entscheidungsfindung in Bezug auf das strategische IT-Management und der IT-
Überwachung eine Rolle, die durch formalisierte Abläufe wesentliche Mechanismen für die IT-Steuerung bereitstellen.[826] Im Rahmen des vorliegenden Ansatzes steht dabei die architekturbasierte strategische Planung im Vordergrund, um die UA auch als Planungsinstrument im Unternehmen nutzbar zu
machen. Vor allem spielt hier neben der Kommunikation von Architekturinhalten und -zielen die Entwicklung und Etablierung von Architekturprinzipien und
-richtlinien eine wesentliche Rolle, die Lenkungsmechanismen für die Ausfüh-

---

[824] Vgl. auch van Grembergen et al. 2004, S. 21; ITGI 2003a, S. 27.
[825] Vgl. auch Bittler 2009, S. 2 sowie auch Abschn. 4.2.2.
[826] Vgl. auch Abschn. 4.3.3.3.

rung der UAM-Prozesse, insbesondere der Analyse- und Planungsprozesse, bereitstellen sowie die Konformität und Konsistenz der UA sicherstellen.[827]

Zur konsequenten Umsetzung der Architekturmaßnahmen sind neben diesen formalen, eher normativen Maßnahmen zudem auch relationale Mechanismen von zentraler Bedeutung, die eine „gelebte" UA-Governance fördern und entsprechende kollaborations- und interaktionsbezogene Maßnahmen auf informaler, individueller und verhaltensorientierter Ebene fokussieren. In Bezug auf die IT-Governance sind hier insbesondere das Verhalten und die Beziehungen zwischen den Entscheidungsträgern und dabei u. a. die Art der Führung und Kommunikation zwischen den beteiligten Stellen von Relevanz. Relationale Mechanismen können dabei grundlegend als eher informale, kollaborative Maßnahmen zwischen den Verantwortlichen verstanden werden, die häufig implizit und schwer greifbar sind und nicht auf vorgegebenen Richtlinien beruhen. Insbesondere sind hier die aktive Beteiligung der UA-Stakeholder, der informale Austausch zwischen den jeweiligen Funktionsträgern sowie partnerschaftliche Beziehungen zwischen den Akteuren anzustreben, die die Umsetzung der wiederum eher formalen Strukturen und Prozesse unterstützen. Dabei ist in Bezug auf die UA-Governance und die mit der Architekturentwicklung und -planung einhergehende Heterogenität der Stakeholder eine angemessene individuelle Beteiligung der Akteure anzustreben, wobei deren Funktion sowohl innerhalb der Organisation als auch deren entsprechenden Aufgaben im Rahmen der UA-Initiative Rechnung zu tragen ist. Wesentlich in Bezug auf das vorliegende Governancekonzept ist dabei die Art und Ausgestaltung der Beziehungen zwischen den vorab identifizierten Rollen vor allem im Entwurfsprozess der UA, wobei hier ausgehend von der aktiven Einbeziehung der Stakeholder in die Architekturprozesse ein föderales und kollaboratives Vorgehen vorgesehen ist.[828]

Aufbauend auf dem Framework nach PETERSON können die genannten Maßnahmen zur Umsetzung der UA-Governance somit im Wesentlichen anhand (i) des Grads der Integration zwischen den beteiligten Akteuren auf der einen Seite sowie andererseits in Bezug auf (ii) den Grad der Formalisierung der Mechanismen kategorisiert werden. Grundlegend adressieren die Maßnahmen dabei die Verknüpfung zwischen den Akteuren und deren Kommunikation untereinander durch geeignete organisatorische Strukturen (Connection), die jeweils notwendigen Abläufe zur Abstimmung bzw. Koordination der Aktivitäten und Akteure (Coordination) sowie zudem die Kollaboration und Interaktion zwischen den jeweiligen Akteuren und deren Beziehungen (Collaboration). Hierzu sind komplementäre Fähigkeiten der Organisation (sog. Capabilities)

---

[827] Vgl. Abschn. 4.3.2.
[828] Vgl. hierzu insbes. Abschn. 4.3.3.4.

zu entwickeln, die langfristig die Governance der UA-Initiative fördern.[829] In-nerhalb dieser drei Gestaltungsbereiche können dabei verschiedene Elemente identifiziert werden, die in ihrer Gesamtheit die Realisierung der UA-Governance unterstützen. Auf Basis dieser vorgenommenen Einordnung und Systematisierungsmerkmale ergibt sich dabei ein Schichtenmodell (*3C-Modell*), das in **Abb. 51** grafisch dargestellt ist und dabei gleichzeitig auch als Reifegradmodell für die Ausgestaltung und Etablierung der UA-Governance gemäß dem hier verfolgten Ansatz zu verstehen ist.

Abb. 51: Schichtenmodell zur Ausgestaltung der UA-Governance (3C-Modell)
Quelle: Eigene Darstellung.

Um die UA-Governance zu realisieren wird demnach vorgeschlagen, neben den vorbereitenden Maßnahmen zunächst mit der Definition der für die Archi-tekturentwicklung wesentlichen Rollen und Aufgaben zu beginnen und diese in Form von Organisationsstrukturen im Unternehmen zu manifestieren. Proble-matisch hierbei ist, dass die UA-Entwicklung in der Unternehmenspraxis viel-fach in Form von Projekten realisiert wird.[830] Hierdurch werden typischerweise nur temporäre Organisationsformen geschaffen, die mit der Fertigstellung der Architekturprodukte enden. Während für die tatsächliche Umsetzung der ge-planten Änderungen oder auch für die Entwurfsaktivitäten der Architekturpro-dukte projektbasierte Organisationsformen als durchaus sinnvoll erachtet wer-den können, erscheinen diese für die UA-Initiative als solche insbesondere in Hinblick auf die Einbettung des UAM als dauerhafte und langfristige Aufgabe

---

[829] Vgl. auch Peterson 2004b, S. 14 ff.
[830] Vgl. bspw. Schwarzer 2009, S. 120 sowie hierzu auch Fn. 720.

grundsätzlich nicht geeignet, um die UA im Unternehmen zu verankern und als Informations- und Planungsinstrument nutzbar zu machen. Vor allem aufgrund des Umfangs und der Reichweite von Governancemaßnahmen erfolgt die Etablierung solcher Steuerungssysteme i. d. R. nicht projektbasiert und auf Basis eines geregelten und wohl strukturierten Vorgehensmodells, sondern bildet einen Funktionsbereich, der typischerweise evolutionär im Unternehmen „wächst".[831]

Weiterhin sind dann gemäß den Ausführungen in Abschn. 4.2.2 die für die Architekturentwicklung relevanten Stakeholder zu identifizieren und Mechanismen zu etablieren, um diese in geeigneter Weise in die UAM-Prozesse einzubinden. Hierzu sind möglichst formale Maßnahmen zu definieren, die die Koordination zwischen den beteiligten Akteuren und deren Aufgaben, insbesondere in Kooperation mit dem Unternehmensarchitekten, steuern. Dabei sind unter Berücksichtigung der im Vorfeld definierten organisatorischen Strukturen vor allem Prozesse zu realisieren, die eine geeignete Integration und Abstimmung der Akteure im Rahmen der strategischen Planung durch die UA ermöglichen und die UA-Entwicklung an den Schnittstellen von Geschäft und IT steuern. Dabei sind geeignete Maßnahmen zu identifizieren, die dauerhaft als übergeordnete Prozesse im Rahmen eines integrierten Metaprozesses zu implementieren und zu institutionalisieren sind.

Drittens ist schließlich die produktive Zusammenarbeit zwischen den beteiligten Akteuren zu fördern. Durch den geringen Formalisierungsgrad relationaler Maßnahmen sind hier jedoch typischerweise semiformale bis informale Maßnahmen zu etablieren, die jedoch gleichermaßen die Integration zwischen den verschiedenen Perspektiven maßgeblich erhöhen können. Wichtig ist es daher an dieser Stelle, partnerschaftsfördernde Maßnahmen aufbauend auf der Institutionalisierung von Strukturen und Prozessen zu realisieren, die vor allem an den „integrierenden" Akteuren und der Zusammenarbeit in Architekturteams auf operativer Ebene ansetzen, um hierdurch neben eher normativen Maßnahmen auch verhaltensbasierte Aspekte einzubeziehen.

Unter Berücksichtigung dieser Maßnahmen für die UA-Governance und deren Ausgestaltung, die in den nachfolgenden Abschnitten weiterführend diskutiert wird, wird deutlich, dass ein solches mehrstufiges Konzept insbesondere dazu in der Lage ist, das IT-Alignment im hier definierten Verständnis als mehrdimensionale und kontinuierliche Aufgabe zu unterstützen und neben strategischen auch strukturelle und soziale Aspekte der Abstimmung langfristig zu fördern (vgl. Abschn. 2.2.3). Architekturbasiertes IT-Alignment bezeichnet hierauf aufbauend somit die Abstimmung von Geschäft und IT mithilfe der Unter-

---

[831] Vgl. auch Keller 2012, S. 112.

nehmensarchitektur, indem auf Basis integrierter und kontrollierter Gestaltungs- und Planungsprozesse eine wertorientierte Steuerung der architekturbasierten Gestaltung und Transformation des Unternehmens auf allen Ebenen erfolgt und die UA als Bindeglied zwischen den Domänen wirkt.

In den folgenden Abschnitten werden die genannten Schichten und Aspekte jeweils näher detailliert, indem entsprechende Maßnahmen für die UA-Governance erarbeitet werden, die sowohl auf formaler als auch auf informaler Basis die Architekturentwicklung und -evolution systematisch anleiten können. Diese sind als beispielhafte Ansatzpunkte zu verstehen, um das beschriebene Vorgehen zur Ausgestaltung der UA-Governance auf allen drei Ebenen des Modells umzusetzen.

4.3.3.2 Strukturen: Integriertes Rollenmodell der Architekturgovernance

„Governance [...] should be viewed as a shared responsibility and enterprise-wide commitment towards sustaining and maximizing IT business value."

Peterson 2004a, S. 42

Die Definition organisatorischer Strukturen ist in erster Linie notwendig, um die Rollen und Verantwortlichkeiten zur Durchführung der UA-Aktivitäten auf funktionaler Ebene zu bestimmen und die UA-Governance damit gleichermaßen von benachbarten Disziplinen und Funktionsbereichen im Unternehmen aufgabenbezogen abzugrenzen. Vor allem zur Bestimmung des Wertbeitrags der UA-Initiative und deren zielgerichteten Steuerung ist es notwendig, diejenigen Funktionsträger zu identifizieren, die maßgeblich zum Erfolg der UA-Initiative beitragen.[832] Wesentlich ist hier die Zuweisung von Aufgaben und Entscheidungsrechten zu Individuen oder Gruppen von Akteuren in Bezug auf die Architekturgestaltungs- und -evolutionsprozesse und die Identifikation von Schnittstellen zu weiteren Funktionsträgern, um die UA-Governance im Rahmen der UA-Initiative des Unternehmens zu etablieren und organisatorisch zu verankern.

Wie im vorhergehenden Abschn. 4.3.3.1 einführend erläutert, sind entsprechende Strukturen zur Realisierung der UA-Governance im Rahmen des vorliegenden Konzepts von fundamentaler Bedeutung, da hierdurch einerseits die Grundlage für die Governance der Architekturgestaltung geschaffen wird und zudem vor allem auch die Schnittstelle zwischen der UA-Governance und den weiteren Governancefunktionen im Unternehmen hergestellt werden kann. Dabei wird davon ausgegangen, dass vor allem integrierte Strukturen und Verantwortlichkeiten maßgeblich zum dauerhaften Erreichen des IT-Alignments auf Basis der UA beitragen können. In Bezug auf das IT-Alignment ist es dabei insbesondere auch erforderlich, die bereits im Rahmen der IT-

---

[832] Vgl. auch Strano und Rehmani 2007, S. 381.

Governance notwendige Schaffung von Koverantwortlichkeiten zwischen den jeweiligen Geschäftsbereichen und der IT auch auf die Architekturgestaltung zu übertragen.

Zur Ableitung geeigneter struktureller Mechanismen soll an dieser Stelle ein schematisches Aufgaben- und Rollenmodell erarbeitet werden, das einerseits Rollen und Verantwortlichkeiten für die Umsetzung der UA-Governance identifiziert und zueinander in Beziehung setzt (innengerichtete Sichtweise). Gleichermaßen werden im Rahmen des Rollenmodells entsprechende Strukturen der IT-Governance integriert, um so den Bezug zum organisationsweiten Governancesystem im Sinne der außengerichteten Sichtweise der UA-Governance herzustellen und Entscheidungswege zur Umsetzung einer integrierten Governancefunktion aufzuzeigen. Die Systematisierung der Rollen ermöglicht es dabei vor allem, die Beziehungsstrukturen zwischen den einzelnen Funktionsträgern und -bereichen transparent zu machen. Aufbauend auf den Ausführungen in Abschn. 4.2 lassen sich hierdurch vor allem auch Fragen zur Festlegung von Verantwortungsbereichen innerhalb der UAM-Prozesse bestimmen und die geforderte Stakeholderorientierung strukturell umsetzen. Grundlegend wird es hierbei als notwendig angesehen, dass sowohl die IT- als auch die UA-Governance als gemeinsamer Verantwortungsbereich von Geschäft und IT verstanden werden und als unternehmensweite Aktivität ein ganzheitliches Engagement aller Funktionsbereiche im Unternehmen erfordert.[833]

Innerhalb der IT-Governance-Literatur sind dabei zunächst verschiedene Rollenkonzepte und -beschreibungen zu identifizieren, die sich im Kern jedoch ähneln und i. d. R. auf wenige typische Funktionsträger und Verantwortungsbereiche zurückgeführt werden können.[834] Diese bilden die Grundlage für die Ableitung und Einordnung entsprechender Rollenkonzepte und Aufgabenbereiche der UA-Governance und werden nachfolgend als Ausgangspunkt vorab betrachtet. Neben Rollen, denen zusätzlich zu bestehenden Verantwortlichkeiten innerhalb der Organisation bestimmte Aufgaben im Rahmen der Umsetzung eine Governancefunktion zugewiesen werden, ist darüber hinaus grundsätzlich auch die Einrichtung spezifischer Rollen erforderlich, die explizit für die Durchsetzung der Governancefunktion einzurichten sind.[835]

---

[833] Vgl. auch Abschn. 4.3.1.

[834] Unterschiede lassen sich hier bspw. auf die Herkunft der Autoren und die jeweils länderspezifischen Unterschiede und verschiedene Rechtssysteme zurückführen, die jedoch an dieser Stelle aus Gründen der thematischen Einschränkung der Arbeit nicht näher differenziert werden. Darüber hinaus sind die genannten Aufgaben vielfach auch im Unternehmen delegierbar und hierdurch näher zu konkretisieren. Vgl. hierzu auch Abschn. 6.2.

[835] Vgl. hierzu auch Abschn. 4.3.3.1.

Der Systematisierung des ITGI folgend sind die Rollen und Funktionsträger der IT-Governance dabei zunächst vor allem in die Rollen des Top-Managements sowie die der Geschäftsführung/CEO und des IT-Leiters/CIO zu unterscheiden, die darüber hinaus durch verschiedene Gremien unterstützt werden.[836] Die entsprechenden Funktionsträger erfüllen dabei verschiedene Aufgaben innerhalb des IT-Governancezyklus, die jeweils die fünf Kernbereiche der IT-Governance abdecken.[837] Hinsichtlich der Rolle des CIO wird hierbei i. d. R. dessen enge Einbindung in Prozesse der Unternehmensführung als notwendiges Gestaltungsmerkmal der Umsetzung einer IT-Governancefunktion angeführt.[838] Typischerweise wird der CIO dabei häufig in der Verantwortung für die Gesamtfunktion der IT-Governance gesehen, der entsprechende Governancemaßnahmen kommuniziert, Barrieren zwischen Geschäft und IT überbrückt und als zentrale Lenkungsposition bzw. Eigner der IT-Governance auftritt.[839] Komiteestrukturen bieten daneben vor allem die Möglichkeit, gemischte Teams aus Geschäfts- und IT-Vertretern zu bilden, die als gemeinsame Entscheidungs- oder Beratungsinstanz auftreten.[840] Hierin ist insbesondere auch eine Unterstützung von Kommunikationsmechanismen zu sehen, indem bspw. Führungskräfte aktiv in die Komitees eingebunden werden und innerhalb formaler Gremien Kommunikationsaufgaben wahrnehmen. Wenngleich regelmäßige Gremiensitzungen häufig als zusätzlicher zeitlicher Aufwand gesehen werden, sind sie jedoch notwendig, um ein gemeinsames Verständnis für Entscheidungen zu schaffen und die jeweiligen Akteure gemeinschaftlich in Entscheidungsprozesse einzubeziehen, die sie betreffen.[841]

In erster Linie ist hier das IT-Strategiekomitee anzuführen, das bestehend aus wichtigen Entscheidungsträgern und ggf. zusätzlichen Experten die strategische Ausrichtung zwischen IT und Kerngeschäft definiert und durch die Erstellung strategischer Vorgaben und Richtlinien die Sicherstellung der Abstimmung zwischen beiden Domänen steuert sowie die Einhaltung der Strategie überwacht.[842] Hierdurch kann die IT auf Ebene der Unternehmensführung in

---

[836] Vgl. hierzu und im Folgenden ITGI 2003a, S. 50-57; ITGI 2003b, S. 67-74.

[837] Vgl. auch Abschn. 2.2.1.2.

[838] Vgl. bspw. De Haes und van Grembergen 2005, S. 2 f.; Luftman und Brier 1999, S. 109 ff.; Weill und Ross 2004a, S. 125 f.

[839] Vgl. Weill und Ross 2004a, S. 106 f., S. 215 ff.; ITGI 2003a, S. 18 sowie auch Abschn. 2.2.1.1.

[840] Vgl. auch Peterson 2004b, S. 15.

[841] Vgl. auch Weill und Ross 2004a, S. 105 ff. Innerhalb dieser typischerweise heterogenen Teams setzen somit vor allem weiterhin auch relationale Mechanismen an, die die Interaktion auf informaler Ebene unterstützen. Vgl. hierzu auch Abschn. 4.3.3.4.

[842] Vgl. hierzu und im Folgenden insbes. ITGI 2003a, S. 50 ff.; van Grembergen et al. 2004, S. 22 f.; De Haes und van Grembergen 2005, S. 5 f.; Hardy 2003, S. 1 ff. Aufgrund der zentralen Bedeutung dieser Rolle schlägt Hardy (2003, S. 1) hier auch die Bezeichnung „IT Governance Committee" vor.

Bezug zu IT-Investitionen, IT-Ressourcen, dem IT-Wertbeitrag etc. überwacht und durch angemessene Vorgaben reguliert werden. Typischerweise nimmt das Strategiegremium dabei eine beratende Funktion gegenüber der Unternehmensführung ein. Eng verbunden hiermit ist auch das IT-Steuerungskomitee, das die Vorgaben des Strategiekomitees umsetzt und auf Ebene des operativen Managements Entscheidungen bzgl. des unternehmensweiten IT-Einsatzes trifft. Üblicherweise sind hier Entscheider der unterstützenden Geschäftsbereiche, der IT-Leiter sowie ggf. Key User und Berater vertreten. Das IT-Steuerungskomitee ist dabei bspw. verantwortlich für die Evaluierung und Bewertung der geplanten IT-Investitionen. Hierdurch wird somit die Umsetzung der strategischen Vorgaben durch eine entsprechende organisatorische Instanz aktiv gesteuert, wodurch folglich die Schnittstelle zwischen Geschäft und IT sowie auch zur Unternehmensführung institutionalisiert werden kann.

Während die Definition der Rollen dabei z. T. sehr detailliert erfolgt, wird die Interaktion und das Zusammenwirken der Funktionsträger im Rahmen der Aufgabenerfüllung in der Literatur vergleichsweise selten thematisiert. Ausgehend von einer kritischen Analyse und Diskussion der IT-Governance-Literatur identifiziert und analysiert bspw. STRECKER die Kernrollen der IT-Governance und deren Beziehungen zueinander und definiert diese in Abgrenzung zu den Aufgaben des Informationsmanagements, IT-Managements und des IT-Controllings.[843] Dabei wird ein engeres Begriffsverständnis der IT-Governance angenommen, im Rahmen dessen der Begriff aus dem Begriff der Corporate Governance abgeleitet wird und die IT-Governance entsprechend die Rahmenbedingungen für das IT-Management festlegt. STRECKER identifiziert dabei als Kernelement einer IT-Governancefunktion schriftlich festgelegte Regelungen, die die Ausgestaltung der IT-Funktion im Unternehmen einschließlich sämtlicher Richtlinien zum Umgang mit der IT und der Ressource Information definieren und Vorgaben für IT-Prozesse und -Services bereitstellen, die wiederum von der Unternehmensführung eingesetzt werden. Das Regelwerk wird dabei durch die Mitglieder entsprechender Aufsichtsgremien definiert und durch den CIO in Bezug auf die Einhaltung der Regelungen überwacht und umgesetzt.

WEILL UND ROSS beschreiben mögliche organisatorische Strukturen darüber hinaus in Abhängigkeit vom jeweiligen Archetyp, die sie in Bezug auf die Entscheidungsrechte und -strukturen und die jeweiligen Entscheidungsfelder un-

---

[843] Vgl. hierzu und im Folgenden Strecker 2009, S. 5 f.

terscheiden.[844] Im Rahmen ihrer Untersuchung hat sich dabei bspw. gezeigt, dass i. d. R. föderale Strukturen für die Bereitstellung von Entscheidungsinput (wie bspw. mithilfe der UA) zu einer verbesserten Governanceperformance insbesondere in Bezug auf Entscheidungen bzgl. der IT-Prinzipien und des Bedarfs an IT-Applikationen in Unternehmen führen.[845] Föderale Strukturen stellen dabei i. d. R. eine hybride Ausgestaltung zentralisierter und dezentralisierter Strukturen dar, was aufgrund der Kombination der Vorteile beider Strukturen von mehreren Autoren als vielversprechende Organisationsform zur Umsetzung einer Governancefunktion und nachfolgend auch als sinnvoll für die UA-Governance angesehen wird.[846]

Tab. 17 stellt eine Konsolidierung der wesentlichen Rollenkonzepte einschließlich ausgewählter Referenzen bereit, wodurch eine erste Grundlegung für das nachfolgend entwickelte Rollenmodell geschaffen wird. Dabei wurden die angeführten Rollen in Bezug auf den Untersuchungskontext ausgewählt, wobei die Systematisierung im Kern grundlegend auf den durch das ITGI vorgeschlagenen Konzepten aufbaut. Wenngleich die vergleichende Betrachtung beliebig um weitere Rollenkonzepte erweiterbar ist, ist anzunehmen, dass sich diese gleichermaßen auch auf die beschriebenen Rollen zurückführen lassen.[847]

---

[844] Vgl. hierzu und im Folgenden Weill und Ross 2004a, S. 129 ff. sowie auch Abschn. 2.2.1.1 und insbes. Abb. 11. Die Autoren unterscheiden hierbei insgesamt sechs Archetypen in Bezug auf die Art der Entscheidungsfindung (Geschäftsmonarchie, IT-Monarchie, förderale Strukturen, IT-Duopol, feudale Strukturen, Anarchie).

[845] Demgegenüber wird in Bezug auf die Entscheidungsfindung selbst, vor allem in Bezug auf Entscheidungen bzgl. IT-Investitionen, bspw. häufig ein IT-Duopol, d. h. geteilte Machtverhältnisse von IT und Geschäft, favorisiert. Vgl. Weill und Ross 2004a, S. 130 ff.

[846] Vgl. bspw. auch De Haes und van Grembergen 2004, S. 2; Peterson 2004a, S. 46; Peterson 2004b, S. 10 ff. Gegenteiliger Ansicht sind bspw. Peppard und Ward (1999, S. 32), die das föderale IT-Governance-Modell generell eher als theoretische Konstruktion anstelle eines praktischen Lösungsansatzes verstehen. Für eine Diskussion vgl. bspw. auch Peterson 2004a, S. 56 ff.

[847] Die Zusammenstellung ist somit grundlegend nicht durch den Anspruch nach Vollständigkeit, sondern nach Relevanz und Bezug zum Untersuchungsgegenstand geprägt.

Rolle	Typische Aufgaben / Charakteristika (u. a.)	Referenzen (u. a.)
(Top-) Management	▪ Sicherstellung eines effektiven strategischen Planungsprozesses ▪ Definition und Kommunikation von Rollen und Verantwortlichkeiten ▪ Überwachung/Sicherstellung sämtlicher Governancemaßnahmen (u. a. durch Berichtsstrukturen)	ITGI 2003a; ITGI 2003b; Strecker 2009; De Haes und van Grembergen 2004; Weill und Ross 2004a; Peterson 2004a
CIO/IT-Leitung	▪ Entwurf und Umsetzung von IT-Strategie und -Prinzipien in Abstimmung mit Geschäftszielen ▪ Steuerung und Umsetzung der Vorgaben in Bezug auf IT-Prozesse und -Services ▪ Überwachung der Umsetzung/Einhaltung strategischer Pläne und Richtlinien	ITGI 2003a; ITGI 2003b; Strecker 2009; De Haes und van Grembergen 2004; van Grembergen et al. 2004; Weill und Ross 2004a; Hardy 2003
CEO / Geschäftsführung	▪ Ausrichtung/Integration von Geschäftszielen und IT-Strategie und von Geschäftsbetrieb und IT-Betrieb ▪ Aufbau/Einrichtung von Strukturen und Prozessen ▪ Überwachung der Umsetzung/Einhaltung strategischer Pläne und Richtlinien	ITGI 2003a; ITGI 2003b; De Haes und van Grembergen 2004; van Grembergen et al. 2004; Weill und Ross 2004a; Weill und Woodham 2002
IT-Strategiekomitee	▪ Vorgabe der strategischen (Aus-)Richtung von Geschäft und IT ▪ Entwurf strategischer Richtlinien ▪ Überwachung der Einhaltung von Strategie und Vorgaben ▪ Beratung der Unternehmensführung in Bezug auf die IT-Strategie	ITGI 2003a; ITGI 2003b; De Haes und van Grembergen 2004; van Grembergen et al. 2004; Hardy 2003
IT-Steuerungskomitee	▪ Festlegen von Prioritäten für IT-Investitionen/-Projekte ▪ Bewertung von Plänen und Projekten in Bezug zur strategischen Ausrichtung ▪ Überwachung und Steuerung der IT-Governanceprozesse ▪ Beratung der Geschäftsführung und IT-Leitung in Bezug auf die Strategieumsetzung	ITGI 2003a; ITGI 2003b; De Haes und van Grembergen 2004; van Grembergen et al. 2004; Weill und Ross 2004a; Luftman und Brier 1999

Tab. 17: Zusammenführung ausgewählter IT-Governance-Rollenkonzepte
Quelle: Eigene Zusammenstellung.

Als weiteres Entscheidungsgremium, das insbesondere auch zur Unterstützung des IT-Leiters eingerichtet werden kann, ist gemäß dem ITGI darüber hinaus das sog. IT Architecture Review Board von Bedeutung, das in erster Linie Richtlinien für die IT-Architektur entwirft und bereitstellt und die Lenkung der Architekturgestaltung verantwortet. Zudem kann hierdurch auch die Einhaltung von Architekturstandards und -vorgaben überwacht werden. Ähnlich schlagen bspw. auch WEILL UND ROSS die Einrichtung eines Architekturkomitees vor, das typischerweise aus technischen Experten besteht und u. a. für die Definition von Architekturstandards verantwortlich ist.[848] Weiterhin werden durch das Gremium auch technologische Standards und Innovationen kontinuierlich überwacht und hinsichtlich ihrer Relevanz für das Unternehmen bewertet.

In Bezug auf das vorgeschlagene Konzept der UA-Governance lassen sich die genannten Rollen und Aufgaben der IT-Governance entsprechend erweitern.[849] Insbesondere das genannte Architekturgremium bildet hierbei die Schnittstelle, ist dabei jedoch nicht auf die IT-Architektur einzuschränken, sondern bezieht sich im Sinne des ganzheitlichen Verständnisses der UA stattdessen auf die weiter gefasste Gesamtarchitektur.[850] Architekturkomitees bzw. -gremien werden dabei als Gruppe von Personen vorgesehen, die vor allem Gesamtverantwortung für die UA-Initiative übernehmen und strukturell die Schnittstelle zur Unternehmensführung bilden. Dabei übernimmt das Architekturkomitee Führungs-, Lenkungs- und Kommunikationsaufgaben innerhalb der UA-Initiative und sollte daher durch Mitglieder mit hoher Autorität im Unternehmen sowie i. d. R. auch durch wesentliche UA-Stakeholder besetzt sein. Zu den Aufgaben gehört insbesondere auch der Entwurf der UA-Strategie sowie von UA-Prinzipien und -Standards zur Durchsetzung der strategischen Ausrichtung (UA-Governance-Regelwerk) sowie deren Abgleich mit der Unternehmensstrategie und deren kontinuierlichen Überwachung und Kommunikation. Das Architekturgremium stellt dabei auch sicher, dass die jeweiligen Methoden des UAM in allen Phasen richtig angewendet und umgesetzt werden. Das Architekturkomitee definiert hierdurch somit in erster Linie den Handlungsrahmen der Architekturinitiative durch die entsprechende Strategieformulierung und legt Prinzipien für die Umsetzung der Aufgaben im UAM-Prozess fest und überwacht die Einhaltung der Richtlinien, die in ihrer Gesamtheit das Rahmenwerk der UA-Governance bilden.

Das Architekturgremium stellt somit ein wesentliches organisatorisches Mittel dar, um die Führungsaufgaben im Rahmen der UA-Governance wahrzunehmen und eine dauerhafte Steuerungsfunktion umzusetzen. Um die UA-Governance auch in Bezug zur IT-Governance zu integrieren und als Managementaufgabe zu positionieren, wird es hierbei insbesondere als notwendig erachtet, eine Beziehung zwischen den Mitgliedern des Architekturkomitees

[848] Vgl. Weill und Ross 2004a, S. 91 f.
[849] Vgl. hierzu und im Folgenden auch TOGAF 2011, S. 553 ff.; Keller 2010, S. 124 ff.; Niemann 2006, S. 203 ff.; Dern 2006, S. 120 ff., wobei in der angeführten Literatur i. d. R. kein ganzheitliches Verständnis der UA zugrunde gelegt wird und daher die Strukturen und Funktionsbereiche z. T. anders definiert und ausgelegt werden.
[850] Vgl. Abschn. 3.1.2.2.

und der Unternehmensführung bzw. der in Bezug zur IT-Governance diskutierten Gremien herzustellen, wobei vor allem auch das IT-Strategiekomitee als Schnittstelle fungieren kann. Die Einbindung des Managements in die Entscheidungsfindung und die Kommunikation von Ergebnissen der UA-Entwicklung ist dabei als Grundlage für eine erfolgreiche UA-Initiative zu sehen. Typischerweise kann hier bspw. eine Berichtsstruktur geschaffen werden, die die Einbindung durch entsprechende Kommunikationsstrukturen realisiert, oder die Akteure durch geeignete Besetzung des Architekturgremiums in die Entscheidungsfindung eingebunden werden. Dabei sind hier im Rahmen der Governance der UA auch möglicherweise konfligierende Stakeholderinteressen zu beurteilen und organisationspolitische und soziale Konflikte einzubeziehen, die die Umsetzung der UA-Initiative beeinflussen. Beispielsweise ist es erforderlich, die UA als langfristige Perspektive im Unternehmen zu verankern und entsprechend zu planen, ohne kurzfristige, eher lokale Interessen der Stakeholder zu berücksichtigen. Insbesondere bildet das Architekturgremium dabei auch die Schnittstelle zur Unternehmensstrategie, indem diese Art von Trade-off-Entscheidungen evaluiert und in Bezug auf die Konsistenz zu den übergeordneten Zielen des Unternehmens und der UA-Initiative sowie hinsichtlich möglicher Risiken bewertet werden können.

Weiterhin ist die Rolle des Architekten hervorzuheben, die bereits in Abschn. 4.2.2 eingeführt wurde, und grundlegend in enger Verbindung zum Architekturkomitee stehen sollte. Betrachtet man die in der Literatur beschriebenen Aufgaben des Architekten sowie die zur Erfüllung der genannten Aufgabenfelder notwendigen Kompetenzen, wird hier deutlich, dass die Rolle als Vermittler zwischen Grenzen im Unternehmen (Geschäft/IT, Unternehmensführung/Funktionsbereiche etc.) generell einen sehr breiten Verantwortungsbereich impliziert.[851] Insbesondere kommt dem Architekten hier auch eine Führungsrolle zu, indem er sowohl Modellierungsprozesse als solche sowie auch übergeordnet den gesamten UA-Prozess mit verantwortet. Aus diesem Grund erscheint hier eine Aufteilung der Verantwortlichkeiten des Unternehmensarchitekten in verschiedene zugeordnete Rollen sinnvoll, die sich grundlegend ausgehend von den eingeführten Rollen des Architekten nach STRANO UND REHMANI ableiten lassen.[852]

In Bezug auf die Modellierungsaufgabe wird dabei zunächst die Differenzierung in Unternehmens- und Domänenarchitekten aufgegriffen. Hierbei wird

---

[851] Vgl. hierzu v. a. Dern 2006, S. 32 ff.; Niemann 2005, S. 25 ff.; Strano und Rehmani 2007, S. 379 ff.; Walker 2007, S. 1 ff.; Op't Land et al. 2009, S. 113 ff. sowie auch die in Abschn. 4.2.2 referenzierte Literatur. Der Unternehmensarchitekt wird damit einhergehend von einigen Autoren auch als „Jack of all trades" (d. h. Alleskönner bzw. Tausendsassa) bezeichnet (vgl. bspw. Op't Land et al. 2009, S. 115).

[852] Vgl. Abschn. 4.2.2.

davon ausgegangen, dass der Unternehmensarchitekt verantwortlich für die Gesamtarchitektur ist, während Domänenarchitekten die Teilarchitekturen verantworten und an den Unternehmensarchitekten berichten. Der Unternehmensarchitekt nimmt dabei vor allem Führungs-, Lenkungs- und Kommunikationsaufgaben wahr und überwacht die Erstellung der Architekturprodukte hinsichtlich deren Konsistenz und Aktualität. Vor allem ist hier zudem auch die Einbindung des Unternehmensarchitekten in die Prozesse der Strategieentwicklung zu realisieren.[853] Dabei definiert er u. a. auch die Standards für die Modellierung sowie entsprechende Modellierungskonventionen, die den Handlungsrahmen für die Domänenarchitekten, wie bspw. den IT-Architekten, und das Architekturteam vorgeben. Hierzu gehört auch, die Architekturprodukte zu prüfen und freizugeben, um deren Konformität sicherzustellen, sowie Rahmenbedingungen für den Gesamtprozess festzulegen, was typischerweise in enger Abstimmung mit dem Architekturkomitee erfolgen muss.[854] Hinsichtlich der Modellierung können die dezentral erstellten Modelle der Teilarchitekturen innerhalb der UA dann bspw. durch Metamodellintegration integriert werden, wobei Modelle entweder bei Bedarf angefordert oder mithilfe eines Repositorys vorgehalten und periodisch aktualisiert werden können.[855]

Darüber hinaus unterstützt ein Architekturteam den Architekten in der operativen Umsetzung der Architekturentwicklung, indem dieser Modellierungsaufgaben an das Architekturteam delegiert und die Konstruktionsprozesse überwacht. Dabei wird hier in Abhängigkeit von der Teilarchitektur – vor allem in Hinblick auf das IT-Alignment – die Bildung von Architekturteams vorgeschlagen, die sich aus Mitarbeitern von Geschäft und IT zusammensetzen, um hier bereits im Rahmen der Modellierung beide Perspektiven auf den zu modellierenden Gegenstand zu integrieren.[856] Dies wird auch als notwendig erachtet, da die Modellkonstruktion zwingend das genaue Verständnis des Problembereichs erfordert. Das Architekturteam besteht daher i. d. R. aus Methodenexperten, die über die notwendige methodische Kompetenz verfügen, und Domänen- bzw. Fachexperten, wobei letzterer üblicherweise dem Modellnutzer/Stakeholder der UA entspricht. Diese Unterscheidung liegt dabei auch in der Tatsache begründet, dass davon auszugehen ist, dass methodisches und fachliches Know-how im Unternehmen i. d. R. nicht von denselben Akteuren erbracht wird.[857] Gemäß den identifizierten Rollen (vgl. Abschn. 4.2.2) gibt der

---

[853] Vgl. auch Rohloff 2008, S. 96.

[854] Der Unternehmensarchitekt ist diesem Verständnis folgend in Abgrenzung zum CIO/CEO somit de facto auch als Chief Enterprise Architect (CEA) zu bezeichnen. Vgl. bspw. auch Strano und Rehmani 2007, S. 382; Fischer et al. 2007, S. 16.

[855] Vgl. hierzu auch Fischer et al. 2007, S. 16.

[856] Vgl. hierzu auch Abschn. 4.3.3.4.

[857] Vgl. Rosemann et al. 2011, S. 2; Khatri et al. 2006, S. 81 ff.

Architekturnutzer somit nicht nur die Ziele der Modellierung vor, sondern tritt auch als Informationslieferant auf und liefert notwendigen Input für die Modell-konstruktion.[858] Gleichzeitig bewertet er auch die Qualität der Architekturpro-dukte und gibt Feedback an den Unternehmensarchitekten. Dabei erscheint neben der Unterstützungs-/Beratungsfunktion der Stakeholder auch ggf. eine direkte Besetzung des Architekturgremiums mit den entsprechenden Akteuren sinnvoll.

In Bezug auf die Führung der UA-Initiative übernimmt der Unternehmensarchi-tekt zudem einerseits eine Beratungsfunktion, indem er das Architekturgremi-um hinsichtlich der UA und der UA-Strategie berät und dieses wiederum an die Mitglieder des Top-Managements bzw. das entsprechende Aufsichtsgre-mium berichtet. Hierdurch kann für die Einrichtung und Durchführung der UA-Initiative u. a. die Verankerung und Unterstützung auf Managementebene im Unternehmen erreicht werden. Wesentlich in Bezug auf das ganzheitliche Ver-ständnis der UA ist dabei auch, dass der Unternehmensarchitekt nicht aus-schließlich an den CIO berichtet, was dem Verständnis der UA als reine IT-Aufgabe entspricht. Vielmehr übernimmt hier das Architekturkomitee eine Schnittstellenfunktion zwischen Architekt und Unternehmensführung, wobei insbesondere UA-Prinzipien als Handlungsanleitung für den Architekten, aber auch umgekehrt Feedback des Architekten an das Komitee von wesentlicher Bedeutung sind. **Tab. 18** konsolidiert die erarbeiteten Rollenkonzepte der UA-Governance in ähnlicher Systematisierung, wie dies zuvor bereits in Bezug auf die IT-Governance erfolgt ist.

---

[858] Ähnlich wie in Bezug auf die IT-Governance werden hier somit neben Entscheidungsrech-ten in Bezug auf die UA somit typischerweise auch Inputrechte unterschieden. Vgl. auch Weill 2004, S. 7.

Rolle	Typische Aufgaben / Charakteristika (u. a.)
Architektur-komitee	• Vorgabe der strategischen (Aus-)Richtung der UA in Abstimmung mit Geschäfts- und IT-Strategie • Entwurf von Architekturprinzipien und -standards • Überwachung und Steuerung der UAM- und UA-Governanceprozesse • Beratung der Unternehmensführung in Bezug auf die UA-Strategie
Unternehmens-architekt / UA-Leiter (CEA)	• Umsetzung der UA-Strategie • Aufbau von Organisationsstrukturen und Prozessen zu UA-Entwicklung • Überwachung der Umsetzung/Einhaltung strategischer Pläne und Richtlinien • Überwachung und Steuerung der Gestaltungsprozesse • Kommunikation von Richtlinien und Prinzipien • Beratung des Architekturkomitees, u. a. in Bezug auf die UA-Strategie
Domänen-architekt	• Überwachung und Steuerung der Konstruktionsprozesse • Koordination/Priorisierung der Entwurfsaktivitäten für das Architekturteam • Berichterstattung an den Unternehmensarchitekten • Unterstützt durch Fachbereichsleitung in Abhängigkeit der Teilarchitektur
Architektur-team	• Entwurf von Architekturartefakten • Kollaboration mit UA-Stakeholdern • Operative Durchführung von Modellierungsprojekten/-aufgaben und Bereitstellung von Architekturinhalten
Architektur-nutzer / Stake-holder	• Vorgabe der Ziele der Modellierung • Beurteilung der Architekturartefakte und deren Qualität • Unterstützung des Architekturteams durch Bereitstellung von Informationen • Rückmeldung an Domänenarchitekten

Tab. 18: Zusammenführung ausgewählter UA-Governance-Rollenkonzepte
Quelle: Eigene Zusammenstellung.

Zur Integration der Rollen und Aufgaben der IT- und UA-Governance werden die identifizierten und im Untersuchungskontext als relevant angesehenen Verantwortungsbereiche – wie bereits zuvor angedeutet – in ein entsprechendes Rollen- und Aufgabenmodell überführt, das die wesentlichen Konzepte in einem gemeinsamen schematischen Modell zusammenführt und untereinander in Beziehung setzt (**Abb. 52**).[859] Das Modell ist dabei als beispielhafte Ausge-

---

[859] Die Darstellung baut dabei im Kern auf dem Modell nach Strecker (2009, S. 6) auf, integriert jedoch weitere Rollenkonzepte und setzt andere Schwerpunkte. Vgl. zudem auch Choi und Kröschel 2014, S. 1919 ff. Aufgrund des gewählten Fokus in Bezug auf die IT-Governance und die Schnittstellen zwischen den beiden Governancefunktionen sowie auch aus Gründen der Übersichtlichkeit wird hier zudem die Rolle des CEO nicht explizit berücksichtigt. Dieser würde entsprechend an der Schnittstelle zur Corporate Governance eingeordnet und dabei v. a. beratend für die Architekten wirken und in Austausch mit dem CIO stehen.

staltung einer entsprechenden Organisationsstruktur zu verstehen, die die Schlüsselrollen zueinander in Beziehung setzt. Kernelement des Rollenmodells bildet dabei in erster Linie das Regelwerk der UA-Governance, das die entsprechende Dokumentation der UA-Strategie, Vision, Richtlinien, Prinzipien etc. umfasst und mit dem jeweiligen Regelwerk der IT-Governance abzustimmen ist. Dabei liegt der Fokus hier insbesondere auf den „integrierenden" Rollen, die an der Schnittstelle zwischen IT- und UA-Governance zu verorten sind und innerhalb der Einrichtung und Etablierung einer UA-Governancefunktion besonderes Augenmerk erfahren sollten. Hierzu gehören insbesondere der Unternehmensarchitekt und die Mitglieder des Architekturkomitees. Hierdurch wird vor allem deutlich, wie eine interne Organisationsstruktur der UA-Governance in Bezug zu weiteren Governancefunktionen, wie der IT-Governance, zu systematisieren ist und in welchem Zusammenhang die Rollenkonzepte untereinander zu verstehen sind. Das Rollenmodell ist dabei beliebig erweiterbar und somit grundlegend auch in Bezug auf andere Governancefunktionen im Unternehmen, wie bspw. die Corporate oder auch bspw. die Data Governance[860], entsprechend zu erweitern.

Zur Umsetzung der UA-Governance ist dem folgend eine integrierte Organisationsstruktur bestehend aus individuellen Akteuren und gemeinsamen Gremien zu empfehlen, die die Governance der UA funktional durchsetzen und einbetten. Um die Rollenkonzepte darüber hinaus gehend formal zu spezifizieren, können bspw. in Form einer RACI-Matrix Verantwortlichkeiten und Informationsbeziehungen zwischen den beteiligten Akteuren näher detailliert werden.[861] In Bezug auf das IT-Alignment kann durch Etablierung der Governancestrukturen vor allem das strukturelle sowie auch das strategische IT-Alignment als kontinuierlicher Prozess dauerhaft unterstützt werden, indem gemeinsame Organisationsstrukturen geschaffen werden, die die UA als Instrument der strategischen Planung strukturell im Unternehmen verankern. Gleichzeitig wird jedoch auch das soziale IT-Alignment unterstützt, indem die UA als gemeinsame Verantwortlichkeit von Geschäft und IT eingerichtet wird und Koverantwortlichkeiten sowohl auf struktureller als auch auf sozialer Ebene

---

[860] Data Governance umfasst Maßnahmen und Prozesse, die darauf zielen, den Wert von Daten bzw. Datengütern im Unternehmen zu erhöhen, und stellt hierfür entsprechende Mechanismen für die Erstellung von und den Umgang mit Daten bereit. Neben Methoden aus dem Bereich des Datenqualitätsmanagements bildet hier insbes. auch die IT-Governance eine Schnittstellenfunktion. Vgl. hierzu auch Otto 2011, S. 235 ff.; Choi und Kröschel 2014, S. 1911 ff.

[861] Das Akronym RACI steht dabei für *Responsible* („verantwortlich"), *Accountable* („rechenschaftspflichtig"), *Consulted* („zu befragen") und *Informed* („zu informieren") und stellt als Analysetechnik ein typisches Hilfsmittel zur Zuweisung von Verantwortlichkeiten und Verpflichtungen zu Rollen im Unternehmen dar. Vgl. bspw. Smith und Erwin o. J, S. 1 ff. Ein Beispiel einer RACI-Matrix für den Wartungsprozess von UA-Modellen findet sich bspw. auch in Fischer et al. 2007, S. 17.

durch entsprechende Komiteestrukturen geschaffen werden und die UA als Gemeinschaftsaufgabe realisiert wird. Die eingeführten Rollenkonzepte stellen dabei die Grundlage für die Umsetzung der UA-Governanceprozesse dar, die im nachfolgenden Abschnitt thematisiert werden.

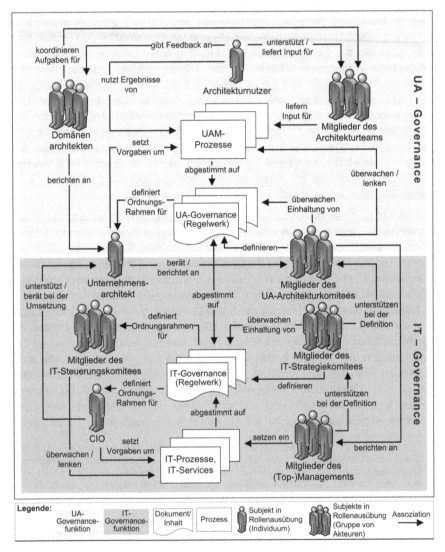

Abb. 52: Integriertes Rollen- und Aufgabenmodell der UA-Governance
Quelle: Eigene Darstellung.

4.3.3.3 Prozesse: Planung der Unternehmensarchitektur

„Wird die Nachhaltigkeit der Architektur als ein Hauptziel von Architekturbe-
trachtungen gesehen, so lässt sich die Architektur auch als Wertegefüge für
einen gerichteten Prozess des Wandels darstellen."

Schönherr und Offermann 2007, S. 42 f.

Ergänzend zur Definition organisatorischer Strukturen, die die Verantwortlichkeiten und formalen Beziehungen zwischen Rollen und Aufgaben im Rahmen
der UA-Governance spezifizieren, sind darüber hinaus auch entsprechende
Prozesse abzuleiten, die erforderlich für die Steuerung, Nutzung und Weiterentwicklung bzw. Wartung der UA sind. Diese ergänzen die Aufbauorganisati-
on der UA-Governance primär um die notwendigen Aufgaben und Abläufe zur
Abstimmung bzw. Koordination der Aktivitäten und Akteure in Bezug auf die
Architekturentscheidungen im Rahmen des UAM und bieten gemeinsam die
Grundlage für die Etablierung relationaler Mechanismen. In Hinblick auf die
eingangs definierte Problemstellung und insbesondere die Fokussierung der
architekturbasierten Unternehmenstransformation (vgl. auch Abschn. 4.2.1)
stehen daher hier primär Planungsprozesse und deren Steuerung im Rahmen
des UAM-Zyklus im Vordergrund, die sich auf den Prozess von der Ist-
Situation zum gewünschten Ziel-Zustand über alle Architekturebenen hinweg
beziehen und den Handlungskontext für die zuvor identifizierten Funktionsträger darstellen.

Im Rahmen der IT-Governance sind hier der Systematisierung nach PETERSON
folgend zunächst vor allem die Prozesse der strategischen Entscheidungsfindung sowie der Überwachung der IT-Prozesse in Bezug auf die strategische
Planung von Bedeutung, die durch vorgegebene Richtlinien und Vorgehensweisen zu unterstützen sind.[862] Wie bereits in Abschn. 2.2.1 diskutiert, steht
dabei die wechselseitige Ausrichtung von Geschäft und IT im Vordergrund,
wobei der Fokus hier typischerweise auf der gemeinsamen und nachhaltigen
Planung und Steuerung von Geschäfts- und IT-Strategie liegt. Strategische
Planung ist daher grundlegend im Sinne eines ganzheitlichen und integrierten
Strategieprozesses zu vollziehen, im Rahmen dessen sowohl die Unterstützungsfunktion der IT als auch die Rolle der IT als Enabler Berücksichtigung
findet.[863] Vor allem in Bezug auf den Wandlungsbedarf beider Domänen sind
hierbei die Vorgaben für die Umsetzung von Veränderungsprojekten zu schaffen. EARL sieht hier entsprechend die Hauptaufgaben des Unternehmens primär in der Ausrichtung von IT und Geschäftszielen, der Ausnutzung der IT zur
Sicherung von Wettbewerbsvorteilen, der Steuerung des Managements der

---

[862] Vgl. hierzu und im Folgenden v. a. Peterson 2004a, S. 63 ff.; Peterson 2004b, S. 15; De
Haes und van Grembergen 2004, S. 2 f.; van Grembergen et al. 2004, S. 20 ff.; Weill und
Ross 2004a, S. 97 ff.

[863] Vgl. Abschn. 2.1.2 sowie Abschn. 2.2.3.2.

IT-Ressourcen und der Entwicklung von Richtlinien für Technologien und Architekturen.[864] Der IT-Strategieprozess kann dabei als zyklischer Prozess verstanden werden, der sowohl die Formulierung der Strategie als auch die entsprechende Planung zur Umsetzung der Strategie umfasst.[865] Während die Planung dabei durch die Strategiedefinition vorgegeben wird, erfolgt hier idealerweise auch ein Rückbezug, falls während des Planungsprozesses eine Anpassung der Strategie erforderlich wird.

Das UAM kann dabei gemäß den vorhergehenden Ausführungen als Brücke zwischen der strategischen Planung und der operativen Umsetzung verstanden werden, das einerseits die Entwicklung der Unternehmens- und IT-Strategie begleitet und andererseits die Grundlage für die Implementierung der Strategie aus operativer Sicht bildet.[866] Insbesondere auch, da die Erstellung und Wartung der UA aufgrund ihrer Komplexität und ihres weitreichenden Geltungsbereichs typischerweise Zeit erfordert und einen erhöhten Aufwand verursacht, gleichzeitig jedoch Veränderungen und dem Risiko veralteter Architekturmodelle unterliegt, ist dabei i. d. R. ein Trade-off zwischen Aktualität und Konsistenz der Architektur im Vergleich zu hohen Kosten der Modellierung und Neuausrichtung zu finden, wodurch zudem geeignete Priorisierungsmaßnahmen notwendig sind. Gleichzeitig ist die Dynamik der Planung selbst zu berücksichtigen, indem auch während der architekturbasierten Planung auftretende Veränderungen in angemessener Weise berücksichtigt werden.[867]

Übertragen auf die UA-Governance nimmt der Begriff der Architekturentscheidung in Hinblick auf die eingeführten Perspektiven dabei eine zweiseitige Bedeutung an. Einerseits ist gemäß der außengerichteten Sichtweise die Unterstützungsfunktion der UA zur Entscheidungsfindung anzuführen, im Rahmen derer die UA-Modelle als wesentliche Informationsgrundlage ein Instrument für Entscheidungsträger im strategischen Planungsprozess bereitstellen. Andererseits sind auch im Rahmen der UA-Gestaltung und -Evolution selbst wiederum Entscheidungen zu treffen, die sich insbesondere auf die Entwicklung und Planung der UA beziehen. Entsprechend sind somit im Wesentlichen Entscheidungen hinsichtlich der Architekturplanung (Entwurf des Zielzustands der UA, Übergang Ist-Soll etc.) auf primärer Ebene zu treffen (UAM-Prozesse). Darüber hinaus sind auf übergeordneter Ebene geeignete (Meta-)Prozesse durch vor- und nachgelagerte Aktivitäten zu implementieren, die die Entscheidungsfindung unterstützen (u. a. Auswahl und Spezifikation von Standards, Prinzipien oder weiteren Richtlinien sowie deren Kommunikation). Dabei wer-

---

[864] Vgl. Earl 1993, S. 1.
[865] Vgl. hierzu und im Folgenden Ward und Peppard 2002, S. 119 f.
[866] Vgl. Niemann 2005, S. 168 ff. sowie insbes. auch Abschn. 3.1.2.2.3.
[867] Vgl. Aier et al. 2009, S. 60 ff.; Aier und Saat 2010, S. 64 ff.

den Architekturentscheidungen einerseits auf verschiedenen Abstraktionsebenen getroffen und bedingen sich gegenseitig.[868] Andererseits sind i. d. R.
nicht alle Architekturebenen gleichermaßen von einer Veränderung betroffen, sodass einige Maßnahmen nur auf den Ebenen der Teilarchitekturen von Relevanz sind, die im Rahmen des Planungsprozesses entsprechend identifiziert
wurden.

Der Begriff der Planung der Unternehmensarchitektur (UA-Planung) bezeichnet dabei den Vorgang der architekturbasierten Planung, d. h. der strategischen Planung mithilfe der UA, wobei sich diese hier gemäß dem ganzheitlichen Verständnis der UA nicht nur auf die IT-Planung und die eingesetzten IS
bezieht, sondern ausgehend von der Unternehmensstrategie auch geschäftsgetrieben vollzogen wird.[869] Dabei ist die UA einerseits als Planungsgrundlage
zu sehen (Dokumentationsfunktion der UA), die eine Informationsbasis für die
Planungsprozesse bereitstellt. Andererseits ist die UA auch selbst als Planungsfunktion zu interpretieren, die die Transformation von Ist- zu Soll-
Zustand systematisch anleitet.[870] Die architekturbasierte Planung beinhaltet
dabei die Erstellung der Soll-Architektur als Grundlage der Umsetzung des
Zielzustandes, wobei typischerweise mehrere Soll-Varianten erstellt, bewertet,
ausgewählt und konsolidiert werden. Grundlage für die Bewertung der Archi-
tekturvarianten bildet dabei die Architekturstrategie, wobei insbesondere die
Architekturvision eine langfristige Orientierung für die Planung und Transformation bereitstellt, die die Ziele der UA in aggregierter Form definiert.[871]

Einen entsprechenden Ansatz zur UA-Planung stellen bspw. PULKKINEN UND
HIRVONEN bereit, der zunächst die Phase der Initiierung vorsieht, in welcher
die verfolgten Ziele sowie benötigte Ressourcen und involvierte Rahmenbedingungen spezifiziert werden.[872] In der Planungs- und Entwicklungsphase
sind dann die notwendigen Veränderungen auf allen Ebenen der UA zu identifizieren. Der Planungsprozess endet mit der Planung, Gestaltung und Evaluierung alternativer Architekturen und Lösungen sowie der Definition von langfristigen und kurzfristigen Zielen. Dabei sind Architekturentscheidungen einerseits
in Bezug auf die jeweiligen Teilarchitekturen (z. B. Geschäftsarchitektur, Applikationsarchitektur) sowie andererseits auf verschiedenen Abstraktionsebenen
zu treffen (vgl. **Abb. 53**).

---

[868] Vgl. hierzu und im Folgenden Pulkkinen 2006, S. 2 f.
[869] Vgl. hierzu und im Folgenden Aier et al. 2009, S. 57 ff.; Aier und Saat 2010, S. 61 ff.; Saat
2010, S. 2 ff.; Pulkkinen 2006, S. 1 ff.; Pulkkinen und Hirvonen 2005, S. 1 ff. sowie auch
Abschn. 3.1.2.2. Im Englischen findet sich hier vielfach analog der Begriff „EA-Planning
(EAP)", der auf Spewak und Hill (1993) zurückgeführt wird. Vgl. auch Aier et al. 2009, S. 57.
[870] Vgl. Abschn. 4.2.1.
[871] Vgl. auch Abschn. 4.3.2.
[872] Vgl. Pulkkinen und Hirvonen 2005, S. 4 ff.; Pulkkinen 2006, S. 1 ff.

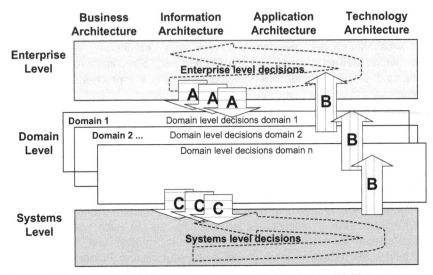

Abb. 53: Parallele Entscheidungsprozesse im Rahmen der UA-Planung
Quelle: Pulkkinen 2006, S. 6.

Die Autoren unterscheiden hier neben unternehmensweiten Entscheidungen (Pfeil A) auch solche, die auf Domänen- und Systemebene zu treffen sind. Dabei sind erstere bspw. den eingeführten organisatorischen Strukturen der UA-Governance entsprechend durch die Rolle des Unternehmensarchitekten und das Architekturkomitee zu treffen (vgl. Abschn. 4.3.3.2), die jeweils auf die anderen Ebenen zu übertragen sind. Gleichzeitig sind hier auch parallele Entscheidungsprozesse auf anderen Ebenen möglich, die auch wiederum unternehmensweite Auswirkungen haben können (Pfeil B) sowie solche, die ausgehend von mehreren Domänen einen Einfluss auf die Systementscheidungen ausüben (Pfeil C). Die Autoren betonen hier insbesondere die Einbindung der relevanten Stakeholder bzw. Architekturnutzer sowie die Notwendigkeit zusätzlicher Koordinationsmaßnahmen im Rahmen der Planungsprozesse.

Demgegenüber berücksichtigt bspw. auch NIEMANN die UA-Planung im Rahmen des UAM.[873] Dabei werden ausgehend von der Zieldefinition zunächst die Phasen der Dokumentation und Analyse durchlaufen, bevor alternative Szenarios geplant und anschließend evaluiert werden. Der Prozess endet mit der Implementierung der ausgewählten Varianten, die zudem kontinuierlich zu überprüfen ist. NIEMANN betont dabei v. a. auch die Notwendigkeit der Fest-

---

[873] Vgl. hierzu und im Folgenden Niemann 2005, S. 155 ff.; Niemann 2006, S. 156 ff. sowie hierzu auch Anhang B.

stellung des Aktualisierungsbedarfs, die jeweils neue Planungszyklen anstoßen, sowie die Modellierung alternativer Planungsszenarios, die Entscheidungen bzgl. der Architekturgestaltung erfordern.

Aufbauend auf einem Literaturüberblick zu bestehenden Ansätzen der UA-Planung und möglichen Kontingenzfaktoren, die die Architekturgestaltung und -planung beeinflussen, sowie einer explorativen, fallstudienbasierten Studie zu UA-Planungsprozessen entwickeln zudem AIER UND SAAT ein Vorgehensmodell zur Planung der Unternehmensarchitektur, das den Planungsprozess in ganzheitlicher Weise systematisiert.[874] Dabei beziehen die Autoren einerseits verschiedene Abstraktionsebenen (Unternehmen, Domänen, Projekte) als auch verschiedene Phasen im Planungsprozess (strategische UA-Planung, operative UA-Planung, Implementierung) mit ein und definieren Prozessschritte einschließlich der jeweils verwendeten und produzierten Dokumente. **Abb. 54** stellt den entsprechenden Planungsprozess grafisch dar.

Dabei wurden hier neben Rückkopplungsbeziehungen, die das Zyklusprinzip des UAM erneut aufgreifen (vgl. Abschn. 4.2.1), auch die durch die Autoren identifizierten Abstraktionsebenen sowie die entsprechenden Phasen im Vorgehensmodell ergänzt, um die Entscheidungsbereiche und -prozesse zu verdeutlichen. Hinsichtlich der drei Phasen im Planungsprozess korrespondieren diese mit dem in Abschn. 3.1.2.2 eingeführten Lebenszyklus der UA-Gestaltung, der die Aufgaben innerhalb des Architekturprozesses grob in die Phasen der Vorbereitung (*prepare*), Entwurf (*create*), Nutzung (*apply*) und Wartung (*maintain*) untergliedert, wobei die Nutzungs- und Wartungsphase im vorliegenden Fall zusammengefasst wurden (vgl. auch. **Abb. 31**).

---

[874] Vgl. Aier und Saat 2010, S. 67 ff. Zur Diskussion möglicher Kontingenzfaktoren, die die UA-Gestaltung beeinflussen, vgl. bspw. Riege und Aier 2009, S. 391 ff. sowie auch Abschn. 6.2. Weitere, durch die Autoren betrachtete Ansätze der architekturbasierten Planung umfassen neben den genannten Konzeptualisierungen nach Pulkkinen und Hirvonen und Niemann auch bspw. die Ansätze nach Op't Land et al. 2009 und TOGAF 2011 (ADM). Im Wesentlichen baut der Ansatz der Autoren zudem auf der Arbeit von Aier et al. 2009 auf, die ebenfalls einen Planungsprozess für die UA unter Berücksichtigung von Dynamik und Komplexität im Planungsprozess bereitstellen.

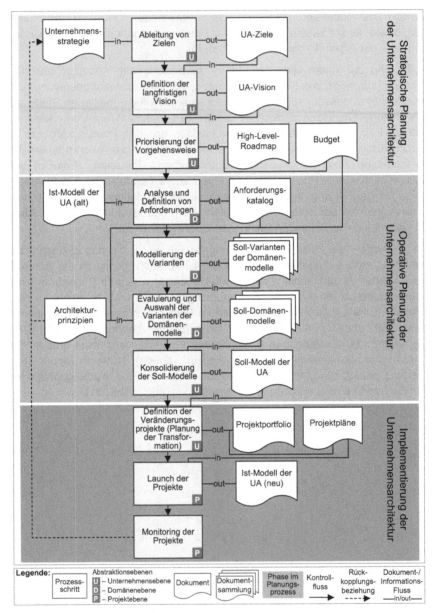

Abb. 54: Planungsprozess der UA

Quelle: Eigene Darstellung in Anlehnung an Aier und Saat 2010, S. 75.

Grundlegend lässt sich in diesem Zusammenhang jedoch feststellen, dass der Planungsprozess der UA unter Annahme eines kontinuierlichen Wandlungsbedarfs des Unternehmens und der vielfach fehlenden Planbarkeit interner oder externer Veränderungen (vgl. auch Abschn. 2.1.1) dabei häufig nicht linear ist und neben den dargestellten Rückkopplungsbeziehungen auch während der Planung ggf. veränderte oder weitere Anforderungen berücksichtigen muss.[875] Darüber hinaus sind die skizzierten Aufgaben im Planungsprozess zu koordinieren und durch Steuerungs- und Überwachungsmaßnahmen zu unterstützen (vgl. Abschn. 4.2.1). Aufgrund dieser Tatsache und auf Basis des hier eingenommenen Verständnisses der UA-Governance als übergeordnete Aufgabe innerhalb des UAM empfiehlt sich daher zusätzlich zu dem dargestellten Planungsprozess auch die Einrichtung begleitender Governanceprozesse, die die Planung der UA und die zugehörigen Architekturentscheidungen im Sinne eines Metaprozesses auf übergeordneter Ebene koordinieren und beeinflussen und entsprechende Maßnahmen zur zielgerichteten Steuerung der Prozessschritte beinhalten.[876]

Aufbauend auf den vorherigen Annahmen und dem dargestellten Planungsprozess der UA nach AIER UND SAAT, der den nachfolgenden Ausführungen beispielhaft zugrunde gelegt werden soll, bezieht sich dieser Prozess der UA-Governance dabei im Wesentlichen auf Aktivitäten, die die Durchführung der einzelnen Prozessschritte durch vor- oder nachgelagerte Aufgaben unterstützen bzw. durch entsprechende Maßnahmen die Konsistenz, Aktualität und Konformität der UA sowie die Einbindung der relevanten Akteure sicherstellen.[877] Die Aufgabe der UA-Governance ist daher hier vor allem in der Implementierung einer Planungs- und Kontrollfunktion einschließlich der Definition von Regelungen zur Vorhaltung und Verteilung von Informationen und entsprechender Richtlinien zur Unterstützung und Sicherstellung der Zielerreichung des Planungsprozesses der UA (Führungsaufgabe) sowie deren Kommunikation an die entsprechenden Akteure (Kommunikationsaufgabe) zu sehen. Der Metaprozess ist somit als Prozess der Steuerung, Wartung und Veränderung des Planungsprozesses selbst zu verstehen, der die Entscheidungs-

---

[875] Vgl. auch Aier und Saat 2010, S. 63 ff. Dieser Aspekt ist bspw. auch als Einschränkung des TOGAF-ADM-Zyklus zu sehen, der strikt phasenorientiert ausgerichtet ist und bei welchem eine dynamische Planung somit keine explizite Berücksichtigung findet. Vgl. TOGAF 2011, S. 44-56.

[876] Vgl. hierzu in Bezug auf die IT-Governance auch Krcmar 2005, S. 288 ff.

[877] Das Vorgehensmodell nach Aier und Saat (2010, S. 75) scheint hier grundlegend geeignet, da es sowohl ausgehend von theoretischen als auch empirischen Erkenntnissen abgeleitet wurde und die Darstellung möglicher Ansatzpunkte für die Prozesse der UA-Governance in geeigneter Weise erlaubt. Zudem wird im Rahmen des Ansatzes – wie auch in der vorliegenden Betrachtung – ein ganzheitliches Verständnis der UA zugrunde gelegt.

findung unterstützt und dessen Aktivitäten sich ausgehend von den zuvor erarbeiteten Aufgaben der UA-Governance ableiten.[878] Diese lassen sich grundlegend anhand der eingeführten Phasen im Planungsprozess systematisieren und zuordnen:

- *Strategische Planung*: Basierend auf der UA-Strategie als Ausgangspunkt des Planungsprozesses sind zunächst Architekturprinzipien abzuleiten, die die UA-Strategie umsetzen und im Rahmen der weiteren Phasen genutzt werden. Dabei sind Prinzipien abzuleiten, die die Architekturgestaltung und -nutzung im Allgemeinen betreffen sowie solche, die nur für die einzelnen Domänen von Relevanz sind und bei der Evaluierung und Auswahl der Modelle Anwendung finden. Diese sind gemeinsam mit den Architekturstandards und der UA-Strategie entsprechend an die beteiligten Akteure der UA-Initiative zu kommunizieren. Zugrunde liegt hier außerdem die Identifikation und Kommunikation der relevanten Stakeholder der UA und deren Ziele sowie deren Zuordnung in Bezug auf die Relevanz für die Gesamtarchitektur bzw. die Domänenmodelle.

- *Operative Planung*: In Bezug auf die Erstellung der Architekturmodelle wird dabei im Wesentlichen die Überprüfung der Einhaltung der im Vorfeld festgelegten Richtlinien und Standards für die UA-Gestaltung als notwendig erachtet, um die Qualität der Modelle sicherzustellen. Weiterhin erfolgt die Berücksichtigung einer angemessenen Stakeholderorientierung durch entsprechende Kontrollmaßnahmen, um sicherzustellen, dass die Architekturmodelle Konformität mit den zuvor identifizierten Stakeholdern bzw. den identifizierten Zielen aufweisen. Hierzu ist vor allem auch eine Kommunikation der entsprechenden Ziele und Prioritäten der UA-Initiative notwendig sowie abschließend die Bereitstellung der Soll-Architektur für alle relevanten Akteure im Unternehmen zu gewährleisten.

- *Implementierung*: Im Rahmen der Nutzungsphase der UA geht es vor allem um eine Begleitung der Transformationsprojekte und die Sicherstellung der Konformität der umgesetzten Veränderungen mit der geplanten Architektur, wobei ggf. auch von Abweichungen und der Anpassung des Prozesses auszugehen ist. Hierzu ist auch die Einbettung und Institutionalisierung der UA in bestehende Prozesse und Funktionen sicherzustellen. Vor allem findet hier zudem eine Prüfung hinsichtlich ungeplanter Änderungen statt, die AIER ET AL. folgend vor allem im Rahmen der Planung der Transformation stattfinden sollte und den Planungsprozess ggf. verändern kann.[879] Weiterhin umfasst die Wartungsphase hier vor allem Aufgaben, die sicherstellen, dass sowohl die UA-Modelle selbst als auch die Prinzipien und Richtlinien

---

[878] Vgl. Abschn. 4.3.3.2 sowie auch Abschn. 4.3.2.
[879] Vgl. Aier et al. 2009, S. 62 ff.

dauerhaft aktuell gehalten werden. Hierzu sind Maßnahmen zu installieren, die die Konsistenz zwischen UA und den aus der Unternehmensstrategie abgeleiteten Anforderungen prüfen und ggf. Maßnahmen zur Aktualisierung der UA initiieren.

Das erweiterte Vorgehensmodell ist in **Abb. 55** dargestellt. Der Planungsprozess ist dabei einerseits gemäß den zuvor eingeführten Phasen sowie zusätzlich anhand der identifizierten Abstraktionsebenen gegliedert. Andererseits wird innerhalb des Governanceprozesses darüber hinaus in Führungs- und Kommunikationsaufgaben der UA-Governance differenziert, die die jeweiligen Aufgaben entsprechend den obigen Ausführungen systematisieren. Die einzelnen Schritte im Governanceprozess sind dabei grob den jeweiligen Phasen im Planungsprozess zuzuordnen und ggf. weiter zu detaillieren. In Hinblick auf die unternehmensspezifische Ausgestaltung der UA-Initiative können hierbei ggf. weitere Prozessschritte berücksichtigt werden, wodurch der Prozess als exemplarisch für die Einrichtung eines entsprechenden Steuerungsinstruments zu verstehen ist, das sich grundlegend in den Übergängen zwischen den Prozessschritten manifestiert und die Aufgaben der UA-Governance einordnet.

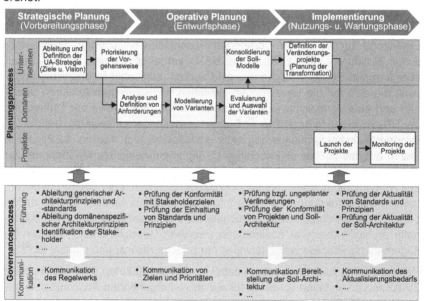

Abb. 55: Kernaufgaben der UA-Governance im Planungsprozess der UA
Quelle: Eigene Darstellung in Anlehnung an Aier und Saat 2010, S. 74.

Hinsichtlich der zugehörigen Rollen, wie sie im vorherigen Abschn. 4.3.3.2 für die UA-Governance erarbeitet wurden, ist hier einerseits der Unternehmensarchitekt verantwortlich für die Durchsetzung der Aufgaben. Dabei übernimmt er in der Rolle als Kommunikator bspw. wesentliche Kommunikations- und Interaktionsaufgaben in Bezug auf die beteiligten Akteure. Demgegenüber übernimmt das Architekturgremium andererseits vor allem Aufgaben der Führung der UA. Für die Prüfungsaufgaben ist vor allem das Feedback der Modellierer und Modellnutzer von entscheidender Bedeutung. Wesentlich ist hierbei auch die Ausgestaltung der Interaktionsprozesse zwischen den Akteuren im Planungsprozess, sodass diese zur Zielerreichung der UA beitragen. Der folgende Abschnitt geht daher abschließend näher auf die Verknüpfung der organisatorischen Strukturen und Prozesse der UA-Governance durch geeignete relationale Mechanismen ein, die hierfür entsprechende Maßnahmen bereitstellen können.

4.3.3.4 Relationale Mechanismen: Kollaborative Modellierung der Unternehmensarchitektur

> „Although structural and process capabilities are necessary, they are
> insufficient for designing effective IT governance architectures
> in complex and dynamic environments."
>
> Peterson 2004b, S. 15

Ergänzend zu den in den vorherigen Abschnitten diskutierten organisatorischen Strukturen und Prozessen der UA-Governance, die eine Integration auf eher formaler Ebene ermöglichen, sind zudem relationale Mechanismen relevant, die sich auf die Beziehungen zwischen den beteiligten Akteuren beziehen und eine vergleichsweise informale, soziale Perspektive zur Umsetzung der UA-Governance ergänzen.[880] Dies ist insbesondere notwendig, um die geforderte Stakeholderorientierung aktiv umzusetzen (vgl. Abschn. 4.2.2) und in Bezug auf das soziale und kognitive IT-Alignment geeignete Maßnahmen zur Realisierung partnerschaftlicher Beziehungen zwischen Geschäft und IT und des Aufbaus eines gemeinsamen Verständnisses durch die UA zu etablieren, um die UA-Governance auch auf informaler und individueller Ebene zu fördern. Vor allem unterstützen relationale Mechanismen dabei auch die dauerhafte architekturbasierte Abstimmung zwischen Geschäft und IT, da das IT-Alignment als Prozess typischerweise nur bedingt rational und planbar ist.[881]

Relationale Mechanismen setzen dabei an den eingeführten organisatorischen Strukturen an und sind vor allem für die im vorhergehenden Abschnitt definierten Prozesse der UA-Governance von Bedeutung, wodurch sie als Bindeglied

---

[880] Vgl. hierzu und im Folgenden v. a. Peterson 2004a, S. 63 ff.; Peterson 2004b, S. 15 f.; De Haes und van Grembergen 2004, S. 2 ff.; van Grembergen et al. 2004, S. 20 ff.

[881] Vgl. auch Chan 2002, S. 98 f. sowie Abschn. 2.2.2.

der beiden vorhergenannten Maßnahmen zu verstehen sind, die sich jedoch vordergründig auf die Kollaboration und Interaktion zwischen den jeweiligen Akteuren beziehen. In Bezug auf die außengerichtete Sichtweise unterstützt die UA dabei den Aufbau von Beziehungen, gemeinsamen Lernprozessen und Kommunikationsstrukturen, indem sie eine gemeinsame Informationsbasis bzw. Sprache als Ausgangspunkt für den Planungsprozess bereitstellt. Gleichermaßen umfasst jedoch die Erstellung der UA selbst die Kollaboration von Mitarbeitern unterschiedlicher Hierarchieebenen und unterschiedlicher Domänen, sodass hier ebenfalls entsprechende Mechanismen zur Unterstützung der UAM-Prozesse erforderlich sind (innengerichtete Sichtweise).

Wenngleich die Bedeutung relationaler Mechanismen für die UA-Governance als wesentlich für den Erfolg der UA-Initiative erachtet wird, ist hier jedoch aufgrund des niedrigen Formalisierungsgrads gleichermaßen auch festzustellen, dass sich entsprechende Maßnahmen häufig einer geeigneten Steuerung und Überwachung entziehen. Im Gegensatz zu formalen Mechanismen sind die Regeln, Prinzipien und Erwartungen hier nicht notwendigerweise explizit definiert und können i. d. R. nur indirekt beobachtet werden. Darüber hinaus gehen informale Maßnahmen häufig mit dem Risiko der Abhängigkeit von einzelnen Individuen einher und entwickeln sich eher langfristig und freiwillig auf Basis geeigneter Verhaltensweisen.[882] Aus diesem Grund sind geeignete Ansatzpunkte zu identifizieren, die ergänzend zu den Strukturen und Prozessen der UA-Governance wirken, deren Ausgestaltung im Rahmen der Implementierung einer UA-Governancefunktion jedoch gleichzeitig maßgeblich von der spezifischen Anwendungssituation abhängig ist.

Dem Ansatz nach PETERSON folgend und gemäß der beschriebenen Schnittstellenfunktion informaler Maßnahmen sind relationale Mechanismen in Bezug auf die IT-Governance dabei zunächst wiederum zu unterscheiden in relationale Mechanismen, die sich auf die organisatorischen Strukturen der Governancefunktion beziehen (z. B. aktive Beteiligung der Stakeholder, Kollaboration, Partnerschaften zwischen Geschäft und IT, gemeinsame Komitees, Etablierung von Koverantwortlichkeiten etc.) sowie solche Maßnahmen, die die entsprechenden Prozesse betreffen (z. B. gemeinsame Lernprozesse, gemeinsames Verständnis zwischen den Domänen, strategischer Dialog, integrierte Planungsprozesse etc.).[883] Relationale Strukturen umfassen somit im Wesentlichen einen kollaborativen und partizipativen Aspekt, der auf die Schaffung gemeinsam erarbeiteter Lösungsansätze und den Aufbau von Beziehungen zielt. Relationale Prozesse beschreiben demgegenüber den Vorgang der gemeinsamen Lösungsfindung durch geeignete Beziehungen und

---

[882] Vgl. auch Chan 2002, S. 99; Peterson 2004a, S. 64.
[883] Vgl. Peterson 2004a, S. 63 ff.

entsprechende Interaktionsmechanismen. Beide Aspekte ergänzen hierbei die zuvor skizzierten Maßnahmen aus formaler Perspektive, wodurch sich insgesamt vier Integrationsstrategien ergeben. **Abb. 56** stellt diesen Zusammenhang einschließlich exemplarisch eingeordneter Maßnahmen grafisch dar.

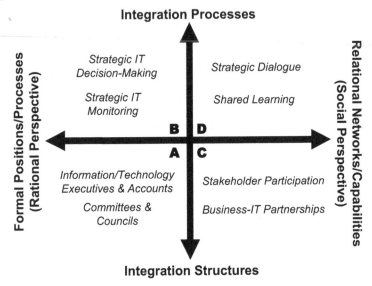

Abb. 56: Zuordnung formaler und relationaler Strukturen und Prozesse der IT-Governance
Quelle: Peterson 2004a, S. 64.

Diese Betrachtungsweise ist auch auf die UA-Governance zu übertragen, wobei hier die im vorhergehenden Abschnitt angewandte Systematisierung in die drei Phasen des Gestaltungs- bzw. Planungsprozesses der UA nachfolgend ebenfalls strukturgebend ist. Hinsichtlich der Vorbereitung der UA-Entwicklung (Phase 1), die im Wesentlichen Aufgaben des Strategie- und Prinzipienentwurfs und der Vorbereitung der Modellierung der UA umfasst, ist dabei in Bezug auf das IT-Alignment vor allem eine effektive Kollaboration zwischen der Unternehmensführung und den Verantwortlichen von IT und Fachbereichen mit den verantwortlichen Akteuren der UA-Entwicklung anzustreben. Ausgangspunkt bilden dabei die erarbeiteten organisatorischen Strukturen der UA-Governance, die durch deren Eingliederung in Bezug auf die Aufgaben und Funktionsträger der IT-Governance bereits formale Relationen aufweisen. Um diese Interaktionsstrukturen aktiv umzusetzen und auch auf informaler Ebene zu unterstützen, ist bspw. im Rahmen periodischer und nicht-periodischer Sitzungen ein gemeinsamer Dialog zwischen den Beteiligten zu fördern und institutionell zu verankern. Zudem sind hier Führungs- und Kommunikationsaufgaben zu vollziehen, die Richtungen vorgeben und ein gemeinsames Verständnis für die UA ermöglichen (vgl. auch Abschn. 4.3.3.3).

Als wesentlich werden hier im Rahmen der UA-Governance vor allem die Schaffung eines angemessenen Bewusstseins für die Bedeutung der UA bei allen Beteiligten (sog. „Architecture awareness") und den Zielen der Stakeholder, ein vorbildhafter Führungsstil der verantwortlichen Funktionsträger in Bezug auf die UA-Initiative und deren Durchsetzung sowie die Schaffung von Vertrauen in die UA-Initiative als Grundlage der Zusammenarbeit gesehen. Der letztgenannte Punkt kann bspw. insbesondere durch die Auswahl geeigneter Repräsentanten im Unternehmen gefördert werden, indem zentrale Rollen, wie bspw. die Mitglieder des Architekturgremiums, durch Personen besetzt werden, die aufgrund ihrer Persönlichkeit und/oder Position ein hohes Ansehen genießen (vgl. Abschn. 4.3.3.2). Darüber hinaus ist für die Akzeptanz der UA-Initiative vor allem auch eine aktive und angemessene Beteiligung und Integration der relevanten Akteure notwendig (vgl. Abschn. 4.2.2), wobei insbesondere die Rolle des Unternehmensarchitekten als Vermittler zwischen Architekten der Domänenmodelle (Geschäftsarchitektur, IT-Architektur etc.) und den Stakeholdern der UA eine Kernfunktion einnimmt, die besondere Kompetenzen und Fähigkeiten verlangt.[884]

Dieser Aspekt ist grundlegend auch für die Implementierung der geplanten Soll-Architektur (Phase 3) von Relevanz, da die Involvierung der Stakeholder und deren Motivation auch als Erfolgskriterium der Initiierung entsprechender architekturinduzierter Veränderungsprojekte angesehen werden kann.[885] Dabei sind gemäß dem skizzierten Metaprozesses vor allem auch für das Monitoring der UA geeignete Berichtsstrukturen und Überwachungsprozesse aus Sicht der UA-Governance zu implementieren, die u. a. sicherstellen, dass Veränderungsbedarf frühzeitig erkannt wird und die Ziele der UA-Initiative erreicht werden. Da veraltete und ungenutzte Modelle typischerweise keinen Nutzen erzeugen, ist es dabei notwendig, die UA als kontinuierlichen Prozess zu implementieren, der die Architekturgestaltung als Planungsinstrument dauerhaft verankert.[886] Da nicht von einem linearen Planungsprozess auszugehen ist und Änderungsbedarf dynamisch auftritt (vgl. auch Abschn. 4.3.3.3), ist ein regelmäßiges Feedback der Stakeholder und ein regelmäßiger Abgleich von Anforderungen und Unternehmensstrategie von wesentlicher Bedeutung. Hierfür ist die UA als notwendige Voraussetzung insbesondere als gemeinschaftliche, zentrale Initiative zu positionieren und zu etablieren, um Vertrauen zu

---

[884] Vgl. hierzu auch Barjis 2009, S. 653; Op't Land et al. 2009, S. 113 ff. sowie Abschn. 4.2.2.
[885] Vgl. Abschn. 4.2.2.
[886] Vgl. auch Aier et al. 2008b, S. 1. Den Autoren zufolge stellt die fehlende Aktualität der UA einen der Hauptgründe dar, warum viele Architekturinitiativen unmittelbar nach ihrer Initiierung scheitern.

schaffen und ein proaktives und initiatives Verhalten der beteiligten Akteure zu erreichen und zudem durch Dezentralität den Gesamtaufwand der Architekturerstellung und -wartung auf entsprechende Stellen zu verteilen, was insbesondere auch durch eine geeignete strukturelle Einbindung erreicht werden kann (vgl. Abschn. 4.3.3.2).

Von wesentlicher Bedeutung erscheint jedoch in diesem Zusammenhang vor allem der Einsatz relationaler Governancemechanismen im Entwurfsprozess (Phase 2), anhand dessen der relationale Aspekt der UA-Governance exemplarisch näher ausgeführt werden soll. Die Fokussierung auf den Modellierungsaspekt wird an dieser Stelle als sinnvoll angesehen, da hierdurch einerseits die operative Umsetzung der vorhergehenden strategischen Planung der UA erfolgt und andererseits wiederum die Grundlage für die nachfolgende Implementierung der UA geschaffen wird, wodurch die Entwurfsphase als zentrale Schnittstelle zwischen strategischer Planung und deren Umsetzung angesehen werden kann. Dies geht einher mit dem hier eingenommenen Verständnis von Modellen als zentrale Artefakte der UA und als Bindeglied zur Überbrückung von Unterschieden zwischen Geschäft und IT sowie der Etablierung einer gemeinsamen Sprache und der Schaffung von gegenseitigem Verständnis in Bezug auf das IT-Alignment.[887]

Dabei setzen Modelle als zweckgebundene Repräsentationen eines wahrgenommenen Problems grundlegend auch selbst eine Abstimmung der an der Modellierung beteiligten Akteure und deren Wahrnehmungen im Rahmen der Mitwirkung der Modellnutzer im Konstruktionsprozess voraus.[888] Für das IT-Alignment und die Nutzung der UA als Kommunikationsinstrument zwischen IT- und Fachabteilungen ist hier festzustellen, dass sich eine fehlende Abstimmung zwischen Geschäft und IT de facto bereits in der Vorbereitung und während der eigentlichen Modellierung manifestieren kann, sofern nicht auch der Entwurf der UA selbst einer systematischen, auf die Integration der Domänen bezogenen Steuerung unterliegt. In Bezug auf die Kollaboration und Interaktion zwischen den jeweiligen Akteuren und deren Beziehungen wird hier deutlich, dass neben dem „Way of modeling" im Sinne von Modellierungssprachen und -methoden auch eine Berücksichtigung des „Way of working"[889] in

---

[887] Vgl. Abschn. 3.1.

[888] Vgl. Abschn. 3.1.1.1 sowie insbes. auch Abb. 24.

[889] Vgl. auch Verhoef et al. 1991, S. 503. Dabei erscheinen hier grundlegend zudem auch der „Way of thinking", d. h. die der Modellierung zugrunde liegenden Annahmen, und der „Way of managing", d. h. die Steuerung der Modellierung in Bezug auf Ressourcen, Modellqualität, Evaluierung etc., für die Architekturmodellierung von Relevanz. Vgl. hierzu auch Op't Land et al. 2009, S. 77 f., die darüber hinaus auch den „Way of supporting" der Modellierung, d. h. die Unterstützung durch entsprechende Modellierungswerkzeuge, als Dimension der Modellierung unterscheiden.

Bezug auf die Gestaltung von Konstruktionsprozessen unter Mitwirkung der Stakeholder erforderlich ist.

Unter Berücksichtigung der erarbeiteten Strukturen und Aufgaben im Planungsprozess der UA lassen sich dabei vor allem die folgenden Ausprägungen der Zusammenarbeit identifizieren, denen entsprechende relationale Mechanismen zuzuordnen sind und die die Kommunikationsstrukturen zur Interaktion anhand der definierten Rollenkonzepte der UA-Governance systematisieren:

- *Interaktion zur Modellkonstruktion*: Kollaboration zwischen Architekten (Unternehmens-/Domänenarchitekten, Architekturteam) zur Erstellung von Modellvarianten unter Einbeziehung der Stakeholder(-interessen).

- *Interaktion zur Modellevaluation*: Kollaboration zwischen Unternehmensarchitekt und Stakeholdern zur Definition der Ziele der UA und zur Bewertung und Auswahl alternativer Modellvarianten zur Vorbereitung der anschließenden Konsolidierung.

Grundsätzlich lassen sich in Bezug auf die Modellkonstruktion dabei zwei Sichtweisen innerhalb der relevanten Literatur ausmachen. Einerseits wird davon ausgegangen, dass Architekten die Informationsbedarfe der Stakeholder identifizieren, die wiederum die Grundlage für die Modellkonstruktion bilden, wobei den Stakeholdern im Entwurfsprozess eine vergleichsweise passive Rolle zukommt.[890] In der neueren Literatur wird demgegenüber von einigen Autoren eine kollaborative Modellierungssituation angenommen, wobei die Zusammenarbeit der Akteure und insbesondere die aktive Mitwirkung der Stakeholder im Modellierungsprozess im Vordergrund steht.[891]

RITTGEN folgend kann kollaborative Modellierung dabei generell als „process where a number of people actively contribute to the creation of a model"[892] definiert werden. Dabei ist die Interaktion zwischen den beteiligten Akteuren insbesondere von Bedeutung, um die Produktivität und Qualität der Modellierung zu erhöhen, wobei sich die Kollaboration im Modellierungsprozess durch verschiedene Ausprägungen – vom einfachem Feedback bis hin zu interaktiven und partizipativen Prozessen – manifestieren kann.[893] Vor allem ist hier

---

[890] Vgl. auch Abschn. 4.2.2.

[891] Vgl. hierzu und im Folgenden v. a. Rittgen 2007, S. 561 ff.; Rittgen 2009, S. 1 ff.; Barjiis 2009, S. 651 ff.; Persson 2000, S. 978 ff.; Hoppenbrouwers et al. 2005, S. 485 ff.

[892] Rittgen 2009, S. 1.

[893] Dabei ist die Intensität, mit welcher die Stakeholder der UA in die Konstruktionsprozesse einbezogen werden können, sowohl von der jeweiligen Teilarchitektur als auch der jeweiligen Position des Akteurs innerhalb der Unternehmenshierarchie abhängig. Vor allem Führungskräfte sind bspw. vielfach nur indirekt über Berichtswege involviert. Gleichzeitig erfordert wiederum insbesondere die Modellierung der Applikationsarchitektur i. d. R. eine enge Zusammenarbeit von Mitarbeitern aus Fach- und IT-Abteilungen.

davon auszugehen, dass es auf Basis der aktiven Einbindung der Stakeholder möglich ist, durch gemeinsame Ziele zwischen heterogenen Akteuren eine Abstimmung auf sozialer Ebene zu erlangen und hierdurch auch „das Vokabular der Stakeholder aus den Fachbereichen stärker zu integrieren"[894].

Die Bereitschaft der Stakeholder, sich aktiv an der Erstellung der Architekturprodukte zu beteiligen, hängt dabei maßgeblich auch von ihrer Zufriedenheit mit der Ausgestaltung und dem Erfolg der UA-Initiative ab, d. h. wie die Stakeholder die Erfüllung ihrer eigenen Ziele und Erwartungen in Bezug auf die UA wahrnehmen.[895] Da die UA-Initiative typischerweise eine mittel- bis langfristig angelegte Perspektive einnimmt, ist der Nutzen der UA – auch aufgrund der Komplexität und des Umfangs der Gesamtaufgabe – jedoch ggf. nicht für alle Beteiligten unmittelbar ersichtlich, was die Bedeutung von Kommunikationsmaßnahmen im Rahmen der UA-Initiative erneut betont. Stakeholder der UA weisen in ihrer Funktion als Architekturnutzer üblicherweise einen Informationsbedarf auf, der i. d. R. erst mit der Lieferung bzw. Bereitstellung der Architekturprodukte zu erfüllen ist, während die Mitwirkung der Akteure allerdings vielfach bereits zu Beginn der UA-Initiative erforderlich ist.

Neben der Mitwirkung der Stakeholder der UA ist darüber hinaus i. d. R. auch eine Zusammenarbeit zwischen den Architekten untereinander erforderlich, wobei hier vor allem Unternehmens- und Domänenarchitekten sowie das Architekturteam zu nennen sind (vgl. Abschn. 4.3.3.2). Hierbei übernimmt der Unternehmensarchitekt gemäß den eingeführten Rollenkonzepten eine Führungsverantwortung für die Gesamtarchitektur, während die Domänenarchitekten lokale Modellierungsprozesse koordinieren. Die operative Modellierung wird dagegen von Mitgliedern des Architekturteams vollzogen. Während Unternehmens- und Domänenarchitekten folglich i. d. R. Auswahlentscheidungen zur Modellevaluation treffen, ist im Rahmen der Modellkonstruktion durch das Architekturteam eine Einigung hinsichtlich der Ergebnismodelle zu erzielen, die wiederum u. a. durch individuelle, aufgabenbezogene und soziale Faktoren beeinflusst wird.[896] Insbesondere wenn unterschiedliche Gestaltungsalternativen erarbeitet, diskutiert und bewertet werden müssen, ist es dabei notwendig, dass sich die beteiligten Akteure auf Varianten einigen und im Rahmen eines Interaktionsprozesses auswählen, denn „[n]ur wenn ein Konsens über die in der Zukunft zu realisierende Alternative erzielt wird, kann von einer umfassenden Unterstützung bei deren Umsetzung ausgegangen werden."[897] Der Entwurfsprozess ist folglich auch als kollaboratives Entscheidungsproblem defi-

[894] Aier et al. 2012, S. 19 sowie auch Abschn. 2.2.3.3.
[895] Vgl. auch van der Raadt 2008, S. 20 sowie Abschn. 4.2.2.
[896] Vgl. auch Abschn. 3.1.1.1 und insbes. Abb. 25.
[897] Krcmar und Schwarzer 1994, S. 4.

niert, für welches innerhalb eines iterativen Kommunikations- und Entscheidungsprozesses durch Unterstützung entsprechender Maßnahmen und koordinierter Aktivitäten Konsens hinsichtlich des Zielmodells zu erzielen ist.

Die Gestaltung und Planung der UA ist somit unter Berücksichtigung relationaler Aspekte grundlegend auch als soziale Einigungsfunktion zu verstehen, die die Bedeutung einer entsprechenden Steuerung der Aktivitäten betont und an der relationale Mechanismen der UA-Governance im Entwurfsprozess ansetzen können. In Bezug auf die relationale Perspektive der UA-Governance stellen dabei insbesondere die Aktivitäten im Interaktionsprozess diejenigen Aktivitäten dar, die durch entsprechende Mechanismen zu unterstützen sind. Vor allem nimmt hier der Unternehmensarchitekt eine Schlüsselrolle ein, indem er die Aufgaben orchestriert und als Moderator bzw. Mediator Ziele und Vorgaben in geeigneter Weise kommuniziert und durchsetzt und zwischen den heterogenen Perspektiven der beteiligten Akteure vermittelt.[898] Dies ist vor allem erforderlich, wenn die Konsensfindung aufgrund konträrer Interessen oder Perspektiven zu keinem Ergebnis führt, was bspw. auch auf intrinsische, nicht explizierte Ziele der Stakeholder oder implizit vorhandene organisationspolitische Probleme zurückzuführen ist. Dabei kann bspw. auch das Streben nach Perfektion des Architekturteams entsprechende Gegenmaßnahmen erfordern.[899]

Weiterhin erscheint bspw. auch eine gemeinsame Definition von Evaluationskriterien und -methoden im Vorfeld der Modellierung sinnvoll, die bspw. die GoM zur Qualität der Modellierungsergebnisse (vgl. Abschn. 3.1.1.3) auch um entsprechende Grundsätze in Bezug auf die Gestaltungsprozesse der UA erweitern. Für die Nachhaltigkeit als wesentliches Ziel der UA ist hier zudem eine kontinuierliche Dokumentation der Modellierungsentscheidungen zu empfehlen, da auch die Nachvollziehbarkeit und Transparenz der Modellierungsprozesse selbst gewährleistet sein muss.[900] Dies kann bspw. auch Angaben zur Gültigkeit von Modellen bzw. deren Erstellungszeitpunkt und die Versionierung von Iterationen beinhalten, was entsprechende Anforderungen auch an eine geeignete Werkzeugunterstützung stellt.[901]

---

[898] Im Bereich der Prozessmodellierung wird diese Aufgabe auch häufig dem sog. Facilitator zugeschrieben, der im Rahmen von Modellierungsworkshops zwischen den heterogenen Akteuren vermittelt. Zur Diskussion der Aufgaben und Kompetenzen dieser Rolle vgl. bspw. Rosemann et al. 2011, S. 2 ff.

[899] Nakakawa et al. (2010, S. 47 ff.) beschreiben dieses Problem auch als „100%-Syndrom".

[900] Ähnlich argumentieren bspw. Becker und Schütte (2004, S. 138), die, ausgehend von der Erfahrung, dass Modellierer häufig bereits nach einigen Tagen nicht mehr wissen, wie sie zu einem Modell gelangt sind, eine Dokumentation für geradezu zwingend für jedes Modellierungsprojekt erachten.

[901] Vgl. hierzu auch Aier und Saat 2010, S. 65 sowie auch Abschn. 5.2.2.

Tab. 19 stellt aufbauend auf den obigen Ausführungen und anhand der gewählten Strukturierung gemäß dem Planungsprozess der UA eine Zusammenstellung beispielhafter Maßnahmen bereit, die in ihrer Gesamtheit die angesprochenen Aspekte adressieren. Diese sind als situativ auszuwählende, mögliche Maßnahmen zu verstehen, die in Ergänzung zu den formalen organisatorischen Strukturen und Prozessen der UA-Governance die langfristige Durchführung des UAM auf kollaborativer Ebene unterstützen. Die Zuordnung zu Strukturen und Prozessen ist dabei fließend zu sehen, da sich diese – wie bereits dargelegt – gegenseitig bedingen und als Merkmale eines geeigneten Maßnahmenportfolios zusammenwirken.

	Vorbereitungsphase	Entwurfsphase	Nutzungs- / Wartungsphase
Strukturen	■ Geeignete Besetzung zentraler Positionen ■ Vorbildhafter Führungsstil (*Commitment*) ■ Architekt als Vermittler ■ …	■ Architekt als Koordinations- und Führungsinstanz ■ Aktive Beteiligung aller Akteure ■ Klare Zuweisung von Aufgaben und Rechten im Entwurfsprozess ■ …	■ Funktionale Einbindung betroffener Stakeholder ■ Einrichtung regelmäßiger Sitzungen ■ Berichtsstrukturen und regelmäßiges Feedback ■ …
Prozesse	■ Aufbau von Vertrauen ■ Schaffung von „Architecture Awareness" ■ Schaffung von Verständnis, v. a. hinsichtlich der Stakeholderziele ■ …	■ Dokumentation und Nachvollziehbarkeit der Modellierung ■ Feedbackmechanismen ■ Gemeinsame Erarbeitung von Evaluationskriterien/-methoden ■ …	■ Schaffung von Akzeptanz ■ Organisatorische Verankerung der UA ■ Überwachung der Zielerreichung ■ …

Tab. 19: Ausgewählte relationale Mechanismen im Planungsprozess der UA
Quelle: Eigene Zusammenstellung.

Hinsichtlich relationaler Aspekte kann die UA-Governance folglich die integrierten Strukturen und Prozesse der IT- und UA-Governance ergänzen, indem die Zusammenarbeit der relevanten Akteure im Rahmen des UAM unter Berücksichtigung der Ziele der UA unterstützt wird. Das nachfolgende Kapitel geht aufbauend auf den Ausführungen der vorhergehenden Abschnitte auf die Überprüfung des Ansatzes ein, wobei die Demonstration der genannten Aspekte anhand eines praktischen Anwendungsbeispiels, die Möglichkeiten der Framework- und Werkzeugunterstützung sowie die Beurteilung des Artefakts in Bezug auf die erarbeiteten Gestaltungsmerkmale im Vordergrund stehen.

5. Überprüfung und Beurteilung der Artefaktkonstruktion

5.1 Vorgehensweise und Überblick

„Rigorosität verlangt eine Überprüfung der geschaffenen Artefakte gegen die anfangs definierten Ziele und mittels der im Forschungsplan gewählten Methoden."

Österle et al. 2010, S. 4 f.

Die Überprüfung und Beurteilung von Artefakten stellt ein konstituierendes Merkmal gestaltungsorientierter Forschungsansätze mit dem Ziel der Demonstration von Anwendbarkeit und Zweckmäßigkeit sowie der praktischen Implikationen eines entwickelten Artefakts im Hinblick auf die formulierte Problemstellung dar.[902] Dieser Schritt dient dabei im Forschungsprozess vor allem dazu, die geschaffenen Artefakte bezugnehmend auf die festgesetzten Ziele der Artefaktkonstruktion sowie deren Nutzen für das identifizierte Forschungsproblem zu analysieren und zu bewerten, da die Schaffung von Artefakten nicht zum Selbstzweck erfolgt und um hierdurch dem methodischem Anspruch der Forschung zu genügen (Relevanz und Rigorosität).[903]

Wenngleich die Begründung von Artefakten in der WI-Forschung häufig vernachlässigt wird, was möglicherweise auf die hiermit einhergehenden Herausforderungen zurückzuführen ist, wird die nachfolgende kritische Auseinandersetzung mit dem entwickelten Artefakt vor allem auch unter Berücksichtigung der WI als anwendungsorientierte Wissenschaft als notwendig für die Veranschaulichung von dessen Angemessenheit in Bezug auf die eingangs identifizierte Problemstellung verstanden. Darüber hinaus wird hierdurch die Komp-

---

[902] Vgl. hierzu und im Folgenden v. a. Frank 1998, S. 1 ff.; Frank 2000, S. 35 ff.; Hevner et al. 2004, S. 75 ff.; Heinrich 2000, S. 7 ff.; Riege et al. 2009, S. 69 ff.; Wilde und Hess 2007, S. 280 ff. sowie insbes. auch Abschn. 1.2. Im Vergleich zu behavioristisch ausgelegter Forschung, die eine „Orientierung an existierender Praxis" betont, bietet gestaltungsorientierte Forschung demnach vielmehr eine „Orientierung für die Praxis" (Frank 2002, S. 7).

[903] Dabei erfolgt die Evaluation somit nicht etwa gemäß dem Kriterium der generischen Anwendbarkeit oder zur vollständig objektiven Lösung singulärer Probleme. Eine solche Annahme würde mit einem naiven Positivismus einhergehen (vgl. auch Frank 1998, S. 19), der nicht mit der hier eingenommenen erkenntnistheoretischen Position vereinbar ist. Im engeren Sinne ist daher eher von einer Demonstration statt von einer (formalen) Evaluation zu sprechen. Vgl. für eine Abgrenzung auch Peffers et al. 2007, S. 55 f. Der Begriff der Evaluation wird nachfolgend im weiteren Sinne verwendet und schließt die Demonstration der Anwendbarkeit ein.

lementierung des Artefaktentwurfs gemäß den Kennzeichen gestaltungsorientierter Forschung verfolgt (vgl. Abschn. 1.2).[904]

Zur Überprüfung und Beurteilung von Artefakten stehen dabei grundsätzlich verschiedene Optionen und Vorgehensweisen zur Verfügung, die sich primär in qualitative, i. d. R. analytische bzw. deduktive sowie empirische bzw. quantitative Evaluationsansätze differenzieren lassen.[905] Während analytische und deduktive Ansätze typischerweise eine deskriptive, häufig natürlichsprachliche, verbale Begründung vorsehen, die auf Basis logischer Schlussfolgerungen vollzogen wird, nutzen empirische Ansätze häufig Experimente oder Befragungen unter dem Anspruch objektiver Beobachtungen. Grundsätzlich sind dabei je nach Ansatz verschiedene Methoden anwendbar, wie bspw. Laborexperimente, Demonstrationsbeispiele, prototypische Implementierungen, Interviews oder Befragungen.[906]

Die Forschungsergebnisse gestaltungsorientierter Forschung sind dabei selten formal beweisbar, wodurch häufig argumentative Evaluationsverfahren Anwendung finden, die Artefakte in Bezug auf ihre Angemessenheit für das identifizierte Problem beurteilen. Die Evaluierung konzeptioneller Frameworks – wie auch des mEA-Frameworks – ist darüber hinaus grundsätzlich aufgrund des typischerweise hohen Abstraktionsniveaus, der Zusammenführung von Modellen und Konzepten in einem Gesamtbezugsrahmen sowie der vielfach zugrunde liegenden Vielschichtigkeit des Problembereichs als nicht trivial anzusehen.[907] Weiterhin ist auch aufgrund der situativen Einflussfaktoren in Bezug auf den Untersuchungsgegenstand von besonderen Herausforderungen auszugehen, die eine Bewertung der praktischen Anwendbarkeit abhängig vom jeweiligen Anwendungskontext machen.[908]

---

[904] So ist gestaltungsorientierte Forschung gemäß der DSR-Methodik nach Hevner et al. per definitionem durch eine Dichotomie aus Entwurf und Evaluation geprägt: „Design science […] creates and evaluates IT artifacts intended to solve identified organizational problems" (Hevner et al. 2004, S. 77).

[905] Vgl. hierzu auch Fettke und Loos 2003, 82 f.; Wilde und Hess 2007, S. 283 ff.; Siau und Rossi 2011, S. 251 ff.

[906] Für einen Überblick zu und die Systematisierung von Evaluationsmethoden, die typischerweise in der gestaltungsorientierten WI-Forschung Anwendung finden einschließlich entsprechender Beispiele vgl. insbes. Riege et al. 2009, S. 76 ff.

[907] Vgl. hierzu auch Abschn. 4.1.

[908] Darüber hinaus sei hier weiterhin angemerkt, dass bspw. auch eine empirische Vorgehensweise zur Beurteilung des entwickelten Artefakts als problematisch anzusehen ist. Da sich Unternehmen derzeit immer noch überwiegend in der initialen Phase des Aufbaus und der Einrichtung von Unternehmensarchitekturen und entsprechender Managementstrukturen befinden, erscheint eine ausreichend breit angelegte Überprüfung hier derzeit nur bedingt möglich. Darüber hinaus ist auch das IT-Alignment als komplexes Phänomen nur schwer empirisch zu erfassen. Vgl. für eine ähnliche Argumentation auch Winter und Schelp 2008, S. 548; Ciborra 1997, S. 68 f. sowie auch Abschn. 2.2.4.

Die Überprüfung des mEA-Frameworks ist hier daher insbesondere durch deskriptive Veranschaulichung der Angemessenheit und der Zweckmäßigkeit des entwickelten Artefaks zu vollziehen, indem dessen Verwendung in Bezug zur definierten Problemstellung gesetzt und entsprechend beurteilt wird.[909] Deskriptive Bewertungsverfahren zeichnen sich dabei durch begründete Argumentation, d. h. der Verwendung von vorhandenem relevantem Wissen zur Argumentation für die Nützlichkeit des Artefaks, und/oder der Beschreibung spezieller Szenarien, die der Demonstration der Anwendbarkeit des Artefaks dienen, aus.[910] RIEGE ET AL. folgend sind dabei im Rahmen gestaltungsorientierter Forschung zwei Bezugspunkte bzw. Vorgehensweisen zu unterscheiden:[911]

- *Evaluation des Artefaks gegen die Realwelt*: Das Artefakt wird gegenüber realweltlichen Bedingungen überprüft und die Problemlösung hinsichtlich des zugedachten Nutzens kritisch hinterfragt.

- *Evaluation des Artefaks gegen die identifizierte Forschungslücke*: Das Artefakt wird in Bezug auf die definierte Problemstellung und aufgestellte Anforderungen merkmalsbasiert beurteilt.

Zur Beurteilung der Anwendbarkeit des im vorhergehenden Abschnitt präsentierten Ansatzes steht dabei primär der zweite Ansatzpunkt im Vordergrund. Nachfolgend soll im Rahmen eines analytisch-deskriptiven, zweistufigen Begründungsprozesses zunächst ein fiktives Anwendungsbeispiel skizziert werden, das die praktische Anwendung des Frameworks beispielhaft demonstriert. Die Verwendung von realen oder realitätsnahen Anwendungs-, Demonstrations- oder Fallbeispielen stellt dabei ein gängiges Evaluationsinstrument innerhalb der gestaltungsorientierten WI dar.[912] In Hinblick auf die notwendige Anwendungsorientierung der WI kann der durch intensive Literaturbetrachtung und -analyse begründete Ansatz damit zudem auch hinsichtlich dessen praxisbezogener Problemorientierung betrachtet werden. Vor allem aufgrund der Tatsache, dass das mEA-Framework grundsätzlich unabhängig vom jeweiligen Rahmenwerk oder verwendeter Modellierungstechniken einzusetzen ist (vgl. auch Abschn. 3.2.2), erscheint die Wahl eines realitätsnahen

---

[909] Vgl. Frank 2006, S. 53. Entsprechend kann das Evaluationsverfahren auch iterativ nach Diffusion der Forschungsergebnisse erfolgen, wodurch das nachfolgende Vorgehen auch als Ausgangspunkt eines mehrstufigen Begründungsprozesses zu verstehen ist.

[910] Vgl. Hevner et al. 2004, S. 86.

[911] Vgl. Riege et al. 2009, S. 75. Weiterhin wird hier drittens die Evaluierung der Forschungslücke gegen die Realwelt angeführt, was jedoch vornehmlich im Rahmen verhaltenswissenschaftlicher Forschung von Bedeutung ist und daher hier nicht explizit einbezogen wird.

[912] Vgl. auch Riege et al. 2009, S. 77.

Beispiels an dieser Stelle ausreichend.[913] Gleichzeitig wird weiterführend eine entsprechende Anwendung des Frameworks unter Berücksichtigung bestehender Ansätze und Rahmenwerke diskutiert, um den Bezug zu Rahmenbedingungen des faktischen Einsatzes des Frameworks herzustellen.

Als zweiter Schritt im Beurteilungsprozess sollen zudem erneut die erarbeiteten Gestaltungsmerkmale bzw. Anforderungen an das Konzept (vgl. Abschn. 3.2.2) herangezogen werden und hinsichtlich ihrer Adressierung durch das Framework bewertet werden. Aufgrund des hierdurch teilweise stattfindenden rekursiven Bezugs zu Erkenntnissen der Untersuchung und damit eines gewissen Grads an Subjektivität, kann dieser Schritt nicht als alleiniges Kriterium für die Beurteilung der Qualität des Ansatzes herangezogen werden. Gleichzeitig sind die Gestaltungsmerkmale jedoch durch eine tiefgehende Literaturanalyse begründet, wodurch sich hierdurch durchaus handlungsorientierte Aussagen hinsichtlich der Eignung des Artefakts für den identifizierten Problembereich ableiten lassen. Weiterhin werden die erarbeiteten Merkmale auch durch eine Analyse der Anforderungen an gestaltungsorientierte Forschungsergebnisse und -prozesse im Allgemeinen ergänzt. Ein solches Vorgehen stellt dabei ebenfalls ein übliches Beurteilungsverfahren für Artefakte in der gestaltungsorientierten WI dar.[914]

5.2   Praktische Anwendung des mEA-Frameworks

> „Für [...] Wirtschaftsinformatiker sind die Anwendungsorientierung und der Praxisbezug wesentliche Elemente des Selbstverständnisses der Disziplin.“
>
> Laudon et al. 2010, S. 74

Die praktische Anwendbarkeit des Ansatzes soll nachfolgend exemplarisch anhand eines kurzen Demonstrationsbeispiels aufgezeigt werden, das ausgewählte Merkmale des Konzepts systematisch anhand eines realitätsnahen Anwendungsfalls verdeutlicht und als Grundlage für die Ableitung praxisbezogener Aussagen dient (Abschn. 5.2.1). Zudem wird die mögliche Werkzeug- und Frameworkunterstützung thematisiert, die Ansatzpunkte und Gestaltungsmaßnahmen für die Einbettung des Konzepts in bestehende Frameworks und Best-Practice-Ansätze aufzeigt (Abschn. 5.2.2).

5.2.1 Anwendungsbeispiel

Abschn. 5.2.1.1 skizziert nachfolgend zunächst die Ausgangssituation des angenommenen fiktiven Praxisbeispiels. Anschließend beschreibt Abschn. 5.2.1.2

---

[913] Das dargestellte Beispiel ist daher auch als solches zu verstehen und strebt keine vollumfängliche Begründung des Konzepts an, die ohnehin im Rahmen des praktischen Einsatzes längerfristig zu erproben wäre.

[914] Vgl. hierzu auch Riege et al. 2009, S. 77 ff.

die Anwendung des mEA-Frameworks in Bezug auf das dargestellte Beispiel. Hierbei wird sowohl auf mögliche Voraussetzungen als auch auf die Ansatzpunkte und Rahmenbedingungen eingegangen, die die Anwendung bzw. Einführung des Ansatzes, insbesondere des Governancekonzepts, beeinflussen.

5.2.1.1 Beschreibung und Analyse der Ausgangssituation

Die Lahn Systems AG mit Sitz in Stuttgart ist ein weltweit agierendes Industrieunternehmen mit Schwerpunkt auf der Herstellung von Pumpen und Armaturen für Kunden in der Wirtschaft.[915] Der Hauptsitz des Unternehmens befindet sich in Deutschland; seit einigen Jahren werden außerdem Produktionsstätten im Ausland betrieben. Mit insgesamt ca. 6.000 Mitarbeitern an allen Standorten erwirtschaftet das Unternehmen einen Umsatz von ca. 550 Millionen Euro im Jahr (Stand 2012). Zusätzlich zum Hauptstandort Stuttgart sind darüber hinaus auch mehrere Mitarbeiter u. a. für Montage-, Wartungs-, Inspektions- und Reparaturdienstleistungen (Lahn Services) europaweit im Einsatz. Die Lahn Systems AG kooperiert mit mehreren Unternehmen auf globaler Ebene, sowohl im Vertrieb mit internationalen Kunden als auch im Rahmen des Einkaufs von Gütern und Halbfabrikaten.

Abb. 57 zeigt einen Ausschnitt aus der Prozesslandkarte des Unternehmens auf Basis eines Wertschöpfungskettendiagramms (WKD), das eine Übersicht der wesentlichen Führungs-, Kern- und Unterstützungsprozesse des Unternehmens bereitstellt.[916] Die Kern- bzw. Leistungsprozesse der Lahn Systems AG beziehen sich dabei vor allem auf die Herstellung des angebotenen Produktportfolios, während die Unterstützungsprozesse hierfür die notwendigen unternehmensinternen Dienstleistungen für die Durchführung der Geschäftsprozesse erbringen (z. B. Buchhaltung). Die Managementprozesse beziehen sich demgegenüber auf die betrieblichen Steuerungs- und Lenkungsprozesse (vgl. auch Abschn. 2.1.3).

Aufgrund geringerer Absatzzahlen in den letzten beiden Geschäftsjahren erwägt die Geschäftsführung – ausgehend von der Beobachtung der direkten Wettbewerber am Markt – u. a. die Einführung mobiler Endgeräte für den Vertrieb, um hierdurch die produzierten Güter beim Kunden vor Ort effektiver vermarkten zu können und die Vertriebsprozesse zu optimieren. Bislang hat sich insbesondere der Vertriebsleiter weitestgehend gegen eine IT-

---

[915] Der Name des Unternehmens sowie das skizzierte Beispiel sind frei erfunden und es bestehen in keinerlei Hinsicht Zusammenhänge zu anderen real existierenden Unternehmen.

[916] Wertschöpfungskettendiagramme (WKD) stellen ein adäquates Mittel zur Abbildung der Prozessarchitektur eines Unternehmens auf hohem Abstraktionsniveau dar, die durch hierarchische Schachtelung (Hinterlegung) weiter detailliert werden können. Zur Verwendung von WKD in ARIS vgl. weiterführend bspw. Seidelmeier 2010, S. 74 ff. Zu Prozesslandkarten vgl. bspw. Gadatsch 2010, S. 38 ff.

Unterstützung der Außendienstmitarbeiter ausgesprochen, sodass viele Prozesse im Vertrieb noch manuell vollzogen werden. Dies führte in der Vergangenheit vielfach zu Problemen, wie bspw. der Nutzung veralteter Unterlagen (z. B. Preislisten) oder der eigenständigen Änderung von Vertriebsunterlagen durch einzelne Vertriebsmitarbeiter, was neben finanziellen auch teilweise rechtliche Risiken implizierte. Außerdem führte die nachträgliche Erfassung der zunächst händisch ausgefüllten Bestellformulare durch den Medienbruch vermehrt zu Fehlern sowie zu Verzögerungen der internen Prozesse. Neben der Beschaffung von Tablet-PCs und der Entwicklung einer Vertriebs-App wird u. a. auch eine zentrale, cloudbasierte Plattform mit benutzerspezifischen Änderungsrechten zur Bereitstellung von Vertriebsunterlagen avisiert, die alle relevanten Unterlagen zentral für die mobile Nutzung durch die Mitarbeiter bereitstellt. Das Ziel der Umstrukturierung besteht vorranging in der Gewinnung neuer Kunden sowie der Aufrechterhaltung bestehender Kundenbeziehungen durch verbesserte Präsentation des Produktportfolios und der Unterstützung der Vertriebsmitarbeiter zur effizienten Durchführung und Beschleunigung der Vertriebsprozesse, wodurch langfristig eine Umsatzsteigerung in den nächsten Jahren angestrebt wird.

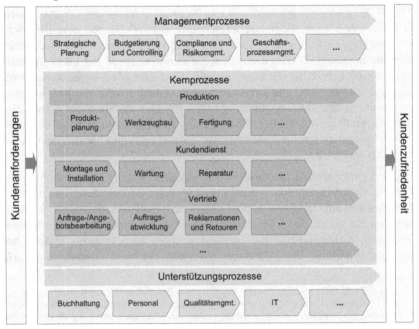

Abb. 57: Ausschnitt aus der Prozesslandkarte der Lahn Systems AG
Quelle: Eigene Darstellung.

Um die unternehmensweiten Auswirkungen der Umstrukturierung einschätzen zu können, soll daher zunächst eine Analyse der aktuellen Vertriebsprozesse vorgenommen werden, um die Einsatzmöglichkeiten mobiler Geräte zu eruieren. Weiterhin erhofft sich die Unternehmensleitung auch die Identifikation langfristiger Einsatzpotenziale, die das Gesamtunternehmen betreffen. Bspw. wurde angeregt, auch einen Teil der Außendienstmitarbeiter von Lahn Services mit mobilen Geräten auszustatten, um auch die Kundendienstprozesse zu optimieren und eine Ausweitung und Verbesserung des Serviceangebots des Unternehmens zu erreichen. Vor allem ist hierzu der technische Kundendienst mit geeigneten servicerelevanten Informationen zur Unterstützung der Dienstleistungen beim Kunden vor Ort zu versorgen. Hierzu wurde ein externes Beratungsunternehmen damit beauftragt, ausgehend von den bereits vor einigen Jahren erstellten, jedoch mittlerweile überwiegend veralteten, nur fragmentarisch vorhandenen und ausschließlich zu Dokumentationszwecken genutzten Architekturbeschreibungen in enger Zusammenarbeit mit den Mitarbeitern des Unternehmens eine entsprechende Ist- und Soll-Architektur zu entwickeln. Ausgehend von der Analyse der Ist-Situation soll vor allem ein geeignetes Konzept für die möglichst unternehmensweite Einführung und Nutzung mobiler Endgeräte erarbeitet werden, das gemäß den Anforderungen der Vertriebs- und Kundendienstmitarbeiter eine Umstrukturierung der Prozesse vorsieht.

Die vorhandenen UA-Modelle beschränken sich dabei weitestgehend auf die IT-Architektur und in Ansätzen auf die Prozessarchitektur; eine UAM-Funktion konnte bislang nicht unternehmensweit etabliert werden und die UA wird bislang nicht als strategisches Instrument genutzt. Darüber hinaus liegen im Unternehmen vielfach Dokumentationen vor, die nicht systematisch vorgehalten werden (wie bspw. die Prozesslandkarte in **Abb. 57**) und daher nur einem Teil der Mitarbeiter bekannt sind. Während ursprünglich vorgesehen war, die fachlichen Architekturen vollständig ausgehend von der IT-Abteilung in die Architekturentwicklung einzubinden, wird inzwischen seitens der Unternehmensführung langfristig eher eine zentrale Verortung in der Unternehmensentwicklung angestrebt, im Rahmen derer eine entsprechende Organisationseinheit eingerichtet werden soll, die sich ausschließlich mit der Gestaltung und dem Betrieb der UA befasst.

Die Lahn Systems AG hat darüber hinaus bereits vor mehreren Jahren eine IT-Governance-Strategie einschließlich entsprechender Ziele und Maßnahmen formuliert, die aus der übergeordneten Corporate-Governance-Strategie abgeleitet wurde. Während die Gesamtverantwortung für die strategische Abstimmung und Ausrichtung der IT-Governance bei der Unternehmensleitung liegt, wird die IT-Governance im Verantwortungsbereich des CIO operationalisiert und betrieben. Hinsichtlich der Entscheidungsstrukturen herrscht dabei grundlegend eine sog. Geschäftsmonarchie vor[917], da Entscheidungen von Vertretern des Managements getroffen werden und die IT bislang nicht aktiv in die Entscheidungsprozesse einbezogen wird. Grundsätzlich wird langfristig auch eine bessere Einbindung der IT in die strategische Planung angestrebt.

Im Rahmen der nachfolgenden Ausführungen steht hierauf aufbauend die Anwendung des Frameworks in Bezug auf diesen Anwendungsfall im Vordergrund der Betrachtung, wobei hier primär die Etablierung eines strategischen Planungsprozesses auf Basis der UA (vgl. insbes. Abschn. 4.3.3.3) sowie auch die langfristige Einführung und Nutzung der UA fokussiert wird.

5.2.1.2 Ansatzpunkte und Implikationen

Ausgehend von der zuvor skizzierten Beschreibung der Ausgangssituation ergibt sich damit eine definierte Problemstellung, die mithilfe des entwickelten Ansatzes grundlegend adressierbar ist. Im Vordergrund der Betrachtung steht dabei die Konzeptualisierung des Alignmentbegriffs in strategisches, strukturelles und soziales IT-Alignment (Abschn. 2.2.3), die den strukturellen Rahmen für die Beurteilung des Artefakts gegenüber der Forschungslücke bietet und anhand derer die Implikationen für die Anwendung des Artefakts demonstriert werden sollen. Im Rahmen der Einführung bzw. Adaption des vorgeschlagenen Konzepts im Hinblick auf die unternehmensspezifischen Voraussetzungen und Rahmenbedingungen der Lahn Systems AG sind hier grundlegend zwei Ansatzpunkte zu identifizieren, die zunächst vor allem aus Sicht der strategischen Abstimmung von Bedeutung sind und den Ausgangspunkt der Analyse des Anwendungsbeispiels darstellen. Hierzu gehören vor allem Abhängigkeiten in Bezug auf

- *den Reifegrad der Unternehmensarchitekturinitiative*, d. h. das Ausmaß, zu dem das Unternehmen die Einführung und Nutzung einer UA vollzogen hat und deren Ausgestaltung, sowie
- *den Reifegrad des Governancesystems*, d. h. das Ausmaß existierender Governancefunktionen und -maßnahmen als Grundlage der Integration eines entsprechendes UA-Governancekonzepts.

AIER ET AL. folgend lassen sich in diesem Zusammenhang zunächst vier Entwicklungsstufen des UAM differenzieren, die zur Definition des Reifegrads der UA-Initiative herangezogen werden können (**Abb. 58**).[918] Ausgehend von der historischen Verortung des UAM im IT-Bereich liegt der Fokus auf der ersten Stufe des Reifegradmodells (Stufe 1) hierbei nur auf wenigen IT-Elementen (IT-Architektur), während dieser auf Stufe 2a um fachliche Aspekte erweitert

---

[917] Vgl. Weill und Ross 2004, S. 12 ff. sowie auch Abschn. 2.2.1.1.
[918] Vgl. Aier et al. 2012, S. 17 ff.

wird, sodass von einer UA im definierten Sinne gesprochen werden kann. Auf der dritten Stufe (Stufe 2b) werden diese Merkmale um proaktives Handeln, wie vor allem eine aktive Planung der UA, ergänzt, wodurch die UA somit nicht nur mehr eine Informationsfunktion erbringt, sondern aktiv unter Einbezug der Stakeholder gestaltet wird. Im Rahmen des UAM als strategisches Instrument (Stufe 3) erfolgt schließlich auch eine Verankerung des UAM im Fachbereich und die Nutzung der UA zur strategischen Planung unternehmensweiter Veränderungsmaßnahmen.

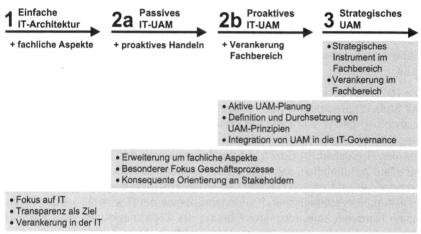

Abb. 58: Entwicklungsstufen des UAM
Quelle: Aier et al. 2012, S. 18.

In Bezug auf das skizzierte Anwendungsbeispiel der Lahn Systems AG ist hier festzustellen, dass bereits eine UAM-Funktion im Unternehmen existiert, die zudem bereits auf fachliche Aspekte erweitert wurde, jedoch derzeit nicht aktiv im Rahmen strategischer Planungsprozesse genutzt wird und somit auf Stufe 2a (Passives IT-UAM) einzuordnen ist. Ziel sollte dagegen ein UAM auf Stufe 3 sein, das gleichzeitig auch als Grundlage für das definierte Konzept der UA-Governance zu sehen ist. Die Ansatzpunkte des entwickelten Frameworks ergeben sich dabei in zweierlei Hinsicht. Einerseits kann das mEA-Framework an Stufe 3 ansetzen, um die Nutzung der UA als strategisches Instrument und zur Verankerung der UA-Funktion effektiv durchzusetzen und anzuleiten. Andererseits kann hierdurch auch die Entwicklung des UAM selbst über die genannten Stufen hinweg vorangetrieben werden, um so schrittweise ein strategisches UAM (Stufe 3) auf langfristige Sicht zu erreichen. Letzterer Fall steht in Bezug auf das Anwendungsbeispiel nachfolgend im Vordergrund.

Hinsichtlich des zweiten Bezugspunktes (Reifegrad des Governancesystems) ist zudem bereits eine IT-Governancefunktion im Unternehmen existent, die jedoch vorwiegend geschäftsgetrieben vollzogen wird und keine wechselseitige Abstimmung von Geschäft und IT im Sinne eines gemeinsamen Planungsprozesses vorsieht. Hier lässt sich bspw. das Reifegradmodell des ITGI zur Beurteilung der Maturität der IT-Governance im Unternehmen heranziehen, das als Teil des COBIT-Frameworks eingeführt wurde.[919] Dabei werden insgesamt sechs Stufen der Reife der strategischen IT-Planung definiert, die von Stufe 0 (*Non-Existent*) bis Stufe 5 (*Optimised*) reichen, wobei das Ziel in der Dokumentation und durchgängigen Verankerung des Strategieprozesses für den effektiven Einsatz der IT (IT als strategischer Partner) und langfristig der Generierung eines möglichst hohen Wertbeitrags durch IT-Investitionen besteht.

Die IT-Governancefunktion der Lahn Systems AG lässt sich hier grundlegend auf Stufe 3 („Repeatable but Intuitive") einordnen, da eine strategische Neuausrichtung der IT vorrangig auf Basis von Anfragen der Unternehmensführung initiiert wird und kein proaktiver, definierter Strategieprozess ausgehend von der IT existiert. In Bezug auf die Ansatzpunkte des Frameworks ist hier vor allem anzunehmen, dass gemäß der obigen Ausführungen durch den Einsatz der UA und entsprechender Governancemaßnahmen die optimale Ausgestaltung des strategischen Planungsprozesses der IT erreicht werden kann, indem hierdurch eine integrierte Planung der Teilarchitekturen unter Berücksichtigung der relevanten Stakeholder innerhalb der UA-Initiative vollzogen wird, wodurch auch die Reichweite und Bedeutung der UA-Funktion im Unternehmen erhöht werden kann. Wesentlich ist hier die Einrichtung eines zentralen und dauerhaften Strategieprozesses durch die integrale Einbindung der UA im Unternehmen, der Veränderungen nicht von Beobachtungen oder Änderungsvorschlägen aus rein fachlicher Sicht abhängig macht.

Ausgehend von dieser Einordnung sieht sich der für die Modellierung der UA engagierte Berater, der hier grundlegend in der Rolle des Unternehmensarchitekten agiert, den obigen Ausführungen folgend zunächst der Aufgabe der Modellierung und anschließenden Analyse der Ist-Situation gegenüber, die den Ausgangspunkt des Planungsprozesses der UA bildet und u. a. im Rahmen der Entwurfsphase in die Definition der Anforderungen einfließt (Ist-Modelle (alt); vgl. auch **Abb. 54**). Vor allem da eine ausreichende Kenntnis der im Unternehmen vorhandenen Prozesse und Anwendungen erforderlich ist, um die IT gemäß den veränderten Anforderungen anpassen zu können, sind hier die relevanten Teilausschnitte der Geschäfts- und IT-Architektur vordergründig zu betrachten. Durch die bereits stattgefundene Definition bzw. An-

---

[919] Vgl. ITGI 2003a, S. 35 f.; van Grembergen et al. 2004, S. 13 ff.; Lankhorst 2013, S. 16 f.

passung der Unternehmensstrategie wurden die Rahmenbedingungen hier gemäß den obigen Ausführungen bereits als Ausgangspunkt definiert, die in entsprechende Modelle auf Strategieebene der UA zu überführen sind.

Dem vorgelagert sind unter Einbeziehung des eingeführten Schichtenmodells der UA-Governance (3C-Modell; vgl. Abschn. 4.3.3.1) hierzu zunächst geeignete organisatorische Strukturen als Fundament für die Umsetzung der UA-Initiative aufzubauen, die primär der strukturellen Integration der beteiligten Akteure und der Verankerung der UAM-Funktion dient. Da bereits eine Loslösung der UA-Initiative von der IT seitens der Geschäftsführung avisiert wird, ist hier der Aufbau der entsprechenden zentralen Organisationseinheit zur UA-Gestaltung und -Wartung als langfristiges Ziel zu berücksichtigen. Im Rahmen der Definition der Strukturen sind dabei vordergründig die relevanten Akteure im Unternehmen zu identifizieren, die Aufgaben im Rahmen der UA-Initiative übernehmen, wobei hier das beispielhaft entwickelte Rollenkonzept zugrunde gelegt werden kann (vgl. Abschn. 4.3.3.1). Vor allem sind hier die von der geplanten Umstrukturierung betroffenen bzw. im Rahmen der Umstrukturierung mitwirkenden Stakeholder zu identifizieren und aktiv in die UAM-Prozesse einzubeziehen (hier insbes. Vertriebsleiter, Leiter Kundendienst, CIO, Prozessverantwortliche etc.). Gleichzeitig sind in Hinblick auf den zweiten Bezugspunkt zudem die bereits bestehenden Governancestrukturen im Unternehmen zu identifizieren und hinsichtlich der jeweiligen Schnittstellen zur Architekturgestaltung zu analysieren. Hierzu zählt auch die Identifikation bestehender Prozesse und Maßnahmen, die einen direkten Einfluss auf die UA-Initiative und deren Ausgestaltung haben. Durch Einbindung des CIO in der neu geschaffenen Organisationseinheit auf Ebene der Unternehmensführung kann so auch dessen Integration in Bezug auf einen gemeinsamen Strategieprozess von Geschäft und IT gefördert werden, indem die UA-Initiative zentral im Unternehmen verankert und etabliert wird.

Hierauf aufbauend ist entsprechend dem skizzierten Planungsprozess der UA durch das eingerichtete Architekturgremium (unter Beratung des Unternehmensarchitekten) eine Strategie für die UA einschließlich der erforderlichen Architekturprinzipien zu definieren, die vor allem die Ziele und langfristige Vision der UA definiert und die Ableitung von Anforderungen als Ausgangspunkt der Modellierung der Varianten auf Domänenebene ausgehend von der Unternehmensstrategie ermöglicht.[920] Für das skizzierte Beispiel sind im Rahmen

---

[920] Dabei kann typischerweise auf bestehende Unternehmens- und ggf. IT-Prinzipien zurückgegriffen werden, die entsprechend auf die UA-Gestaltung und -Planung zu erweitern sind. Vgl. auch Abschn. 4.3.2. Zudem ist davon auszugehen, dass im vorliegenden Fall seitens des Beratungsunternehmens ein Katalog von Prinzipien existiert, aus dem situativ geeignete Prinzipien ausgewählt oder als Grundlage für die Definition neuer Prinzipien genutzt werden.

der Modellierung der Soll-Architektur dabei insbesondere die Veränderungen abzubilden, die die Einführung mobiler Endgeräte im Vertrieb sowie auch ggf. in weiteren Funktionsbereichen des Unternehmens (z. B. Kundendienst) berücksichtigen, wodurch strategische Aspekte der Entwicklung bzw. Transformation von Geschäftsbereichen und IT hier zu berücksichtigen ist. Dabei sind Varianten für verschiedene strategische Handlungsoptionen einzubeziehen (z. B. interne vs. externe Cloud-Lösung, In-House-Entwicklung vs. Outsourcing) und im Rahmen einer anschließenden Analyse in Bezug auf die Auswirkungen der geplanten Veränderungen und Interdependenzen zwischen den einzelnen Gestaltungsbereichen zu beurteilen und in die Definition von Veränderungsprojekten zu überführen.

Abb. 59 zeigt hierzu stark vereinfachend die beispielhafte Modellierung eines Soll-Vertriebsprozesses (Prozess „Verkaufsgespräch") auf Ebene der Prozessarchitektur mithilfe eines EPK-Modells, das als beispielhaftes Ergebnis der Modellkonstruktion und Auswahl für diesen Teilprozess verstanden werden kann. Während der Prozess bislang nicht durch die IT unterstützt wurde, da die Vertriebsmitarbeiter vornehmlich mit ausgedruckten Unterlagen beim Kunden Verkaufsgespräche führten und bspw. Bestellformulare händisch übertragen wurden, ist hier an mehreren Stellen die Nutzung der zu entwickelnden App für den Vertrieb sowie der Zugriff auf die weiteren betrieblichen Systeme und Unternehmensdaten vorgesehen (z. B. Kundendaten, Lagerwirtschaftssystem).

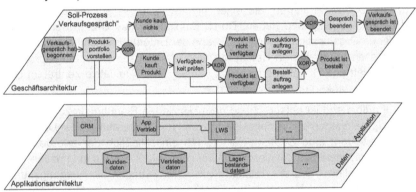

**Abb. 59: Vereinfachte Soll-Modellierung und Abhängigkeiten am Beispielprozess
„Verkaufsgespräch"**
Quelle: Eigene Darstellung.

Im Rahmen von Abhängigkeitsanalysen sind dabei bspw. Fragen nach den zu unterstützenden Aktivitäten im Prozess und dem damit verbundenen Bedarf an Applikationen, Schnittstellen und Infrastrukturkomponenten zu klären. In der Abbildung sind daher exemplarisch auch Schnittstellen bzw. Abhängigkeiten zur Applikationsarchitektur und den entsprechenden Gestaltungselementen schematisch dargestellt. Mithilfe der UA können so Entscheidungssituationen bzgl. der erforderlichen IT-Investitionen (v. a. Ausbau der Infrastruktur mit mobilen Geräten, Software-/Schnittstellenentwicklung) unter Risiko (v. a. finanzielle Risiken durch die Investitionen, Sicherheitsrisiken durch fehlendes oder unzureichendes Management der mobilen Geräte etc.) abgebildet und auf allen Gestaltungsebenen analysiert werden. Dabei zeigt sich hierbei auch, dass eine kollaborative Modellierung vor allem unter Beteiligung der IT und des Vertriebs aus fachlicher Sicht sinnvoll sein kann, um gemeinsam geeignete Lösungen zu identifizieren und ein gemeinsames Verständnis im Sinne des sozialen IT-Alignments zu etablieren, wobei maßgeblich durch den Unternehmensarchitekten zwischen den Perspektiven innerhalb der UA-Initiative vermittelt wird.[921]

Zu berücksichtigen ist dabei grundlegend, dass der Aufbau einer UAM-Funktion (Stufe 3) und der Etablierung der UA-Governance in Abstimmung mit der IT-Governance eine langfristig angelegte Aufgabe bleibt. In Bezug auf die UAM-Funktion der Lahn Systems AG und die avisierte Zentralisierung der Aufgaben der Erstellung und Nutzung der UA als Managementprozess ist hier durch die initiale Etablierung geeigneter Strukturen ein dauerhafter, koevolutionärer Prozess zu etablieren, der die Einbindung der Stakeholder in die Erstellung und den Betrieb der UA auf langfristiger Basis vorsieht. Hinsichtlich der zentralen Rolle des Unternehmensarchitekten und dessen Funktion als Vermittler ist hierzu im dargestellten Fall vor allem langfristig auch eine interne Besetzung dieser Position anzustreben, um die UA als dauerhafte Aufgabe und die Verantwortung für die UA-Initiative unternehmensintern zu verankern. In Bezug auf das IT-Alignment und die Erreichung eines proaktiven, kontinuierlichen und gemeinsamen Strategieprozesses von Geschäft und IT durch die UA (*strategisches UAM*) ist dabei die Aufgabe der UA-Governance vor allem in der Integration und Koordination der Prozesse und Strukturen auf ganzheitlicher Basis zu sehen, indem gemäß den beiden Sichtweisen der UA-Governance sowohl eine integrierte Steuerung der Prozesse des UAM als auch in Bezug auf die Aufgaben der IT-Governance etabliert werden kann.

AIER ET AL. folgend ist eine UAM-Funktion auf Stufe 3 derzeit bei den meisten Unternehmen nicht gegeben.[922] Für die Lahn Systems AG, die in Bezug auf die Entwicklungsstufen des UAM und der IT-Governance noch am Anfang steht, kann durch Einsatz des skizzierten Governancekonzepts eine Effizienzsteigerung der strategischen Planung erwartet werden. Insbesondere ist da-

---

[921] Vgl. hierzu insbes. Abschn. 4.3.3.
[922] Vgl. Aier et al. 2012, S. 21.

von auszugehen, dass durch die Prozessoptimierung im Vertrieb und im Kundendienst des Unternehmens die strategische Position nachhaltig verbessert werden kann.

5.2.2 Gestaltungsempfehlungen zur Framework- und Werkzeugunterstützung

Um die Anwendbarkeit des entwickelten Artefakts über einen einzelnen – zudem stark vereinfachten – Anwendungsfall hinaus zu betrachten, erscheint es weiterhin notwendig, geeignete Gestaltungsempfehlungen für die Framework- und Werkzeugunterstützung des mEA-Frameworks abzuleiten, die eine Einbindung des erarbeiteten Konzepts in bestehende Ansätze, Rahmenwerke und Best-Practices im Unternehmen erlaubt. Neben dem Reifegrad der UAM-Funktion und des bestehenden Governancesystems wird hierdurch aufbauend auf den vorhergehenden Ausführungen auch die Existenz bzw. Notwendigkeit einer methodischen und technologischen Einbettung des Frameworks begründet.

Dabei sollen einerseits die Möglichkeiten einer technologischen Unterstützung durch entsprechende Tools betrachtet werden, wobei insbesondere bestehende Werkzeuge zur Unternehmensmodellierung auf deren Erweiterbarkeit um governancebezogene Funktionen kurz diskutiert werden sollen. Auf der anderen Seite sind konzeptionelle bzw. methodische Werkzeuge relevant, die sich ebenfalls wiederum in zwei Kategorien untergliedern lassen. Einerseits sind hier Architekturframeworks zu nennen (vgl. insbes. auch Abschn. 3.2.2), die vor allem hinsichtlich ihrer Erweiterbarkeit um Aspekte der UA-Governance zu beurteilen sind (innengerichtete Sichtweise der UA-Governance). Andererseits sollen auch die Zusammenhänge und Synergien zu bestehenden Governanceansätzen bzw. -Best-Practices wie insbesondere COBIT kurz diskutiert werden, um im Sinne der außengerichteten Perspektive auch Ansatzpunkte für die unternehmensweite Integration der UA-Governance bereitzustellen.

Hinsichtlich der Nutzung technologischer Werkzeuge sind dabei zunächst vielfältige Unterstützungsmöglichkeiten denkbar. Vor allem sind hier Modellierungstools zu nennen, die eine adäquate Nutzung der gewählten Modellierungssprachen für die Teilarchitekturen unterstützen. Einige Rahmenwerke, wie insbes. ARIS (ARIS Platform bzw. Toolset)[923] oder auch der St. Galler Ansatz des Business Engineering (ADOben)[924], bieten hierzu entsprechende Werkzeuge an, um auch speziell eine integrierte Modellierung der Gesamtarchitektur über die Teilarchitekturen hinweg gemäß dem jeweiligen Rahmenkonzept zu ermöglichen. Zudem stehen hier auch neutrale Werkzeuge bereit,

---

[923] Vgl. Scheer 1992; Scheer 2002 sowie auch http://www.ariscommunity.com.
[924] Vgl. Kurpjuweit 2009, S. 208 ff. sowie http://adoben.iwi.unisg.ch. Einen Überblick über UA-Frameworks und zugehörige Tools bietet auch Matthes 2011, S. 37 ff.

die eine integrierte Gestaltung von Modellen und Funktionen der Modellverwaltung unabhängig vom gewählten Architekturframework erlauben.[925] Diese Werkzeuge stellen vor allem i. d. R. auch entsprechende Repositorys bereit, die eine zentrale Vorhaltung der Architekturmodelle ermöglichen, wobei hier vor allem auch Aspekte der Versionierung und der Benutzer- bzw. Rechteverwaltung von Bedeutung sind.

In Bezug auf den vorgeschlagenen Ansatz lassen sich hierbei verschiedene weiterführende Ansatzpunkte feststellen. Berücksichtigt man den Wert, den Architekturmodelle darstellen, ist es hier zwingend notwendig, sowohl eine hohe Qualität als auch die Verfügbarkeit der UA-Modelle sicherzustellen. Hier ist bspw. auch denkbar, die Governance der Unternehmensarchitektur im Sinne einer Data-Governance-Funktion auch explizit auf die Architekturdaten als solche auszuweiten. Bspw. schlagen FISCHER ET AL. in ihrem Konzept zur Wartung der UA auch die Rollen des Repository-Managers und des Data-Owners vor, um auch den technischen Aspekt der UA-Gestaltung und -Wartung zu berücksichtigen.[926] Der Repository-Manager ist dabei als Mitglied des Architekturteams institutionalisiert und verantwortlich für die Administration und Bereitstellung von Modellen im UA-Repository, das Modelldaten der Teilarchitekturen für die Nutzung der UA vorhält. Die Rolle des Data-Owners wird zudem für jede Teilarchitektur benannt und unterstützt das Architekturteam in der Bereitstellung der Modelle. Entsprechend sind geeignete Rollen- und Rechtesysteme neben den dargestellten Rollenkonzepten auch auf entsprechende Funktionsträger zur Umsetzung der technologischen Unterstützung der UA-Initiative erweitern. Eine Integration der genannten Aufgaben im vorgeschlagenen Rollenmodell (Abschn. 4.3.3.2) wäre dabei unmittelbar möglich. Zudem ist die Identifikation geeigneter Rollen somit auch wiederum notwendig, um für die Funktionsbereiche und -träger ggf. spezifische Werkzeuge bereitstellen zu können, die die Akteure in der Wahrnehmung der Aufgaben in geeigneter Weise unterstützen.

Weiterhin ist insbesondere denkbar, entsprechende Werkzeuge unter dem Aspekt der kollaborativen Modellierung auch um geeignete Social-Software-Komponenten, wie u. a. Wikis, Community-Plattformen oder Social-Tagging-Funktionen, zu erweitern. Bspw. schlagen BUCKL ET AL. einen wikibasierten Ansatz zur Unterstützung der Dokumentation und Analyse der UA vor.[927] In Bezug auf das dargelegte Governancekonzept im Rahmen des mEA-

---

[925] Die Spannbreite umfasst dabei sowohl Open-Source- als auch kommerzielle Werkzeuge, die sowohl umfassende Modellierungsunterstützung als auch in einigen Fällen Komponenten für das Management der UA bereitstellen. Als Beispiel sei u. a. auf die Open-Source-Softwarelösung für das UAM Iteraplan (http://www.iteraplan.de) verwiesen.
[926] Vgl. Fischer et al. 2007, S. 14 ff.
[927] Vgl. Buckl et al. 2009, S. 1 ff.

Frameworks sind hier bspw. Tagging-Funktion u. a. für die Hinterlegung von Verantwortlichkeiten und der Spezifikation der definierten Rollenkonzepte oder auch die Etablierung einer Interaktions- bzw. Community-Plattform für den Aufbau gemeinsamer Beziehungen und Bindungen im Sinne des sozialen IT-Alignments und zur Durchsetzung relationaler Maßnahmen als mögliche Ansatzpunkte zu sehen. Darüber hinaus ist auch denkbar, entsprechende Metainformationen zur UA-Modellierung in Wikis bereitzuhalten, um über die UA-Initiative selbst zu informieren und Transparenz hinsichtlich der UA-Aktivitäten zu schaffen. Vor allem ist auch die Hinterlegung und Bewertung der Umsetzung von Architekturprinzipien im Sinne der UA-Governance in einem entsprechenden System zu verankern.

In Bezug auf die Integration des Ansatzes in entsprechende Architekturframeworks können trotz der Neutralität des Ansatzes in dieser Hinsicht ebenfalls entsprechende Empfehlungen abgeleitet werden. Hier erscheinen unter Berücksichtigung der relevanten Literatur vor allem der St. Galler Ansatz des Business Engineering auf Seiten der Frameworks mit akademischem Ursprung (vgl. **Tab. 13**) sowie das TOGAF-Framework mit Ursprung in der Unternehmenspraxis grundlegend am ehesten geeignet, eine Integration des erarbeiteten Governancekonzepts zu ermöglichen (vgl. auch Abschn. 3.2.2). Während der St. Galler Ansatz ein ganzheitliches Verständnis der UA annimmt, explizit Aspekte und Herausforderungen der Unternehmenstransformation berücksichtigt und neben technologischen insbesondere auch sozio-ökonomische Aspekte mit einbezieht, sieht bspw. das TOGAF-Rahmenwerk demgegenüber bereits die Implementierung einer Architekturgovernance vor und stellt zudem eine sehr umfangreiche, anwendungsorientierte und in der Unternehmenspraxis verbreitete Methode dar.

Während die Wechselwirkungen mit zugrunde liegenden Architekturframeworks aufgrund der Begründung des Ansatzes in der Literatur und der übergeordneten Ausrichtung weitestgehend unproblematisch erscheint, soll nachfolgend näher auf den Bezug zu Best-Practice-Frameworks zur Unterstützung der IT-Governance, wie bspw. ITIL, Val-IT, COBIT etc. eingegangen werden, der sich grundlegend weniger eindeutig gestaltet. Diese Ansätze stellen wesentliche Elemente zum Aufbau einer IT-Governance-Architektur dar und sind daher unmittelbar relevant für die Umsetzung einer integrierten UA-Governancefunktion. Vor allem aufgrund der Verbreitung dieser Regelwerke in der Unternehmenspraxis und deren Akzeptanz erscheint es unter dem Aspekt der Anwendungsorientierung notwendig, mögliche Ansatzpunkte und Rahmenbedingungen für die Einbindung der UA-Governance in diese Rahmenwerke zu identifizieren, die bei der Einführung und Umsetzung des mEA-Frameworks ggf. eine Rolle spielen. Die nachfolgenden Ausführungen konzentrieren sich dabei aufgrund der Verbreitung und des Schwerpunkts des Frameworks beispielhaft auf den Ansatz nach COBIT.[928]

COBIT (Control Objectives for Information and related Technology), das durch die ISACA (Information Systems Audit and Control Association) in enger Zusammenarbeit mit dem IT Governance Institute (ITGI) entwickelt wurde, fokussiert dabei die notwendigen Maßnahmen und Mechanismen, die für das adäquate Management und die Kontrolle der unternehmensweit eingesetzten IT erforderlich sind.[929] Der Fokus von COBIT liegt dabei primär auf der Unterstützung von Entscheidungsträgern zur Umsetzung der IT-Governance. Das Framework in der aktuellen Version 5 besteht hierzu aus insgesamt fünf Kernbereichen: *Evaluate, Direct and Monitor* (EDM), *Align, Plan and Organise* (APO), *Build, Acquire and Implement* (BAI), *Delivery, Service and Support* (DSS) sowie *Monitor, Evaluate and Assess* (MEA). Diese sind wiederum in 37 IT-Prozesse untergliedert, die jeweils eine Reihe von Aktivitäten umfassen. Die jeweiligen Prozesse und Aktivitäten wurden dabei aus Best-Practice-Erfahrungen abgeleitet und stellen in ihrer Gesamtheit eine Methode für das Management und die Governance der IT dar. **Abb. 60** stellt eine Übersicht der Bereiche und Prozesse in COBIT 5 bereit.

Die Beziehung des Rahmenwerks zur UA gestaltet sich dabei zunächst wie folgt: „Whereas COBIT focuses on how one should organise the (secondary) IT function of an organisation, enterprise architecture concentrates on the (primary) business and IT structures, processes, information and technology of the enterprise."[930] Die UA unterstützt gemäß der außengerichteten Sichtweise die IT-Governance, indem sie einerseits als Informations- und Entscheidungsgrundlage dient. Darüber hinaus kann sie unter Berücksichtigung der Prozesse in COBIT dazu genutzt werden, die Ergebnisse des Steuerungsprozesses der IT-Governance in einen übergeordneten Kontext im Unternehmen einzuordnen. In Bezug auf das erarbeitete Governancekonzept kann dieses folglich in Ergänzung zu COBIT verstanden werden, um die Steuerung der IT-Entscheidungen auch auf das Gesamtunternehmen zu übertragen und dabei

---

[928] Dabei ist hier festzustellen, dass neben der Auswahl eines grundsätzlich auch die Kombination verschiedener Frameworks möglich bzw. häufig sinnvoll ist, wodurch auch eine Übertragbarkeit der Aussagen bzgl. der Schnittstellen des mEA-Frameworks anzunehmen ist. Zudem wurden im Rahmen der Entwicklung von COBIT bereits weitere Referenzmodelle, wie bspw. ITIL oder Val-IT, berücksichtigt und in das Rahmenwerk integriert. Vgl. hierzu auch Johannsen und Goeken 2006, S. 18 f.; Johannsen und Goeken 2007, S. 39 ff.

[929] Vgl. hierzu und im Folgenden ISACA 2012, S. 11 ff.; De Haes et al. 2013, S. 307 ff.; Johannsen und Goeken 2006, S. 16 ff.; Lankhorst 2013, S. 15-17; Niemann 2006, S. 206 ff. Auf eine detaillierte Beschreibung der Rahmenwerke sei an dieser Stelle verzichtet. Zur weiterführenden Betrachtung sei auf die genannte Literatur verwiesen.

[930] Lankhorst 2013, S. 16 f.

gleichzeitig die UA als Planungsinstrument in die bestehenden Prozesse ein-
zubetten.

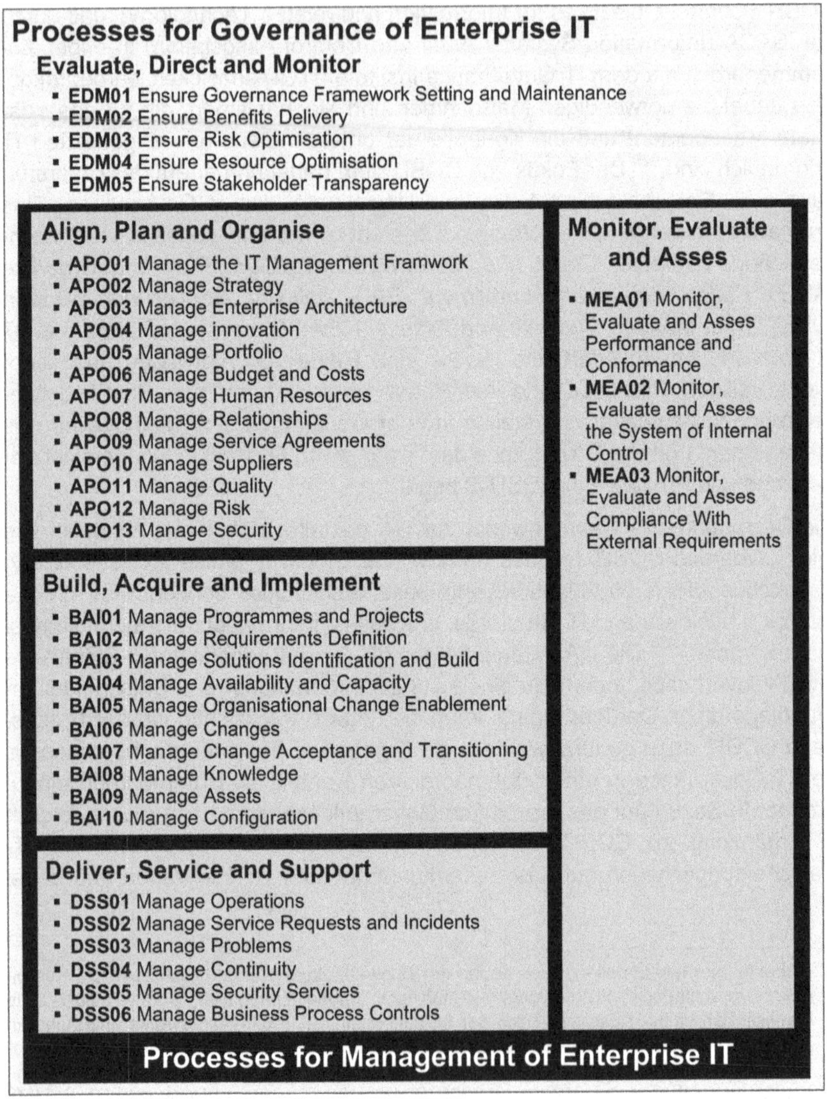

Processes for Governance of Enterprise IT
Evaluate, Direct and Monitor
- **EDM01** Ensure Governance Framework Setting and Maintenance
- **EDM02** Ensure Benefits Delivery
- **EDM03** Ensure Risk Optimisation
- **EDM04** Ensure Resource Optimisation
- **EDM05** Ensure Stakeholder Transparency

Align, Plan and Organise
- **APO01** Manage the IT Management Framwork
- **APO02** Manage Strategy
- **APO03** Manage Enterprise Architecture
- **APO04** Manage innovation
- **APO05** Manage Portfolio
- **APO06** Manage Budget and Costs
- **APO07** Manage Human Resources
- **APO08** Manage Relationships
- **APO09** Manage Service Agreements
- **APO10** Manage Suppliers
- **APO11** Manage Quality
- **APO12** Manage Risk
- **APO13** Manage Security

Monitor, Evaluate and Asses
- **MEA01** Monitor, Evaluate and Asses Performance and Conformance
- **MEA02** Monitor, Evaluate and Asses the System of Internal Control
- **MEA03** Monitor, Evaluate and Asses Compliance With External Requirements

Build, Acquire and Implement
- **BAI01** Manage Programmes and Projects
- **BAI02** Manage Requirements Definition
- **BAI03** Manage Solutions Identification and Build
- **BAI04** Manage Availability and Capacity
- **BAI05** Manage Organisational Change Enablement
- **BAI06** Manage Changes
- **BAI07** Manage Change Acceptance and Transitioning
- **BAI08** Manage Knowledge
- **BAI09** Manage Assets
- **BAI10** Manage Configuration

Deliver, Service and Support
- **DSS01** Manage Operations
- **DSS02** Manage Service Requests and Incidents
- **DSS03** Manage Problems
- **DSS04** Manage Continuity
- **DSS05** Manage Security Services
- **DSS06** Manage Business Process Controls

Processes for Management of Enterprise IT

Abb. 60: Übersicht der Bereiche und Prozesse in COBIT 5
Quelle: Eigene Darstellung in Anlehnung an ISACA 2012, S. 33.

Die Ansatzpunkte für das erarbeitete Konzept der UA-Governance sind dabei vielfältig und sind grundlegend ausgehend von den identifizierten Schnittstellen zwischen der IT- und UA-Governance hierauf übertragbar. In erster Linie ist dabei festzustellen, dass das Rahmenwerk in der aktuellen Version 5 substanziell erweitert wurde und nun insbesondere eine explizite Trennung der Bereiche des Managements (APO, BAI, DSS, MEA) und der übergeordneten Governance der eingesetzten IT (EDM) vorsieht und der Fokus von COBIT noch stärker in Richtung eines ganzheitlichen und unternehmensweiten Regelwerks tendiert. Wesentlich ist in diesem Zusammenhang auch, dass COBIT 5 die verbindliche Einführung eines UAM vorsieht und die UA dabei im ganzheitlichen Verständnis bestehend aus fachlichen und IT-bezogenen Gestaltungsebenen als wesentliches Element der unternehmensweiten Steuerung der IT versteht. Durch eine enge Verbindung zu TOGAF und dem ADM-Zyklus sind hier direkte Ansatzpunkte des skizzierten Governancekonzepts erkennbar. Beispielsweise wird insbesondere auch die Entwicklung und Durchsetzung einer Architekturvision und eine durchgängige Stakeholderorientierung betont. Folglich ist in COBIT in erster Linie eine Unterstützung der UA-Governance gemäß dem hier erarbeiteten Verständnis zu sehen, das der im Rahmen des mEA-Frameworks verfolgten integrierten Sichtweise auf die UA-Governance ebenfalls Rechnung trägt. Eine Integration der UA-Governance scheint daher nicht nur problemlos möglich, sondern de facto auch maßgeblich erforderlich, um die Ziele der IT-Governance durch die UA zu fördern.

5.3 Konformitätsbeurteilung der Gestaltungsmerkmale

FRANK folgend sollte eine anwendungsorientierte Wissenschaft wie die WI Kriterien zur Evaluation entwickelter Artefakte vorsehen, die nicht ausschließlich auf deren praktische Verwertbarkeit abzielen.[931] Zwar zeigt die praktische Anwendung grundsätzlich die Nützlichkeit eines Artefakts in anschaulicher Weise. Gleichzeitig ist die Auswahl geeigneter Fallbeispiele jedoch häufig von Subjektivität geprägt und beschränkt zudem die Artefaktgestaltung auf rein praktisch relevante Aspekte und grenzt dabei möglichweise andere wissenschaftliche Artefakte und Anforderungen aus. Insbesondere auch aufgrund des vergleichsweise hohen Abstraktionsniveaus und der zugrunde liegenden Abhängigkeit des Untersuchungsgegenstandes von situativen Faktoren, die – wie bereits mehrfach erwähnt – keinen generischen Ansatz im Sinne eines „One-size-fits-all"-Vorgehens sinnvoll erscheinen lassen, wird eine Anwendung des Ansatzes auf Basis der Beschreibung praxisrelevanter Einsatzmöglichkeiten daher grundsätzlich hier als nur eine Möglichkeit der Beurteilung erachtet.

---

[931] Vgl. Frank 2000, S. 10.

Wie bereits in Abschn. 5.1 dargelegt, verfolgt die Arbeit aus diesem Grund einen zweistufigen Evaluationsansatz bestehend aus dem im vorherigen Abschn. 5.2 skizzierten Demonstrationsbeispiel und der diskutierten Werkzeug- und Frameworkunterstützung sowie nachfolgend einer ergänzenden Konformitätsbewertung der in Abschn. 3.2.2 aufgestellten Anforderungen bzw. avisierten Gestaltungsmerkmale des Artefakts in Bezug auf das mEA-Framework, um hierdurch die Aussagekraft und Objektivität der vorgenommen Begründung zu erhöhen. In einem dritten Schritt ist darüber hinaus ggf. eine weiterführende Begründung durch Rückkopplungen nach der Veröffentlichung bzw. der Kommunikation des Artefakts (Diffusionsphase) zu ergänzen, was grundsätzlich auch den Empfehlungen im Design-Science-Forschungsprozess entspricht.[932]

Die Beurteilung der Anforderungen erfolgt dabei nachfolgend ebenfalls mithilfe eines zweistufigen Bewertungsschemas, das neben den aufgestellten, vergleichsweise spezifischen Gestaltungsmerkmalen als Fundament der Artefaktentwicklung (vgl. insbes. **Tab. 14**) weitere, generische und auf den Prozess der Artefaktkonstruktion selbst bezogene Beurteilungskriterien für den Ansatz heranzieht, wodurch die Bewertung durch objektive Anforderungen ergänzt wird. Hierzu werden die Richtlinien gestaltungsorientierter Forschung nach HEVNER ET AL. aufgegriffen und in Beziehung zum entwickelten Artefakt gesetzt.[933]

Betrachtet man zunächst die in Abschn. 3.2.2 abgeleiteten Gestaltungsmerkmale erneut, so werden diese durch die einzelnen Teilartefakte in unterschiedlicher Art und Weise adressiert. Hinsichtlich der generischen Anforderungen begründet bereits der eingeführte Ordnungsrahmen für das UAM die Berücksichtigung der UA als dauerhafter und kontinuierlicher Gestaltungs- und Managementprozess, der sowohl die UA-Gestaltung im Rahmen der Dokumentationsfunktion als auch die architekturbasierte Planung umfasst. Insbesondere durch die Etablierung des UAM im Sinne eines unternehmensweiten und gemeinsamen Planungsprozesses von Geschäft und IT wird der ersten Anforderung hier Rechnung getragen (G1). Weiterhin ist der Ansatz grundlegend stakeholderorientiert, indem die UA-Initiative vor allem durch die Definition eines strukturellen Rahmenwerks innerhalb der UA-Governance an verschiedenen Interessensgruppen auszurichten ist und die verschiedenen Sichtweisen und Informationsbedarfe der Stakeholder durch deren durchgängige Einbeziehung berücksichtigt (G2). Der Aspekt der Ganzheitlichkeit (G3) wird demgegenüber bereits durch das grundlegend eingenommene Architekturverständnis sowie auch die Umsetzung der UA-Planungsfunktion ausgehend von der Unternehmensstrategie begründet.

---

[932] Vgl. u. a. Peffers et al. 2007, S. 45 ff.; Hevner et al. 2004, S. 75 ff.
[933] Vgl. Hevner et al. 2004, S. 82 ff.

In Bezug auf die methodischen Gestaltungsmerkmale kann zunächst von einem ingenieurmäßigen Vorgehen gesprochen werden, indem vor allem eine systematische und strukturierte Vorgehensweise zur Integration der UA-Governance sowohl innerhalb des UAM als auch hinsichtlich der IT-Governance vollzogen wird (M1). Dabei wird der Ansatz iterativ ausgehend von bestehenden Konzepten, Modellen und Methoden erarbeitet, die wiederum selbst auf Basis einer systematischen Vorgehensweise entstanden sind. Der Aspekt der Prozessorientierung (M2) manifestiert sich wiederum primär durch das Verständnis der UA als kontinuierlicher Prozess sowie die Fokussierung von Geschäftsprozessen als Bindeglied zwischen fachlichen und IT-bezogenen UA-Artefakten, was durchgängig im Rahmen der Artefaktentwicklung berücksichtigt wurde. Das dritte Merkmal der Anpassbarkeit des Ansatzes (M3) ergibt sich demgegenüber grundlegend aus der Unabhängigkeit von Architekturframeworks und bestehenden Rahmenwerken, wobei jedoch im vorhergehenden Abschn. 5.2.2 Ansatzpunkte hierfür aufgezeigt wurden.

Die funktionalen Gestaltungsmerkmale ergeben sich demgegenüber zunächst aus der Berücksichtigung eines mehrdimensionalen und ganzheitlichen IT-Alignments (F1). Diese Anforderung ergibt sich primär durch das erarbeitete Governancekonzept, indem die definierten strukturellen, prozessbezogenen und relationalen Mechanismen der UA-Governance die jeweiligen Gestaltungsdomänen adressieren. Insbesondere kann durch die Verankerung der UA eine dauerhafte Abstimmung zwischen den Domänen unterstützt werden, die sich zudem nicht nur auf strategische, sondern auch auf soziale und strukturelle Aspekte der gegenseitigen Ausrichtung bezieht. Eine Governanceorientierung (F2) ist per definitionem durch den Ansatz erfüllt. Schließlich ergibt sich der integrative Charakter des Frameworks (F3) vor allem ausgehend von der Einbettung innerhalb des UAM (innengerichtete Sichtweise) und hinsichtlich der IT-Governance (außengerichtete Sichtweise).

Neben diesen spezifischen, auf das Artefakt bezogenen Anforderungen soll abschließend auch der Artefaktgestaltungsprozess im Kontext der Untersuchung beurteilt werden, indem die Richtlinien gestaltungsorientierter Forschung nach HEVNER ET AL. aufgegriffen und hinsichtlich ihrer Instanziierung in der vorliegenden Untersuchung betrachtet werden. Diese sind als grundlegende Anforderungen an die Artefaktkonstruktion zu verstehen, die sich ausgehend von der in Abschn. 1.2.2 gewählten Forschungskonzeption ergeben und die Bewertung abschließend ergänzen. **Tab. 20** stellt die Beurteilung zusammenfassend dar.

Richtlinie	Instanziierung im Rahmen der Untersuchung	Referenz (u. a.)
R1: Gestaltung als Artefakt	Konzeptionelle Frameworks (wie das mEA-Framework) werden konstruiert, indem Modelle und (methodische) Konzepte in Bezug auf die vorliegende Problemstellung kombiniert werden.	Goeken 2003, S. 19; Osterloh und Grand 1994, S. 278 ff.
	Als gültige Artefakttypen gestaltungsorientierter Forschung werden v. a. Sprachen, Methoden, Modelle und Implementierungen verstanden.	Hevner et al. 2004, S. 77
R2: Relevanz des Problems	Das Problem des IT-Alignments stellt eine der zentralen Fragestellungen sowohl in der WI-Forschung als auch in der Unternehmenspraxis dar.	Teubner 2006, S. 368; Luftman 2003, S. 7; Luftman 2005, S. 269 ff.
	Das entwickelte Artefakt adressiert die Problemstellung auf mehreren Ebenen. Es wurde gezeigt, dass das IT-Alignment durch das Framework gefördert werden kann.	
R3: Evaluation der Gestaltung	Die Anwendbarkeit des Ansatzes ist im Rahmen eines mehrstufigen, deskriptiven Beurteilungsprozesses demonstriert worden.	Hevner et al. 2004, S. 85 f.; Riege et al. 2009, S. 69 ff.
R4: Wissenschaftlicher Beitrag	Neben der Demonstration der Problemrelevanz des IT-Alignments (R2) wurde in der Literatur auch bereits grundlegender Forschungsbedarf für die Gestaltung einer UA-Governance artikuliert, der durch das Framework adressiert wird.	Winter und Schelp 2008, S. 548 ff.; Aziz et al. 2005, S. 1 ff.; Aziz et al. 2006, S. 1 ff.
	Das Framework stellt einen Handlungsrahmen für die Unterstützung der architekturbasierten Planung bereit und trägt somit zur Weiterentwicklung von UAM-Ansätzen zur Unterstützung des IT-Alignments in der WI bei.	
R5: Wissenschaftliche Strenge	Literaturanalysen tragen zur Systematisierung eines Problembereichs bei.	Fettke 2006, S. 257 f.; Webster und Watson 2002, S. xiii ff.
	Die Artefaktentwicklung basiert auf einer tiefgehenden und systematischen Analyse und Beurteilung bestehenden Wissens. Das Artefakt basiert auf existierenden Ansätzen und folgt zudem einer definierten und strukturierten Forschungsmethodik.	
R6: Gestaltung als Suchprozess	Im Rahmen des Gestaltungsprozesses wurde ein iteratives Vorgehen gewählt, indem ausgehend von der Analyse der Literatur schrittweise Gestaltungsmerkmale und Eigenschaften des Artefakts abgeleitet wurden.	Hevner 2004, S. 89; Simon 1996, S. 141
	Der Prozess wurde ausgehend von der Identifikation einer adäquaten Lösung iterativ vollzogen, ohne explizit alle möglichen Lösungsoptionen einzubeziehen („Satisficing").	
R7: Kommunikation der Forschung	Die Ergebnisse der Untersuchung werden durch Veröffentlichung kommuniziert.	Hevner et al. 2004, S. 93; Becker 2010, S. 16

Tab. 20: Beurteilung der Artefaktkonstruktion in Bezug auf die Richtlinien gestaltungsorientierter Forschung

Quelle: Eigene Zusammenstellung, basierend auf Hevner et al. 2004, S. 82 ff.

Unter Berücksichtigung der Beurteilung der Gestaltungsmerkmale des mEA-Frameworks im Speziellen sowie der Merkmale gestaltungsorientierter Forschung im Allgemeinen kann – auch vor dem Hintergrund des praktischen Anwendungsbeispiels und der Ableitung von Gestaltungsempfehlungen für die Framework- und Werkzeugunterstützung des entwickelten Artefakts (Abschn. 5.2) – von einer grundlegenden Anwendbarkeit des Artefakts ausgegangen werden. Die tatsächliche Einführung und Nutzung des Ansatzes ist jedoch maßgeblich durch situative Faktoren beeinflusst, die sich u. a. in Abhängigkeit des intendierten Zwecks der UA oder der organisatorischen Rahmenbedingungen ändern. Dieser Aspekt wird neben einer Zusammenfassung der Ergebnisse hinsichtlich der Limitationen des Ansatzes im nachfolgenden Kapitel abschließend kurz aufgegriffen.

6. Fazit

6.1 Zusammenfassung

*„[B]usiness and IT must be considered as interdependent
entities; one cannot succeed without the other."*

Duffy 2002, S. 8

Der Ausgangspunkt der vorliegenden Untersuchung bestand in der Frage
nach einer geeigneten Unterstützung der Abstimmung zwischen Geschäft und
IT als einer der zentralen Forschungsgegenstände der WI. Hierzu wurden zunächst neben den grundlegenden Rahmenbedingungen, wie der notwendigen
Berücksichtigung des organisatorischen Wandlungsbedarfs, der Bedeutung
und Implikationen einer angemessenen (Geschäfts-)Prozessorientierung und
der veränderten Rolle der IT als Enabler und strategischer Partner, insbesondere die Merkmale und Kennzeichen des IT-Alignments erarbeitet. Diese wurden mithilfe einer semi-strukturierten Literaturanalyse identifiziert und anhand
von drei Dimensionen und Ebenen systematisiert und anschließend in einen
gemeinsamen Bezugsrahmen eingeordnet, der als konzeptionelles Fundament für die Erarbeitung eines Konzepts zur Unterstützung der ganzheitlichen
bzw. mehrdimensionalen und dauerhaften Abstimmung von Geschäft und IT
zu verstehen ist.

Insbesondere wurde im Verlauf der Untersuchung in diesem Zusammenhang
herausgearbeitet, dass das IT-Alignment als kontinuierliche Aufgabe und fortwährend Prozess zu verstehen ist, der nur durch eine dauerhafte Verankerung und Ausrichtung beider Domänen nachhaltig zu einem effizienteren und
effektiveren IT-Einsatz führt. Darüber hinaus wurde das Verständnis des IT-
Alignments aufbauend auf der bestehenden Literatur hierbei auch über die
einseitige Betrachtung strategischer Faktoren hinaus um die Berücksichtigung
struktureller sowie sozialer und kognitiver Aspekte erweitert, die auch auf operativer und individueller Ebene einen Einfluss auf die Effizienz IT-gestützter
und IT-getriebener Geschäftsprozesse haben können. Hierbei wurden die wesentlichen Ansatzpunkte identifiziert, die in Bezug auf die jeweiligen Dimensionen von Relevanz sind. Die Abstimmung zwischen Geschäft und IT muss
folglich auf komplementären Ebenen ansetzen und ist grundlegend durch eine
Kombination strategischer, struktureller und sozialer Aspekte zu erreichen.

Ausgehend von den erarbeiteten Merkmalen des IT-Alignments und der zu
berücksichtigenden Ebenen und Dimensionen der Abstimmung zwischen Geschäft und IT wurden dann mögliche Ansätze diskutiert, die den Untersuchungsgegenstand gemäß der eingenommenen Interpretation in geeigneter

Weise adressieren. Aufgrund des Potenzials governanceorientierter und architekturbasierter Ansätze wurden diese nachfolgend anhand ihrer Eignung für
die Alignmentunterstützung für die Erarbeitung eines entsprechenden Konzepts ausgewählt und zu Gestaltungsmerkmalen bzw. Anforderungen an das
zu entwickelnde Artefakt verdichtet. Die Analyse und Bewertung bestehender
Ansätze ergab hierbei insbesondere, dass einerseits Synergieeffekte aus einer
Kombination governance- und architekturorientierter Gestaltungselemente zu
erwarten sind. Andererseits wurde im Rahmen der weiterführenden Betrachtung modell- bzw. architekturbasierter Ansätze auch insbesondere das Unternehmensarchitekturmanagement (UAM) und dessen angemessene organisatorische Verankerung als wesentlicher differenzierender Faktor für den erfolgreichen Einsatz einer Unternehmensarchitektur in Bezug auf den Untersuchungskontext und die Problemstellung der Arbeit identifiziert.

Das hierauf aufbauend entwickelte mEA-Framework besteht dabei im Kern
aus einem Governancekonzept für die Unternehmensarchitektur, das durch
einen Ordnungsrahmen zur Einordnung der UA-Governance innerhalb der
Aufgaben und Prozesse des UAM sowie einer Erweiterung des generischen
Architekturrahmens nach SINZ und des konzeptionellen Modells der Architekturbeschreibung nach IEEE Standard 1471-2000 um governancebezogene
Artefakte ergänzt wird, die der terminologischen und konzeptionellen Fundierung der Architekturgovernance dient. Das Konzept der UA-Governance baut
dabei aus konzeptioneller Sicht einerseits auf bestehenden, bislang allerdings
wenig konkreten oder rein IT-bezogenen Ansatzpunkten aus der Literatur zum
Thema auf. Andererseits dient die Systematisierung nach PETERSON, der die
Maßnahmen zur Realisierung der IT-Governance anhand von Strukturen, Prozessen und relationalen Mechanismen beschreibt, als Grundlage für das
Governancekonzept als Kernartefakt, das ausgehend von der Differenzierung
der beiden Perspektiven der UA-Governance (außen- und innengerichtete
Sicht) erarbeitet wurde. Wesentlich ist dabei vor allem der Integrationsgedan-
ke, der die Einbettung der UA-Governance in bestehende Strukturen und Prozesse durch Berücksichtigung einer innen- und außengerichteten Sichtweise
vorsieht.

Dabei wurde hierauf aufbauend das Schichtenmodell der UA-Governance (3C-
Modell) eingeführt, das als Reifegradmodell für die Einführung der UA-
Governance zu verstehen ist und den entsprechenden Prozess der Governance der UA als übergeordnete Teilaufgabe innerhalb des UAM systematisiert. Hierbei wurden mögliche Gestaltungsalternativen für die Strukturen, Prozesse und relationalen Mechanismen diskutiert, die in ihrer Gesamtheit zur
Umsetzung der UA-Governance beitragen können. Das mEA-Framework bietet zusammenfassend hierdurch vor allem ein methodisches Rahmenkonzept,

um das UAM um Steuerungselemente zur Durchsetzung einer zielgerichteten und stakeholderorientierten Ausrichtung der UA zu erweitern und die UA-Governance innerhalb der IT-Governance durch Integration der Governancefunktionen zu verankern. Die Unterstützung des IT-Alignments in dem durch den eingeführten Bezugsrahmen begründeten Verständnis kann dabei insbesondere durch die Steuerung und Überwachung der UAM-Aktivitäten sowie durch integrierte Verantwortungsbereiche von Geschäft und IT im Rahmen der UA-Initiative erreicht werden. Durch den Aufbau der UA als gemeinsames Bezugs- und Handlungssystem und der Sicherstellung einer integrierten und effektiven UA-Initiative kann diese nachhaltig als Mittler zwischen den Domänen dienen.

6.2 Limitationen und Ausblick

> *„A significant observation regarding [...] architectural representations
> is that each is of a different nature than the others."*
> John Zachman, zit. in Tissot und Crump 2006, S. 544

Unter anderem bedingt durch die Einschränkung eines angemessenen Umfangs der vorliegenden Arbeit, der Wahl und Art der Ausgestaltung einer als geeignet angesehenen Vorgehensweise sowie auch aufgrund der vorgenommenen thematischen und problembezogenen Eingrenzung ergeben sich einige Limitationen der Untersuchung, die abschließend kurz diskutiert werden sollen. Im Rahmen des Ausblicks auf mögliche zukünftige Forschungsarbeiten wird zudem versucht, auf Basis dieser Einschränkungen Ansatzpunkte für weiterführende Untersuchungen aufzuzeigen.

Einerseits ergeben sich Einschränkungen der vorliegenden Arbeit dabei grundlegend durch die Generalisierung des Ansatzes und damit ausgehend von der Vernachlässigung möglicher spezifischer, situativer Einflussfaktoren, die bewusst im Sinne der Abstraktion im Verlauf der Untersuchung ausgeblendet wurden. In Bezug auf die Anwendung des mEA-Frameworks sind hier in erster Linie bspw. die Art und der Umfang einer bereits bestehenden UA-Initiative im Unternehmen oder auch die Ausgestaltung der bestehenden Governancefunktionen von Bedeutung.[934] Zudem spielen auch grundlegende differenzierende Faktoren, wie bspw. die Unternehmensgröße, die Art und der Reifegrad einer Branche, die Organisationskultur oder auch die Wettbewerbsstrategie eines Unternehmens, eine Rolle.[935] Als einen ersten Ansatzpunkt identifizieren bspw. RIEGE UND AIER auf Basis einer breit angelegten empirischen Untersuchung wesentliche Kontingenzfaktoren, die die Abhängigkeit der Realisierung einer UA-Initiative in Bezug auf bestimmte Anwendungssituatio-

---

[934] Vgl. hierzu auch Abschn. 5.2.1.2.
[935] Vgl. Aier und Schelp 2009, S. 39 f.

nen systematisieren und die Entwicklung eines Verständnisses über mögliche beeinflussende Faktoren erlauben.[936] Hierzu gehört bspw. auch die organisatorische Durchdringung und Akzeptanz der UA sowie die Ausgestaltung der UA-Initiative in Bezug auf gewählte Gestaltungsparadigmen und Modellierungsmethoden. Für zukünftige Forschung ist hier bspw. von Interesse, welche Faktoren für welche Aspekte der UA-Governance eine Rolle spielen. Dabei ist vor allem relevant, welchen Einfluss diese auf die Umsetzung haben und welche Aspekte in bestimmten Anwendungssituationen ggf. eine Anpassung des Konzepts erfordern.

Weiterhin sind in diesem Zusammenhang auch die skizzierten Möglichkeiten der Umsetzung und Ausgestaltung der UA-Governance einschränkend zu sehen. Dabei ist bspw. grundlegend auch davon auszugehen, dass möglicherweise weitere Funktionsträger und Aufgaben im Rahmen der Definition organisatorischer Strukturen der IT- und UA-Governance oder auch Aktivitäten im Planungsprozess zu berücksichtigen sind, wobei die vorgeschlagenen Maßnahmen zudem weiterführend zu überprüfen und zu analysieren sind. Hierfür stellt auch die Beurteilung des Artefakts in Abschn. 5 bereits erste Ansatzpunkte bereit, wobei hier die Erprobung auch durch Analyse und Bewertung realer Fallbeispiele erfolgen sollte.

Darüber hinaus ergeben sich andererseits auch Limitationen der vorliegenden Untersuchung aufgrund des eingenommenen Verständnisses des IT-Alignments. Dabei ist einerseits festzustellen, dass unter bestimmten Voraussetzungen die Betonung einer Dimension und die Vernachlässigung anderer Aspekte sinnvoll erscheinen kann und nicht zwangsläufig alle Dimensionen von gleicher Relevanz sind. Zudem sind hier ggf. auch weitere Dimensionen denkbar, wie bspw. das temporale IT-Alignment, das sich auf die Schnelligkeit der Anpassung der IT an Änderungen der Geschäftsmodelle bezieht.[937] Zukünftige Arbeiten können hier ansetzen und ggf. die Möglichkeiten der Unterstützung weiterer Dimensionen des IT-Alignments durch den Einsatz und die Governance der UA betrachten.

Ein wesentlicher Aspekt ist hierbei auch in der problematischen Quantifizierbarkeit des IT-Alignments und somit auch des erarbeiteten mEA-Frameworks zu sehen. Zwar existieren auch hier Reifegradmodelle, die eine Beurteilung und Einordnung des IT-Alignments gemäß dem jeweiligen Abstimmungsniveau ermöglichen.[938] Allerdings zeigt sich, dass unter Berücksichtigung des IT-Alignments als kontinuierlicher Prozess kaum von einem zu erreichenden Zustand gesprochen werden kann. Zudem ist das IT-Alignment unter Berück-

---

[936] Vgl. Riege und Aier 2009, S. 391 ff.
[937] Vgl. Masak 2006, S. 261 ff.; Keller und Masak 2008, S. 30.
[938] Vgl. bspw. Luftman 2003, S. 7.

sichtigung komplementärer, vielschichtiger Dimensionen als komplexes Phänomen zu verstehen, das nur schwer in Kennzahlen zu erfassen ist. Hierbei
sind in Übereinstimmung mit dem Schichtenmodell der UA-Governance vielmehr Kompetenzen bzw. Fähigkeiten des Unternehmens zu entwickeln, die in
ihrer Gesamtheit langfristig den Unternehmenserfolg durch einen effizienten
IT-Einsatz verbessern können.

Zusammenfassend lässt sich festhalten, dass Unternehmensarchitekturen im
Allgemeinen sowie das Unternehmensarchitekturmanagement und die Unternehmensarchitekturgovernance im Speziellen aktuelle und gleichzeitig noch in
vielfacher Hinsicht unerforschte Gebiete der WI darstellen. Die vorliegende
Arbeit hat gezeigt, dass vor allem für das IT-Alignment und durch Bezug zur
IT-Governance vielfältige Anwendungspotenziale und Gestaltungsmöglichkeiten bestehen. Von besonderem Interesse für die zukünftige Forschung in
diesem Bereich erscheint dabei vor allem die Einbindung des UAM in
bestehende Prozesse und Strukturen, um die Vorteile der UA auch nutzbar zu
machen und die Erweiterung von Aufgaben der IT-Governance in Bezug auf
die unternehmensweite Planung der UA. Auch die aufgezeigte Einbindung in
Rahmenwerke wie COBIT ist hier methodisch weiterführend zu detaillieren
und zu erproben. Vor allem in Hinblick auf die Komplexität, Reichweite und
den Umfang einer UA-Initiative ist eine angemessene Führungsfunktion durch
die UA-Governance zu etablieren und hierdurch die Nutzung der UA auf allen
Unternehmensebenen voranzutreiben, um einen Mehrwert durch die Architekturmodellierung zu erzielen. Langfristig kann so nicht nur das IT-Alignment
nachhaltig und dauerhaft unterstützt werden. Stattdessen kann hiervon
ausgehend auch der Weg für ein übergreifendes Konzept zur transparenten
und integrierten Unternehmensentwicklung geebnet werden, das die UA als
Mittler zwischen den verschiedenen Domänen im Unternehmen instrumentali-
siert und die Transformation der Organisation als Gemeinschaftsaufgabe von
Geschäft und IT begreift.

Anhang

Anhang A: Vorgehen und Ergebnisse der Literaturanalyse

1 – Detaillierung der Vorgehensweise

Zur Ermittlung der Dimensionen des IT-Alignments wurde, wie in Abschn. 2.2.3 beschrieben, eine semi-strukturierte Literaturanalyse durchgeführt, um die im Rahmen des Bezugsrahmens integrierten Dimensionen (vgl. Abschn. 2.2.3.1) systematisch herzuleiten. Aus Gründen der Transparenz und Überprüfbarkeit des Forschungsprozesses der vorliegenden Arbeit soll die angewandte Vorgehensweise hier weiterführend detailliert werden, bevor anschließend die Ergebnispräsentation erfolgt.

Vor allem für die vorliegende Problemstellung erscheint ein systematisches Vorgehen aus mehreren Gründen notwendig. Zum einen stellt sich die Literatur zum IT-Alignment sehr vielfältig und heterogen dar. Aufgrund einer langjährigen Forschungshistorie, der Vielfältigkeit der betrachteten Dimensionen und Aspekte und der hierdurch bedingten Involvierung weiterer betriebswirtschaftlicher und sozialwissenschaftlicher Teildisziplinen neben der WI-/IS-Forschung herrscht in diesem Zusammenhang wenig Konsens in der Literatur. Begrenzt man das Verständnis des IT-Alignments gemäß der vorliegenden Untersuchung zudem bewusst nicht auf eine eindimensionale und statische Sichtweise, gestaltet sich die Literatur zur Herleitung der Faktoren, die eine Rolle im Rahmen der Abstimmung spielen, noch weitaus fragmentierter. Die Forschung in diesem Bereich ist – wie bereits skizziert wurde – typischerweise durch eine uneinheitliche, unpräzise und undifferenzierte Begriffsbestimmung und eine synonyme Verwendung von Begriffen für dasselbe thematische Konstrukt gekennzeichnet, was die Ableitung eines Verständnisses erschwert. Wenngleich die Methodik des Literaturreviews aufgrund der subjektiven Wahl von Literaturquellen und Suchtermini auch z. T. kritisch zu betrachten ist, erscheint sie daher an dieser Stelle doch angebracht, um im Gegenstandsbereich der Untersuchung Erkenntnisse über den aktuellen Stand der Literatur zu erhalten und die verschiedenen Facetten des Alignmentbegriffs zu systematisieren.

Im Rahmen der Untersuchung wurde dabei ausgehend von einer zeitlich eingeschränkten systematischen Stichwortsuche nach relevanten Veröffentlichungen gesucht, die mehr als eine Dimension des IT-Alignments im Verständnis dieser Arbeit betrachten, um dann ausgehend von dieser Basis weitere Quellen in die Untersuchung einzubeziehen (vgl. Abschn. 2.2.3.1). Als relevant wurden dabei folglich Quellen eingestuft, die grundlegend – implizit oder explizit – ein differenziertes Alignmentverständnis annehmen. Das Ziel der Analyse besteht darin, als Grundlage für die weiterführende Untersuchung ein

möglichst übersichtliches und systematisches Bild der in der Literatur betrachteten Dimensionen des IT-Alignments zu erhalten (Integration). Dabei wurde
versucht, gemeinsame Dimensionen und/oder Ebenen des IT-Alignments zu
identifizieren, die eine konzeptionelle Differenzierung der jeweiligen Aspekte
oder Perspektiven auf den Alignmentbegriff erlauben. Die einzelnen Dimensionen werden hier nicht notwendigerweise in allen Beiträgen gleich bezeichnet,
lassen sich jedoch anhand mehrerer Kategorien definieren und einordnen, die
für die Herleitung des Bezugsrahmens relevant sind.

Im Rahmen des Suchprozesses wurden darüber hinaus verschiedene Einschränkungen vorgenommen, die an dieser Stelle ebenfalls expliziert werden
sollen. Eine zeitliche Einschränkung betrifft dabei zunächst den gewählten
Suchzeitraum. Hierbei wurden zunächst im Rahmen der Datenbankrecherche
nur Beiträge in die Untersuchung einbezogen, die im Zeitraum der Jahre 2000-
2012 veröffentlicht wurden. Es wird davon ausgegangen, dass frühere relevante Quellen durch die zusätzlich durchgeführte quellenbasierte Suche identifiziert wurden (vgl. **Abb. 17**). Weiterhin wurden – soweit möglich – nur begutachtete Artikel in die Suche eingeschlossen, um von Vorneherein nichtwissenschaftliche Beiträge auszuschließen. Dabei wurden drittens generell
auch Buchkapitel ausgeschlossen, da diese häufig keinen Begutachtungsprozess durchlaufen und die wichtigsten – vor allem neuere – Forschungsbeiträge
i. d. R. eher in den führenden Fachzeitschriften und Konferenzen vermutet
werden können.[939] Darüber hinaus ist die Integration von Monographien in
Reviews generell problematisch, da repräsentative Literaturnachweise häufig
u. a. aufgrund der fehlenden forschungsmethodischen Verschlagwortung in
Bibliothekskatalogen und der fehlenden Einordnung in eine entsprechende
Sachgruppe zur Wirtschaftsinformatik nur bedingt sinnvoll integriert werden
können.[940]

2 – Ergebnisse

Im Rahmen der Erfassung und abschließenden Zusammenstellung wurden
insgesamt 36 relevante Quellen identifiziert. Neben den Dimensionen und
Ebenen bzw. Faktoren, die für das IT-Alignment in den jeweiligen Beiträgen
identifiziert wurden, wurde außerdem hinsichtlich der in den jeweiligen Beiträgen verfolgten Forschungsmethoden unterschieden (vgl. auch Abschn. 1.2), da
diese die Forschungsergebnisse ggf. beeinflussen können und zur Beurteilung
daher ebenfalls eine Rolle spielen.[941] **Tab. 21** stellt die Ergebnisse der Literaturanalyse zusammenfassend dar.

---

[939] Vgl. auch Webster und Watson 2002, S. xvi.
[940] Vgl. Fettke 2006, S. 260.
[941] Vgl. hierzu auch Fettke 2006, S. 264.

Quelle	Titel	Stichworte	Methodische Ausrichtung	Dimensionen / Ebenen
AVILA ET AL. 2009	Understanding and classifying information systems alignment approaches	IS alignment, Alignment approach, Information system, Analysis framework	Konstruktionsorientiert, erklärungsorientiert	strategisch, strukturell, intern, extern
AVISON ET AL. 2004	Using and validating the strategic alignment model	Strategic alignment, Strategic alignment model, Alignment framework, Alignment in practice	Literaturanalyse, konzeptionell	strategisch, strukturell, intellektuell, sozial, statisch/ dynamisch
BARTENSCHLAGER UND GOEKEN 2009	Designing artifacts of it strategy for achieving business/IT alignment	IT governance, IT strategy, IS strategy, IS strategy implementation, IS strategy formulation, Alignment, Enterprise architecture	Literaturanalyse, gestaltungsorientiert	strategisch, prozessual, strukturell, kulturell, kognitiv/sozial, statisch/ dynamisch
BEIMBORN ET AL. 2006	Die Bedeutung des Alignment von IT und Fachressourcen in Finanzprozessen: Eine empirische Untersuchung	Alignment, Fachressourcen, Resource-based View, Geschäftswertbeitrag	Empirisch/Quantitativ	strategisch, operativ, sozial, kognitiv, intellektuell, statisch/dynamisch
BENBYA UND MCKELVEY 2006	Using coevolutionary and complexity theories to improve IS alignment: a multi-level approach	Information systems alignment, Coevolution, Complexity	Literaturanalyse, erklärungsorientiert	strategisch, operativ, individuell, strukturell, statisch/dynamisch
BERGERON ET AL. 2004	Ideal patterns of strategic alignment and business performance	Business strategy, Business structure, IT strategy, IT structure, Business performance, Coalignment, Gestalt, Fit	Empirisch/Quantitativ	strategisch, strukturell, dynamisch, technologisch, kulturell
BUGAJSKA UND SCHWABE 2005	Framework for communication and visualization of IT and business alignment for financial institution	Communication framework, IT and business alignment, Communication guidelines, Visualization guidelines	Literaturanalyse, gestaltungsorientiert	strategisch, intellektuell, sozial, langfristig/kurzfristig
CAMBPELL 2003	The role of trust in IS/business alignment	IS/business alignment, Social capital theory, trust	Literaturanalyse, erklärungsorientiert	strategisch, kognitiv, sozial, strukturell
CAMBPELL ET AL. 2004	Strategic alignment: a practitioner's perspective	Strategic alignment, Strategy development, Causal-loop diagram	Inhaltsanalyse, Modellierung/Interview	strategisch, intellektuell, sozial
CHAN 2002	Why haven't we mastered alignment? The importance of the informal organizational structure	k. A.	Literaturanalyse, Fallstudie, Interview	strategisch, strukturell, kulturell, formal/informal, statisch/dynamisch

Quelle	Titel	Stichworte	Methodische Ausrichtung	Dimensionen / Ebenen
CHAN ET AL. 2006	Antecedents and outcomes of strategic IS alignment: an empirical investigation	Academic institutions, Antecedents of alignment, Business strategy, Information systems strategy, Organizational characteristics, Organizational performance, Strategic alignment.	Empirisch/Quantitativ	strategisch, sozial
CHAN UND REICH 2007	IT alignment: what have we learned?	Alignment, Linkage, Fit, Models, Measures, Antecedents, Outcomes, Strategy, Structure, Culture, Knowledge, Social dimensions	Literaturanalyse, erklärungsorientiert	strategisch, intellektuell, strukturell, sozial, kulturell, statisch/dynamisch
CHANG ET AL. 2011	Assessing IT-business alignment in service-oriented enterprises	Customer service systems, IT-business alignment, Service-oriented enterprise, Service integration	Literaturanalyse, Empirisch/Quantitativ	strategisch, operativ, sozial, strukturell
CHEN 2010	Business–IT alignment maturity of companies in China	Business–IT alignment, Cross-culture comparison, Instrument validation, IS in China, Strategic IT alignment	Empirisch/Quantitativ	strategisch, taktisch, operativ, sozial, strukturell, statisch/dynamisch
CROTEAU ET AL. 2001	Organizational and technological infrastructures alignment	k. A.	Empirisch/Quantitativ	strategisch, strukturell, statisch/dynamisch
HOLLAND UND SKARKE 2008	Business & IT alignment: then & now, a striking improvement	k. A.	Literaturanalyse, konzeptionell	strategisch, strukturell, statisch/dynamisch
JOHNSON UND LEDERER 2010	CEO/CIO mutual understanding, strategic alignment, and the contribution of IS to the organization.	Mutual understanding of the role of IT, Strategic alignment, IT strategy, IS contribution	Empirisch/Quantitativ	strategisch, sozial
KEARNS UND SABHERWAL 2006	Strategic alignment between business and information technology: a knowledge-based view of behaviors, outcome, and consequences	Business effect of information technology, Business–IT strategic alignment, Information technology planning, IT project planning, Knowledge management	Empirisch/Quantitativ	strategisch, kognitiv/sozial,
KELLER UND MASAK 2008	Was jeder CIO über IT-Alignment wissen sollte	IT-Alignment, IT-Management, IT-Strategie, Unternehmensarchitektur, Kognitives Alignment	Literaturanalyse, konzeptionell	strategisch, kognitiv, architektonisch, systemisch, temporal

Quelle	Titel	Stichworte	Methodische Ausrichtung	Dimensionen / Ebenen
LEE ET AL. 2008	Developing a socio-technical framework for business-IT alignment	Communication technologies, Strategic planning	Empirisch/Quantitativ	strategisch, intern/extern, sozial , intellektuell, technisch, statisch/dynamisch
LEONARD 2008	What are we aligning? Implications of a dynamic approach to alignment	Alignment, Strategy, Dynamics of Alignment	Literaturanalyse	strategisch, strukturell, informal, statisch, dynamisch
MAES ET AL. 2000	Redefining business – IT alignment through a unified framework	Strategic alignment, Architecture, Information management	Literaturanalyse, erklärungsorientiert	strategisch, strukturell, operativ, sozial, statisch/dynamisch
MOODY 2003	New meaning to IT alignment	k. A.	Literaturanalyse, erklärungsorientiert	strategisch, kulturell
PEPPARD UND BREU 2003	Beyond alignment: a coevolutionary view of the information systems strategy process	Strategic alignment, IS strategy, coevolutionary theory	Literaturanalyse, erklärungsorientiert	strategisch, strukturell, formal/informal statisch/ dynamisch
PRESTON UND KARAHANNA 2009	Antecedents of IS strategic alignment: a nomological network	IS leadership, Chief information officer, IS strategic alignment, Shared understanding, strategic management of IT, Top management team, Matched-pair questionnaire surveys	Empirisch/Quantitativ	strategisch, sozial, intellektuell, strukturell
REICH UND BENBASAT 2000	Factors that influence the social dimension of alignment between business and information technology objectives	Alignment, Communication, Shared knowledge	Empirisch/Quantitativ, Interviews	strategisch, strukturell, sozial, intellektuell
SABHERWAL ET AL. 2001	The dynamics of alignment: insights from a punctuated equilibrium model	Alignment, Strategic IS management, Punctuated equilibrium, Organizational evolution	Fallstudien, erklärungsorientiert	strategisch, strukturell, statisch/dynamisch
SCHLOSSER UND WAGNER 2011	IT governance practices for improving strategic and operational business-it alignment	IT governance, Business-IT alignment, Governance mechanisms, Case study	Literaturanalyse, Fallstudie, Interview	strategisch, operativ, sozial

Quelle	Titel	Stichworte	Methodische Ausrichtung	Dimensionen / Ebenen
SCHWARZ ET AL. 2010	A dynamic capabilities approach to understanding the impact of IT-enabled businesses processes and IT-business alignment on the strategic and operational performance of the firm	Alignment, IT-enabled business process, Resource-based View, Dynamic capabilities theory	Empirisch/Quantitativ	strategisch, operativ, strukturell, intellektuell, sozial, ressourcenbasiert
SILVIUS ET AL. 2009	Exploration of cultural influences on Business and IT alignment	k. A.	Empirisch/Quantitativ, Fallstudie	strategisch, strukturell, kulturell
TAN UND GALLUPPE 2006	Aligning business and information systems thinking: a cognitive approach	Business-IS alignment, Cognitive mapping, Personal construct theory, Repertory grid technique, Shared cognition, Shared understanding	Literaturanalyse, Fallstudie, Interview	strategisch, intellektuell, sozial
TIWANA ET AL. 2003	The antecedents of information systems development capability in firms: a knowledge integration perspective.	k. A.	Empirisch/Quantitativ	strategisch, strukturell, kognitiv, sozial
ULLAH UND LAI 2011	Managing security requirements: towards better alignment between information systems and business	Information security, Risk management, Risk analysis, Business-IS alignment, Requirements engineering	Literaturanalyse, gestaltungsorientiert	strategisch, strukturell, kulturell, sozial, formal/informal, intern/extern
WAGNER UND WEITZEL 2005	The role of alignment for strategic information systems: extending the resource based perspective of IT	Alignment, Competitive advantage, Resource-based view, Production function	Literaturanalyse, Fallstudie	strategisch, operativ, strukturell
WALENTOWITZ ET AL. 2010B	The influence of social structures on business/IT alignment	Business/IT alignment, Social network analysis, Operational alignment	Literaturanalyse, erklärungsorientiert	strategisch, strukturell, kulturell
WEISS ET AL. 2006	Three IT-business alignment profiles: technical resource, business enabler, and strategic weapon	IT alignment, IT strategy, IT investments, Project management	Interview, Fallstudie	strategisch, intern, extern, statisch/dynamisch

Tab. 21: Ergebnisse der Literaturanalyse (Übersicht)

Quelle: Eigene Zusammenstellung.

Anhang B: Weiterführende Analyse und Bewertung relevanter UAM-Ansätze

1 – Überblick

In der Literatur zu Unternehmensarchitekturen im Allgemeinen und dem UAM im Speziellen existieren bislang nur wenige Vorgehensmodelle, die den Prozess der Architekturgestaltung und -evolution in geeigneter Weise systematisieren. Als Grundlage für die Ableitung von Anforderungen an den zu entwickelnden Ansatz sowie die Erarbeitung des Ordnungsrahmens als Teil des methodischen Rahmenkonzepts wurden insgesamt drei konzeptuelle Vorgehensmodelle für das UAM innerhalb der relevanten Literatur ermittelt, die einen entsprechenden Ausgangspunkt bereitstellen und maßgeblich relevant für die vorliegende Arbeit sind (vgl. Abschn. 4.2.1). Hierzu gehören neben dem Ansatz von NIEMANN im Wesentlichen das Vorgehensmodell nach HAFNER UND WINTER sowie die Architecture Development Method (ADM) nach TOGAF.[942]

Die Auswahl der Ansätze ergibt sich dabei – gemäß den Ausführungen in Abschn. 4.2.1 – zunächst vor allem durch die Aktualität des Themas und damit die Verfügbarkeit relevanter Ansätze. Darüber hinaus wurden die Ansätze gemäß dem Kriterium der Relevanz in Bezug auf den Gegenstand der Untersuchung und der zuvor erarbeiteten Erkenntnisse ausgewählt. Insbesondere der Bezug zum IT-Alignment im hier eingenommenen Verständnis sowie die ganzheitlichen Interpretation der UA im Vergleich standen hier im Vordergrund der Betrachtung. Zum anderen liegt auch der Ursprung der Arbeiten der Auswahl zugrunde, da hier versucht wurde, gemäß der Anwendungsorientierung der WI sowie der in Abschn. 3.2.2 vorgenommenen Klassifizierung (vgl. insbes. **Tab. 13**) repräsentative Ansätze wissenschaftlichen *und* praktischen Ursprungs zu berücksichtigen.

Tab. 22 fasst die Kernauswahlkriterien zusammen, die als Begründung der Selektion der drei genannten Ansätze verstanden werden können.

---

[942] Vgl. hierzu und im Folgenden v. a. Hafner und Winter 2005, S. 636 ff.; Hafner und Winter 2008, S. 4 ff.; Niemann 2005, S. 37 ff.; Niemann 2006, S. 36 ff.; TOGAF 2011, S. 1 ff.

Kriterium	Begründung
Aktualität	Die Verfügbarkeit von Ansätzen wird durch die Aktualität des Themas und die somit eingeschränkte Verfügbarkeit fundierter Ansätze eingeschränkt.
Relevanz	Die Auswahl ist ausgehend vom Untersuchungskontext der Arbeit einzuschränken, wobei hier insbesondere die Interpretation des Alignmentbegriffs sowie das ganzheitliche Verständnis der UA eine Rolle spielen.
Fundierung/ Ursprung	Die Ansätze sind in ihrer Gesamtheit sowohl wissenschaftlich als auch praktisch fundiert und bieten so ein geeignetes Fundament für den konsolidierten Prozess.

Tab. 22: Primäre Auswahlkriterien zur Selektion geeigneter UAM-Prozesse
Quelle: Eigene Zusammenstellung.

Als weitere, im Rahmen der Untersuchung nicht berücksichtigte Ansätze lassen sich darüber hinaus bspw. unter anderem die folgenden Ansätze anführen:[943]

- IT-Architekturmanagement nach DERN: DERN stellt zunächst eine Architekturpyramide bereit, die den Ausgangspunkt seines Ansatzes darstellt. Der Ansatz fokussiert dabei die Phasen der Architekturentwicklung und der -planung für die Anwendungslandschaft des Unternehmens. Kritisiert wird z. T. die fehlende Transparenz der praktischen Herleitung sowie die unzureichende Berücksichtigung strategischer Aspekte im Rahmen des Konzepts. Weiterhin ist der Ansatz im Bereich der Softwareentwicklung anzusiedeln und betrachtet die Abhängigkeiten zwischen Geschäft und IT nur unzureichend.

- Enterprise Architecture Management von IBM: HAFNER UND WINTER beschreiben ein Vorgehensmodell nach IBM als relevanten Ansatz, der jedoch nicht vollständig öffentlich zugänglich ist. Der Ansatz umfasst dabei die fünf Phasen der Fortschreibung der Architektur aufgrund von Geschäftsanforderungen, Architektur-Review zur Sicherung der Strategiekonformität architekturnaher Themenfelder, Identifikation von Entwicklungen im Bereich der Geschäfts- und IT-Strategie, gezielte Genehmigung von individuellen Inkonsistenzen sowie der Kommunikation der Bedeutung von Architekturen. Kritisiert wird hier u. a. die unklare Praxisrelevanz sowie die fehlende Nachvollziehbarkeit der Skalierbarkeit und der Effizienz und Effektivität des Modells.

---

[943] Vgl. hierzu und im Folgenden auch Hafner und Winter 2005, S. 634 ff.; Hafner und Winter 2008, S. 1 ff.; Keller 2012, S. 19 ff.; Dern 2006, S. 11 ff. sowie auch Schwarzer 2009, S. 48 ff.; Matthes 2011, S. 37 ff. Weitere Ansätze, die hier nicht genannt werden, bauen entweder auf den genannten Modellen auf oder werden v. a. aufgrund fehlender Relevanz für die vorliegende Untersuchung als vernachlässigbar angesehen. Vgl. für einen Überblick bspw. auch Hafner und Winter 2005, S. 634 ff.

- IT-Unternehmensarchitekturmanagement nach KELLER: Der Ansatz nach KELLER ist ähnlich wie der Ansatz nach DERN auch auf Erfahrungen des Autors aus der Unternehmenspraxis zurückzuführen. KELLER unterscheidet im Rahmen seines Ansatzes dabei vor allem die Prozesse der Ableitung der IT-Strategie, das Anwendungsportfoliomanagement, die Modellierung der UA, die Entwicklung und Durchsetzung von Richtlinien, das Monitoring des Projektportfolios und die Projektbegleitung. Vor allem die fehlende Transparenz der Herleitung und die einseitige Ausrichtung der UA ist auch hier kritisch zu sehen.

Nachfolgend werden die drei zuvor ausgewählten Ansätze kurz vorgestellt und analysiert, indem die wesentlichen Merkmale und Charakteristika der Konzepte herausgearbeitet werden. Dies ist notwendig, um die beschriebenen Ansätze in einen Gesamtkontext einzuordnen. Abschließend werden die Ansätze im Rahmen der zusammenfassenden Beurteilung gegenübergestellt, um die wesentlichen Gemeinsamkeiten bzw. Unterschiede abzuleiten.

2 – Vorgehensmodell für das Management der unternehmensweiten Applikationsarchitektur nach Hafner und Winter

Der Ansatz nach HAFNER UND WINTER ist schwerpunktmäßig in den größeren Gesamtkontext des St. Galler Ansatzes des Business Engineering einzuordnen, der v. a. auf die Arbeiten von ÖSTERLE zurück geht und als interdisziplinärer und prozessorientierter Ansatz die ingenieurmäßige Entwicklung von Geschäftslösungen unter Berücksichtigung der Notwendigkeit der Transformation von Unternehmen fokussiert.[944] Das Business Engineering ist dabei grundlegend als übergeordneter Managementansatz bzw. -disziplin zu verstehen, dem wiederum mehrere in der Vergangenheit entstandene Methoden zur Gestaltung und Transformation von Unternehmen zuzuordnen sind (bspw. SOM, ARIS). Der Ansatz umfasst hierzu die integrierte Gestaltung der wesentlichen Unternehmensbereiche und bezieht neben den Ebenen der Geschäftsstrategie, der Geschäftsprozesse und der Informations- und Kommunikationssysteme darüber hinaus auch kulturelle und organisationspolitische Gesichtspunkte mit ein. Dabei wird die Prozessentwicklung hier ebenfalls als Bindeglied zwischen Entwicklung der Unternehmensstrategie und der Entwicklung der IS verstanden. Ziel des Ansatzes ist es, insbesondere die durch IT-Innovationen ausgelösten Transformation von Unternehmen durch die Gestaltung von Unternehmensmodellen das Erkennen von Veränderungsnotwendigkeiten, die Beurteilung von deren Potenziale für das Unternehmen sowie die systemati-

---

[944] Vgl. u. a. Österle und Blessing 2000, S. 62 ff.; Österle et al. 2011, S. 8 ff.; Österle 2012, S. 1 ff.; Winter 2003, S. 88 ff.

sche Planung der daraus resultierenden Transformationsprojekte zu unterstützen und strukturiert umzusetzen.

Das entwickelte Vorgehensmodel nach HAFNER UND WINTER baut hierauf auf und fokussiert primär das Management der Applikations- und damit schwerpunktmäßig der IT-Architektur, bezieht jedoch auch die Nutzer der Applikationen und die entsprechenden fachlichen Anforderungen sowie die strategische Führung der UA-Initiative mit ein. Insbesondere ist die Applikationsarchitektur als Schnittstelle zwischen fachlichen und technischen Interessensgruppen zu sehen, wodurch der Ansatz als unmittelbar relevant für die vorliegende Untersuchung einzustufen ist. Zudem berücksichtigen die Autoren die unternehmensweiten Auswirkungen, wodurch das hier angenommene Verständnis der UA zugrunde gelegt werden kann.

Das entsprechende Vorgehensmodell wurde bereits in Abschn. 3.1.2.2.3 eingeführt (vgl. insbes. auch **Abb. 35**). Ausgehend von einer detaillierten Untersuchung bestehender UAM-Ansätze und der Durchführung mehrerer Fallstudien entwickeln die Autoren ein Vorgehensmodell, das das Architekturmanagement in die vier miteinander verbundenen Hauptprozesse Architekturführung, Architekturentwicklung, Architekturkommunikation und Architekturvertretung untergliedert. Dabei werden ausgehend von den strategischen Anforderungen die vorhandenen Ist- und Soll-Architekturen beurteilt und Architekturprinzipien abgeleitet, die bei der Entwicklung der weiteren Architekturartefakte herangezogen werden können.

3 – Governanceorientierter Ansatz nach NIEMANN

Der Ansatz nach NIEMANN ist als domänenunabhängiger Ansatz mit Ursprung aus der Unternehmenspraxis zu klassifizieren, der vor allem die Anwendungs- und Infrastrukturarchitektur und deren Abstimmung mit der Geschäftsarchitektur fokussiert. Das konstituierende Merkmal des Ansatzes besteht in der Berücksichtigung der Synergien zwischen Architekturmanagement und IT-Governance, wodurch der Ansatz unmittelbar relevant für die vorliegende Untersuchung ist. NIEMANN betrachtet explizit die Schnittstellen zwischen beiden Unternehmensfunktionen und sieht die UA in ähnlicher Weise als Instrument zur Schaffung von Transparenz zur Unterstützung der Kontroll- und Steuerungsfunktion innerhalb der IT-Governance. Der Fokus liegt hier auf der IT-Architektur und dabei insbesondere der Applikationsarchitektur und deren Beziehungen zu den Geschäftsprozessen und der IT-Infrastruktur des Unternehmens.

NIEMANN unterscheidet dabei einerseits zwischen dem strategischen Architekturmanagement, das die Entwicklung und Planung der UA auf Basis der Anwendungslandschaft und der Geschäftsarchitektur umfasst. Andererseits bezieht sich das operative Architekturmanagement demgegenüber auf die Planung und Entwicklung der Software- und Systemarchitekturen. Strategische und operative UAM-Prozesse müssen dabei vernetzt werden, um den Erfolg der UA-Initiative zu gewährleisten.

Der UAM-Prozess nach NIEMANN sieht hierauf aufbauend fünf Schritte vor, die zur Entwicklung und Planung der UA vollzogen werden sollten:

- *Dokumentation*: Der Prozess beginnt mit der Dokumentation des Ist-Zustands, indem die Modelle definiert, implementiert und kommuniziert werden.

- *Analyse*: In einem zweiten Schritt erfolgt die Analyse und der anschließende Entwurf der Architekturmodelle.

- *Planung*: Im Rahmen der Planungsfunktion der UA werden dann alternative Soll-Architekturen entwickelt und beurteilt und in konsolidiertes Modell überführt. Zudem versteht Niemann unter der Planung auch den Entwurf eines Entwicklungsplans für den gewählten Transformationsweg.

- *Umsetzung*: Auf Basis der Beurteilung werden dann Projekte initiiert, die die jeweils ausgewählte Variante implementieren.

- *Überprüfung*: Im Rahmen der Überprüfung der UA werden Indikatoren entwickelt und zur Bewertung der Modelle herangezogen.

Das Vorgehensmodell bezieht demnach sowohl die Dokumentationsfunktion der UA (Typ I) zur Erarbeitung des Ist-Zustandes als auch die Planungsfunktion (Typ II) zur Evolution der UA und Transformation des Unternehmens mit ein. **Abb. 61** stellt das Vorgehensmodell grafisch dar.

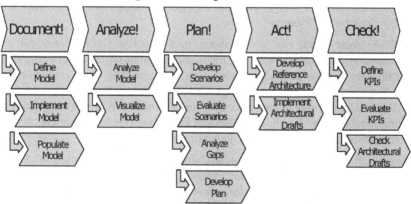

Abb. 61: Vorgehensmodell der UA-Entwicklung nach Niemann
Quelle: Niemann 2006, S. 41.

4 – Architecture Development Method (ADM) / TOGAF

TOGAF (The Open Group Architecture Framework) stellt einen Industriestandard dar, der Mitte der 1990er-Jahre entwickelt wurde und inzwischen durch die Open Group weiterentwickelt wird. Ursprünglich war TOGAF dabei primär auf die Entwicklung der IT-Architektur ausgerichtet, wurde jedoch ab der Version 8.0 auch um weitere Gestaltungsebenen erweitert. Das Framework stellt derzeit eines der am Weitesten verbreiteten Rahmenwerke dar, was vermutlich auf den Umfang der Methodik und den engen praktischen Bezug zurückzuführen ist. TOGAF hat in der Unternehmenspraxis weite Verbreitung gefunden und wird teils auch als De-facto-Standard für das UAM angesehen.

In der aktuellen Version 9.1, die im Jahr 2011 veröffentlicht wurde, unterscheidet TOGAF dabei vier miteinander verbundene Gestaltungsebenen bzw. Teilarchitekturen, wobei die Daten- und Applikationsarchitektur innerhalb des Ansatzes auch zur Informationssystemarchitektur zusammengefasst werden:

- *Geschäftsarchitektur*: Beschreibt die Geschäftsstrategie, Governance, Organisation und die Geschäftsprozesse des Unternehmens;
- *Datenarchitektur*: Beschreibt die Daten des Unternehmens und deren Zusammenhänge sowie die Organisation und das Management der Ressourcen;
- *Applikationsarchitektur*: Beschreibt die individuellen Anwendungssysteme des Unternehmens sowie deren Beziehungen zueinander und in Bezug zu den Geschäftsprozessen;
- *Technologiearchitektur*: Beschreibt die technische Infrastruktur in Form von Software und Hardware, die zum Betrieb des Geschäfts, der Daten und Services benötigt werden.

TOGAF bietet dabei ein umfassendes methodisches Rahmenwerk für die Entwicklung und den Betrieb von Unternehmensarchitekturen, wobei die Aktivitäten hier mithilfe eines speziellen Vorgehensmodells als Kernbestandteil des Frameworks unterstützt werden. Die Architecture Development Method (ADM) stellt ein wesentliches methodisches Element von TOGAF dar und beschreibt dabei einen iterativen Zyklus von insgesamt neun Phasen. Der Ansatz wurde bereits in Abschn. 3.1.2.2.3 grob skizziert.[945]

Wesentlich ist, dass der Zyklus ausgehend von der Architekturvision (Schritt A) die schrittweise Gestaltung der Teilarchitekturen (Schritt B-D) vorsieht und zudem die Schritte für die Transformation der Ist- zur Soll-Situation (Schritte E-F) sowie zur Steuerung und Kontrolle der Realisierungsprojekte (Schritte G-H) umfasst. Darüber hinaus stellt ein zentrales Anforderungsmanagement den

---

[945] Vgl. weiterführend TOGAF 2011, S. 43 ff.

Fokus des Ansatzes, das eine kontinuierliche Überprüfung und ggf. Anpassung der Anforderungen an die Architektur umfasst.

5 – Beurteilung

Während die dargestellten Ansätze bereits im Verlauf der Arbeit grob beurteilt wurden, sollen die genannten Aspekte hier weiterführend detailliert werden. Die Bewertung der Ansätze erfolgt primär in Hinblick auf einen Vergleich der Merkmale und Vor- bzw. Nachteile der Ansätze, die für die vorliegende Untersuchung von Bedeutung sind und vor allem die Darstellungen in Abschn. 4.2.1 näher ausführen.

Die Vorteile des Ansatzes nach HAFNER UND WINTER sind dabei primär zunächst in der sowohl wissenschaftlichen als auch praktischen Fundierung des Ansatzes zu sehen. Die einzelnen Phasen des Vorgehensmodells sowie auch die jeweiligen Prozessschritte werden dabei systematisch ausgehend von der existierenden Literatur sowie auf Basis von Fallstudien hergeleitet. Darüber hinaus berücksichtigt das Modell den Aspekt der Architekturführung, der unmittelbar relevant für die vorliegende Untersuchung ist. Darüber hinaus ist das Modell grundlegend stakeholderorientiert, indem explizit eine Kommunikation der Artefakte vorgesehen ist. Nachteilig ist hier jedoch anzumerken, dass eine aktive Beteiligung der Stakeholder, wie sie im Rahmen der vorliegenden Untersuchung verfolgt wird, nicht explizit vorgesehen ist. Insbesondere im Rahmen der Identifikation von Anforderungen in den Phasen der Architekturführung und Architekturentwicklung erscheint dies sinnvoll. Darüber hinaus treffen die Autoren keine Aussagen in Bezug auf die Steuerung der Aufgaben zur Erstellung der Gesamtarchitektur.

In Bezug auf den Ansatz nach NIEMANN ist grundlegend positiv zu beurteilen, dass hier explizit die Schnittstellen zwischen IT-Governance und Architekturmanagement betrachtet werden und der Autor aufzeigt, wie die UA-Funktion in bestehende Planungs- und Kontrollmechanismen eingebettet werden kann. Insbesondere die Berücksichtigung sowohl strategischer als auch operativer Aufgaben im Architekturmanagement und damit auch der Ausgestaltung der UA ausgehend von Unternehmensstrategie und -zielen bis hin zur Umsetzung von IT-Leistungen und -Services erscheint hier sinnvoll. Allerdings lässt sich hier auch anmerken, dass trotz der expliziten Governanceorientierung diese im Vorgehensmodell zur Planung der UA keine Berücksichtigung findet. Die Einordnung der Abstimmungsaufgaben in Bezug auf die Steuerung und Kontrolle der UA bleibt hier weitestgehend unklar. Zudem ist der Ansatz generell eher konzeptioneller Natur und lässt an einigen Stellen eine Konkretisierung offen.

Die Vorteile des Modells nach TOGAF liegen vor allem im Umfang der Ge-
samtmethode und des durchgehenden Praxisbezugs des Frameworks begründet. Das Framework als solches ist sehr detailliert und stellt einen umfassenden Aufgabenkatalog und praktische Handlungsanleitungen für Unternehmen bereit, der sowohl die Dokumentation als auch die Planung der UA unterstützt. Darüber hinaus wird im Rahmen des ADM-Zyklus auch der Bezug zur
Architekturgovernance hergestellt, was dem im Rahmen der vorliegenden Arbeit entwickelten Framework zugrunde liegt. Auch findet eine explizite Berücksichtigung der Stakeholder und deren Anforderungen an die UA statt. Nachteilig ist anzumerken, dass das Framework nach wie vor stark IT-orientiert ist und
bspw. die Entwicklung einer strategischen Teilarchitektur und deren Integration innerhalb der Gesamtarchitektur nicht vorsieht. Auch Aspekte der Abstimmung zwischen Geschäfts- und IT-Domäne bleiben hier unberücksichtigt. Darüber hinaus sind im Vorgehensmodell keinerlei Rückkopplungen vorgesehen,
was eine lineare Abfolge der Aktivitäten impliziert.

Zusammenfassend ist festzuhalten, dass sich die skizzierten Vorgehensmodelle grundlegend ähneln und in Bezug zu Problemstellung und Gegenstandsbereich der vorliegenden Untersuchung sowohl Vor- als auch Nachteile bieten.
Die Ansätze liegen daher der Artefaktentwicklung, insbesondere der Gestaltung des Ordnungsrahmens zur Einordnung der UA-Governance, in ihrer Gesamtheit zugrunde.

Anhang C: Modell der Architekturbeschreibung nach IEEE 1471-2000

Neben dem generischen Architekturrahmen nach SINZ baut der in Abschn.
4.3.2 erarbeitet erweiterte governancebasierte Architekturrahmen als Teilartefakt des mEA-Frameworks auch auf dem konzeptuellen Modell der Architekturbeschreibung nach IEEE 1471-2000 auf, das nachfolgend ergänzend kurz
näher beschrieben werden soll.[946] Ähnlich wie auch der Architekturrahmen
nach SINZ beschreibt der Bezugsrahmen die Elemente einer Architektur sowie
deren Beziehungen untereinander in Form eines semiformalen Eigenschafts-
modells, das die jeweiligen Elemente der Architekturbeschreibung identifiziert
und untereinander in Beziehung setzt. Hierdurch kann maßgeblich die Komplexität des Untersuchungsgegenstands reduziert und die Vereinheitlichung
eines Begriffssystems gefördert werden. Dabei werden z. T. jedoch unterschiedliche Elemente berücksichtigt und unterschiedliche Schwerpunkte ge-

---

[946] Vgl. hierzu und im Folgenden IEEE 2000, S. 1 ff.

setzt sowie auch unterschiedliche Formalitätsgrade der Darstellung gewählt, die als Grundlage der vorliegenden Arbeit zu berücksichtigen sind.

Während der in Abschn. 3.1.2.1 eingeführte Architekturrahmen nach SINZ das Architekturverständnis sowie die relevanten Elemente und deren Beziehungen zueinander vergleichsweise generisch betrachtet und entsprechend systematisiert, bezieht sich das Architekturverständnis nach IEEE im Ursprung auf die Softwarearchitektur, wird jedoch vielfach auch darüber hinaus vor allem in der neueren Literatur zur Etablierung eines Verständnisses der UA herangezogen.[947] Das konzeptuelle Modell nach IEEE berücksichtigt insbesondere als konstituierendes Merkmal die an der Architekturgestaltung beteiligten Stakeholder sowie deren Informationsbedarfe, Interessen und Sichtweise auf die Architektur. Darüber hinaus wird ein generischer, systemtheoretisch begründeter Systembegriff zugrunde gelegt, der dem Architekturverständnis zugrunde liegt. Das Modell berücksichtigt dabei vorranging die folgenden terminologischen Konzepte:[948]

- Ein *System* bezeichnet gemäß IEEE eine Menge an Elementen, die gemeinsam eine spezifische Aufgabe erfüllen.

- Die *Umwelt* bzw. Umgebung eines Systems besteht dabei aus allen Faktoren, die dessen Gestaltung beeinflussen.

- Ein System hat grundsätzlich immer eine *Mission*, d. h. eine Aufgabe die es zu erfüllen hat.

- Mit dem Begriff *Architektur* wird die fundamentale Organisation eines Systems bestehend aus dessen Elementen, deren Beziehungen zueinander und zur jeweiligen Umwelt sowie die Prinzipien, die dessen Gestaltung und Evolution bestimmen.

- Eine Architektur wird dabei durch eine Architekturbeschreibung beschrieben, die wiederum aus *Views* (Sicht) und *Modellen*.

- *Stakeholder* stellen Individuen, Teams oder Organisationen dar, die bestimmte Interessen (*Concern*) in Bezug auf ein System verfolgen.

- Eine sog. *Rationale* stellt eine Begründung für die Architekturbeschreibung dar, d. h. die Gründe, die zur Auswahl bzw. Gestaltung der Architektur geführt haben.

---

[947] Vgl. bspw. Kurpjuweit 2009, S. 27 f.; Aier et al. 2008a, S. 292; Stelzer 2010, S. 55 f.; Saat et al. 2010, S. 14 f.

[948] An dieser Stelle werden nur diejenigen Konzepte berücksichtigt, die für die vorliegende Untersuchung relevant sind. Für eine weiterführende Beschreibung der Komponenten vgl. IEEE 2000, S. 1 ff.

Abb. 62 stellt das konzeptuelle Modell der Architekturbeschreibung bestehend aus den zuvor genannten Konzepten und deren Relationen untereinander grafisch dar.

Abb. 62: Konzeptuelles Modell der Architekturbeschreibung nach IEEE 1471-2000
Quelle: IEEE 2000, S. 5.

Literaturverzeichnis

A

Aier S, Schönherr M (2004) Flexibilisierung von Organisations- und IT-Architekturen durch EAI. In: Schönherr M, Aier S (Hrsg) Enterprise Application Integration – Flexibilisierung komplexer Unternehmensarchitekturen. GITO, Berlin, S 1-60

Aier S, Dogan T (2005) Indikatoren zur Bewertung der Nachhaltigkeit von Unternehmensarchitekturen. In: Ferstl OK, Sinz EJ (Hrsg) Wirtschaftsinformatik 2005: eEconomy, eGovernment, eSociety. Physica, Heidelberg, S 607-626

Aier S, Schönherr M (2006) Status quo geschäftsprozessorientierter Architekturintegration. WIRTSCHAFTSINFORMATIK 48(3):188-197

Aier S, Haarländer N (2007) Systemanalyse zur Verbesserung von Geschäftsprozessen. In: Krallmann H, Schönherr M, Trier M (Hrsg) Systemanalyse im Unternehmen: Prozessorientierte Methoden der Wirtschaftsinformatik. 5. Aufl. Oldenbourg, München, S 229-247

Aier S, Saat J (2010) Understanding processes for model-based enterprise transformation planning. In: Saat J (Hrsg) Planung der Unternehmensarchitektur: Vorgehen – Gestaltungsgegenstand – Alternativenbewertung. Dissertation, Universität St. Gallen, S 61-81

Aier S, Schelp J (2009) A reassessment of enterprise architecture implementation. In: Dan A, Gittler F, Toumani F (Hrsg) ICSOC/ServiceWave 2009. LNCS 6275, Springer, Heidelberg, S 35-47

Aier S, Winter R (2009) Virtuelle Entkopplung von fachlichen und IT-Strukturen für das IT/Business Alignment – Grundlagen, Architekturgestaltung und Umsetzung am Beispiel der Domänenbildung. WIRTSCHAFTS-INFORMATIK 51(2):175-191

Aier S, Riege C, Winter R (2008a) Unternehmensarchitektur – Literaturüberblick und Stand der Praxis. WIRTSCHAFTSINFORMATIK 50(4):292-304

Aier S, Kurpjuweit S, Riege C, Saat J (2008b) Stakeholderorientierte Dokumentation und Analyse der Unternehmensarchitektur. In: Hegering HG, Lehmann A, Ohlbach HJ, Scheideler C (Hrsg) Proceedings of INFORMATIK 2008: Beherrschbare Systeme – dank Informatik. LNI P-134, Band 2, S 559–565

Aier S, Gleichauf B, Saat J, Winter R (2009) Complexity levels of representing dynamics in ea planning. In: Albani A, Barijs J, Dietz JLG (Hrsg) Proceedings of the 5th International workshop on cooperation & interoperability – architecture & ontology (CIAO!). LNBIP 34, Springer, Heidelberg, S 55-69

Aier S, Winter R, Wortmann F (2012) Entwicklungsstufen des Unternehmensarchitekturmanagements. HMD – Praxis der Wirtschaftsinformatik 49(284):15-23

Allweyer T (2005) Geschäftsprozessmanagement: Strategie, Entwurf, Implementierung, Controlling. W3L, Herdecke

Allweyer T, Scheer AW (1995) Modellierung und Gestaltung adaptiver Geschäftsprozesse. In: Scheer AW (Hrsg) Veröffentlichungen des Instituts für Wirtschaftsinformatik, Saarbrücken, Heft 115

Alpar P, Alt R, Bensberg F, Grob HL, Weimann P, Winter R (2011) Anwendungsorientierte Wirtschaftsinformatik: Strategische Planung, Entwicklung und Nutzung von Informationssystemen. 6. Aufl. Springer, Heidelberg

Amberg M, Lang M, Laszlo M (2009) Die geschäftsfokussierte Informationstechnologie – Business-IT-Alignment als zentrales Steuerungsinstrument zur strategischen Ausrichtung der IT. Detecon International GmbH. http://www.cio.de/fileserver/idgwpcionew/files/251.pdf. Zuletzt abgerufen am 2012-04-29

Antoniou PH, Ansoff HI (2004) Strategic management of technology. Technology Analysis & Strategic Management 16(2):275-291

Atkinson C, Kühne T (2003) Model-driven development: a metamodeling foundation. IEEE Software 20(5):36-41

Avila O, Goepp V, Kiefer F (2009) Understanding and classifying information system alignment approaches. Journal of Computer Information Systems 50(1):2-14

Avison D, Jones J, Powell P, Wilson D (2004) Using and validating the strategic alignment model. Journal of Strategic Information Systems 13(3):223-246

Aziz S, Obitz T, Modi R, Sarkar S (2005) Enterprise architecture: a governance framework. Part I: embedding architecture into the organization. Technical report, Infosys Technologies Ltd.

Aziz S, Obitz T, Modi R, Sarkar S (2006) Enterprise architecture: a governance framework. Part II: making enterprise architecture work within the organization. Technical report, Infosys Technologies Ltd.

B

Bach N (2010) Mentale Modelle als Basis von Implementierungsstrategien – Konzepte für ein erfolgreiches Change Management. 2. Aufl. ilmedia, Ilmenau

Baker J, Jones DR, Cao Q, Song J (2011) Conceptualizing the dynamic strategic alignment competency. Journal of the Association for Information Systems 12(4):299-322

Barjis J (2009) Collaborative, participative and interactive enterprise modeling. In: Filipe J, Cordeiro J (Hrsg) Proceedings of the 11th International conference on enterprise information systems (ICEIS), Milan, Italy. Lecture Notes in Business Information Processing Vol. 24. Springer, Heidelberg, S 651-662

Bartenschlager J, Goeken M (2009) Designing artifacts of IT strategy for achieving business/IT-alignment. In: Proceedings of the 15th Americas conference on information systems, San Francisco, California

Bashiri I, Engels C, Heinzelmann M (2010) Strategic Alignment: Zur Ausrichtung von Business, IT und Business Intelligence. Springer, Wiesbaden

Baumöl U (2006) Methodenkonstruktion für das Business/IT-Alignment. WIRTSCHAFTSINFORMATIK 48(5):314-322

Baumöl U (2008) Change Management in Organisationen. Gabler, Wiesbaden

Bea FX, Schnaitmann H (1995) Begriff und Struktur betriebswirtschaftlicher Prozesse. WiSt – Wirtschaftswissenschaftliches Studium 24(6):278-282

Bea FX, Göbel E (1999) Organisation: Theorie und Gestaltung. Lucius & Lucius, Stuttgart

Becht M, Bolton P, Röell A (2005) Corporate governance and control. In: European Corporate Governance Institute, ECGI Working Paper Series in Finance, No. 02/2002 (Updated August 2005), Brüssel

Becker J (2008) Grundsätze ordnungsmäßiger Modellierung. In: Kurbel K, Becker J, Gronau N, Sinz EJ, Suhl L (Hrsg) Enzyklopädie der Wirtschaftsinformatik. http://www.enzyklopaedie-der-wirtschaftsinformatik.de. Zuletzt abgerufen am 2012-12-04

Becker J (2010) Prozess der gestaltungsorientierten Wirtschaftsinformatik. In: Österle H, Winter R, Brenner W (Hrsg) Gestaltungsorientierte Wirtschaftsinformatik: Ein Plädoyer für Rigor und Relevanz, St. Gallen, S 13-17

Becker J (2012) Geschäftsprozessmodellierung. In: Kurbel K, Becker J, Gronau N, Sinz EJ, Suhl L (Hrsg) Enzyklopädie der Wirtschaftsinformatik. http://www.enzyklopaedie-der-wirtschaftsinformatik.de. Zuletzt abgerufen am 2011-11-30

Becker J, Kahn D (2005) Der Prozess im Fokus. In: Becker J, Kugeler M, Rosemann M (Hrsg) Prozessmanagement: Ein Leitfaden zur prozessorientierten Organisationsgestaltung. 5. Aufl. Springer, Heidelberg, S 3-16

Becker J, Pfeiffer D (2006) Beziehungen zwischen behavioristischer und konstruktionsorientierter Forschung in der Wirtschaftsinformatik. In: Fachtagung Fortschrittskonzepte und Fortschrittsmessung in Betriebswirtschaftslehre und Wirtschaftsinformatik, Essen, S 39-57

Becker J, Pfeiffer D (2007) Konzeptionelle Modellierung – Wissenschaftstheoretische Prämissen für eine pluralistische Forschung. In: Lehner F, Zelewski S (Hrsg) Wissenschaftstheoretische Fundierung und wissenschaftliche Orientierung der Wirtschaftsinformatik. GITO, Berlin, S 1-17

Becker J, Niehaves B (2007) Epistemological perspectives on IS research: a framework for analysing and systematizing epistemological assumptions. Information Systems Journal 17(2):197-214

Becker J, Schütte R (2004) Handelsinformationssysteme: Domänenorientierte Einführung in die Wirtschaftsinformatik. 2. Aufl. Redline Wirtschaft, Frankfurt

Becker J, Rosemann M, Schütte R (1995) Grundsätze ordnungsmäßiger Modellierung. WIRTSCHAFTSINFORMATIK 37(5):435-445

Becker J, Knackstedt R, Kuropka D, Delfmann P (2001) Subjektivitätsmanagement für die Referenzmodellierung: Vorgehensmodell und Werkzeugkonzept. In: Proceedings zur Tagung IFM, COMTEC, KnowTech, Dresden. http://www.wi.uni-muenster.de/is/tagung/ref2001/Kurzbeitrag02.pdf. Zuletzt abgerufen am 2012-10-01

Becker J, Algermissen L, Delfmann P (2002) Referenzmodellierung. WISU – Das Wirtschaftsstudium 31(11):1392–1395

Becker J, Holten R, Knackstedt R, Niehaves B (2003) Forschungsmethodische Positionierung in der Wirtschaftsinformatik: Epistemologische, ontologische und linguistische Leitfragen. In: Becker J, Grob HL, Klein S, Kuchen H, Müller-Funk U, Vossen G (Hrsg) Arbeitsberichte des Instituts für Wirtschaftsinformatik, Universität Münster, Nr. 93

Becker J, Niehaves B, Olbrich S, Pfeiffer D (2009) Forschungsmethodik einer Integrationsdisziplin – Eine Fortführung und Ergänzung zu Lutz Heinrichs „Beitrag zur Geschichte der Wirtschaftsinformatik" aus gestaltungsorientierter Perspektive. In: Becker J, Krcmar H, Niehaves B (Hrsg) Wissenschaftstheorie und gestaltungsorientierte Wirtschaftsinformatik, S 1-22

Beimborn D, Franke J, Gomber P, Wahner HT, Weitzel T (2006) Die Bedeutung des Alignment von IT und Fachressourcen in Finanzprozessen. Eine empirische Untersuchung. WIRTSCHAFTSINFORMATIK 48(5):331-339

Beimborn D, Franke J, Wagner HT, Weitzel Tim (2007) The impact of operational alignment on it flexibility – empirical evidence from a survey in the german banking industry. Proceedings of the 13th Americas conference on information systems (AMCIS), Paper 131

Beimborn D, Hirschheim R, Schlosser F, Schwarz A, Weitzel T (2008) How to achieve IT business alignment? Investigating the role of business process documentation in US and German banks. In: Proceedings of the 14th Americas conference on information systems (AMCIS), Toronto, Canada

Benbya H, McKelvey B (2006) Using coevolutionary and complexity theories to improve IS alignment: a multi-level approach. Journal of Information Technology 21(4):284-298

Bergeron F, Raymond L, Rivard S (2002) Strategic alignment and business performance: operationalizing and testing a covariation model. Working paper No 02-01, HEC Montréal

Bergeron F, Raymond L, Rivard S (2004) Ideal patterns of strategic alignment and business performance. Information Management 41(8):1003-1020

Bittler SR (2009) Six best practices for enterprise architecture governance. Gartner Research

Blankenhorn H, Thamm J (2008) Business-IT-Alignment – Aufbau und Operationalisierung der IT-Strategie. Information Management & Consulting 23(1):9-16

Böttcher R (2013) IT-Service-Management mit ITIL® – 2011 Edition: Einführung, Zusammenfassung und Übersicht der elementaren Empfehlungen. 3. Aufl. Heise Zeitschriften Verlag, Hannover

Booch G, Rumbaugh J, Jacobson I (2006) Das UML-Benutzerhandbuch. Aktuell zur Version 2.0. Addison-Wesley, München

Brand N, van der Kolk H (1995) Workflow analysis and design. Kluwer, Deventer

Brenner W, Zarnekow R, Pörtig F (2002) Entwicklungstendenzen im Informationsmanagement. Österle H, Winter R (Hrsg) Business Engineering. Auf dem Weg zum Unternehmen des Informationszeitalters. 2. Aufl. Springer, Heidelberg

Bretzke W (1980) Der Problembezug von Entscheidungsmodellen. Mohr, Tübingen

Broadbent M, Weill P (1993) Improving business and information strategy alignment: learning from the banking industry. IBM Systems Journal 32(1):162-179

Brühl K (2009) Corporate Governance, Strategie und Unternehmenserfolg. Gabler, Wiesbaden

Brynjolfsson E (1993) The productivity paradox of information technology. Communications of the ACM 36(12):66-77

Brynjolfsson E, Hitt LM (1998) Beyond the productivity paradox: computers are the catalyst for bigger changes. Communications of the ACM 41(8):49-55

Brynjolfsson E, Hitt LM (2000) Beyond computation: information technology, organizational transformation and business performance. Journal of Economic Perspectives 14(4):23-48

Bucher T, Winter R (2009a) Project types of business process management: towards a scenario structure to enable situational method engineering for business process management. Business Process Management Journal 15(4):548-568

Bucher T, Winter R (2009b) Geschäftsprozessmanagement – Einsatz, Weiterentwicklung und Anpassungsmöglichkeiten aus Methodiksicht. HMD – Praxis der Wirtschaftsinformatik 46(266):5-16

Buckl S, Matthes F, Neubert C, Schweda CM (2009) A wiki-based approach to enterprise architecture documentation and analysis. In: Proceedings of the European conference on information systems (ECIS), paper 75

Bugajska M, Schwabe G (2005) Framework for communication and visualization of IT and business alignment for financial institution. In: Proceedings of the sixth Americas conference on information systems, Omaha, USA, paper 271

Buhl HU (2009) 50 years of WIRTSCHAFTSINFORMATIK: moving on to new shores... Business & Information Systems Engineering 1(1):1-4

Buhl HU, Reitwiesner B, Will A, Mertens P (1997) Best practices vs. common practices bei der Softwareentwicklung. Rubrik Meinung/Dialog. WIRTSCHAFTSINFORMATIK 39(6):639-641

Burke B (2006) Implement an effective assurance process for your enterprise architecture. Gartner Research

C

Capgemini (2012) Studie IT-Trends. Business-IT-Alignment sichert die Zukunft. Capgemini Deutschland Holding GmbH, Berlin

Campbell B (2003) The role of trust in IS/business alignment. In: Proceedings of the 7th Pacific Asia conference on information systems (PACIS), paper 61

Campbell B, Kay R, Avison D (2004) Strategic alignment: a practitioner's perspective. In: Proceedings of European & Mediterranean Conference on Information Systems, Tunis

Carr NG (2003) IT doesn't matter. Harvard Business Review, S 41-49

Chan YE (2002) Why haven't we mastered alignment? The importance of the informal organization structure. MIS Quarterly Executive 1(2):97-112

Chan YE, Reich BH (2007) IT Alignment: what have we learned? Journal of Information Technology 22(4):297-315

Chan YE, Sabherwal R, Thatcher JB (2006) Antecedents and outcomes of strategic IS alignment: an empirical investigation. IEEE Transactions on Engineering Management 53(1):27-47

Chang H-LL, Hsiao H-E, Lue C-P (2011) Assessing IT-business alignment in service-oriented enterprises. Pacific Asia Journal of the Association for Information Systems 3(1):29-48

Chen HM (2008) Towards service engineering: service orientation and business-IT alignment. In: Proceedings of the 41st Hawaii International conference on system sciences, Hawaii

Chen L (2010) Business-IT alignment maturity of companies in China. Information & Management 47(1):9-16

Choi SKT, Kröschel I (2014) IT and data governance: towards an integrated approach. In: Kundisch D, Suhl L, Beckmann L (Hrsg) Tagungsband der Multikonferenz Wirtschaftsinformatik (MKWI 2014), Paderborn, S 1911-1923

Chun M, Mooney J (2009) CIO roles and responsibilities: twenty-five years of evolution and change. Information Management 46(6):323-334

Chung SH, Rainer Jr. RK, Lewis BR (2003) The impact of information technology infrastructure flexibility on strategic alignment and applications implementation. Communications of AIS 11:191-206

Ciborra CU (1997) De profundis? Deconstructing the concept of strategic alignment. Scandinavian Journal of Information Systems 9(1):67-82

Croteau A-M, Solomon S, Raymond L, Bergeron F (2001) Organizational and technological infrastructures alignment. In: Proceedings of the Hawaii international conference on system sciences, Maui, Hawaii

Curtis B, Iscoe N, Krasner HA (1988) Field study of the software design process for large systems. Communications of the ACM 31(11):1268-1287

D

D'Aveni RA (1998) Waking up to the new era of hypercompetition. The Washington Quarterly 21(1):183-195

Davenport TH (1993) Process innovation. Reengineering work through information technology. Boston 1993.

Davenport TH, Short JE (1990) The new industrial engineering. Information technology and business process redesign. Sloan Management Review 31:11-27

De Haes S, van Grembergen W (2004) IT governance and its mechanisms. Information Systems Control Journal 1:1-7

De Haes S, van Grembergen W (2005) IT governance structures, processes and relational mechanisms: achieving IT/business alignment in a major Belgian financial group. In: Proceedings of the 38th annual Hawaii International conference on system sciences, Hawaii, Vol. 8, paper 237

De Haes S, van Grembergen V, Debreceny RS (2013) COBIT 5 and enterprise governance of information technology: building blocks and research opportunities. Journal of information systems 27(1):307-324

Deming WE (1982) Out of the crisis. Massachusetts Institute of Technology, Cambridge

Dern G (2006) Management von IT-Architekturen: Leitlinien für die Ausrichtung, Planung und Gestaltung von Informationssystemen. 2. Aufl. Vieweg, Wiesbaden

Dijkstra EW (1982) On the role of scientific thought. Selected writings on computing: a personal perspective. Springer, Heidelberg, S 60-66

Dos Santos B, Sussman L (2000) Improving the return on IT investment: the productivity paradox. International Journal of Information Management 20(6):429-440

Dresbach S (1999) Epistemologische Überlegungen zu Modellen in der Wirtschaftsinformatik. In: Becker J, König W, Schütte R, Wendt O, Zelewski S (Hrsg) Wirtschaftsinformatik und Wissenschaftstheorie – Bestandsaufnahme und Perspektiven. Gabler, Wiesbaden, S 71-94

Duden (2007) Das Fremdwörterbuch. 9. Aufl. Dudenverlag, Mannheim

Duffy J (2002) IT/business alignment: is it an option or is it mandatory? IDC document Nr. 26831

E

Earl MJ (1993) Experiences in strategic information systems planning. MIS Quarterly 17(1):1-24

Eicker S, Nagel A, Schuler PM (2007) Flexibilität im Geschäftsprozessmanagement-Kreislauf. ICB-Research Report No. 21, Universität Duisburg-Essen

Eickhoff B (1999) Gleichstellung von Frauen und Männern in der Sprache. Empfehlungen der Redaktion des Duden. In: Sprachspiegel 55(1):2-6

Evans JS (1991) Strategic flexibility for high technology manoeuvres. Journal of Management Studies 28(1):69-89

Esswein W, Weller J (2008) Unternehmensarchitekturen – Grundlagen, Verwendung und Frameworks. HMD – Praxis der Wirtschaftsinformatik 262(45):6-18

F

Ferstl OK, Sinz EJ (1995) Der Ansatz des Semantischen Objektmodells (SOM) zur Modellierung von Geschäftsprozessen. WIRTSCHAFTSINFORMATIK 37(3):209-220

Ferstl OK, Sinz EJ (1998) Grundlagen der Wirtschaftsinformatik. 3. Aufl. Oldenbourg, München

Fettke P (2006) State-of-the-Art des State-of-the-Art: Eine Untersuchung der Forschungsmethode „Review" innerhalb der Wirtschaftsinformatik. WIRTSCHAFTSINFORMATIK 48(4):257-266

Fettke P, Loos P (2003) Multiperspective evaluation of reference models – towards a framework. In: Jeusfeld MA, Pastor Ó (Hrsg) Conceptual modeling for novel application domains. LNCS Vol. 2814. Springer, Heidelberg, S 80-91

Fettke P, vom Brocke J (2012) Referenzmodell. In: Kurbel K, Becker J, Gronau N, Sinz EJ, Suhl L (Hrsg) Enzyklopädie der Wirtschaftsinformatik. http://www.enzyklopaedie-der-wirtschaftsinformatik.de. Zuletzt abgerufen am 2013-01-12

Fischer R, Winter R (2007) Ein hierarchischer, architekturbasierter Ansatz zur Unterstützung des IT/Business Alignment. In: Oberweis A, Weinhardt C, Gimpel H, Koschmider A, Pankratius V, Schnizler B (Hrsg) eOrganisation: Service-, Prozess-, Market-Engineering. 8. Internationale Tagung Wirtschaftsinformatik, Bd. 2. Universitätsverlag Karlsruhe, Karlsruhe, S 163-180

Fischer R, Aier S, Winter R (2007) A federated approach to enterprise architecture model maintenance. In: Reichert M, Strecker S, Turowski K (Hrsg) Enterprise modelling and information systems architectures – concepts and applications. Proceedings of the 2nd International workshop EMISA. LNI P-119, S 9-22

Fischer C, Winter R, Aier S (2010) What is an enterprise architecture principle? Towards a consolidated definition. In: Lee R (Hrsg) Computer and information science, SCI 317, S 193-205

Floyd C, Klischewski R (1998) Modellierung – ein Handgriff zur Wirklichkeit. Zur sozialen Konstruktion und Wirksamkeit von Informatik-Modellen. In: Pohl K, Schürr A, Vossen G (Hrsg) CEUR Workshop Proceedings zur Modellierung, CEUR-WS/Vol-9, Münster

Foegen M (2003) Architektur und Architekturmanagement: Modellierung von Architekturen und Architekturmanagement in der Softwareorganisation. HMD – Praxis der Wirtschaftsinformatik 40(232):57-65

Foegen M, Battenfeld J (2001) Die Rolle der Architektur in der Anwendungsentwicklung. Informatik Spektrum 24(5):290-301

Fowler M (1997) Analysis patterns. Reusable object models. Pearson, Indianapolis

Frank U (1994) Multiperspektivische Unternehmensmodellierung: Theoretischer Hintergrund und Entwurf einer objektorientierten Entwicklungsumgebung. Oldenbourg, München

Frank U (1995) MEMO: Eine werkzeuggestützte Methode zum integrierten Entwurf von Geschäftsprozessen und Informationssystemen. In: König W (Hrsg) Wirtschaftsinformatik'95. Wettbewerbsfähigkeit, Innovation, Wirtschaftlichkeit. Springer, Heidelberg, S 67-82

Frank U (1998) Die Evaluation von Artefakten: Eine zentrale Herausforderung der Wirtschaftsinformatik. In: Tagungsband des Workshops „Evaluation und Evaluationsforschung in der Wirtschaftsinformatik" , Johannes Kepler Universität Linz

Frank U (2000) Evaluation von Artefakten in der Wirtschaftsinformatik. In: Häntschel I, Heinrich LJ (Hrsg) Evaluation und Evaluationsforschung in der Wirtschaftsinformatik. Oldenbourg, München, S 35-48

Frank U (2001) Framework. In: Mertens P (Hrsg) Lexikon der Wirtschaftsinformatik. 4. Aufl. Springer, Heidelberg, S 203-204

Frank U (2002) Forschung in der Wirtschaftsinformatik: Profilierung durch Kontemplation – Ein Plädoyer für den Elfenbeinturm. Arbeitsberichte des Instituts für Wirtschaftsinformatik, Nr. 30. Universität Koblenz-Landau

Frank U (2006) Towards a pluralistic conception of research methods in information systems research. ICB Research Report No. 7, Universität Duisburg-Essen

Frank U (2010) Zur methodischen Fundierung der Forschung in der Wirtschaftsinformatik. In: Österle H, Winter R, Brenner W (Hrsg) Gestaltungsorientierte Wirtschaftsinformatik: Ein Plädoyer für Rigor und Relevanz, St. Gallen, S 35-44

Frank U, van Laak B (2003) Anforderungen an Sprachen zur Modellierung von Geschäftsprozessen. Arbeitsberichte des Instituts für Wirtschaftsinformatik, Nr. 34, Universität Koblenz-Landau, Koblenz

Fröhlich M, Glasner K (2007) IT Governance: Leitfaden für eine praxisgerechte Implementierung. Springer, Heidelberg

G

Gadatsch A (2010) Grundkurs Geschäftsprozess-Management. Methoden und Werkzeuge für die IT-Praxis: Eine Einführung für Studenten und Praktiker. 6. Aufl. Vieweg und Teubner, Wiesbaden

Gaitanides M (1983) Prozessorganisation: Entwicklung, Ansätze und Programme prozessorientierter Organisationsgestaltung. Vahlen, München

Gaitanides M (1998) Business Reengineering / Prozeßmanagement – von der Managementtechnik zur Theorie der Unternehmung? DBW 58(3):369-381

Gaitanides M (2007) Prozessorganisation: Entwicklung, Ansätze und Programme des Managements von Geschäftsprozessen. 2. Aufl. Vahlen, München

Gaitanides M, Scholz R, Vrohlings A (1994) Prozeßmanagement – Grundlagen und Zielsetzung. In: Gaitanides M, Scholz R, Vrohlings A, Raster M (Hrsg) Prozeßmanagement – Konzepte, Umsetzungen und Erfahrungen des Reengineering. Hanser, München, S 1-20

Galler J, Scheer AW (1995) Workflow-Projekte: Vom Geschäftsprozeßmodell zur unternehmensspezifischen Workflow-Anwendung. Information Management 10(1):20-27

Gebauer J, Schoder F (2006) Information system flexibility and the cost efficiency of business processes. Journal of the Association for Information Systems 7(3):122-147

Gericke A, Stutz M (2006) Internetressourcen zu IT/Business Alignment. WIRTSCHAFTSINFORMATIK 48(5):362–367

Gerum E (2007) Das deutsche Corporate Governance-System: Eine empirische Untersuchung. Schäffer-Poeschel, Stuttgart

Goeken M (2003) Die Wirtschaftsinformatik als anwendungsorientierte Wissenschaft. Fachbericht Nr. 01/03 des Instituts für Wirtschaftsinformatik, Philipps-Universität Marburg

Gøtze J (2013) The changing role of the enterprise architect. In: Proceedings of the 2013 17th IEEE International enterprise distributed object computing conference workshops (EDOCW), Vancouver, Canada

Golden W, Powell P (2000) Towards a definition of flexibility: in search of the holy grail? Omega 28(4):373-384

Google (2013) Citations N. Venkatraman. http://scholar.google.com/citations? view_op=view_citation&hl=en&user=U_rlsrUAAAAJ&citation_for_view=U_r lsrUAAAAJ:u-x6o8ySG0sC. Zuletzt abgerufen am 2013-12-14

Greiffenberg S (2003) Methoden als Theorien der Wirtschaftsinformatik. In: Uhr W, Esswein W, Schoop E (Hrsg) Wirtschaftsinformatik 2003, Medien – Märkte – Mobilität, Dresden, Band II. Physica, 947-968

Grohmann HH (2003) Prinzipien der IT-Governance. HMD – Praxis der Wirtschaftsinformatik 40(232):17-23

Gronau N (2000) Modellierung von Flexibilität in Architekturen industrieller Informationssysteme. In: Schmidt H (Hrsg) Modellierung betrieblicher Informationssysteme. Proceedings der MobIS-Fachtagung Siegen 2000, S 125-144

Gronau N, Rohloff M (2007) Managing change: business/ IT alignment and adaptability of information systems. In: Österle H, D'Atri A, Bartmann D, Pries-Heje D, Golden W, Whitley E (Hrsg) Proceedings of the 15th European conference on information systems (ECIS), St. Gallen, paper 85, S 1741-1753

Guarino N, Oberle D, Staab S (2009) What is an ontology? In: Staab S, Studer R (Hrsg) Handbook on Ontologies. International Handbooks on Information Systems. 2. Aufl. Springer, Heidelberg

H

Hafner M, Schelp J, Winter R (2004) Architekturmanagement als Basis effizienter und effektiver Produktion von IT-Services. HMD – Praxis der Wirtschaftsinformatik 237(41):54-66

Hafner M, Winter R (2005) Vorgehensmodell für das Management der unternehmensweiten Applikationsarchitektur. In: Ferstl OK, Sinz EJ, Eckert S, Isselhorst T (Hrsg) Wirtschaftsinformatik 2005. eEconomy, eGovernment, eSociety. Proceedings der 7. Internationalen Tagung Wirtschaftsinformatik. Physica, Heidelberg, S 627-646

Hafner M, Winter R (2008) Processes for enterprise application architecture management. In: Proceedings of the 41st annual Hawaii International conference on system sciences (HICSS), Waikoloa, USA, paper 396

Hafner M, Schelp J, Winter R (2004) Architekturmanagement als Basis effizienter und effektiver Produktion von IT-Services. HMD – Praxis der Wirtschaftsinformatik 41(237):54-66

Hammer M (1990) Reengineering work: don't automate, obliterate. Harvard Business Review 68(4):104-112

Hammer M (2010) What is business process management? In: Vom Brocke J, Rosemann M (Hrsg) Handbook on business process management 1: introduction, methods and information systems. Springer, Heidelberg, S 3-16

Hammer M, Champy J (1993) Reengineering the corporation. A manifesto for business revolution. New York

Hammer M, Champy J (1995) Business Reengineering. Die Radikalkur für das Unternehmen. 5. Aufl. Campus, Frankfurt

Hanschke I (2011) Enterprise Architecture Management – einfach und effektiv. Ein praktischer Leitfaden für die Einführung von EAM. Hanser, München

Hardy G (2003) Coordinating IT governance – a new role for IT strategy committees. Information Systems Control Journal 4:21-24

Harrison R (2007) TOGAF^{TM} version 8.1.1 enterprise edition study guide. The Open Group. 2. Aufl. Van Haren, Zaltbommel

Hasenkamp U, Roßbach P (1998) Wissensmanagement. WISU 27(8/9):956-964

Heinrich LJ (2000) Bedeutung von Evaluation und Evaluationsforschung in der Wirtschaftsinformatik. In: Heinrich LJ, Häntschel I (Hrsg) Evaluation und Evaluationsforschung in der Wirtschaftsinformatik. Oldenbourg, München, S 7-22

Heinrich LJ (2005) Forschungsmethodik einer Integrationsdisziplin: Ein Beitrag zur Geschichte der Wirtschaftsinformatik. NTM International Journal of History and Ethics of Natural Sciences, Technology and Medicine 13(2):104-117

Heinrich LJ, Lehner F (2005) Informationsmanagement: Planung, Überwachung und Steuerung der Informationsinfrastruktur. 8. Aufl. Oldenbourg, München

Heinrich LJ, Stelzer D (2009) Informationsmanagement: Grundlagen, Aufgaben, Methoden. 9. Aufl. Oldenbourg, München

Heinrich LJ, Heinzl A, Roithmayr F (2007) Wirtschaftsinformatik: Einführung und Grundlegung. 3. Aufl. Oldenbourg, München

Henderson JC, Venkatraman N (1990) Strategic alignment: a model for organizational transformation via information technology. CISR Working Paper No. 217, Sloan School of Management

Henderson JC, Venkatraman N (1999) Strategic alignment: leveraging information technology for transforming organizations. IBM Systems Journal 38(2&3):472-484, Reprint from 1993

Hess T (2010) Erkenntnisgegenstand der (gestaltungsorientierten) Wirtschaftsinformatik. In: Österle H, Winter R, Brenner W (Hrsg) Gestaltungsorientierte Wirtschaftsinformatik: Ein Plädoyer für Rigor und Relevanz, St. Gallen, S 7-11

Hevner AR, March ST, Park J, Ram S (2004) Design science in information system research. MIS Quarterly 28(1):75-105

Hofstede G (1980) Culture's consequences: international differences in work-related values. Sage, Beverly Hills

Holland D, Skarke G (2008) Business & IT alignment: then & now, a striking improvement. Strategic Finance 89(10):43-49

Hoogervorst J (2009) Enterprise governance and enterprise engineering. Springer, Heidelberg

Hoppenbrouwers S, Proper HA, van der Weide TP (2005) Towards explicit strategies for modeling. In: Halpin TA, Siau K, Krogstie J (Hrsg) Proceedings of the workshop on evaluating modeling methods for systems analysis and design (EMMSAD'05) at the 17th conference on advanced information systems 2005 (CAiSE 2005), S 485-492

Horovitz J (1984) New perspectives on strategic management. Journal of Business Strategy 4(3):19-33

I

IEEE (2000) IEEE recommended practice for architectural description of software-intensive systems. IEEE Std 1471-2000. IEEE Computer Society, New York

Imai M (1993) Kaizen: der Schlüssel zum Erfolg der Japaner im Wettbewerb. 9. Aufl. Langen Müller/Herbig, München

ITGI (2003a) Board briefing on IT governance. 2nd edn. IT Governance Institute. http://www.isaca.org/Knowledge-Center/Research/ResearchDeliverables/Pages/Board-Briefing-on-IT-Governance-2nd-Edition.aspx. Zuletzt abgerufen am 2010-04-05

ITGI (2003b) IT Governance für Geschäftsführer und Vorstände. 2. Aufl. IT Governance Institute. http://www.isaca.ch/home/isaca/files/Dokumente/04_Downloads/DO_05_ISACA/Boardbriefing_German.pdf. Zuletzt abgerufen am 2010-04-05

ISACA (2012) COBIT 5. A business framework for the governance and management of enterprise IT. Preview Version, ISACA, Rolling Meadows, USA. https://www.isaca.org/cobit/Documents/COBIT-5-Introduction.pdf. Zuletzt abgerufen am 2013-10-02

ISO (2000) Industrial automation systems – requirements for enterprise reference architectures and methodologies. ISO, 15704:43

ISO (2008) ISO/IEC 38500: corporate governance of information technology. International Organization for Standardization, Genf

ISO (2009) Qualitätsmanagement DIN EN ISO 9000 ff. Deutsches Institut für Normung, Berlin

J

Johannsen W, Goeken M (2006) IT-Governance – neue Aufgaben des IT-Managements. HMD – Praxis der Wirtschaftsinformatik 250(43):7-20

Johannsen W, Goeken M (2007) Referenzmodelle für IT-Governance. Strategische Effektivität und Effizienz mit COBIT, ITIL & Co. dpunkt, Heidelberg

Johnson AM, Lederer AL (2010) CEO/CIO mutual understanding, strategic alignment, and the contribution of IS to the organization. Information Management 47(3):138-149

Johnson-Laird P, Byrne R (2000) A gentle introduction. Mental models website. School of Psychology, Trinity College, Dublin, http://www.tcd.ie/Psychology/other/mental_models. Zuletzt abgerufen am 2013-03-03

Jonkers H, Lankhorst M, van Buuren R, Bonsangue M, van Der Torre L (2004) Concepts for modeling enterprise architectures. International Journal of Cooperative Information Systems 13(3):257-287

K

Kaluza B, Blecker T (2005) Flexibilität – State of the Art und Entwicklungstrends. In: Kaluza B, Blecker T (Hrsg) Erfolgsfaktor Flexibilität: Strategien und Konzepte für wandlungsfähige Unternehmen. Erich Schmidt, Berlin, S 1-25

Karagiannis D, Kühn H (2002) Metamodelling platforms. In: Bauknecht K, Min Tjoa A, Quirchmayer G (Hrsg) E-commerce and web technologies. LNCS 2455. Springer, Heidelberg, S 182-196

Kearns GS, Lederer AL (2000) The effect of strategic alignment on the use of IS-based resources for competitive advantage. Journal of Strategic Information Systems 9(4):265-293

Kearns GS, Lederer AL (2003) A resource-based view of strategic IT alignment: how knowledge sharing creates competitive advantage. Decision Sciences 34(1):1-29

Kearns GS, Sabherwal R (2006) Strategic alignment between business and information technology: a knowledge-based view of behaviors, outcome, and consequences. Journal of Management Information Systems 23(3):129-162

Keen PGW (1991) Shaping the future: business design through IT. Harvard Business School Press, Boston

Keller W (2012) IT-Unternehmensarchitektur: Von der Geschäftsstrategie zur optimalen IT-Unterstützung. dpunkt, Heidelberg

Keller W, Masak D (2008) Was jeder CIO über IT-Alignment wissen sollte. Information Management & Consulting 23(1):29-33

Khatri V, Vessey I, Ramesh V, Clay P, Sung-Jin P (2006) Understanding conceptual schemas: exploring the role of application and is domain knowledge. Information Systems Research 17(1):81-99

Kiehl P (2001) (Hrsg) Einführung in die DIN-Normen. 13. Aufl. Teubner, Wiesbaden

Kosiol E (1961) Modellanalyse als Grundlage unternehmerischer Entscheidungen. Zeitschrift für handelswissenschaftliche Forschung 13:318-334

Kosiol E (1962) Organisation der Unternehmung. Gabler, Wiesbaden

Kozlova E (2012) Governance der Individuellen Datenverarbeitung: Wertorientierte und Risikobewusste Steuerung der IDV-Anwendungen in Kreditinstituten. Springer, Heidelberg

Krcmar H (1990) Bedeutung und Ziele von Informationssystem-Architekturen. WIRTSCHAFTSINFORMATIK 32(5):395-402

Krcmar H (2005) Informationsmanagement. 4. Aufl. Springer, Heidelberg

Krcmar H, Schwarzer B (1994) Prozeßorientierte Unternehmensmodellierung: Gründe, Anforderungen an Werkzeuge und Folgen für die Organisation. In: Scheer A-W (Hrsg) Prozeßorientierte Unternehmensmodellierung, Grundlagen – Werkzeuge – Anwendungen. Band 53, Gabler, Wiesbaden, S 13-35

Krogstie J (1995) Conceptual modeling for computerized information systems support in organizations. Dissertation, Universität Trondheim

Krogstie J, Lindland OJ, Sindre G (1995) Defining quality aspects for conceptual models. In: Falkenberg E, Hess W, Olive E (Hrsg) Proceedings of the IFIP international working conference on Information system concepts: towards a consolidation of views

Krüger W (1998) Management permanenten Wandels. In: Glaser H, Schröder EF, von Werder A (Hrsg) Organisation im Wandel der Märkte. Gabler, Wiesbaden, S 227-249

Krüger W (2009) Excellence in Change: Wege zur strategischen Erneuerung. 4. Aufl. Gabler, Heidelberg

Krüger W, Petry T (2005) 3W-Modell des Unternehmungswandels: Bezugsrahmen für ein erfolgreiches Wandlungsmanagement. soFid Organisations- und Verwaltungsforschung Nr. 2, S 11-18

Kurpjuweit S (2009) Stakeholder-orientierte Modellierung und Analyse der Unternehmensarchitektur: unter besonderer Berücksichtigung der Geschäfts- und IT-Architektur. Dissertation, Universität St. Gallen

Kurpjuweit S, Winter R (2007) Viewpoint-based meta model engineering. In: Proceedings of the 2nd International workshop EMISA. Enterprise modelling and information systems architectures – concepts and applications, S 143-161

L

Lankhorst M (2013) Enterprise architecture at work: modelling, communication, and analysis. 3. Aufl. Springer, Heidelberg

Laudon KC, Laudon JP, Schoder D (2010) Wirtschaftsinformatik: Eine Einführung. 2. Aufl. Pearson, München

Lauer T (2010) Change Management: Grundlagen und Erfolgsfaktoren. Springer, Heidelberg

Lee SM, Kim K, Paulson P, Park H (2008) Developing a socio-technical framework for business-IT alignment. Industrial Management & Data Systems 108(9):1167-1181

Lederer AL, Mendelow AL (1989) Coordination of information systems plans with business plans. Journal of Management Information Systems 6(2):5-19

Lehner F (2012) Wissensmanagement: Grundlagen, Methoden und technische Unterstützung. 4. Aufl. Hanser, München

Leonard J (2008) What are we aligning? Implications of a dynamic approach to alignment. In: Proceedings of the 19th Australasian conference on information systems, paper 76

Lienhard H (2007) Enterprise architecture as a meta-process. BPTrends, December

Lindström Å, Johnson P, Johannson E, Ekstetd M, Simonsson M (2006) A survey on CIO concerns – do enterprise architecture frameworks support them? Information Systems Frontiers 8(2):81–90

Lindström Å (2006) On the syntax and semantics of architectural principles. In: Sprague Jr. RH (Hrsg) Proceedings of the 39th Annual Hawaii International conference on systems sciences, IEEE Computer Society, Los Alamitos

Lohmann J, König K, Böhmann T, Leimeister S, Krcmar H (2008) Ziele und Nutzenbeitrag eines unternehmensweiten Architekturmanagements: Ergebnisse einer empirischen Studie. 38. GI-Jahrestagung, München, S 552-558

Lorenz K (1984) Methode. In: Mittelstraß J (Hrsg) Enzyklopädie Philosophie und Wissenschaftstheorie. Bibliographisches Institut, Mannheim, S 876-879

Luft AL (1988) Informatik als Technik-Wissenschaft: Orientierungshilfe für d. Informatik-Studium. BI-Wiss.-Verlag, Mannheim

Luftman J (2003) Assessing IT/business alignment. Information Strategy: The Executive's Journal 20(1):7-14

Luftman J (2005) Key issues for IT executives 2004. MIS Quarterly Executive 4(2):269-286

Luftman J, Brier T (1999) Achieving and sustaining business-IT alignment. In: California Management Review 42(1):109-122

Lux J, Weidenhöfer J, Ahlemann F (2008) Modellorientierte Einführung von Enterprise Architecture Management. HMD – Praxis der Wirtschaftsinformatik 262(45):19-28

M

Maes R, Rijsenbrij D, Truijens O, Goedvolk H (2000) Redefining business-IT alignment through a unified framework. Working Paper, Universiteit van Amsterdam

Manella J (2000) Veränderungen – eine Betrachtungsweise aus psychologischer Sicht. In: Österle H, Winter R (Hrsg) Business Engineering – Auf dem Weg zum Unternehmens des Informationszeitalters. Springer, Heidelberg, S 83-95

Mannmeusel T (2012) Management von Unternehmensarchitekturen in der Praxis: Organisatorische Herausforderungen in mittelständischen Unternehmen. In: Suchan C, Frank J (Hrsg) Analyse und Gestaltung leistungsfähiger IS-Architekturen. Springer, Heidelberg

March ST, Smith GF (1995) Design and natural science research on information technology. Decision Support Systems 15(4):251-266

Markus ML, Robey D (1988) Information technology and organizational change: causal structure in theory and research. Management Science 34(5):583-589

Masak D (2005) Moderne Enterprise Architekturen. Springer, Heidelberg

Masak D (2006) IT-Alignment. Springer, Heidelberg

Matthes D (2011) Enterprise Architecture Frameworks Kompendium. Über 50 Rahmenwerke für das IT-Management. Springer, Heidelberg

McDonald MP (2010) Leading in times of transition: the 2010 CIO agenda. Gartner Research. http://blogs.gartner.com/mark_mcdonald/2010/01/19/leading-in-times-of-transition-the-2010-cio-agenda. Zuletzt abgerufen am 2013-12-21

Melville N, Kraemer K, Gurbaxani V (2004) Information technology and organizational performance: an integrative model of IT business value. MIS Quarterly 28(2):283-322

Mendling J, Reijers H, van der Aalst WM (2008) Seven process modeling guidelines (7PMG). Information and Software Technology 52(2):127-136

Merriam-Webster (2013) Alignment. Merriam-Webster Online: Dictionary and Thesaurus. Springfield, Massachusetts, USA. http://www.merriam-webster.com/dictionary/alignment. Zuletzt abgerufen am 2013-07-23

Mertens P (2006) Moden und Nachhaltigkeit in der Wirtschaftsinformatik. HMD – Praxis der Wirtschaftsinformatik 250(43):109-118

Mertens P, Bodendorf F, König W, Picot A, Schumann M, Hess T (2004) Grundzüge der Wirtschaftsinformatik. 8. Aufl. Springer, Heidelberg

Meyer M, Zarnekow R, Kolbe LM (2003) IT-Governance. Begriff, Status quo und Bedeutung. WIRTSCHAFTSINFORMATIK 45(4):445-448

Moody KW (2003) New meaning to IT alignment. Information Systems Management 20(4):30-35

Moody DL (2005) Theoretical and practical issues in evaluating the quality of conceptual models: current state and future directions. Data & Knowledge Engineering 55(3):243-276

N

Nakakawa A, van Bommel P, Proper HA (2010) Challenges of involving stakeholders when creating enterprise architecture. In: Van Dongen BF, Reijers HA (Hrsg) Proceedings of the 5th SIKS/BENAIS Conference on enterprise information systems (EIS), Eindhoven, The Netherlands, S 43-55

Nehfort A (2011) Qualitätsmanagement für IT-Lösungen. In: Tiemeyer E (Hrsg) Handbuch IT-Management: Konzepte, Methoden, Lösungen und Arbeitshilfen für die Praxis. 4. Aufl. Hanser, München

Nelson KM, Cooprider JG (1996) The contribution of shared knowledge to IS group performance. MIS Quarterly 20(4):409-433

Ness LR (2005) Assessing the relationships among IT flexibility, strategic alignment, and IT effectiveness: study overview and findings. Journal of Information Technology Management XVI(2):1-17

Neumann S, Probst C, Wernsmann C (2005) Kontinuierliches Prozessmanagement. In: Becker J, Kugeler M, Rosemann M (Hrsg) Prozessmanagement: Ein Leitfaden zur prozessorientierten Organisationsgestaltung. 5. Aufl. Springer, Heidelberg, S 299-325

Nickels DW (2004) IT-business alignment: what we know that we still don't know. In: Proceedings of the 7th annual conference of the southern association for information systems, S 79-84

Niehaves B (2005) Epistemological perspectives on multi-method information systems research. ECIS 2005 Proceedings, Paper 120

Niemann KD (2005) Von der Unternehmensarchitektur zur IT-Governance: Bausteine für ein wirksames IT-Management. Vieweg, Wiesbaden

Niemann KD (2006) From enterprise architecture to IT governance: elements of effective IT management. Vieweg, Wiesbaden

Nippa M (1996) Bestandsaufnahme des Reengineering-Konzeptes. Leitgedanken für das Management. In: Nippa M, Picot A (Hrsg) Prozeßmanagement und Reengineering. Die Praxis im deutschsprachigem Raum. 2. Aufl. Campus, Frankfurt, S 61-77

Nord JH, Nord GD, Cormack S, Cater-Steel A (2007) An investigation of the effect of information technology (IT) culture on the relationship between IT and business professionals. International Journal of Management and Enterprise Development 4(3):265-29

Nordsieck F (1932) Die schaubildliche Erfassung und Untersuchung der Betriebsorganisation. Schäffer-Poeschel, Stuttgart

O

OECD (2004a) OECD-Grundsätze der Corporate Governance. Organisation for Economic Co-Operation and Development, Paris. http://www.oecd.org/corporate/ca/corporategovernanceprinciples/32159487.pdf. Zuletzt abgerufen am 2012-12-19

OECD (2004b) OECD Principles of Corporate Governance. Organisation for Economic Co-Operation and Development, Paris. http://www.oecd.org/daf/ca/corporategovernanceprinciples/31557724.pdf. Zuletzt abgerufen am 2012-12-19

Office of Government Commerce (2011) ITIL edition 2011 – lifecycle publication suite. The Stationery Office, London

Op't Land M, Proper E, Waage M, Cloo J, Steghuis C (2009) Enterprise architecture: creating value by informed governance. Springer, Heidelberg

O'Rourke C, Fishman N, Selkow W (2003) Enterprise architecture: using the zachman framework. Thomson Learning, Boston

Österle H (1995) Business Engineering: Prozess- und Systementwicklung. 2. Aufl. Springer, Heidelberg

Österle H, Muschter S (1996) Neue Informationsquellen für das Benchmarking – wie Sie mit dem Internet von den Besten lernen. WIRTSCHAFTSINFORMATIK 38(3):325-330

Österle H, Winter R (2000) Business Engineering. In: Österle H, Winter R (Hrsg) Business Engineering. Auf dem Weg zum Unternehmen des Informationszeitalters. Springer, Heidelberg, S 3-20

Österle H, Blessing D (2000) Business Engineering Model. In: Österle H, Winter R (Hrsg) Business Engineering. Auf dem Weg zum Unternehmen des Informationszeitalters. Springer, Heidelberg, S 61-81

Österle H, Becker J, Frank U, Hess T, Karagiannis D, Krcmar H, Loos P, Mertens P, Oberweis A, Sinz EJ (2010) Memorandum zur gestaltungsorientierten Wirtschaftsinformatik. In: Österle H, Winter R, Brenner W (Hrsg) Gestaltungsorientierte Wirtschaftsinformatik: Ein Plädoyer für Rigor und Relevanz, St. Gallen, S 1-6

Österle H, Höning F, Osl P (2011) Methodenkern des Business Engineering: Ein Lehrbuch. Institut für Wirtschaftsinformatik, Universität St. Gallen. http://www.alexandria.unisg.ch/export/DL/215433.pdf. Zuletzt abgerufen am 2012-10-12

Osterloh M, Grand S (1994) Modelling oder Mapping? Von Rede- und Schweigeinstrumenten in der betriebswirtschaftlichen Theoriebildung. In: Die Unternehmung 48(4):277-294

Osterloh M, Frost J (2006) Prozessmanagement als Kernkompetenz: Wie Sie Business Reengineering strategisch nutzen können. 5. Aufl. Gabler, Wiesbaden

Otto B (2011) Data governance. WIRTSCHAFTSINFORMATIK 53(4):235-238

P

Paetzmann K (2008) Corporate Governance: Strategische Marktrisiken, Controlling, Überwachung. Springer, Heidelberg

Parker MM, Benson RJ, Trainor HE (1988) Information economics – linking business performance to information technology. Prentice Hall, Englewood Cliffs

Peffers K, Tuunanen T, Rothenberger MA, Chatterjee S (2007) A design science research methodology for information systems research. Journal of Management Information Systems 24(3):45-77

Peppard J, Ward S (1999) Mind the gap: diagnosing the relationship between the IT organization and the rest of the business. Journal of Strategic Information Systems 8:29-60

Peppard J, Breu K (2003) Beyond alignment: a coevolutionary view of the information systems strategy process. In: Proceedings of the International conference on information systems (ICIS), Seattle, paper 61

Pereira CM, Sousa P (2005) Enterprise architecture: business and IT alignment. In: Proceedings ACM symposium on applied computing (SAC 2005), Santa Fe, New Mexico, S 1344-1345

Persson A (2000) The utility of participative enterprise modeling in information systems development – challenges and research issues. In: Proceedings of the 11th International workshop on database and expert systems applications (DEXA), Greenwich, London S 978-982

Peterson RR (2004a) Integration strategies and tactics for information technology governance. In: Van Grembergen W (Hrsg) Strategies for Information Technology Governance. Idea Group, London, S 37-80

Peterson RR (2004b) Crafting information technology governance. Information Systems Management 21(4):7-22

Picot A, Maier M (1994) Ansätze der Informationsmodellierung und ihre betriebswirtschaftliche Bedeutung. Zeitschrift für betriebswirtschaftliche Forschung 46(2):107-126

Picot A, Franck E (1996) Prozeßorganisation – Eine Bewertung der neuen Ansätze aus Sicht der Organisationslehre. In: Prozeßmanagement und Reengineering: die Praxis im deutschsprachigen Raum. Das Erfolgsrezept von Hammer – Champy auf dem Prüfstand. 2. Aufl., Campus, Frankfurt, S 13-38

Picot A, Reichwald R, Wigand RT (2003) Die grenzenlose Unternehmung: Information, Organisation und Management. Lehrbuch zur Unternehmensführung im Informationszeitalter. 5. Aufl. Gabler, Wiesbaden

Porter ME (1989) Wettbewerbsvorteile: Spitzenleistungen erreichen und behaupten. Campus, Frankfurt

Preston DS, Karahanna E (2009) Antecedents of IS strategic alignment: a nomological network. Information Systems Research 20(2):159-179

Pulkkinen M, Hirvonen A (2005) EA planning, development and management process for agile enterprise development. In: Sprague RH Jr. (Hrsg) Proceedings of 38th annual Hawaii International conference on systems sciences (HICSS-38), Big Island, HI

Pulkkinen M (2006) Systemic management of architectural decisions in enterprise architecture planning. four dimensions and three abstraction levels. In: Sprague RH Jr. (Hrsg) Proceedings of 39th Hawaii International conference on system sciences (HICSS-39), Honolulu, HI

Q

R

Radermacher I, Klein A (2009) IT-Flexibilität: Warum und wie sollten IT-Organisationen flexibel gestaltet werden. HMD – Praxis der Wirtschaftsinformatik 269(46):52-60

Regev G, Soffer P, Schmidt R (2006) Taxonomy of flexibility in business processes. In: Proceedings Seventh Workshop on Business Process Modeling, Development, and Support (BPMDS'06), Luxemburg

Reich BH, Benbasat I (2000) Factors that influence the social dimension of alignment between business and information technology objectives. MIS Quarterly 24(1):81-113

Reijers HA, Mansar SL (2005) Best practices in business process redesign: an overview and qualitative evaluation of successful redesign heuristics. Omega: The International Journal of Management Science 33 (4):283-306

Remus U (2002) Prozeßorientiertes Wissensmanagement. Konzepte und Modellierung. Dissertation Universität Regensburg. http://epub.uni-regensburg.de/9925/1/remusdiss.pdf. Zuletzt abgerufen am 2010-08-23

Riege C, Aier S (2009) A contingency approach to enterprise architecture method engineering. In: Feuerlicht G, Lamersdorf W (Hrsg) Service-Oriented Computing – ICSOC 2008 Workshops, LNCS 5472. Springer, Heidelberg, S 388-399

Riege C, Saat J, Bucher T (2009) Systematisierung von Evaluationsmethoden in der gestaltungsorientierten Wirtschaftsinformatik. In: Becker J, Krcmar H, Niehaves B (Hrsg) Wissenschaftstheorie und gestaltungsorientierte Wirtschaftsinformatik, S 69-86

Rittgen P (2007) Negotiating models. In: Krogstie J, Opdahl AL, Sindre G (Hrsg) Proceedings of CAiSE 2007, LNCS 4495. Springer, Heidelberg, S 561-573

Rittgen P (2009) Collaborative modeling – a design science approach. In: Proceedings of the 42nd Hawaii International conference on system sciences, Waikoloa, Big Island, USA

Rohloff M (2008) Erfahrungen in der Umsetzung von Unternehmensarchitekturen. HMD – Praxis der Wirtschaftsinformatik 45(262):89-96

Rosemann M, von Uthmann C (1998) Spezifikation und Anforderungen von Perspektiven auf Geschäftsprozeßmodelle. Informationssystem Architekturen 5(2):96-103

Rosemann M, Schwegmann A, Delfmann P (2005) Vorbereitung der Prozessmodellierung. In: Becker J, Kugeler M, Rosemann M (Hrsg) Prozessmanagement: Ein Leitfaden zur prozessorientierten Organisationsgestaltung. 5. Aufl. Springer, Heidelberg

Rosemann M (2006) Potential pitfalls of process modeling: part B. Business Process Management Journal 12(3):377-384

Rosemann M, Hjalmarsson A, Lind M, Recker J (2011) Four facets of a process modeling facilitator. In: Galletta DF, Liang T-P (Hrsg) Proceedings of the International conference on information systems (ICIS), Shanghai, China

Ross JW, Feeny DF (1999) The evolving role of the CIO. CISR Working Paper No. 308. Massachusetts Institute of Technology, Cambridge

Rupprecht C (2002) Ein Konzept zur projektspezifischen Individualisierung von Prozessmodellen. Dissertation, Universität Karlsruhe

S

Saat J, Franke U, Lagerström R, Ekstedt M (2010) Enterprise architecture meta models for IT/business alignment situations. In: Proceedings of the 14th IEEE International enterprise distributed object computing conference (EDOC), Vitória, Brazil, S 14-23

Sabherwal R, Chan YE (2001) Alignment between business and IS strategies: a study of prospectors, analyzers, and defenders. Information Systems Research 12(1):11-33

Sabherwal R, Hirscheim R, Goles T (2001) The dynamics of alignment: insights from a punctuated equilibrium model. Organization Science 12(2):179-197

Sauer C, Burn JM (1997) The pathology of strategic management. In: Sauer C, Yetton PW (Hrsg) Steps to the future. Jossey-Bass, San Francisco, S 89-112.

Scheer AW (1990) EDV-orientierte Betriebswirtschaftslehre. Springer, Heidelberg

Scheer AW (1992) Architektur integrierter Informationssysteme: Grundlagen der Unternehmensmodellierung. Springer, Heidelberg

Scheer AW (2002) ARIS – vom Geschäftsprozeß zum Anwendungssystem. 4. Aufl. Springer, Heidelberg

Schlosser F, Wagner H-T (2011) IT governance practices for improving strategic and operational business-IT alignment. In: Proceedings of the 15th Pacific Asia conference on information systems (PACIS), paper 167

Schlosser F, Wagner H-T, Coltman T (2012) Reconsidering the dimensions of business-IT alignment. In: Proceedings of the 45th Hawaii international conference on systems science (HICSS-45). IEEE Computer Society, S 5053-5061

Schober H (2002) Prozessorganisation: Theoretische Grundlagen und Gestaltungsoptionen. Gabler, Wiesbaden

Schönherr M (2004) Enterprise architecture frameworks. In: Aier S, Schönherr M (Hrsg) Enterprise Application Integration – Serviceorientierung und nachhaltige Architekturen. 2. Aufl. GITO, Berlin

Schönherr M, Offermann P (2007) Unternehmensarchitektur als integrierende Sicht. In: Krallmann H, Schönherr M, Trier M (Hrsg) Systemanalyse im Unternehmen: Prozessorientierte Methoden der Wirtschaftsinformatik. 5. Aufl. Oldenbourg, München, S 39-56

Schönherr M, Aier S, Offermann P (2007) Das Unternehmen als Betrachtungsgegenstand der Systemanalyse. In: Krallmann H, Schönherr M, Trier M (Hrsg) Systemanalyse im Unternehmen: Prozessorientierte Methoden der Wirtschaftsinformatik. 5. Aufl. Oldenbourg, München, S 15-38

Schmelzer HJ, Sesselmann W (2008) Geschäftsprozessmanagement in der Praxis. 7. Aufl. Hanser, München

Schmidt G (2002) Prozessmanagement: Modelle und Methode. 2. Aufl. Springer, Heidelberg

Schütte R (1998) Grundsätze ordnungsmäßiger Referenzmodellierung. Konstruktion konfigurations- und anpassungsfähiger Modelle. Deutscher Universitätsverlag, Wiesbaden

Schütte R (1999a) Basispositionen in der Wirtschaftsinformatik – ein gemäßigt-konstruktivistisches Programm. In: Becker J, König W, Schütte R, Wendt O, Zelewski S (Hrsg) Wirtschaftsinformatik und Wissenschaftstheorie – Bestandsaufnahme und Perspektiven. Gabler, Wiesbaden, S 211-241

Schütte R (1999b) Zum Realitätsbezug von Informationsmodellen. In: EMISA-Forum – Mitteilungen der GI-Fachgruppe „Entwicklungsmethoden für Informationssysteme und deren Anwendung" Vol. 9, Nr. 2, S 26-36

Schütte R, Becker J (1998) Subjektivitätsmanagement bei Informationsmodellen. In: Pohl K, Schürr A, Vossen G (Hrsg) CEUR Workshop Proceedings zur Modellierung, CEUR-WS/Vol-9, Münster

Schütte R, Zelewski S (1999) Wissenschafts- und erkenntnistheoretische Probleme beim Umgang mit Ontologien. In: König W, Wendt O (Hrsg)

Wirtschaftsinformatik und Wissenschaftstheorie – Verteilte Theoriebildung, S 1-19

Schwarz A, Kalika M, Kefi H, Schwarz C (2010) A dynamic capabilities approach to understanding the impact of IT-enabled businesses processes and IT-business alignment on the strategic and operational performance of the firm. Communications of the Association for Information Systems 26:57-84

Schwarzer B (2009) Einführung in das Enterprise Architecture Management: Verstehen, Planen, Umsetzen. BoD, Norderstedt

Scott Morton M (1991) The Corporation of the 1990s: information technology and organizational transformation. Oxford University Press, New York

Seidel S, Recker J (2011) Green Business Process Management. Diskussionsbeitrag zum Thema „Green IT: A Matter of Business and Information Systems Engineering?". Business & Information Systems Engineering 3(4):250-252

Seidelmeier H (2010) Prozessmodellierung mit ARIS. Eine beispielorientierte Einführung für Studium und Praxis. 3. Aufl. Vieweg und Teubner, Wiesbaden

Siau K, Rossi M (2011) Evaluation techniques for systems analysis and design modelling methods – a review and comparative analysis. Information Systems Journal 21(3):249-268

Silvius AJG, De Haes S, van Grembergen W (2009) Exploration of cultural influences on business and it alignment. 42st Hawaii International conference on systems science (HICSS-42), Waikoloa, S 1-10

Simon HA (1996) The Sciences of the artificial. 3. Aufl. MIT Press, Cambridge

Sinz EJ (1997) Architektur betrieblicher Informationssysteme. In: Rechenberg P, Pomberger G (Hrsg) Handbuch der Informatik. Bamberger Beitrag Nr. 40. Hanser, München. Online verfügbar unter: http://wwwkrcmar.in.tum.de/lehre%5Cwb_material_archiv.nsf/intern01/53B093AE33518CFCC1256AEF00 3DE172/$FILE/LE02-Gen-Architektur-Bamberger-Beitr%C3%A4ge-no40.pdf. Zuletzt abgerufen am 2012-04-31

Sinz EJ (2002) Architektur von Informationssystemen. In: Rechenberg P, Pomberger G (Hrsg) Informatik-Handbuch. 3. Aufl. Hanser, München, S 1055-1068

Sinz EJ (2004) Unternehmensarchitekturen in der Praxis. WIRTSCHAFTSINFORMATIK 46 (4):315-316

Sinz EJ (2009) Informationssystem-Architekturen, Gestaltung: Methoden, Modelle, Werkzeuge. In: Kurbel K, Becker J, Gronau N, Sinz EJ, Suhl L (Hrsg) Enzyklopädie der Wirtschaftsinformatik. http://www.enzyklopaedie-der-wirtschaftsinformatik.de. Zuletzt abgerufen am 2012-05-17

Smaczny T (2001) Is an alignment between business and information technology the appropriate paradigm to manage IT in today's organisations? Management Decision 39(10):797-802

Smith ML, Erwin J (oJ) Role & Responsibility Charting (RACI). http://www.pmforum.org/library/tips/pdf_files/RACI_R_Web3_1.pdf. Zuletzt abgerufen am 2013-07-11

Sneed HM (1987) Software management. R. Müller, Köln 1987

Sowa JF, Zachman JA (1992) Extending and formalizing the framework for information systems architecture. IBM Systems Journal 31(3):590-616

Spewak SH, Hill SC (1993) Enterprise architecture planning – developing a blueprint for data, applications and technology. Wiley, New York

Stachowiak H (1973) Allgemeine Modelltheorie. Springer, Heidelberg

Stachowiak H (1983) Modelle – Konstruktion der Wirklichkeit. Wilhelm Fink Verlag, München

Stahlknecht P, Hasenkamp U (2005) Einführung in die Wirtschaftsinformatik. 11. Auflage Springer, Heidelberg

Stalk G, Evans P, Shulman LE (1992) Competing on capabilities: the new rules of corporate strategy. Harvard Business Review 70(4):57-69

Staud JL (2010) Unternehmensmodellierung: Objektorientierte Theorie und Praxis mit UML 2.0. Springer, Heidelberg

Stelzer D (2010) Prinzipien für Unternehmensarchitekturen. In: Proceedings der Multikonferenz Wirtschaftsinformatik (MKWI), Göttingen, S 55-66

Sterman J (2000) Business dynamics: systems thinking and modeling for a complex world. McGraw-Hill, New York

Strahringer S (1996) Metamodellierung als Instrument des Methodenvergleichs. Eine Evaluierung am Beispiel objektorientierter Analysemethoden. Shaker, Aachen

Strahringer S (1998) Ein sprachbasierter Metamodellbegriff und seine Verallgemeinerung durch das Konzept des Metaisierungsprinzips. In: Pohl K,

Schürr A, Vossen G (Hrsg) CEUR Workshop Proceedings zur Modellierung, CEUR-WS/Vol-9, Münster

Strahringer S (2012) Modell. In: Kurbel K, Becker J, Gronau N, Sinz EJ, Suhl L (Hrsg) Enzyklopädie der Wirtschaftsinformatik. http://www.enzyklopaedie-der-wirtschaftsinformatik.de. Zuletzt abgerufen am 2013-02-23

Strano C, Rehmani Q (2007) The role of the enterprise architect. Information Systems and e-Business Management 5(4):379-396

Strecker S (2009) Ein Kommentar zur Diskussion um Begriff und Verständnis der IT-Governance – Anregungen zu einer kritischen Reflexion. ICB Research Report No. 36, Universität Duisburg-Essen

Szyperski N, Winand U (1980) Grundbegriffe der Unternehmungsplanung. Poeschel, Stuttgart

T

Tallon PP (2003) The alignment paradox. CIO Insight 1(47). http://www.cioinsight.com/c/a/Past-News/Paul-Tallon-The-Alignment-Paradox. Zuletzt abgerufen am 2012-09-08

Tallon PP (2007) Does IT pay to focus? An analysis of IT business value under single and multi-focused business strategies. Journal of Strategic Information Systems 16(3):278-300

Tallon PP, Kraemer KL (2003) Investigating the relationship between strategic alignment and it business value: the discovery of a paradox. In: Shin N (Hrsg) Creating business value with information technology: challenges and solutions. Idea Group Publishing, Hershey, S 1-22

Tallon PP, Pinsonneault A (2011) Competing perspectives on the link between strategic information technology alignment and organizational agility: insights from a mediation model. MIS Quarterly 35(2):463-486

Tallon PP, Kraemer KL, Gurbaxani V (2000) Executives' perceptions of the business value of information technology: a process-oriented approach. Journal of Management Information Systems 16(4):145-173

Tan FB, Gallupe RB (2006) Aligning business and information systems thinking: a cognitive approach. IEEE Transactions on Engineering Management 53(2):223-237

Teubner A (2006) IT/Business Alignment. WIRTSCHAFTSINFORMATIK 48(5):368-371

The Open Group (2013a) Archimate. http://www.opengroup.org/subjectareas/enterprise/archimate. Zuletzt abgerufen am 2013-12-04

The Open Group (2013b) TOGAF. http://www.opengroup.org/subjectareas/enterprise/togaf. Zuletzt abgerufen am 2013-12-04

Thomas O (2005) Das Modellverständnis in der Wirtschaftsinformatik: Historie, Literaturanalyse und Begriffsexplikation. Veröffentlichungen des Instituts für Wirtschaftsinformatik Nr. 184, Universität Saarbrücken

Thomas O, vom Brocke J (2010) A value-driven approach to the design of service-oriented information systems – making use of conceptual models. Information Systems and e-Business Management 8(1):67-97

Tissot F, Crump (2006) An integrated enterprise modeling environment. In: Bernus P, Mertins K, Schmidt G (2005) Handbook on Architectures of Information Systems. 2. Aufl. Springer Heidelberg

Tiwana A (2008) Do bridging ties complement strong ties? An empirical examination of alliance ambidexterity. Strategic Management Journal 29(3):251-272

Tiwana A, Bharadwaj A, Sambamurthy V (2003) The antecedents of information systems development capability in firms: a knowledge integration perspective. In: Proceedings of the twenty-fourth International conference on information systems, Seattle, S 246-258

TOGAF (2011) TOGAF Version 9.1 – The Open Group Architecture Framework (TOGAF). The Open Group, Zaltbommel. Verfügbar unter http://pubs.opengroup.org/architecture/togaf9-doc/arch. Zuletzt abgerufen am 2013-07-08

Trier M, Bobrik A, Neumann N, Wyssussek B (2007) Systemtheorie und Modell. In: Krallmann H, Schönherr M, Trier M (Hrsg) Systemanalyse im Unternehmen: Prozessorientierte Methoden der Wirtschaftsinformatik. 5. Aufl. Oldenbourg, München, S 59-87

U

Ullah A, Lai R (2011) Managing security requirements: towards better alignment between information systems and business. In: Proceedings of the 15th Pacific Asia conference on information systems (PACIS), paper 195

V

Van der Aalst WMP (2004) Business process management demystified: a tutorial on models, systems and standards for workflow management. In:

Desel J, Reisig W, Rozenberg G (Hrsg) Lectures on concurrency and petri nets: advances in petri nets, LNCS 3098. Springer, Heidelberg, S 1-65

Van der Aalst WMP, Günther CW, Recker J, Reichert M (2006) Using process mining to analyze and improve process flexibility. In: Proceedings 7th workshop on business process modeling, development, and support (BPMDS'06), Luxemburg

Van der Raadt B, Schouten S, van Vliet H (2008) Stakeholder perception of enterprise architecture. In: Morrison R, Balasubramaniam D, Falkner K (Hrsg) ECSA 2008, LNCS 5292. Springer, Heidelberg, S 19-34

Van der Raadt B, Bonnet M, Schouten S, van Vliet H (2010) The relation between EA effectiveness and stakeholder satisfaction. The Journal of Systems and Software 83(10):1954-1969

Van Grembergen W, De Haes S, Guldentops E (2004) Structures, processes and relational mechanisms for IT governance. In: Van Grembergen W (Hrsg) Strategies for information technology governance. Idea Group Publishing, London, S 1-36

Verhoef TF, ter Hofstede AHM, Wijers GM (1991) Structuring modelling knowledge for CASE shells. In: Andersen R, Bubenko Jr. JA, Sølvberg A (Hrsg) Advanced information systems engineering, CAiSE'91, Trondheim. LNCS 498, S 502-524

Vom Brocke J (2003) Referenzmodellierung: Gestaltung und Verteilung von Konstruktionsprozessen. In: Becker J, Grob HL, Klein S, Kuchen H, Müller-Funk U, Vossen G (Hrsg) Advances in information systems and management science. Band 4. Vahlen, München

Vom Brocke J (2008a) Prozessmanagement (Business Process Management). In: Kurbel K, Becker J, Gronau N, Sinz EJ, Suhl L (Hrsg) Enzyklopädie der Wirtschaftsinformatik. http://www.enzyklopaedie-der-wirtschaftsinformatik.de. Zuletzt abgerufen am 2012-07-15

Vom Brocke J (2008b) Serviceorientierte Architekturen – SOA. Management und Controlling von Geschäftsprozessen. Vahlen, München

Von Werder A (2007) Corporate Governance. In: Köhler R, Küpper H-U, Pfingsten A (Hrsg) Handwörterbuch der Betriebswirtschaft. 6. Aufl. Schäffer-Poeschel, Stuttgart, S 221-229

W

Wagner D, Weitzel T (2005) The role of alignment for strategic information systems: extending the resource based perspective of IT. In: Proceedings of the 11th Americas conference on information systems, Omaha, USA, paper 518, S 3421-3427

Wagner D, Suchan C, Leunig B, Frank J (2011a) Towards the Analysis of Information Systems Flexibility: Proposition of a Method. In: Bernstein A, Schwabe G (Hrsg) Proceedings of the 10th International Conference on Wirtschaftsinformatik, Zürich, S 808-817

Wagner D, Leunig B, Suchan C, Frank J, Ferstl OK (2011b) Klassifikation von Geschäftsprozessen anhand ihres Flexibilitätsbedarfs. In: Sinz EJ, Bartmann D, Bodendorf F, Ferstl OK (Hrsg) Dienstorientierte IT-Systeme für hochflexible Geschäftsprozesse. Schriften aus der Fakultät Wirtschaftsinformatik und Angewandte Informatik der Otto-Friedrich-Universität Bamberg Bd. 9, Bamberg, S 53-78

Walentowitz K, Beimborn D, Weitzel T (2010a) The influence of social structures on business/IT alignment. Sprouts Working Papers on Information Systems 10(72)

Walentowitz K, Beimborn D, Weitzel T (2010b) The impact of business/it social network structures on it service quality. In Proceedings of the 16th Americas conference on information systems, Lima, Peru

Walker M (2007) A day in the life of an enterprise architect. Microsoft MSDN Enterprise Architecture Center. http://msdn.microsoft.com/en-us/library/bb945098.aspx. Zuletzt abgerufen am 2013-09-14

Walser K, Riedl R (2010) Unternehmensarchitektur als Mittler zwischen IT-Strategie, IT-Governance und IT-Management. In: Wimmer M, Brinkhoff U, Kaiser S, Lück-Schneider D, Schweighofer E, Wiebe A (Hrsg) Vernetzte IT für einen effektiven Staat – Gemeinsame Fachtagung Verwaltungsinformatik (FTVI) und Fachtagung Rechtsinformatik (FTRI), Proceedings, S 195-206

Wand Y, Weber R (2002) Research commentary: information systems and conceptual modeling – a research agenda. Information Systems Research 13(4):363-376

Ward J, Peppard J (2002) Strategic planning for information systems. 3. Aufl. Wiley, New York

Webster J, Watson RT (2002) Analyzing the past to prepare for the future: writing a literature review. MIS Quarterly 26(2):xiii-xxiii

Weigend M (2007) Intuitive Modelle der Informatik. Dissertation Universität Potsdam. Universitätsverlag Potsdam

Weill P (2004) Don't just lead, govern: how top-performing firms govern IT. MIS Quarterly Executive 3(1):1-17

Weill P, Woodham (2002) Don 't just lead, govern: implementing effective it governance. CISR WP No. 326, MIT Sloan School of Management Working Paper No. 4237-02, Cambridge

Weill P, Ross JW (2004a) IT governance: how top performers manage it decision rights for superior results. Harvard Business School Press, Boston

Weill P, Ross JA (2004b) IT Governance on one page. CISR Working Paper No. 349

Weiss JW, Thorogood A, Clark KD (2006) Three IT-business alignment profiles: technical resource, business enabler, and strategic weapon. Communications of the Association for Information Systems 18:676-691

Weske M (2007) Business process management: concepts, languages, architectures. Springer, Heidelberg

WfMC (1999) Workflow management coalition: terminology & glossary. Document Number WFMC-TC-1011. Workflow Management Coalition, Hampshire

Wilde T, Hess T (2007) Forschungsmethoden der Wirtschaftsinformatik: Eine empirische Untersuchung. WIRTSCHAFTSINFORMATIK 49(4):280-287

Winter R (2003) Modelle, Techniken und Werkzeuge im Business Engineering. In: Österle H, Winter R (Hrsg) Business Engineering – Auf dem Weg zum Unternehmen des Informationszeitalters. Springer, Heidelberg, S 87-118

Winter R (2004) Architektur braucht Management. Meinung/Dialog zum Thema Unternehmensarchitekturen in der Praxis – Architekturdesign am Reißbrett vs. situationsbedingte Realisierung von Informationssystemen. WIRTSCHAFTSINFORMATIK 46(4):317-319

Winter R, Fischer R (2007) Essential layers, artifacts, and dependencies of enterprise architecture. Journal of Enterprise Architecture 3(2):7-18

Winter R, Landert K (2006) IT/Business Alignment als Managementherausforderung. WIRTSCHAFTSINFORMATIK 48(5):309

Winter R, Schelp J (2008) Enterprise architecture governance: the need for a business-to-IT approach. In: Proceedings of the 2008 ACM symposium on applied computing, S 548-552

WKWI (2011) Profil der Wirtschaftsinformatik. Ausführungen der Wissenschaftlichen Kommission Wirtschaftsinformatik (WKWI) im Verband der Hochschullehrer für Betriebswirtschaft e. V. und des Fachbereichs Wirtschaftsinformatik (FB WI) in der Gesellschaft für Informatik e. V. (GI), Zürich

Wortmann F (2005) Entwicklung einer Methode für die unternehmensweite Autorisierung. Dissertation der Universität St. Gallen

Wyssusek B, Schwartz M, Kremberg B, Mahr B (2002) Erkenntnistheoretische Aspekte bei der Modellierung von Geschäftsprozessen. WISU – Das Wirtschaftsstudium 31(2):238-246

X

Y

Z

Zachman JA (1987) A framework for information systems architecture. IBM Systems Journal 26(3):276-292

Zachmann JA (1997) Enterprise architecture: the issue of the century. Database Programming & Design 10(3)1-13

Zachman JA (2001) You can't "cost-justify" architecture. DataToKnowledge Newsletter 29(3):1-10. http://links.enterprisearchitecture.dk/links/files/You_Cant_Justify_Architecture.pdf. Zuletzt abgerufen am 2011-12-02

Zarnekow R (2003) IT-Alignment und -Governance. Proceedings der 33. Jahrestagung der Gesellschaft für Informatik (INFORMATIK 2003), S 264-265

Printed in the United States
By Bookmasters